OS PORTÕES DO ÉDEN

Antonio Carlos Mazzeo

OS PORTÕES DO ÉDEN

IGUALITARISMO, POLÍTICA E ESTADO NAS
ORIGENS DO PENSAMENTO MODERNO

Um estudo sobre a construção do Estado,
da política e do igualitarismo no processo histórico
da acumulação originária do capital

© Boitempo, 2019
© Antonio Carlos Mazzeo, 2019

Direção editorial Ivana Jinkings
Edição e revisão Thaisa Burani
Preparação Thais Rimkus
Coordenação de produção Livia Campos
Capa Heleni Andrade
sobre *O carro de feno*, de Hieronymus Bosch, cerca de 1516.
Acervo do Museu do Prado, Espanha (fonte: Wikimedia Commons).
Diagramação Antonio Kehl

Equipe de apoio Ana Carolina Meira, André Albert, Andréa Bruno, Artur Renzo, Bibiana Leme, Carolina Mercês, Clarissa Bongiovanni, Débora Rodrigues, Elaine Ramos, Frederico Indiani, Higor Alves, Isabella Marcatti, Ivam Oliveira, Joanes Sales, Kim Doria, Luciana Capelli, Marina Valeriano, Marlene Baptista, Maurício Barbosa, Raí Alves, Talita Lima, Tulio Candiotto

CIP-BRASIL. CATALOGAÇÃO NA PUBLICAÇÃO
SINDICATO NACIONAL DOS EDITORES DE LIVROS, RJ

M429p

Mazzeo, Antonio Carlos, 1950-
 Os portões do Éden : igualitarismo, política e Estado nas origens do pensamento moderno / Antonio Carlos Mazzeo ; apresentação de Marcos Tadeu del Roio ; posfácio de Anderson Deo. - 1. ed. - São Paulo : Boitempo, 2019.
 ; 23 cm.

 Inclui bibliografia
 ISBN 978-85-7559-688-3

 1. Ciência política - Filosofia. 2. Estado Nacional. I. Roio, Marcos Tadeu del. II. Deo, Anderson. III. Título.

19-55956
CDD: 320.1
CDU: 321.01

Vanessa Mafra Xavier Salgado - Bibliotecária - CRB-7/6644

É vedada a reprodução de qualquer
parte deste livro sem a expressa autorização da editora.

1ª edição: maio de 2019

BOITEMPO EDITORIAL
Jinkings Editores Associados Ltda.
Rua Pereira Leite, 373
05442-000 São Paulo SP
Tel.: (11) 3875-7250 / 3875-7285
editor@boitempoeditorial.com.br | www.boitempoeditorial.com.br
www.blogdaboitempo.com.br | www.facebook.com/boitempo
www.twitter.com/editoraboitempo | www.youtube.com/tvboitempo

*A Antonio Roberto Bertelli, Evaldo Amaro Vieira, José Paulo Netto e
Vera Lúcia Amaral Ferlini, por batalhas e pensamentos vividos.
A Isabella, Elena e Marco, por uma humanidade emancipada.
A Izabel, por amor.
Em memória de Carlos Eduardo Jordão Machado, o querido Cadu.*

SUMÁRIO

Apresentação – *Marcos Tadeu Del Roio* 11

Prefácio 19

Parte I – Os fundamentos cristãos do igualitarismo burguês 25

I. A arquitetura do conceito de virtù equalitarist 27

    Questões preliminares 27

    A patrística como ontologia mítico-igualitarista 40

II. Agostinho de Hipona: a tentativa de resposta à crise do Império Romano sob a perspectiva do cristianismo 63

    Filosofia, razão e misticismo 63

        I. Determinações sociometabólicas 63

        II. A solução da crise na confissão, no reconhecimento e na assimilação das leis de Deus 77

III. Thomas Aquinas: razão divina e a santidade da lei e do direito 89

    A viragem do feudalismo entre os séculos XII e XIII e o impulso societal de nova característica histórica 89

    Thomas Aquinas: a tentativa de ordenação da crise 105

Parte II – O Renascimento: forma ideossocietal do mercantilismo 123

I. A crise da idealização da pólis renascentista 127

    Processualidade e edificação da nova sociabilidade baseada na produção de mercadorias 127

    Emergência e construção da política no mundo moderno 145

        I. Considerações introdutórias 145

    A política como forma-operativo-integrativa da hegemonia burguesa 157

    Noterelle sobre o absolutismo como Estado da transição 187

II. O igualitarismo da(s) Reforma(s) 201

A crise da forma-ideologia-Igreja-feudal 201

Erasmo de Rotterdam: reformar e atualizar o cristianismo ocidental na perspectiva do livre-arbítrio 220

Lutero: a fé como a única "razão" aceitável 228

III. Machiavelli: a virtù *da política e os princípios da liberdade igualitária como fundamentos do Estado absolutista* 245

O desenvolvimento dos elementos fundantes do conceito de homem no Renascimento.. 245

A história resolvida pela *virtù* da política 257

O sentido do utilitarismo e do pragmatismo na política 286

Posfácio – *Anderson Deo*... 325

Bibliografia 337

Os filósofos não rompem da terra feito cogumelos. São fruto de sua época, de seu povo. Daí extraem as seivas mais sutis, as mais preciosas e as menos visíveis para exprimi-las nas ideias filosóficas. O espírito que constrói os sistemas filosóficos no cérebro dos filósofos é o mesmo que constrói as estradas de ferro com as mãos dos operários. A filosofia não é exterior ao mundo.

Karl Marx, *A Gazeta Renana*, 14 jul. 1842

O indivíduo é o ser social.

Karl Marx, "Terceiro manuscrito", *Manuscritos econômico-filosóficos*, 1844

A consciência social reflete o ser social: tal é a doutrina de Marx

Vladímir I. Lênin, *Materialismo e empirocriticismo*, 1908

O segundo pressuposto essencial para o conhecimento da especificidade ontológica do ser social consiste em entender o papel da práxis em sentido objetivo e subjetivo [...].

György Lukács, *Para uma ontologia do ser social*, 1971

APRESENTAÇÃO

Marcos Tadeu Del Roio*

A importância deste livro é indiscutível. Antonio Carlos Mazzeo já havia enfrentado um desafio de monta em trabalho anterior, *O voo de Minerva*[1], quando defendeu que na Grécia Antiga encontra-se a origem da política, do igualitarismo e da democracia, expressões corriqueiras na filosofia e nas ciências políticas da contemporaneidade, mas que denotam significados bastante diferentes daquela tradição clássica.

Neste novo livro, Mazzeo procura demonstrar como no fim da época clássica, com o declínio da pólis, tem origem o longo processo de autonomização da política em relação à ética, à moral, à religião. Esse processo, nos primórdios, traz marcas fundamentais aparentes já no helenismo: o declínio inelutável da pólis dá lugar à ideia de Império universal, de universalidade e universalismo – e também pressiona para o fim dos deuses das diferentes comunidades, que serão substituídos pelo deus único, assim que o indivíduo se dissocia da comunidade e de seus deuses e se identifica com o cosmo, com a transcendência, com a religião dissociada da política.

Mesmo essa passagem é intrincada e exige a percepção de pontos convergentes entre o judaísmo da diáspora e a herança helenista da filosofia grega nucleada nas concepções de Platão. O Império do mundo passa a ser o terreno de difusão das novas ideias, as quais observam o poder político na materialidade, mas afirmam que a liberdade, a igualdade, a sabedoria estão do lado do homem que busca o isolamento e a transcendência. Já não há lugar para o cidadão. Está, assim, aberto

---

* Professor titular do departamento de ciências políticas e econômicas da Faculdade de Filosofia e Ciências da Unesp, *campus* de Marília (SP). (N. E.)

[1] Antonio Carlos Mazzeo, *O voo de Minerva: a construção da política, do igualitarismo e da democracia no Ocidente antigo* (São Paulo, Boitempo/Oficina Universitária Unesp, 2009).

o caminho para o cristianismo, que forja uma nova síntese mitológica capaz de oferecer uma saída social e ideológica para a crise do mundo antigo, em particular do império de Roma.

Para Paulo de Tarso, o território do império deveria ser objeto de conquista da nova fé. Quando em seus estertores, de fato, o Império Romano se faz cristão, e o cristianismo não mais cabe nesse Império, passa a ser preciso buscar toda a humanidade. O império de Roma se desintegrou, e, com a religião cristã, o mundo passou a ser expressão de um novo império universal, o império do celestial deus único. Assim culminava um processo iniciado com Alexandre da Macedônia.

A desintegração do Império Romano expressou no Ocidente a crise social e cultural que vicejava e forçava a passagem para novas formas societais, muito pouco definidas, mas que encontraram na religião cristã a síntese dos elementos culturais derivados do helenismo. Essa síntese, no fim das contas, é também a junção do escravismo romano em decomposição com o comunitarismo germânico, que corroía o império. Decerto essa não é uma tese consensual, mas a exposição de Mazzeo é bastante convincente e tem respaldo em formulações clássicas de Marx, Lukács e historiadores renomados.

A enorme fragmentação do poder político que se seguiu à desagregação do império de Roma facilitou a ascensão da Igreja como substituta do universalismo advindo do helenismo e da romanidade. A formulação ideológica passou, então, a girar em torno da transcendência, da natureza do divino eterno, e também de sua relação com o espaço e o tempo por ele criado, que é finito. As mediações entre esses elementos alimentam o debate da patrística, cuja relação com a tradição platônica é inequívoca, como demonstra Mazzeo.

A patrística – ou seja, a reflexão filosófica e teológica dos chamados pais da Igreja – floresceu muito com a intensificação da crise estrutural do escravismo antigo e do império como entidade político-econômica. Nessa fase histórica, nenhuma concepção ideológica consegue a supremacia. É própria da crise a convivência conflituosa da tradição, de esforços de inovação, de tentativas de síntese; enfim, de uma disputa ideológica generalizada, até que uma delas ou uma nova síntese dialética se imponha. A nova visão de mundo se estabelece na medida em que expressa, explica e institui novas relações sociais. O epicurismo e o estoicismo são superados nesse caldeirão ideológico que ferve com a crise imperial, mas o estoicismo deixou marcas no cristianismo.

A síntese dentro do universo ideológico de religião cristã ocorreu com o Concílio de Niceia, em 325, que se impôs no decorrer do século. Papel determinante foi cumprido por Santo Ambrósio e o círculo de Milão. Essa fase ainda exigiu medidas repressivas bastante duras contra os divergentes, mas, com Santo Agostinho, se dá a fase da consolidação ideológica, da ampla difusão da nova doutrina.

Coube a Santo Agostinho resolver o problema da enorme distância entre a transcendência, a essência divina e a vida terrena, com as relações sociais hierárquicas que se redefiniam e indicavam a forma ideológica adequada ao feudalismo em gestação no Ocidente. Em Santo Agostinho, é reafirmado com clareza meridiana o vínculo do cristianismo com a tradição grega, em particular a de Platão. Isso não significa, é certo, que tenha sido indiferente ao nexo judeu da diáspora, notadamente Fílon e a escola alexandrina, tão cuidadosamente comentada por Mazzeo.

O fortalecimento da Igreja e do rito dá sustentação também ao mito de Cristo, mas possibilita maior proximidade do homem com a transcendência, um contato feito por meio da confissão, que é uma forma de avaliação da obediência, ou seja, de conformismo frente à nova ordem que se organiza. Pode-se dizer que Mazzeo privilegia a explicação do conteúdo ideológico em seu complexo, mas, até certo ponto, deixa em segundo plano as implicações para as relações sociais de poder nessa fase. É feita com nitidez a demonstração de que a concepção da intrínseca igualdade entre os homens aos olhos do céu justifica a desigualdade social real existente entre os homens portadores que são do pecado original. Aos homens toca a obediência ao poder terreno ímpio, mas a Cidade de Deus vaga entre os homens por meio de seus santos, e a Igreja é a grande mediadora entre os dois mundos.

Santo Agostinho se mostra o mais importante ideólogo do nascente feudalismo, e sua influência dura séculos, até que as condições sociais e culturais do feudalismo alcancem sua maturidade, entre os séculos XI e XIII. Na fase ascensional e formativa do feudalismo houve momentos decisivos, como as tentativas de resgate de um império cristão, com Carlos Magno e Otto I, a diferenciação social e teológica entre o Ocidente dividido em reinos feudais e o Império Romano do Oriente, a formação das ordens religiosas que valorizavam o trabalho na terra, como os beneditinos de Cluny. Mais uma etapa do enorme desafio já enfrentado pelo autor neste livro. A sensata escolha foi debruçar-se sobre a fase de apogeu do feudalismo e sobre a redefinição ideológica pela qual passou.

A expansão europeia, o surgimento das universidades e o projeto papal de Império universal centrado na Igreja – com o qual foi também sistematizado o direito canônico – possibilitaram o ingresso na cristandade do pensamento de Aristóteles, resguardado que ficara no mundo árabe. Dessa fonte principal é que diferentes teólogos, denominados "alta escolástica", empreenderam o esforço de conciliar fé e razão e de formular uma verdadeira ciência teológica. O mais destacado desses foi São Tomás de Aquino*.

A tese de Mazzeo é que a maturidade do feudalismo possibilitou uma aproximação do homem com a natureza, com a busca pelo conhecimento e a emergência de uma nova politicidade, por causa da formação de comunidades autônomas: as cidades. Assim, para São Tomás de Aquino os homens estariam sujeitos à lei eterna, às leis naturais e às leis civis. O poder da Igreja é universal porque em Deus estão toda a razão e todo o conhecimento, mas as leis naturais devem ser conhecidas, e as leis civis, criadas e seguidas de acordo com as outras duas. Com isso, resta como dever do governante seguir as leis em prol do bem da comunidade. Aquele que assim não fizer deverá ser combatido e deposto, mas só em caso de não poder ser tolerado. Com São Tomás e outros contemporâneos, a discussão passa por dotar de formas jurídicas a nova complexidade surgida com o avanço econômico e social da ordem feudal.

De fato, essa tese da presença de uma nova politicidade nas cidades medievais só se compreende com a presença do capital mercantil concentrada no espaço urbano. Todavia, o poder político e ideológico da Igreja não é ainda contestado, e a concepção escolástica se adapta a essa vida urbana, também ela estruturada na hierarquia feudal ao modo das corporações de ofício. Era certo que os conflitos sociais tendiam a crescer tanto dentro das cidades como entre elas, mas sem que a possibilidade de ruptura com a ordem se apresentasse. Com a crise feudal do século XIV, as cidades ampliaram seu território conseguindo um entorno rural, mas se estagnaram na situação econômico-corporativa – uma forma feudal que acabou se mostrando regressiva; ou seja, não desenvolveram o potencial que apresentaram com o aparecimento da manufatura e do comércio.

O leitor perceberá que a interpretação de Mazzeo – sempre fundamentada em bibliografia ampla e pertinente – é diferente da anunciada no parágrafo anterior. Dessa diferença de interpretação decorre também uma variação sobre o caminho ou os caminhos de superação da crise generalizada do feudalismo e do papel do Renascimento. No contexto italiano, o Renascimento (apesar das maravilhas de que foi capaz) foi obra de uma camada de intelectuais artistas/cientistas acoplados à Igreja e à nobreza, que eram quem tornava possível a produção cultural (e científica). Essa camada intelectual não mantinha qualquer relação com o "povo", que vivia sua miséria com desconfiança na Igreja (em grave crise moral) e com medo dos nobres.

---

* Adiante referido por Mazzeo como Thomas Aquinas. Ver, neste volume, p. 90, nota 3. (N. E.)

Nesse cenário, nota-se como o Renascimento em nada contribuiu para a ruptura com a ordem feudal na Itália, ainda que outro caminho fosse possível. A derrota do humanismo civil, que privilegiava o estudo das humanidades, coincidiu também com a marginalização do grupo mercantil, induzido a aderir à ordem nobiliárquica e, assim, vendo se fechar a rota para a modernidade. (Algo semelhante aconteceu em Portugal e na Espanha.)

A Península Itálica pareceu reproduzir muito das características da Grécia Antiga, ambas organizadas na base de cidades-estado. Parecia um recomeço da história: o Renascimento era o resgate da Grécia clássica, com suas ideias igualitárias e de individualidade livre, mas o fracasso em unificar politicamente a região a fez vítima de expansões imperiais de "bárbaros", ainda que tenha podido difundir sua alta cultura cosmopolita.

A difusão do Renascimento (e do humanismo) gerou outras possibilidades alhures, mas por ter encontrado a Reforma religiosa. A obra renascimental descolada da Igreja pode gerar uma produção bem menos afinada com o poder eclesiástico e seguir a Reforma na construção de uma nova ética e de Estados territoriais benéficos à burguesia mercantil, os quais acabaram por adotar as implicações da ideologia do mercantilismo. Isso não aconteceu na Itália, que se tornou vítima de uma regressão feudal colonial e da dominação terrorista da Igreja. Os gérmens de capitalismo não puderam ali florescer.

Mesmo cidades e regiões urbanas centradas no comércio, como Veneza e Amsterdã, persistiram longamente nas raízes feudais e não ofereceram passagem para o capitalismo, pois isso demandaria uma produção manufatureira de larga escala, algo que se apresentou como possível inicialmente apenas na Inglaterra. O movimento universal de passagem para o capitalismo ocorreu na particularidade inglesa, a qual mostra como o capitalismo nasce no campo, com a monetarização das trocas, a produção manufatureira e a expropriação dos camponeses. Foi, no entanto, a cultura ascética, individualista e igualitária do protestantismo que garantiu que o capitalismo se tornasse uma nova visão de mundo, a filosofia política liberal.

A devastadora crise feudal do século XIV possibilitou que em amplas áreas da Europa os camponeses se desvencilhassem da situação servil. A Igreja mergulhou na crise com gravidade. Por sua vez, a expansão colonial e comercial para onde pareceu ser possível enriqueceu a burguesia mercantil – a camada social com horizontes mais amplos e que mais necessitava da ciência. A solução para a crise foi a centralização do poder político na figura do rei e o consequente esvaziamento dos poderes universais da época feudal – Igreja e Império – e dos poderes locais – feudos

16   Os portões do Éden

e cidades. Esse movimento pôde restaurar o poder social da nobreza feudal e, ao mesmo tempo, incorporar a burguesia mercantil como fração de classe dominante.

A persistente polêmica é sobre o significado histórico do Estado político: se Estado foi uma forma de reação da nobreza frente à crise ou se foi transição em direção ao capitalismo. Mazzeo retoma esse debate a fim de defender a segunda hipótese. Para o autor, o fato de se processar a subsunção formal do trabalho ao capital e de se expandir a acumulação mercantil do capital seria a prova do Estado absolutista como transição. Ainda que Mazzeo esteja em grande parte de acordo com Perry Anderson em relação à leitura sobre o feudalismo, diverge bastante em relação à natureza do Estado político que surge pós-crise feudal.

Anderson defende que o Estado político surge para redefinir a dominação da nobreza e argumenta que a burguesia mercantil opera dentro da ordem. No dizer de Marx, mesmo a subsunção formal do capital ocorre dentro do modo de produção corporativo. Com a crise do século XVII, o comércio se retraiu e a manufatura entrou em fase de grande escala, indispensável para que a subsunção formal do trabalho se encaminhasse para a subsunção real. Só que nessa fase o Estado absolutista inglês não subsiste diante da revolução burguesa movida pela ideologia puritana, da qual depois se desdobrou o liberalismo.

Foi, contudo, a vertente derrotada do Renascimento italiano que se deu conta da eclosão da política como campo específico do conhecimento e da ação humana, da política, no limite, como forma de apropriação da realidade do mundo, como práxis (conhecimento/transformação). A partir de então, a ética e a moral passam a ser determinadas, não determinantes, da política, da política como filosofia da práxis social, que implica constatar como vivem e do que vivem os homens. A ruptura aqui é evidente não apenas em relação à ética da pólis democrática grega, mas também às formas de governo da cidade do mundo feudal, que tinham sua autonomia e se organizavam de formas diversas (assim como na Grécia Antiga), mas ainda reconheciam o Império como poder maior com sua emanação divina.

A política, autonomizada frente à ética e à religião, transforma a práxis social e reconhece seu vínculo com o homem mercantil, egoísta e individualista, mas demanda a criação de um Estado político que possibilite a organização do comércio e da manufatura. Ora, essa era a visão de Maquiavel*, que projetava a criação de um Estado ao modo de um poder cesarista, que incorporasse à vida civil campomeses, artesãos e comerciantes, em oposição à Igreja e à dominação dos "bárbaros"

---

* Neste trabalho, o autor optou por utilizar a grafia italiana original do nome do filósofo, Niccòlo Machiavelli. Ver, neste volume, p. 138, nota 28. (N. E.)

(espanhóis, franceses, alemães). Maquiavel tinha claro que a razão da vitória da França contra a Inglaterra na Guerra dos Cem Anos fora a construção de um exército popular, expressão de uma vontade coletiva. A formação de um Estado político na Itália era essencial para que a produção manufatureira, o comércio e a alta cultura sobrevivessem e a decadência não acontecesse.

A derrota de Maquiavel implicou a derrota do programa de fundação de um novo Estado por meio das armas, o qual conduzisse a unificação territorial da península e a expansão da produção e do comércio. Deu-se por certo que, se esse projeto de concretizasse, a Itália poderia se enveredar para o capitalismo em condições melhores que as da França, mas isso não aconteceu, e a decadência foi inevitável. Foi uma possibilidade falhada.

Um dos pontos para os quais Mazzeo chama atenção na elaboração de Maquiavel é a concepção de história. A história era frequentemente vista como processo circular na Antiguidade. Maquiavel retoma a noção historicista antiga, e sua luta é contra a anarquia feudal que vicejava na Itália, mas, ao considerar o papel do sujeito, a possibilidade de fazer frente às questões objetivas, entende também que o ciclo virtuoso pode ser antecipado ou prolongado. Para Maquiavel, a política é vista na perspectiva da totalidade, com seu movimento e com seus conflitos, de modo que política é sempre correlação de forças. A fortuna se apresenta como expressão de uma correlação de forças, assim como a virtude, e a relação entre fortuna e virtude depende dessas correlações para expressar uma síntese.

O processo de diferenciação de economia-fortuna e política-virtude é longo e só se completa na Grã-Bretanha, na segunda metade do século XVIII, quando a visão de mundo mais propícia para a burguesia separa sociedade civil e Estado como instâncias diferentes. A política passa, então, a ser vista apenas como dimensão mediativa do conflito social, não mais como universalidade da práxis.

Inútil alongar a exposição de questões e problemas levantados neste livro. Trabalho polêmico e erudito, que estimula a reflexão e o interesse por autores pouco considerados nestes tempos de entropia social e de desvalorização da cultura. Resta convidar o leitor a adentrar os portões do Éden, a fim de encontrar algumas de suas delícias.

PREFÁCIO

O livro que apresentamos ao leitor conclui um trabalho iniciado nos primórdios dos anos 2000, cuja primeira etapa foi encetada entre setembro de 2000 e março de 2001, no pós-doutorado realizado na Università degli Studi Roma Tre, com a supervisão do prof. dr. Giacomo Marramao, sob o título *Poder, democracia e legitimação*. No processo, contei com o inestimável apoio da Fapesp, que me concedeu bolsa de pós-doutorado no exterior; na concepção, procurei contextualizar historicamente a noção de *legitimação* e de *poder*, notadamente quando se desenvolvem nos períodos de crise estrutural – tidos como "de transição" –, nucleando a discussão no contexto filosófico-político moderno e contemporâneo, a partir das formulações teóricas que nascem na processualidade da objetivação da revolução burguesa. No entanto, ao longo do desenvolvimento da pesquisa, deparei com a questão da política e do igualitarismo na modernidade, assim como com suas conexões aparentes com o mundo clássico, em especial a democracia como elemento-chave a definir de forma genérica – seja no mundo clássico grego-antigo, especialmente o ateniense, seja no mundo moderno, a partir do Renascimento – a consolidação de uma forma, um modelo, de "gerenciar" a vida em sociedade, ou, em outras palavras, as formas societais tidas como mais "avançadas", sempre reguladas por leis "virtuosas" e operadas pela política.

Nesse sentido, partimos da hipótese de que política e democracia, tanto no mundo antigo como no mundo moderno, mesmo inseridas em suas especificidades histórico-particulares, constituíram-se como formas de ordenamento de estruturas sociometabólicas fundadas na *propriedade privada* e na *exploração do trabalho* – na Antiguidade clássica greco-romana, por meio da exploração da hegemônica *forma-trabalho escravo* e da manipulação expropriativa das classes subalternas, urbanas e camponesas. Em Atenas, a democracia escravista clássica (δημοκρατία), mesmo formalmente baseada na ideia de cidadania genérica dos πολίτοι ισοι (cidadãos isonômicos), dividia-se entre uma rica oligarquia e uma plebe pobre e economicamente frágil e dependente; em Roma, o *patriciatus* vivia à custa da exploração do trabalho escravo e do trabalho e dos serviços da plebe, sob controle autocrático e de classe do Senado, sob hegemonia dos patrícios. Por sua vez, na constituição da processualidade da revolução burguesa e de sua forma sociometabólica, o elemento determinante foi a expropriação dos meios de produção dos trabalhadores e o assalariamento, com a intensificação da extração de mais-valor do trabalho, com o desenvolvimento de uma sociabilidade fundada na produção de mercadorias, no contexto de um largo período de transição do feudalismo ao capitalismo, sob a égide do processo de *subsunção formal do trabalho ao capital*, como definiu Marx[1].

A partir dessas constatações, vi-me diante da necessidade de aprofundar a análise desses processos histórico-ontológicos e de seus significados para a compreensão da contemporaneidade. Assim, dividi minhas investigações em dois momentos: na primeira etapa, analisei a origem do igualitarismo, da política e da democracia na Antiguidade clássica, e disso resultou minha tese de livre-docência em ciências políticas, apresentada em janeiro de 2004 ao Departamento de Ciências Políticas e Econômicas da Faculdade de Filosofia e Ciências da Unesp e publicada, em 2009, pelas editoras Boitempo e Oficina Universitária Unesp, com mais um fundamental apoio da Fapesp – trata-se de *O voo de Minerva, a construção da política, do igualitarismo e da democracia no Ocidente antigo*. Nesse trabalho, o aspecto relevante foi a ênfase na construção do pensamento mediativo antigo, a partir do desenvolvimento da filosofia jônica da natureza e de "sua reverberação na análise das relações sociopolíticas no Tardo-Arcaísmo, assim como sua ressonância na forma-pensamento teórico desenvolvido na pólis ateniense, especialmente por Sócrates e Platão"[2].

Na segunda etapa da pesquisa, debrucei-me sobre a análise da processualidade da revolução burguesa, em seu período inicial, em especial no Renascimento, que irá produzir uma *Weltanschauung* (cosmologia) inovadora e específica na perspectiva de buscar respostas e soluções de práxis às novas necessidades históricas (*historische Notwendigkeit*) postas pelo desenvolvimento das relações de produção engendradas na forma histórica do ser social e materializadas na emergência do modo de produção capitalista. O primeiro movimento dessa segunda etapa foi o

---

[1] Cf. Karl Marx, *El capital, Libro I: capítulo VI (inédito)* (Buenos Aires, Siglo XXI, 1974), p. 60 e seg.

[2] Antonio Carlos Mazzeo, *O voo de Minerva: a construção da política, do igualitarismo e da democracia no Ocidente antigo* (São Paulo, Boitempo/Oficina Universitária Unesp, 2009), p. 17-8.

estudo aprofundado da patrística e de seu conceito de igualitarismo, assim como suas consequentes conexões com o processo de construção da noção de igualitarismo (burguês) no período renascentista, em que se consolida a *forma ideossocietal* do mercantilismo. Também nessa fase, contei com o precioso apoio da Fapesp, entre maio de 2012 e abril de 2014, o que me possibilitou aprofundar os estudos de fundamentos do que Werner Jaeger definiu como "cristianismo primitivo"[3], assim como de sua síntese agostiniana e das novas construções filosófico-teológicas de Thomas Aquinas, além de pensadores renascentistas como Petrarca, Leonardo, Ficino, Pomponazzi, Pico della Mirandola e Nicolau de Cusa, entre outros, sem contar as leituras decisivas de Erasmo de Rotterdam, Thomas Morus e Lutero. O relatório parcial da pesquisa produziu "O conceito de *virtùs* como legitimação do igualitarismo burguês"[4], artigo em que apresentei resumidamente alguns resultados; grande parte do relatório final, apresentado à Fapesp em 2014, constituiu a base do primeiro capítulo do presente livro.

É necessário ressaltar, no entanto, que este texto, apesar de inserido nas atividades desenvolvidas em mais de trinta anos de trabalho de pesquisa e ensino na universidade[5], resulta da perspectiva de contribuir com o *debate social* sobre a questão democrática e a problemática da política no mundo hodierno, no contexto de crise da forma sociometabólica do capital, em que vive-se, também, uma crise profunda de legitimação das formas da política e da democracia representativa. Daí a preocupação em fazer um largo percurso, afrontando, ainda, os processos de consumpção de formas sociometabólicas que, antiteticamente, possibilitaram a construção de respostas para atender às necessidades do ser social (*die Bedürfnisse des gesellschaftlichen seins erfüllen*), realizando o que Lukács definia como "grande positividade da práxis", isto é, o homem respondendo positivamente aos problemas resultantes da objetivação do ser social – quando o ser social mesmo constitui-se na única esfera da realidade na qual a práxis assume o papel de *conditio sine qua non* para a manutenção e para o movimento da objetividade, em sua reprodução

---

[3]   Werner Jaeger, *Cristianismo primitivo y paideia griega* (Cidade do México, FCE, 1985).

[4]   Antonio Carlos Mazzeo, "O conceito de *virtùs* como legitimação do igualitarismo burguês", *Margem Esquerda*, São Paulo, Boitempo, n. 20, 2013.

[5]   Sendo 28 deles na Universidade Estadual Paulista (Unesp), *campus* de Marília-SP, e, atualmente, nos programas de pós-graduação em história econômica, do departamento de história da FFLCH-USP, onde me dedico especialmente ao estudo de formação social brasileira, teoria da história e economia da cultura, com viés analítico político-econômico, e em serviço social da PUC-SP, onde trabalho os fundamentos filosóficos e as questões metodológicas nas ciências sociais.

e em seu desenvolvimento[6]. Assim, tanto o primeiro resultado como este que submetemos ao leitor têm a preocupação central de inserir-se, como contribuição de práxis teórica, no debate e nas propostas de ampliação das discussões sobre a política e a democracia contemporâneas.

Outrossim, essas reflexões e suas temáticas conexas foram potencializadas e enriquecidas pelos diversos debates travados na universidade, nos movimentos sociais e nos sindicatos, com trabalhadores, estudantes e colegas professores; por isso mesmo, felizmente, comprovam que essas questões apresentam grande significado e autonomia, que transcendem este autor e se ampliam para além destas páginas.

Quero agradecer a todos aqueles que, de um modo ou de outro, conviveram comigo durante a elaboração deste livro. À Fapesp, que deu suporte a várias etapas do desenvolvimento dessa pesquisa e, agora, apoia esta publicação. A meus alunos dos programas de pós-graduação em história econômica dos departamentos de história da FFLCH-USP e de serviço social na PUC-SP, que, não poucas vezes, se viram envolvidos em discussões sobre as contradições do humanismo renascentista, nas quais o belo estético e as elevadas concepções sobre a natureza humana revezam protagonismo com a crueldade (também ela humana) das ações dos poderosos contra os oprimidos e da violência perpetrada aos povos originais do Novo Mundo e às comunidades africanas – sequestradas de suas terras natais para constituir os contingentes de escravos modernos na América, inseridos no âmbito do *trabalho forçado/escravidão* da produção colonial destinada ao mercado internacional, elemento essencial e fundante da *forma-trabalho escravo moderna*, um dos pilares da acumulação primitiva do capital.

Não posso deixar de agradecer a gentileza dos colegas professores que tiveram a paciência de ler e discutir aspectos e partes deste trabalho durante sua elaboração; aos amigos e companheiros "velhos de guerra" José Paulo Netto, Evaldo Amaro Vieira, José Carlos Estêvão, Marcos Del Roio, Luiz Bernardo Pericás, Lincoln Secco, Paulo Barsotti, Milton Pinheiro, Anderson Deo e Sofia Manzano, sem me esquecer do saudoso amigo, o querido baiano Carlos Nelson Coutinho, que muito contribuiu nas discussões iniciais do trabalho. Agradeço de coração Marcos Del Roio pela instigante apresentação que fez do livro, em que amplia, polemiza e enriquece muitos dos aspectos abordados no trabalho e que mantém acesso nosso velho, camarada e produtivo diálogo de algumas décadas, e o amigo e camarada

---

[6] Cf. György Lukács, *Ontologia dell'essere sociale* (Roma, Editori Riuniti, 1976), p. 6 [ed. bras.: *Para uma ontologia do ser social*, v. 1, trad. Carlos Nelson Coutinho, Mario Duayer e Nélio Schneider, São Paulo, Boitempo, 2011 – N. E.].

Anderson Deo, pelos diálogos e pelo posfácio que reflete as convergências e as divergências de um debate permanente e fraterno travado há mais de uma década e meia. Agradeço, ainda, Thaisa Burani, pelo minucioso trabalho de edição dos originais, feito com grande cordialidade, dedicação e simpatia. A ela meu carinho e minha amizade.

Ao primão Eduardo Peduto e ao sobrinho Fábio Cavalcanti, pelas poucas mas intensas horas de papos acalorados sobre o tema, sempre regadas por um bom vinho. Aos filhos, que aguentaram um pai enfiado no escritório, com tempo reduzido para a atenção e a dedicação fundamentais nas relações pai-filhos.

Aos companheiros de lutas que se sobrecarregaram de trabalho em função de minha ausência das tarefas necessárias e decisivas que se impõem hoje.

Particularmente à querida Ivana Jinkings, que mais uma vez acolhe meu trabalho em sua prestigiosa e fundamental editora, mais que necessária para a atualidade de lutas, resistências e crítica societal. A ela, meu agradecimento, meu afeto e minha amizade camarada de sempre, baseada nas ações e nos ideais comuns, na perspectiva de uma sociedade em que mulheres e homens possam viver suas hominidades plenamente emancipadas.

Em especial, um agradecimento a Maria Izabel Lagoa, Bebel, pela enorme paciência em aturar um marido imerso na temática do livro e por muitas vezes, quase cotidianamente, ter deixado de lado seus afazeres para ler páginas e páginas dos originais; sua contribuição foi de grande valor, principalmente em relação aos problemas do processo de cognição e a práxis dos homens em sociedade. A ela, a gratidão e o amor camarada que rega constantemente nossa vida.

A todos esses amigos, camaradas e companheiros, um muito obrigado de coração. Obviamente, tudo o que aqui foi dito é de minha inteira responsabilidade.

Agora, a palavra fica com o leitor.

São Paulo, inverno de 2018

PARTE I
OS FUNDAMENTOS CRISTÃOS DO IGUALITARISMO BURGUÊS

I. A ARQUITETURA DO CONCEITO DE *VIRTÙ EQUALITARIST*

> *Vien dietro a me, e lascia dir le genti:*
> *sta come torre ferma, che non crolla già mai la cima*
> *per soffiar di venti.*[1]
> Dante Alighieri, *A divina comédia* – "Purgatório", V.

Questões preliminares

A construção de referências teóricas baseadas no pensamento antigo não constitui novidade dos períodos subsequentes ao século XIV. Esse debate vinha acontecendo desde muito antes. A partir da desintegração do Império Romano, a Igreja constitui-se como alternativa de poder e de aparelho regulador ideológico[2]. Apesar de ser expressão de uma forma de sociabilidade rígida e estruturada sobre uma severa divisão social do trabalho – na qual os servos da gleba representavam o núcleo fundamental da estrutura produtiva –, a própria morfologia da economia camponesa medieval forçava a Igreja a absorver uma cultura *igualitarista* de remota origem e de *forma-pensamento* coletivista, que acabava funcionando como *pièce de résistance* do campesinato contra a opressão dos senhores feudais[3]. Além do coletivismo levado pelos bárbaros como elemento estrutural, reverberava no imaginário do ruralismo feudal a sociabilidade urbano-agrária do mundo antigo, em que o igualitarismo ganhava força política com a difusão do ecumenismo helenístico não somente na

---

[1] "Segue-me: a vozes vás ouvido escasso!/Qual torre, inabalável sê, dos ventos."

[2] Ver, entre outros, Jacques Le Goff, *Il cielo sceso in Terra: le radici medievalli dell'Europa* (Roma/Bari, Laterza, 2004); Mariateresa Fumagalli Beonio Brocchieri, *Il pensiero politico medievale* (Roma/Bari, Laterza, 2000); Alfred von Martius, *Sociologia de la cultura medieval* (Madri, Instituto de Estudios Politicos, 1954); Marcos Del Roio, *O império universal e seus antípodas: a ocidentalização do mundo* (São Paulo, Ícone, 1998); e Antonio Carlos Mazzeo, "O conceito de *virtùs* como legitimação do igualitarismo burguês", *Margem Esquerda*, São Paulo, Boitempo, n. 20, 2013, p. 78 e seg.

[3] No medievo, o igualitarismo camponês ganha dimensão milenarista baseada na crença da volta de Cristo – a *Parusia* –, que inauguraria a felicidade igualitária na Terra.

Europa, mas também no Oriente, onde, no âmbito ideoimaginário, desenha-se a noção de um Império universal igualitário que repercutia a ideia de *Kosmópolis*.

A individualidade – advinda do processo de desenvolvimento e da crise da pólis grega[4] – ganhou nova dimensão com o alargamento da cultura helenística, propiciada pela expansão do Império Macedônico sob comando de Alexandre Magno e que, dali em diante, passou a integrar gregos e não gregos ("bárbaros"), o que implicou também a discussão da igualdade e da identidade universal da natureza humana, isto é, *outra noção* de "centro do mundo" e de busca de *soluções de práxis*. O próprio conceito de individualidade é recolocado a partir de uma nova compreensão do universal ou, melhor dizendo, uma concepção carregada de *outra cosmologia* (*Weltanschauung*). A antiga individualidade, desenvolvida no século V a.C., que afirmava o cidadão na pólis escravista – à qual Platão se contrapunha a partir da noção de *pólis comunitária*[5] – diferenciando-o de outros indivíduos não pertencentes à comunidade e, ao mesmo tempo, inserindo-o no elemento laico da religião politeia (política), perde o sentido diante de uma nova individualidade centrada em um *cosmos ampliado*, no qual a referência não é mais o reduzido espaço da pólis, e sim o *ecumenismo cosmopolita helenístico*. O novo cenário societal será proporcionado pelas grandes monarquias helenísticas enquanto produto da desintegração do império de Alexandre, cujo ponto de síntese será o Império Romano – e consequentemente, pelo surgimento de subjetividades, religiões e filosofias legitimadoras da nova condição histórico-social. Obviamente, não nos referimos aqui a vontades subjetivas e predefinidas de Alexandre ou dos macedônios de forjar uma "unidade universal" com os "bárbaros". Para além da discussão sobre a "vontade" de atingir uma unificação universal de povos, a questão objetiva centrava-se no momento histórico e nas impossibilidades de se reproduzirem a vida e a forma democrático-escravista da pólis grega. A construção do helenismo resulta, pois, de uma política imperialista[6]

---

[4] Ver Antonio Carlos Mazzeo, *O voo de Minerva: a construção da política, do igualitarismo e da democracia no Ocidente antigo* (São Paulo, Boitempo/Oficina Universitária Unesp, 2009), parte II.

[5] Ibidem, p. 113 e seg.

[6] Adotamos aqui a definição de Moses Finley, que assim define o conceito de imperialismo no mundo antigo: "Todos sabem que há, e houve no passado, importantes impérios que não eram governados por um imperador, e não vejo utilidade em fazer jogos de palavras para escapar dessa anomalia linguística inonfensiva [...]". Referindo-se à Grécia do século V, mas delineando um conceito mais amplo de impérios econômicos da Antiguidade, o historiador estadunidense prossegue: "O sentido comum é o que está certo nesse caso: houve, ao longo de toda a história, estruturas que pertencem a uma única classe em termos substantivos, ou seja, o exercício da autoridade (ou poder, ou controle) por um prolongado período de tempo [...]. Para esse fim é suficiente

e de hegemonia exercida pelos macedônios, que impunham a cultura grega aos povos dominados[7]. A consequência política do novo ordenamento do mundo é a substituição do controle citadino pelo rei helenístico (βασιλεύς/*basileus*), justamente quando o rei passa ser visto como "virtude encarnada"[8].

O helenismo não foi apenas uma nova *forma ideossocietal*; fundamentalmente, foi consequência do desenvolvimento da pólis para além da própria pólis a afirmação de uma nova sociabilidade – que, na particularidade histórica do Ocidente, implicou a consolidação e a ampliação de relações sociais escravistas, do *modo de produção escravista antigo*, já que nas formações sociais orientais coexistiram "formas híbridas", nas quais o escravismo apresentou-se de modo periférico[9] –, a partir da integração

---

uma tipologia rudimentar dos vários meios pelos quais um Estado pode exercer seu poder sobre os outros em benefício próprio: 1) restrição da liberdade de ação nas relações interestaduais; 2) interferência política, administrativa e/ou jurídica nos negócios internos; 3) serviço militar e/ou naval compulsório; 4) pagamento de algum 'tributo', quer em sentido estrito, uma soma singular, quer um imposto sobre as terras ou alguma outra forma; 5) confisco de terras, com ou sem a subsequente emigração de colonizadores do Estado imperial; 6) outras formas de subordinação econômica ou exploração, que variam desde o controle dos mares e regulação da navegação até a entrega compulsória de mercadorias a preços inferiores aos de mercado, e outras similares"; Moses Finley, *Economia e sociedade na Grécia Antiga* (São Paulo, Martins Fontes, 1989), p. 46-7.

[7] A visão de um Alexandre movido por intenções "idealistas" tem origem em Plutarco, especialmente em *De Alexandri fortuna aut virtute*. Ver S. Gastaldi, *Storia del pensiero politico antico* (Roma/Bari, Laterza, 1998), p. 255 e seg. Ver também Plutarco, *Vite parallele: Alessandro e Cesare/Βιοι παραλληαιοι: Αλεξαδροσ και Καισαρ* (Milão, Rizzoli, 1999), p. 30-1 e seg. Ver, ainda, Ellen Meiksins Wood, *Citizens to Lords: A Social History of Western Political Thought from Antiquity to the Late Middle Ages* (Londres, Verso, 2011), p. 99 e seg.

[8] Na definição de Jean-Jacques Chevallier, "para que o *basileús* pudesse beneficiar-se dos mesmos 'sentimentos absolutos' que a pólis sagrada inspirava aos cidadãos, foi preciso que a transferência ideológica tivesse por fundamento uma transferência do sagrado. O rei helenístico é um ser divino, alvo de um culto organizado. Os qualificativos de lei viva, benfeitor e salvador têm ressonância religiosa. Aquele de quem se esperavam tantos benefícios (para não dizermos a salvação); aquele que reunia tantas qualidades e cuja virtude, a *aretê*, fora como o prolongamento da virtude cívica; esse favorito da fortuna, *tsúkhê*, não podeia deixar de ter uma natureza sobre-humana, de pertencer a uma raça ou, essência à parte, a dos deuses. *O culto dinástico* [...] *vem, assim, substituir diretamente o culto da pólis por meio dos deuses*"; Jean-Jacques Chevallier, *História do pensamento político*, v. 1 (Rio de Janeiro, Zahar, 1982), p. 139-40, grifos nossos.

[9] No dizer de Anderson, "o trabalho escravo não chegou a propagar-se no interior rural do mundo helenístico [...] e as relações agrárias de produção ficaram, por conseguinte, relativamente pouco afetadas pelo domínio grego. Os sistemas agrícolas tradicionais das grandes culturas ribeirinhas do Oriente Próximo tinham combinado a existência de grandes proprietários, cultivadores dependentes

dos núcleos urbanos mais avançados do mundo antigo e, consequentemente, da *articulação inclusiva* de suas economias. Se Felipe II inicia a integração política da Macedônia com o mundo mediterrâneo, Alexandre dará o impulso decisivo para que essa integração ganhe os contornos de unidade econômica, utilizando a massa do botim das conquistas para cunhar e introduzir uma moeda única, com base na moeda ateniense – o δραχμή (*dracma*) –, universalizando um padrão monetário e propiciando ao comércio mais agilidade na circulação do excedente produzido nas cidades-estado; isso transformou a rota marítima entre Rodes, Antioquia e Alexandria em um novo centro do comércio no Oriente helenístico. Pekáry realça que, além do enorme botim de guerra, havia os lucros provenientes da receita fiscal do Império alexandrino[10]. Desse modo, a moeda única e o aumento da circulação de mercadorias se articulam com a expansão e a constituição de cidades, que, segundo Plutarco, no Oriente seriam mais de 75. Independentemente de os historiadores entenderem esse número como exagero do historiador grego e cidadão romano, é fato que muitas das cidades fundadas por Alexandre prosperaram e se tornaram importantes centros urbanos, como Alexandria, no Egito, e Antioquia, na Síria. Todas as cidades fundadas na senda da expansão alexandrina tiveram papel fundamental no desenvolvimento econômico do império[11], impulsionando as enormes mudanças proporcionadas pelo Império universal posto pela expansão macedônica, em que a fundação de cidades gregas em todo o Oriente Próximo adensa regiões antes praticamente desabitadas. Esses centros urbanos sustentavam-se politicamente na antiga nobreza e nos proprietários de terras dessas regiões – ou, ainda, nos dirigentes macedônicos indicados. Anderson estima que os três centros urbanos mais eminentes do mundo helenístico – Alexandria, Antioquia e Seleucida – somavam mais de 500 mil habitantes[12]. No entanto, se o campo – em que as atividades agrícolas constituíam-se núcleo de sustentação das economias

---

e pequenos agricultores com a propriedade real – direta ou indireta – do solo"; Perry Anderson, *Passagens da Antiguidade ao feudalismo* (Porto, Afrontamento, 1982), p. 51. Ver também André Aymard e Jeannine Auboyer, *L'Orient et la Grèce Antique* (Paris, PUF, 1994), p. 444 e seg.

[10] Thomas Pekáry, *Storia economica del mondo antico* (Bolonha, Il Mulino, 1986), p. 93.

[11] Como ressalta Pekáry, "muitas [cidades] foram fundadas ao longo de rotas de caravanas ou de vias de navegação e, por isso, asseguravam e incrementavam o comércio. A maior parte delas constituíra novos centros de mercados e de distribuição de mercadorias nas zonas agrícolas até então isoladas, propiciando, assim, o aumento da produção"; ibidem, p. 95. Ver, ainda, Domenico Musti, *L'Economia in Grecia* (Roma/Bari, Laterza, 1999), p. 134 e seg.

[12] Perry Anderson, *Passagens da Antiguidade ao feudalismo*, cit., p. 50.

helenísticas[13] – continuava estruturado no padrão produtivo tradicional do Oriente, as cidades, por sua vez, implementavam uma *forma-política sincrética*, na qual predominava uma continuidade das formas tradicionais autocráticas, *aggiornata* pela introdução de elementos político-administrativos greco-macedônicos, em que os reis diádocos (Διάδοχοι, sucessores de Alexandre) centralizavam pessoalmente o poder, sendo que a divinização da pessoa real passava a ser norma ideológica generalizada no mundo helenístico.

No âmbito ideossocietal, diante da dissolução da pólis como *forma-sociabilidade* e da emergência da concepção de *Kosmópolis*, surgem propostas para tornar possível uma vida não mais decidida pela pólis, mas determinada pelas decisões do βασιλεύς (*basileus*), porque a proteção da cidadania somente poderia advir de um sistema de leis que mediasse a vontade do soberano e as necessidades sociais e os direitos do cidadão. No contexto em que a *virtùs* (άρετεή/*aretê*) não se encontrava no cidadão, e sim no monarca, surgiram duas alternativas no que se refere às respostas político-filosóficas: de um lado, prosseguir o caminho traçado por Platão, quer dizer, dar uma resposta ideológica, mas agora no escopo de uma sociabilidade que abandonou seu núcleo ideossocietal comunitário e que passa a *privilegiar o indivíduo atomizado*; de outro, a partir do problema de "como viver?" na condição de autonomia relativizada do homem, a que nucleia-se no plano da singularidade privada, tenta manter os elementos de liberdade presentes da pólis antiga, da ateniense em particular, mas restringidos à individualidade – ser livre numa sociedade sem liberdade. De modo que, se *Kosmópolis* pressupõe pólis, como quer Ellen Wood[14], esse pressuposto, no entanto, aparece como sua *negação*, pois desloca a *virtù* coletiva e politeia para o rei. Wood vai além e argumenta que a noção do rei como "direito vivo" encontra identidades com a redefinição platônica do *nómos*, que, segundo a historiadora marxista estadunidense, acaba retirando o "estado de direito" do cidadão e o repõe no estadista.

---

[13] Segundo Pekáry, "o centro de gravidade da economia helenística ainda era constituído [...] pela agricultura e, em primeiro lugar, pela produção de gêneros alimentícios de primeira necessidade [...]. Dos papiros egípcios, aprendemos que em toda parte a principal era a produção de trigo, seguida, a longa distância, pela cevada, pelos legumes e pelo vinho"; Thomas Pekáry, *Storia economica del mondo antico*, cit., p. 114-5.

[14] Ver Ellen Meiksins Wood, *Citizens to Lords*, cit., p. 104.

A ideia do rei como direito vivo tem muito em comum com – e está relacionada com as póleis, da mesma forma que – a redefinição dos nomo do estadista (*Statesman*) de Platão [...] ele argumenta que o nomo, no sentido ateniense convencional, se opõe à arte e à *techné* do estadista; e elabora uma nova concepção do estado de direito, que seria imitar, não frustrar, a arte política. Platão reapropria o nomo ao retirar o estado de direito da comunidade dos cidadãos e personificá-lo no estadista monárquico, que deve ser livre para exercer sua arte, em nome da comunidade e sem o controle dela, através de um autogoverno de cidadãos não especialistas. A regra absoluta substitui as tradições cívicas das pólis democráticas, tornando-as contra si mesmas.[15]

De fato, esse deslocamento, diante da crise profunda e inevitável da pólis, aparece no último Platão. A nosso ver, porém, com um sentido diferente do atribuído por Wood.

Vejamos: a tentativa platônica de resposta à crise da pólis busca *integrar* a δίκη (justiça) presente na Ψυχή (espírito) universal, que media a relação entre o estado (pólis) e a cidadania. Essa conexão entre espírito e comunidade possibilita, na visão platônica, recompor a antiga Paideia politeia dentro da concepção de uma ontologia metafísica do espírito. A justiça deve ser inerente à alma, como "saúde espiritual" do homem. Além disso, a conexão entre alma e estado (pólis) não está limitada à individualidade, pois esta subsume-se à coletividade. No entanto, o estado, em Platão, não aparece como protótipo da alma. Ao contrário, como ressalta Jaeger, ambos têm a mesma essência, seja na condição de saúde, seja na degeneração, sendo que esse elemento de conexão identitária deve ser construído por meio da τέχνη (*techné*) que organiza a divisão do trabalho e, consequentemente, a comunidade. Quer dizer, o estado (altamente idealizado) de Platão harmoniza integrativamente as relações sociais a partir de uma rígida divisão do trabalho, que deve expressar, em seu fundamento, as distintas atribuições divinas das tarefas da civilidade, os diversos níveis do conhecimento com suas respectivas *technay*. Nesse sentido, em Platão, o que deveria ser entendido como ação ontológica do ser social subsume-se à transcendência, porque a essência do humano, presente na teoria do conhecimento platônica, não está nos homens, e sim em um cosmos divino, do *deus-ideia*, em que o conhecimento e o trabalho passam da ação ativa a um processo de passividade, contexto em que o homem deixa de ser amo do mundo para tornar-se servo do deus-ideia. Platão antropomorfiza a natureza das relações sociometabólicas da pólis, que é vista como realização de um demiurgo que a constrói para divulgar o

---

[15] Ibidem, p. 104-5.

bem, e essa natureza é semelhante ao mundo do *ser* – definido por Jaeger como o *estado em nós*, no limite, a internalização da justiça divina, que deve ser realizada reciprocamente entre indivíduo e estado: esse estado ideal significa, assim, uma idealização inexistente que materializa-se somente na consciência, na alma (Ψυχή) do indivíduo, como parte integrante de uma Ψυχή coletiva[16].

Para Platão, esse demiurgo – que rege o Universo, a ordem, a razão e a beleza – é entendido como divindade que detém a bondade e a *techné*, repassando-a aos homens[17]. A tarefa dessa soldagem cabe ao *estadista-filósofo* – enquanto demiurgo terreno – na formulação platônica, o que conta com a capacidade de transcender a miséria política do mundo – expressa na "morte do justo", isto é, Sócrates – e encarna o espírito da pólis e realiza a própria filosofia, que se expressa em uma nova e superior forma de governar. Como ressalta Jaeger, "a filosofia se converte, paradoxalmente, no caminho para o verdadeiro". Esse *rei-filósofo* (ou estadista-filósofo) não deve encarnar somente as leis, mas seus fundamentos, presentes na verdadeira virtude (άρετεή) e no verdadeiro saber, emanados pelo espírito (Ψυχή) universal, agora ausentes da vida coletiva pela corrupção da sociedade. Contudo, o elemento fundante do estadista-filósofo não é o mesmo que fundamenta o monarca helenístico. Ele não detém apenas a virtude. A formulação platônica é clara nesse aspecto, pois devemos considerar que a referência societal de Platão é a pólis arcaica, em seu elemento coesivo da cidadania, estruturado no governo de Sólon e em sua vida cívico-religiosa de alto poder coercitivo. Nesse sentido, como afirmamos em outro lugar, para Platão a

> *base igualitária estruturava-se exatamente na materialidade das formas que alcançaram as relações sociais de produção*, a partir de uma economia fundada nos *self--sustaining paesents*, conformadoras de uma *morphosys* ideojurídico-política, a partir de um conjunto *cívico-religioso*, que garantia – *ainda que de maneira genérico-formal* – a participação daqueles camponeses, incorporados na estrutura e na vida político--administrativa da cidade-estado como πολίτοι ισοι [...] essa é a base societal que Platão tem como referência histórico-imediata, em seu projeto político-arquetípico, isto é, *a lógica do valor de uso, presente na concepção societal platônica* não é a mesma de

---

[16] Na definição de Jaeger, "diante da falta de um estado perfeito que possa intervir ativamente, ele se dedicará, sobretudo, a formar-se a si mesmo (έαντόν πλάττειν). Não obstante, este homem recolhe em sua alma o verdadeiro estado, e vive por ele, ainda que não viva dentro dele"; Werner Jaeger, *Paideia: los ideales de la cultura griega* (Cidade do México, FCE, 1992), p. 760. Ver também Antonio Carlos Mazzeo, *O voo de Minerva*, cit., p. 163.

[17] Cf. Antonio Carlos Mazzeo, *O voo de Minerva*, cit., p. 159-60.

uma sociedade que tem sua estrutura coesiva baseada num rei-deus, representante e intermediário entre a divindade e os homens, mas, sim, a do camponês-cidadão livre (πολίτοι ισοι), que porta consigo parte da divindade universal que é sua própria alma e, portanto, não necessita mais que das condições para o autoconhecimento que o possibilite alcançar o divino.[18]

É certo, também, que essa idealização transcendente, constituída para proteger a estrutura ética e moral da pólis, acaba por eliminar do cidadão qualquer possibilidade de livre-arbítrio que não o determinado pela *consuetudine* social *ideocoesiva*. A ontologia do "que fazer?" de Platão (e também de Plotino), de buscar o escopo da vida humana no universo transcendente na própria relação com a transcendência, permite que se construa uma "saída" ideal na contemplação do transcendente; quer dizer, o além é parte inclusiva da vida humana – o sentido da vida é garantido também depois da morte. Para Platão e Plotino, a verdade e a justiça – especialmente em Platão, como vimos – deveriam ser buscadas no espírito universal, que se situava fora e, ao mesmo tempo, possibilitava o reencontro do homem com a alma coletiva e universal (Ψυχή)[19]. E, se para Platão a liberdade só era possível se exercida no interior da pólis – entendida a partir das referências da sociabilidade politeia do arcaísmo grego[20] –, a condição da *Kosmópolis* negava peremptoriamente a ossatura de sua formulação original. A "solução" encontrada é retirar desse núcleo filosófico seu escopo central, isto é, a relação da ética e da ontologia como realização possível somente na pólis, elaborando-se uma nova concepção em que a liberdade não está mais na construção coletiva da vida, e sim numa incumbência deixada à opção individual.

A formulação aristotélica possibilitou uma superação relativa da ontologia ética de Platão[21], a saber, a partir da crítica de sua teoria das ideias, especialmente

---

[18] Ibidem, p. 161-2.

[19] Na discussão com os sofistas, em sua *Politeia* (República), debatendo sobre o elemento ontológico primordial dos homens, "Platão contrapõe uma ontologia que resgata a noção socrática da Ψυχή, afirmando a alma como fundamento da regra que legitima a justiça, a *dikaiosyne*"; ibidem, p. 154.

[20] Sobre essa questão, Heller acentua: "Platão não buscava uma resposta individual; era o último filósofo da pólis, e o objetivo que perseguia, com seu estado ideal e com a ontologia correspondente, era a salvação da pólis"; Agnes Heller, *L'uomo del Rinascimento: la rivoluzione umanista* (Florença, Nuova Italia, 1977), p. 146.

[21] Ver György Lukács, *Estetica: la peculiaridad de lo estetico, cuestiones preliminares y de principio*, v. 1 (Barcelona, Grijalbo, 1966), p. 160-1, e *Ontologia dell'essere sociale*, v. 1 (Roma, Editori Riuniti, 1976), p. 11 e seg. [ed. bras.: *Para uma ontologia do ser social*, v. 1, trad. Carlos Nelson Coutinho, Mario

à afirmação de que existem além das coisas do mundo outras "essências" e que estas têm a mesma constituição que as coisas perceptíveis pelos sentidos[22]. Assim, Aristóteles critica a noção que centra as ideias no plano da universalidade e despreza a singularidade[23], acentuando que, se o universal é idêntico a si mesmo, o singular – em que se manifesta o sensível – é dinâmico e altera-se constantemente, onde esses dois elementos (universal e singular) aparecem interligados, cabendo à ciência a demonstração e a significação racional dessa interligação, quer dizer, a necessidade de conhecer o que é estudado, na singularidade, como resultado da ação e de uma escolha humana. Heller realça que, no contexto da crítica da teoria das ideias de Platão, a "forma pura" se divide em múltiplas formas e não tem mais a função de salvar a teleologia e resolver o dilema no âmbito da concepção da natureza, onde não há lugar para Deus, cuja essência se encarna na substância como princípio puramente terreno[24]. Essa posição filosófica não somente fortalecia como também alargava a ideia de *práxis social*, ενέργεια (*enérgheia*), quando aparecia aliada ao conceito de τέχνη (*techn*é), como podemos ver em Aristóteles:

> Pela arte se origina tudo aquilo cuja forma está presente na alma […] assim vai procedendo o pensamento até chegar à última condição que pode produzir o uno que opera pela arte. O movimento que parte desse ponto e leva à saúde chama-se, desse modo, produção. Assim, resulta que, em certo sentido, a saúde se origina da saúde, uma casa se origina de uma casa, a saber, a casa material de uma casa imaterial, pois a arte do médico e a arte do construtor são, no primeiro caso, a forma da saúde e, no segundo caso, a forma da casa.[25]

É clara, para Aristóteles, a distinção entre gênese natural e gênese artificial (humanamente teleológica), que permite conhecer a *essência* do trabalho, impede a generalização da essência e, ao mesmo tempo, realiza a crítica das categorias

---

Duayer e Nélio Schneider, São Paulo, Boitempo, 2011 – N. E.]. Ver ainda Werner Jaeger, *Aristotele: prime linee di una storia della sua evoluzione spirituale* (Florença, Nuova Italia, 1984), p. 396 e seg.

[22] Aristóteles, *Metafisica* (Milão, Bompiani, 2000), III, 996b-3, 997b-5 a 20.

[23] Sobre a evolução da crítica aristotélica à teoria das ideias de Platão, ver Werner Jaeger, *Aristotele*, cit., p. 227 e seg.

[24] Cf. Agnes Heller, *Aristóteles y el mundo antiguo* (Barcelona, Península, 1983), p. 191.

[25] Aristóteles, *Metafisica*, cit., VII, 7-3, 23 a 30. Como acentua Jaeger, "a comunicação de conceitos e de habilidades profissionais, em seu conjunto, na medida em que é transmissível, os gregos definiram com a palavra *techné*"; Werner Jaeger, *Paideia*, cit., p. 19.

extra-humanas na análise da realidade. Lukács destaca que Aristóteles é o primeiro pensador a captar isso de modo aproximadamente correto, em termos filosóficos – a observação e a explicação do "finalismo" na esfera da vida conduzem de *per si* a que se considere teleologicamente, também a natureza inorgânica, quer dizer, buscar uma substância ou uma força teleológica originária por trás das necessidades regulares dos fenômenos singulares –, resultando daí, também, o problema do motor imóvel[26].

No entanto, mesmo levando em conta essa diferenciação aristotélica, verificamos que, de Sócrates a Aristóteles, as concepções filosóficas estavam relacionadas à vida e ao pensamento e eram compreendidas como a *unidade da ciência e da virtude*. Não por acaso, Aristóteles considerava a filosofia a mais elevada manifestação da vida humana. Objetivamente, a filosofia pós-aristotélica inverte essa lógica, *separando a ciência da virtude*. A filosofia transforma-se em pesquisa de orientação moral, de conduta de vida, que não mais se relaciona com um centro virtuoso de vida e considera a ciência um meio para chegar a uma finalidade. No espaço histórico da *Kosmópolis*, configura-se a dessacralização da cidadania clássica (πολίτοι ισοι) e da pólis como núcleos da virtude. O sagrado passa a residir na pessoa do monarca, que, dali em diante, encarna a ἀρετή, que antes pertencia à pólis. Portanto, esse é o contexto em que a questão a ser respondida não é mais "o que fazer?" – como inicialmente questionaram Platão e depois Plotino e cujas alternativas, mesmo as propugnadas por Aristóteles, foram postas abaixo pela expansão macedônica –, e sim "como viver?", bastando-se espiritualmente a si mesmo, descolado da política, antes exercida com independência pelos já extintos πολίτοι ισοι, cidadãos isonômicos da pólis.

O novo mundo da *Kosmópolis* encontra expressão identitária na filosofia pós-aristotélica, em que ganha dimensão o *problema moral*. Se a escola cínica já havia acenado para a ruptura do equilíbrio harmônico entre virtude e ciência, a filosofia pós-aristotélica dá consequência definitiva a essa concepção. Diante da formulação socrática de que a "virtude é ciência", responde-se com o princípio de que é a *ciência que se constitui em virtude*. A nova e imediata tarefa é a procura de uma orientação moral a que a orientação teórica deve estar subordinada[27], isto é, *o pensamento deve servir à vida, não a vida ao pensamento*. Entre as diversas escolas filosóficas

---

[26] Cf. György Lukács, "Introduzione", *Ontologia dell'essere sociale*, cit., p. 12 [ed. bras.: "Introdução", em *Para uma ontologia do ser social*, v. 1, cit., p. 34 – N. E.].

[27] Cf. Nicola Abbagnano, *Storia della filosofia*, v. 1: *La filosofia antica* (Milão, TEA, 1995), p. 204 e seg.

A ARQUITETURA DO CONCEITO DE *VIRTÙ EQUALITARIST* 37

pós-aristotélicas, são os epicúreos e os estoicos que perpassam quinhentos anos da história da Antiguidade, ambos tendo como elemento central de suas doutrinas o comportamento – e, na óptica de Heller, é o comportamento que faz determinado indivíduo ser estoico ou epicúreo; pertencer a uma escola filosófica requer um tipo de comportamento e de norma que impossibilitem a separação entre visão de mundo e práxis[28]. Esses sistemas filosóficos constituem respostas às novas necessidades objetivas e subjetivas do *ser social* (enquanto soluções de práxis) não somente no plano das ideias propriamente ditas, mas no contexto amplo da *práxis social.* A nova sociabilidade produz, no escopo da construção ideossocietal, uma concepção de virtude limitada ao âmbito da individualidade, regida por regras que não mais são constituídas coletivamente pelos cidadãos das pólis, e, nesse sentido, o núcleo da reflexão filosófica – reverberando a emergência do homem privado e destituído de moral comunitária – desloca-se para a compreensão das leis gerais que regem a natureza e os homens. Aristóteles construiu a última reflexão que pretendia analisar o período da crise (de desintegração) da pólis e do consequente surgimento do novo momento que irá ganhar concretude na *Kosmópolis*, buscando um novo sentido ético, de solução de práxis, em que o homem deve esboçar moral própria em sociedade, como indivíduo social ativo e teleológico. Desse modo, a postura analítica aristotélica possibilita a desintegração dos pontos de vista unilaterais e absolutos e torna manifesta a heterogeneidade das relações humanas. Essa reflexão, porém, desaparece junto com o próprio filósofo. Não apenas por sua morte física, mas principalmente pela desarticulação da *forma-política politeia*, isto é, a forma clássica e original da democracia antiga (δημοκρατία).

Os sentimentos de pertencimento a uma comunidade logo se esfumam quando os núcleos decisórios são transferidos para outra e mais complexa esfera de poder, apartada e estranhada do conjunto da sociedade, o que completa o longo processo da realização do *estranhamento* em relação ao estado. No contexto societal em que se desenvolvem relações sociais e políticas que não mais colocam a questão do que fazer, mas apenas de como viver, criam-se condições férteis para o surgimento de um pensamento muito mais pragmático, arremetido ao particular, definido por Hegel como "consciência funesta e infeliz" do mundo[29]. As concepções estoicas e

---

[28] Agnes Heller, *L'uomo del Rinascimento*, cit., p. 145.

[29] É no parágrafo sobre a consciência infeliz que Hegel explicita a divisão entre o plano do inessencial e o plano da essencialidade da consciência; ver G. W. F. Hegel, *Fenomenologia del espíritu* (Cidade do México, FCE, 2009), p. 121 e seg. Sobre esse aspecto, Tertulian nos indica que Lukács identifica a consciência inessencial ou, melhor dizendo, transmutável, com a dos indivíduos que, presos a

epicúreas veem a relação entre o homem e o mundo exterior como permanente contradição. O homem tem uma existência dada por uma natureza não teleológica, que não oferece objetivos ao indivíduo, tampouco um sentido para a vida. Nesse contexto, a tarefa do homem é confrontar-se razoavelmente com a objetividade, dentro de um mundo e de uma objetividade dadas, isto é, a tarefa consiste em lutar para conquistar a liberdade individual. No entanto, as identidades entre as duas escolas terminam nesses aspectos genéricos, pois nos entendimentos sobre o caráter das leis e na própria relação do homem com o mundo exterior há respostas divergentes. Para os estoicos[30], dentro de suas características clássicas, há uma necessidade fundamental das leis, sendo que essas leis naturais – e, internamente a elas, a natureza humana – permitem que se leve a vida em conformidade com a natureza e possibilitam a liberdade do homem. Já para os epicúreos, a partir da teoria do *clinamen* ("desvio do átomo"), a doutrina epicúrea do átomo[31], justifica-se a existência do objetivo fortuito para a viabilização da liberdade humana[32]. Essa diferença ontológica na compreensão do comportamento, consequentemente, gera uma postura diversa diante do ético. Para os estoicos, o pressuposto da necessidade absoluta significa, principalmente para os tardo-estoicos romanos, a dupla partida; como ressalta Heller, a ação comum com a necessidade (social) e a transformação da autonomia em simples "autonomia subjetiva"[33]. Por outro lado, a teoria do *clinamen* significa a escolha (atitude) de um completo e absoluto retiro da vida e das atividades públicas. Essa divergência gera outras consequências contrapostas. Para o estoico, que

---

uma existência cotidiana esvaziada de sentido de interioridade e marcada pelo puro particularismo, projetam suas necessidades de essencialidade no irrealismo de um ser abstrato e transcendente. Ver Nicolas Tertulian, "Introduzione", em György Lukács, *Prolegomeni all'ontologia dell'essere sociali – questioni di principi di un'ontologia oggi divenuta possibile* (Milão, Guerrini, 1990), p. xxv [ed. bras.: "Posfácio", em György Lukács, *Prolegômenos para uma ontologia do ser social*, trad. trad. Lya Luft e Rodnei Nascimento, São Paulo, Boitempo, 2010, p. 397 – N. E.].

[30] O nome estoico provém do lugar em Atenas, o Pórtico Pintado (Στοά Ποιχίλη/*Stoá Poikíle*), em que Zenon de Cício (*c.* 335-263 a.C.), o fundador da escola estoica, dava aulas a seus discípulos, conhecidos como os da *stoá* ou estóicos.

[31] Na definição do jovem Marx, Epicuro "admitia a declinação dos átomos para explicar a repulsão e, por outro lado, recorria a ela para explicar a liberdade"; Karl Marx, "Diferencia entre la filosofia democriteana y epicurea de la naturaliza", em *Escritos de la juventud* (Cidade do México, FCE, 1987), p. 31 e seg. [ed. bras.: *Diferença entre a filosofia da natureza de Demócrito e a de Epicuro*, trad. Nélio Schneider, São Paulo, Boitempo, 2018, p. 74 – N. E.].

[32] Ver *Epicuro: opere* (Milão, TEA, 1993), p. 224 e seg.

[33] Agnes Heller, *L'uomo del Rinascimento*, cit., p. 149.

vive no mundo, "controlar" sua natureza e exercitar o ascetismo torna-se obrigação. O epicúreo, que vive "distante" do mundo e tem, objetivamente, a possibilidade de desenvolver sua autonomia, pode deixar que se desencadeiem suas paixões, para o gozo bom e virtuoso. A questão central, posta pelas duas escolas, era como poderia o indivíduo viver enquanto homem livre e autônomo em um mundo que se movimenta independentemente dos homens e que obedece a leis próprias, tanto na natureza como na sociedade, e que apresenta, ainda, a questão da morte como anulação do homem. Essa questão, sem resposta pelo menos até o Renascimento, é afrontada no âmbito da vida prática, a partir da necessidade de distanciar-se das perturbações do mundo, consubstanciada no plano da aplicação da filosofia, como tentativa de *solução de práxis*, na busca da "felicidade" (infeliz) individual na idealização de uma vida indiferente perante os motivos humanos da existência.

É relevante destacar, no contexto dessa consciência normalizadora e infeliz do mundo, o esvaziamento dos elementos constitutivos dos fundamentos da ontologia pré-socrática, por parte dos estoicos e, principalmente, dos epicúreos – que, ainda assim, podem ser caracterizados como humanistas porque centram suas reflexões em torno do indivíduo. Como ressalta Lukács, há na filosofia de Epicuro um materialismo "inescrupulosamente crítico" que destrói a ontologia de dois mundos, além de pôr o sentido da vida humana – através do problema da moral – no centro da filosofia[34]. Por outro lado, o neoplatonismo utiliza as teses de Platão para acentuar a ideia da transcendência; esta, empregada fora do contexto histórico de sua filosofia, que pretendia responder positivamente à crise da pólis, transforma-se na expressão da consciência de uma permanente revelação mítica. Aprofunda-se a cisão entre o intelectual e o filósofo; o sábio é aquele que fala sobre o indivíduo. Cinde-se também a ética da política, um fracionamento que expressa a própria *morte da forma-política politeia* e que proporciona o surgimento das primeiras formulações que realçam a política como *ontonegativa*, como podemos verificar ao longo do desenvolvimento das formulações cristãs, desde as epístolas de Shaul/ Paulo, passando pela filosofia patrística e chegando a Santo Agostinho. A separação entre ética e política, objetivamente determinada pela impossibilidade de o cidadão interferir na coisa pública, consubstancia uma laicização estranhada da política, que definitivamente deixa de ser sacralizada. Se, para Sócrates, Platão e Aristóteles, o público é o centro nuclear da liberdade, o privado é seu contrário, isto é, *o pré--político e o pré-ético*, caracterizado como espaço desigual – o das diferenças entre

---

[34] Cf. György Lukács, "Introduzione", em *Ontologia dell'essere sociale*, cit., p. 12 [ed. bras.: *Para uma ontologia do ser social*, v. 1, cit., p. 34 – N. E.].

40 Os PORTÕES DO ÉDEN

homens, mulheres e escravos. Para os helenistas, o privado é o terreno essencial do ético. A vida na *Kosmópolis* é a vida dos tempos em que são mesclados gregos e não gregos ("bárbaros"), que destrói a ética politeia; na feliz definição de Asmann é a destruição da multiplicidade dos deuses das pólis, conduzindo à adoração do cosmos[35]. No escopo do nascimento de uma nova ordem, posta pela precipitação de novas relações societais, "desdiviniza-se" o mundo dos homens. O novo espaço sacralizado é, agora, o mundo do coletivo mítico-divino – o Império universal, dos cidadãos do cosmos, de uma *Kosmópolis transcendente*, que os torna "cidadãos do céu", como adiante sintetiza o apóstolo Shaul/Paulo de Tarso.

A patrística como ontologia mítico-igualitarista

O chamado "cristianismo primitivo" desenvolve-se ontologicamente como resultado sintético e sincrético do próprio pensamento clássico greco-romano, inclusive da filosofia pagã, e do *reprocessamento histórico e helenizado* das experiências monoteístas da Antiguidade oriental – em particular do judaísmo. No entanto, sua estrutura imediata liga-se ao pensamento do judaísmo da diáspora, da política de hegemonia cultural imposta na Judeia pelos selêucidos, particularmente por Antíoco IV, e de seitas helenizadas, como os essênios[36], que têm em

---

[35] Como bem ressalta Asmann, "as filosofias do helenismo caracterizam-se, pois, pela fusão entre gregos e não gregos, formando-se uma mentalidade ecumênica (*ekuméne*, ou comunidade humana universal) para além das diferenças e das autossuficiências das raças e das culturas locais. Com isso, fundem-se elementos antes distintos em Platão e Aristóteles e mesclam-se formas de vida e de pensar 'civilizadas' e 'bárbaras'. Pense-se, por exemplo, nas doutrinas religiosas A unicidade de governo destrói a diversidade e a multiplicidade de deuses, os de cada pólis, e conduz à veneração do cosmos em sua inteireza, invadido por uma força divina manifestada nos astros. Para além de livres e escravos e de gregos e bárbaros, estabelece-se uma comunidade natural que é, ao mesmo tempo, unidade religiosa [...]. Assim, nascem contemporaneamente o indivíduo e o cosmopolita. O ser humano já não *é* o ser da cidade (o ateniense já não é de Atenas...), mas um cidadão do mundo. Como tal, eis um novo dogma que se anuncia: todos os homens são iguais, irmãos, pois todos estão sob o mesmo *Lógos*, e isso – insista-se – nasce antes do cristianismo, embora depois se fortaleça com ele, com outra fundamentação. Esta é a matriz – helenista e cristã – da igualdade moderna"; Selvino José Asmann, "Estoicismo e helenização do cristianismo", *Revista de Ciências Humanas*, UFSC, v. 44, n. 2, out. 2012, p. 30.

[36] Como acentua Lévêque, "reagindo contra o judaísmo oficial dos saduceus e dos fariseus, aparece no século I uma seita reformada, a dos essênios. Ligam-se a um messias, o Mestre de Justiça, criador de uma gnose que vai tirar muito ao pitagorismo"; Paul Lévêque, *O mundo helenístico* (Lisboa, Edições 70, 1987), p. 48 e seg. Ver, ainda, a fonte histórica de Flavio Josefo, *Storia dei*

A ARQUITETURA DO CONCEITO DE *VIRTÙ EQUALITARIST* 41

seus fundamentos, desde seus primórdios, um princípio igualitarista fortemente helenizado. O núcleo judaico aristocrático alexandrino, ou a ele vinculado, que fala tanto grego como aramaico[37], converge para uma interpretação mítica da Septuaginta – a Torá em versão grega – e, através dela, há o vínculo com a comunidade mãe de Jerusalém[38].

Esse judaísmo fundido à cultura helenista constrói um pensamento neojudaico que tem profunda afinidade com o neopitagorismo e com os mistérios do orfismo pitagórico que interpretavam alegoricamente a Torá/Septuaginta, pregando a imortalidade da alma e a vida após a morte, crenças presentes tanto no neopitagorismo como no medioplatonismo da Tarda-Antiguidade e que formam um conjunto filosófico greco-judaico cuja maior expressão é Fílon de Alexandria (*c.* 13 a.C.- -50 d.C.), que sintetiza e sincretiza os elementos fundantes da Torá judaica adaptando a eles os conceitos da filosofia grega, cujo produto é uma forma de platonismo que se reporta a Pitágoras. Mais que isso, Fílon (Filón Judaeus, para os romanos) apresenta sua versão da criação assentada nas construções do medioplatonismo, em especial sua definição do tempo cósmico.

> E Deus acabou no sexto dia as obras que havia feito. Ingênuo é acreditar, certamente, que se criou o cosmos [a expressão grega κόσμος significa "ordem" e também "mundo"] em seis dias ou, de toda maneira, em um tempo. Por quê? Porque todo tempo é um conjunto de dias e de noites que, forçosamente, produz o movimento do Sol passando sobre e debaixo da Terra. O Sol foi criado como parte do céu, de modo que, convenhamos, o tempo é mais jovem que o cosmos. O movimento do céu revelou a natureza do tempo.[39]

---

giudei: da Alessandro Magno a Nerone (Milão, Mondadori, 2010), livros XIV, XV e XVI; e André L. Chevitarese e Gabriele Cornelli, *Judaísmo, cristianismo e helenismo: ensaios acerca das interações culturais no Mediterrâneo Antigo* (São Paulo, Annablume/Fapesp, 2007), p. 29-69.

[37] Lévêque ressalta que em Alexandria a comunidade judaica "é administrada por um conselho de anciãos (gerousía) e vive em contato com os *goyim* [não judeus], e os judeus do Egito helenizam- -se. A maior parte dos que são mencionados nos papiros tem nome grego. A partir do princípio do século II, eles abandonam o aramaico pelo grego"; Paul Lévêque, *O mundo helenístico*, cit., p. 50 e seg.

[38] Ver José Pablo Martín, "Introducción general", em Filón de Alexandria, *Filón de Alejandría: obras completas*, v. 1 (Madri, Trotta, 2009), p. 17 e seg.

[39] Fílon de Alexandria, "Alegorias de las leyes", em *Filón de Alejandría*, v. 1, cit., II,3, p. 172.

Verificamos, nas formulações filoneanas, todo um universalismo em construção e podemos dizer que nessas concepções encontram-se os fundamentos dos enunciados da filosofia cristã tardo-antiga, como veremos adiante. O elemento universalista está evidenciado no conjunto de sua obra, mas seguramente é em sua interpretação da criação do mundo segundo Moisés[40] que se situa o núcleo de sua alegoria universal-helenística da Torá.

Interpretando os salmos, particularmente o 45, Fílon elabora uma das mais brilhantes aproximações com o pensamento clássico grego, em particular com Platão. Não somente em sua definição de Ψυχή (alma/espírito) universal, mas também na concepção articulada da unidade entre Ψυχή e Φύσις (corpo), construção helênica por excelência e que tem seu núcleo evolutivo, como ressalta Jaeger, a partir da formulação grega do conceito e da doutrina da alma e que se estrutura não em Homero, mas em sua ruptura teológica, isto é, em *Teogonia*, de Hesíodo[41]. Segundo Jaeger, há nessa formulação uma novidade: a imortalidade da alma[42]. No entanto, a noção mais complexa e que vai influenciar decisivamente a teologia cristã tem em sua base as construções teológicas de Platão, nucleadas em *Fédon*, como verificamos nesta passagem:

> Cada alma é imortal. Pois o que está sempre em movimento é imortal, enquanto o que move e de outro é movido termina sua vida quando terminar seu movimento. Apenas o que move a si mesmo, a partir do momento em que não deixa a si mesmo, nunca cessa de mover-se, mas é a fonte e o princípio de movimento também para todas as outras coisas dotadas de movimento. O princípio, porém, não é gerado. Pois é necessário que tudo aquilo que nasce seja gerado por um princípio, mas que este último não tenha origem de alguma coisa, pois, se um princípio nascesse de alguma coisa, não seria mais um princípio.[43]

Nesse livro, Platão retoma os fundamentos socráticos sobre o conceito de alma, em que a Ψυχή/alma nasce juntamente com o corpo, numa unidade indefectível, que provém da Ψυχή universal[44]. Voltando a Fílon, ressaltemos que sua

---

[40] Idem, "La creación del mundo según Moisés", em *Filón de Alejandría*, v. 1, cit., p. 97 e seg.

[41] Ver Hesíodo, *Teogonia/Θεογονία* (ed. bilingue, São Paulo, Iluminuras, 1995).

[42] Cf. Werner Jaeger, *La teologia de los primeros filósofos griegos* (Cidade do México, FCE, 1998), p. 77 e seg., e *Paideia*, cit., p. 419 e seg.

[43] Platão, "Fédon", em *Platone: tutte le opere*, v. 2 (Roma, Newton Compton, 1997), 245c-245d.

[44] Ibidem, 70a e seg.

noção de alma apresenta, como em Platão, uma robusta e intrínseca identidade universal/singular da Ψυχή, expressa na unidade entre Deus e homem (cuja alma é parte integrante do espírito universal) a partir de um núcleo virtuoso. No caso de Platão, essa identidade vincula-se às formulações socráticas de um *éthos* comunitário virtuoso no qual se manifestam a Ψυχή e a ἀρετεή (virtude) universais e, na compreensão platônica, o espírito universal determina e rege a virtude fonte da justiça e da bondade[45]. Como vimos, o núcleo de realização do espírito universal e coletivo é a pólis; por isso, dentro dessa concepção, a justiça (humana) não pode ser mero jogo de interesses do grupo político que detém o poder, mas o resultado de sua conexão com a δίκη (justiça) universal. Apesar de seguir o mesmo preceito socrático-platônico da alma e sua concepção de unidade, Fílon, inserido no debate de seu tempo, vai adiante no que se refere à definição de Deus como Ψυχή universal.

Ressaltemos os três elementos essenciais de sua concepção filosófica de Deus: a transcendência absoluta de Deus em relação a tudo o que é conhecido pelo homem; a união do homem com Deus constitui uma finalidade determinada; a doutrina do *Lógos* como intermediário entre Deus e o homem. Assim como na formulação platônica, o conhecimento máximo divino, ainda que esteja presente na alma humana, é inapreensível, ἀκατάληπτος. Daí a dimensão dada a Yahweh, em *Vida de Moisés* – traduzindo para o grego seu significado hebraico, ἐγώ εἰμι ὁ ὤν, ou "eu sou aquele que é"[46], que, na dimensão platônica, significa ser a essência divina incognoscível, aquela que está acima de tudo, porque Deus mesmo é o gerador de tudo. Na formulação filoneana, Deus conta com duas potências originárias: a bondade e o poder. Com a primeira, ele é propriamente Deus, e a segunda o faz Senhor. Há, porém, entre essas duas potências essenciais, uma terceira, que atua como "conciliadora": a sapiência, o *Lógos* – o Verbo divino, que é a imagem perfeitíssima do Deus mesmo. Em Fílon, o *Lógos* é o meio pelo qual Deus cria o mundo. Em sua interpretação alegórica da criação, antes de criar o mundo, Deus criou um modelo perfeito, não sensível, incorpóreo e símile ao mundo, que é o *Lógos*. De modo que o

---

[45] Como acentua Platão, "o divino é belo, sapiente, bom [...] a asa da alma é nutrida e acrescida por essas qualidades, em sumo grau, e, por outro lado, é consumida e arruinada por aquilo que é feio, mal e contrário àquelas qualidades"; ibidem, 246e.

[46] Como vemos em Fílon: "Em primeiro lugar, diz-lhes que eu sou O Que É, para que, compreendendo a diferença do que é e do que não é, compreendam ademais que nenhum nome em absoluto se predica a mim com propriedade, o único a quem corresponde o ser"; Fílon de Alexandria, "Vida de Moisés", em *Fílon de Alejandría*, v. 5, cit., I-XIV.75.

Lógos constitui a sede das ideias, por meio das quais Deus ordena e plasma as coisas materiais. O *Lógos*, como potência mediativa entre as duas principais, bondade e poder, aparece como *demiurgo do Universo*, criador e organizador da matéria. Na definição de Fílon, "todas as coisas se iam construindo simultaneamente. No entanto, ainda que constituídas todas ao mesmo tempo, a *razão* traçava a ordem com necessidade, porque, em continuidade, os seres gerariam uns aos outros"[47].

Acrescente-se que é da própria matéria de origem divina que surgirão as imperfeições do mundo. Em seu nítido diálogo com a filosofia da natureza grega, Fílon chega à questão da origem ou, melhor dizendo, da criação do homem. Aqui, o núcleo de sua argumentação ganha claro sentido platônico no que se refere ao caráter da identidade – imagem e semelhança – Deus/homem.

Dimensionando o elemento alegórico da Torá, em *De opificio mundi – a criação do mundo segundo Moisés* Fílon afirma que nada é mais parecido com Deus que o ser humano[48]; ao mesmo tempo, ele ressalta que essa semelhança não está no caráter corporal, porque Deus não tem forma humana, tampouco o corpo humano tem aspecto divino. Para o filósofo alexandrino, a identidade Deus/homem nucleia-se na alma, no intelecto, como parte de uma $\Psi \upsilon \chi \acute{\eta}$/alma universal[49], a qual o velho Platão nomeia de "realidade mais antiga entre todos aqueles que participaram da criação" e que é imortal e rege todos os outros corpos do Universo[50]. Aí destaca-se a concepção do *Lógos* como protótipo do intelecto humano, isto é, da presença do *Lógos* no universo intelectual do ser humano ou, melhor dizendo, que habita em sua $\Psi \upsilon \chi \acute{\eta}$. Fílon coloca a realização do espírito universal e da virtude divina no povo de Israel, cuja pátria universal é Jerusalém[51]. Desse modo, entendemos que na concepção filoneana não deixa de estar presente um núcleo de universalidade. Temos essa chave em sua já mencionada interpretação dos salmos 45 da Torá/Septuaginta/Velho Testamento, no dimensionamento da expressão "Cidade de Deus"

---

[47] Idem, "La creación del mundo según Moisés", cit., XXII-67; grifo nosso.

[48] Ibidem, XXIII-69.

[49] "A imagem está expressa segundo o guia da alma, no intelecto. O intelecto parcial que se encontra em cada um foi assemelhado àquele único que é de todas as coisas, como se fora um arquétipo"; idem.

[50] Platão, "Leggi", em *Platone*, v. 5, cit., XII-967d.

[51] Como ressalta Martin, "uma leitura paciente e completa do filósofo nos adverte que o tratamento da história da alma está em relação hermenêutica com os valores políticos, como já acontecia em Platão, e com a realidade da estirpe de Israel como sacerdote do criado"; José Pablo Martín, "Introducción general", cit., p. 65.

(45,5), que pode ser traduzida como Universo, a alma do sábio ou, ainda, Jerusalém como *Kosmópolis* do mundo. Mas, se não podemos deixar de verificar as evidências de um Fílon nem sempre generoso para com os outros povos, por outro lado, seu monoteísmo centrado no platonismo está dirigido à humanidade – se entendermos que sua desaprovação aos egípcios expressa a desaprovação da perseguição a Moisés e aos judeus pelo faraó do Egito –, porque o *núcleo de seu pensamento direciona-se à humanidade, a quem está destinada a sabedoria divina,* desde o primeiro momento da criação, como fica evidenciado em *De opificio mundi,* no qual recoloca-se no plano de universalidade a noção do homem criado à imagem e semelhança de Deus[52].

Em um mundo convulsionado, como o do início da crise do Império Romano – crise que obviamente incidia nas formas da subjetividade societal –, os velhos valores dão sinais de colapso e as influências das religiões não helênicas, de corte oriental, ganham novas dimensões, inclusive com embasamento filosóficos; não por acaso, o ecletismo se fortalece nesse momento histórico em que não somente o *cidadão grego-clássico já não existe,* como a própria vida cidadã e coletiva insere-se negativamente, diante do poderio das estruturas do rei e do estado. É nesse processo histórico em precipitação que o *ecletismo* ganha força e hegemoniza as três grandes tendências do pensamento pós-aristotélico – estoicismo, epicurismo e ascetismo –, as quais, apesar de discordarem a respeito dos fundamentos teóricos, concordam em suas formas práticas, principalmente na ideia de que a essência humana é a busca pela felicidade, em que eliminam-se as paixões, onde a sabedoria está na indiferença em relação aos aspectos verdadeiramente humanos da vida. No contexto do pensamento de vezo eclético, que expressa, de um lado, a adaptação do pensamento grego ao modo de vida romano e, de outro, a imperiosidade da submissão ao *consensus* coesivo de uma forma societal que direcionava-se aceleradamente à desagregação, ganha robustez a noção da salvação no outro mundo não somente pela existência objetiva de uma Forma-estado posta, inicialmente, pela ordem construída pelo Império alexandrino e, depois, ampliada pelo Império Romano – um estado universal deificado, um rei-salvador deificado, as cidades-estado como células de um corpo político, um exército e um serviço público civil profissional[53] –, mas também pelas progressivas derrotas dos movimentos políticos que se contrapunham, de um modo ou de outro, ao poderio romano.

---

[52] Fílon de Alexandria, "La creación del mundo según Moisés", cit., VI, 23, 24 e 25.

[53] Ver Arnold Toynbee, *Helenismo: história de uma civilização* (Rio de Janeiro, Zahar, 1983), p. 180 e seg.

Assim, a própria noção de Império universal igualitário, resultado de uma concepção que se robustece com a noção helenista da *Kosmópolis*, também sofrerá alterações no processo de desagregação do mundo antigo e ganhará novas dimensões no período subsequente, na Tarda-Antiguidade. No contexto de uma crise societal materializada na crise do Império Romano, ganha força social a ideia de salvação mística. Ainda que, em nosso juízo, não possamos estabelecer relações mecanicistas entre a derrota das insurreições populares contra o poder do império e a ascensão de uma via salvadora transcendente – dadas as condições objetivas do *reflexo ideossocietal* e, consequentemente, da subjetividade no mundo antigo, onde as formas de medições eram muito permeadas pelo idealismo que com frequência contrapunha o fenômeno à verdade objetiva –, devemos considerar que o insucesso dessas rebeliões, como a emblemática derrota da revolta dos escravos liderados por Spartacus, que, em 73 a.C., fecha as alternativas para saídas no plano terreno e abre perspectivas para os projetos de reinos de liberdades transcendentais que não eram desse mundo. Nesse contexto, as religiões salvacionistas e baseadas na vinda de um redentor que se sacrificaria pela humanidade ganham força, em especial o culto do mito de Jesus, o Χριστός (*Christós*), tradução grega do hebraico מָשִׁיחַ (*mašíakh*), o "ungido", criado entre as classes populares, pertencente a uma família de artesãos, que prometia um reino de felicidades no outro mundo e, assim como Spartacus, foi condenado à crucificação, mas, tal qual o deus egípcio Osíris, superou a morte e voltou à vida, na mais clássica tradição das religiões camponesas do mundo antigo; ele tinha um pai que o havia adotado na Terra, o carpinteiro José, mas era, *de facto*, filho de um deus com uma humana, a virgem Maria – aliás, era filho de um deus considerado o verdadeiro Deus único. Essa perspectiva de atender a anseios populares e à necessidade societal de uma nova *Weltentstehung* (cosmogonia) nos possibilita demonstrar, sintética e aproximativamente, o escopo histórico do surgimento do cristianismo, primeiro entre seitas judaicas – inclusive em Jerusalém, umas das cidades mais helenizadas do Mediterrâneo oriental[54] –, e depois alargando-se entre outras populações helenizadas. Poucas comunidades e poucos povos daquela região estavam fora do amplo processo de helenização, e inclusive as populações palestinas, mesmo que mais distanciadas de uma socialização diretamente helenística, recebiam de algum modo influências socioculturais próprias da hegemonia do helenismo, como bem asseveram os clássicos autores Werner Jaeger e Charles Guignebert[55].

---

[54] Ver André L. Chevitarese e Gabriele Cornelli, *Judaísmo, cristianismo e helenismo*, cit., p. 37 e seg.

[55] Ver Werner Jaeger, *Cristianismo primitivo y paideia griega* (Cidade do México, FCE, 1985), e Charles Guignebert, *El cristianismo antiguo* (Cidade do México, FCE, 1998).

A ARQUITETURA DO CONCEITO DE *VIRTÙ EQUALITARIST* 47

De qualquer modo, como produto de um universalismo ocidental em crise, inclusive como epítome de um Oriente helenizado, o cristianismo *repõe* o Ocidente justamente ao reagregar e reconstruir seu arcabouço intelectual. O cristianismo que emerge no Ocidente com o judeu helenizado e possivelmente cidadão romano Shaul/Paulo de Tarso é aquele configurado no momento em que passa a integrar a vida intelectual grega, incorporando seu pensamento filosófico[56]. O próprio apóstolo Shaul/Paulo dá muitos indícios dessa integração quando, por exemplo, utiliza praticamente as mesmas palavras de Sófocles, em sua tragédia *Édipo em Colono*, para definir Atenas como cidade religiosa: "Homens de Atenas, em tudo vos vejo muitíssimo religiosos"[57]. Como evidencia Guignebert, a ideia de Igreja nasceu da transposição da esperança cristã da Palestina ao terreno grego e, se assim podemos dizer, de sua universalização[58].

Contudo, se o helenismo enquanto Paideia, em sua forma "original", entra em crise, por outro lado é passível de discussão a afirmação consagrada de sua derrocada no Ocidente, como encontramos nas formulações, entre outros, de Toynbee e Mazzarino. Como já foi dito, é certo que a antiga Paideia sofria alterações concomitantes às mudanças de um mundo em crise, mas seguramente não passava por uma crise de dissolução. Ao contrário, reestruturava-se diante da nova configuração histórica, incorporando elementos do Oriente e recolocando os aspectos catárticos presentes na religião, mas sob a óptica cosmológica e metafísica de uma revelação, o que pressupunha uma organização do conhecimento e de uma ética, postos pela filosofia e pela forma religiosa que se desenvolve na Grécia Antiga. Uma cosmogonia (*Weltentstehung*) provedora de satisfações e de necessidades que possibilitam a *Aufhebung* [transcendência] de uma existência imediata dos homens, ainda que recolocada no plano de uma ontologia antropomórfica posta, em moldes platônicos, por um demiurgo do Universo. A nova Paideia, como define Jaeger, constitui-se de fato como *Paideia em movimento*, que rompe com alguns conteúdos daquela

---

[56] Como acentua Jaeger, "nesse momento, a fé cristã começa a participar do grande processo histórico do pensamento grego e une-se ao ritmo de sua vida. Pois seria errôneo supor que a helenização do pensamento cristão, que realiza-se nesse momento, tenha sido um processo unilateral, sem relação alguma com as necessidades internas da civilização grega, tal qual existia naquele momento"; Werner Jaeger, *Cristianismo primitivo y paideia griega*, cit., p. 63.

[57] "Atos dos apóstolos", *Biblia sagrada* (São Paulo, Ave Maria, 1998), 17-22. E como vemos em Sófocles: "Atenas, a mais pia das cidades e com profundo sentimento religioso"; "Edipo a Colono", em *Sofocle: tutte le tragedie* (Roma, Newton Compton, 1994), p. 306-7.

[58] Charles Guignebert, *El cristianismo antiguo*, cit., 1998, p. 130.

tradicional construída no período helenístico clássico, mas que, ao mesmo tempo, os recoloca, constituindo-se enquanto *continuidade-descontinuada* e *aggiornata* dos preceitos básicos desenhados pelo pensamento grego; um neo-helenismo adaptado à crise ou, se quisermos, ao que nascia do processo de desintegração do velho mundo romano.

Alguns autores, em geral de orientação cristã, recusam a noção do cristianismo como produto histórico do helenismo, deixando de considerá-lo como elemento ideorreligioso de uma nova forma cosmológica em movimento, resultante de uma sociabilidade em mutação, isto é, da crise do mundo antigo e de sua *forma-trabalho* escravista. Na direção de Cantalamessa, entendemos que não se pode considerar o cristianismo como fato inferior do helenismo, uma espécie de "mancha" na consciência religiosa dos cristãos[59]. Moreschini, no prefácio de sua *História da filosofia patrística*, releva que a discussão não deve estar limitada à afirmação nem à negação da presença do helenismo, mas conter o "modo" e a "medida" com que ele foi incorporado ao cristianismo[60]. Ao contrário de Moreschini, entendemos que o problema está situado no espaço histórico mesmo do surgimento do cristianismo, isto é, não apenas como resultado do legado da sociabilidade greco-romana, mas da construção de uma nova *Weltanschauung* que irá sedimentar ideologicamente as novas relações sociais de produção emergentes. Nesse sentido, o cristianismo aparece como *síntese dialética* – *ruptura* e *continuidade* – do pensamento e da própria religiosidade do Ocidente antigo.

O cristianismo, que prega a salvação de todos os homens e assume desde sua gênese a proposta de um Império de um deus universal, expressa de modo mais intenso a construção de uma Paideia adequada a um mundo universalizado em crise. Jaeger enfatiza com justeza que a adesão à literatura e à fala gregas não constitui

---

[59] Ver Raniero Cantalamessa, "Cristianesimo primitivo e filosofia greca", em Raniero Cantalamessa (org), *Il cristianesimo e le filosofie* (Milão, Vita e Pensiero, 1971), p. 51-2.

[60] Como acentua Moreschini: "A filosofia patrística foi, ao longo de toda sua existência (e certamente também a seguir), fortemente influenciada pelo platonismo. Clemente, Orígenes, os padres capadócios e Agostinho foram-no em grau máximo, e, na realidade, foi grande a abertura deles àquela que então era considerada a mais ilustre filosofia da época, seja a de Platão, seja a de seus seguidores, contemporâneos dos cristãos. Mas essa abertura foi verdadeiramente uma consciente retomada de doutrinas gregas (ou seja, pagãs) e só e exclusivamente na medida em que elas foram consideradas funcionais ou adaptáveis à mensagem cristã. Esses mesmos filósofos cristãos que acabamos de nomear manifestaram abertamente sua estranheza substancial à filosofia pagã e sempre afirmaram sua especificidade cristã"; Claudio Moreschini, *História da filosofia patrística* (São Paulo, Loyola, 2008), p. 14.

A ARQUITETURA DO CONCEITO DE *VIRTÙ EQUALITARIST* 49

mera opção dos cristãos primitivos, mas uma necessária adequação a um helenismo em mutação[61]. Novamente, como na Antiguidade, cruzam-se Oriente e Ocidente e, mais uma vez, agora no mundo antigo tardio, processa-se uma mediterranização do Oriente[62], representada pela necessidade de o cristianismo impor-se como religião justificável ante à tradição da razão filosófica helenista. Nessa direção, Jaeger ressalta que o embate entre eruditos gregos e cristãos tem como pressuposto a existência de um campo cristão erudito e de uma teologia filosófica em que se imbricam a fé cristã e a filosofia grega, expressa no pensamento de Clemente de Alexandria e de seu discípulo Orígenes. Segundo a sintética e objetiva conclusão de Jaeger: "Na realidade, os ideais culturais gregos e a fé cristã se mesclaram, mesmo que estejamos muito ansiosos em conservar imaculados uns e outra"[63].

Mais que isso, a polêmica sobre um deus substância e único já era travada havia séculos no mundo grego, basta lembrarmos Xenófanes de Colofones, no VI século a.C., como acentuou Aristóteles, o primeiro a considerar que o Uno é Deus[64]; depois dele, seguem-se outros tantos, como Platão e Diógenes de Apolônia.

No entanto, para além de uma "lógica histórica", como quer Jaeger, pensamos que essa fusão segue uma tendência determinativa, dada pela crise do Império Romano e pela precipitação de uma nova cosmologia resultante dessa processualidade.

---

[61] Como ressalta Jaeger: "Assim, foi a primitiva missão cristã que obrigou missioneiros ou apóstolos a usar formas de literatura e falas gregas ao se dirigirem aos judeus helenizados [...] que encontravam em todas as partes das grandes cidades do mundo mediterrâneo. Isso se fez tanto mais necessário quando Paulo aproximou-se dos gentis e começou a encontrar convertidos entre eles. Essa atividade protréptica mesma era uma característica da filosofia grega na época do helenismo. As diversas escolas tratam de encontrar novos seguidores por meio de discursos protrépticos [de exortação]"; Wener Jaeger, *Cristianismo primitivo y paideia griega*, cit., p. 20-1.

[62] Assim definimos o processo de mediterranização do Oriente: "É sobretudo nas grandes ilhas mediterrâneas do Chipre e principalmente de Creta que vemos o aflorar das primeiras grandes civilizações [ocidentais] da Idade do Bronze, as assim chamadas "economias palaciais", que se desenvolveram como poderosas talassocracias, fortemente influenciadas pelas formas societais do Oriente Próximo, como resultado da hegemonia das duas grandes potências da época, o Egito faraônico e o Império Hitita, que, na definição de Santo Mazzarino, desdobrando as interpretações de Gordon Childe, aparecem como produto de um longo processo de *mediterranização da cultura ocidental*, o que indica não somente uma permanente relação interativa da Europa mediterrânea com o Oriente Próximo – principalmente em Creta e, depois, no continente, em Micenas –, *mas uma absorção da cultura oriental pelo Ocidente*, que propiciará a formação dos elementos fundantes de uma cultura euromediterrânea"; Antonio Carlos Mazzeo, *O voo de Minerva*, cit., p. 42-3.

[63] Werner Jaeger, *Cristianismo primitivo y paideia griega*, cit., p. 61.

[64] Ver Aristóteles, *Metafísica*, cit., Livro A, 986, 15-25.

O que vemos de fato é o surgir de um novo complexo superestrutural que se transformará, no medievo, em ideologia, entendendo-se essa ideologia em construção no sentido que nos indica Lukács, em sua monumental *Ontologia do ser social*, isto é, como forma de elaboração ideal da realidade que estrutura-se para tornar compreensível e capaz de fazer atuar a *práxis social* dos homens, enquanto produto da busca de respostas determinadas pela dinâmica mesma do ser social e *não* como elaboração intencional e arbitrária, descolada das contradições do mundo[65], levando em conta, ainda, o pressuposto de uma construção idearia que recoloca (e reconstitui) o passado, dando a ele *novos significados* teleológicos (e teológicos) cristãos às reflexões que o antecederam.

Assim, essa nova ideologia em construção aparece como *necessidade* (*Bedürfnisse*) *de uma totalidade em movimento* – de determinado momento de sociabilidade –, como um novo e contraditório complexo, sendo que esse momento expressa, justamente, a base real e histórico-ontológica de uma práxis social. Com isso, queremos dizer que havia elementos materiais de objetivação de sociabilidades que impulsionavam uma *Weltanschauung* que correspondesse aos novos elementos da forma societal em precipitação. Não por acaso, Marx assinala, nas *Formen*, que o processo de transição que marca a crise do mundo antigo e o surgimento do modo de produção feudal aparece como síntese[66]. A dissolução da forma escravista romana – a fusão com formas coletivistas "bárbaras" e, ainda, o surgimento de outras formas produzidas no processo de romanização da Gália, como o *fundus* ou a *villa* galo-romana e a exploração do trabalho dos *colonus* que determinará o surgimento de novas relações sociais, como a servidão e a redução da escravidão a uma forma-trabalho de significado residual – dará a essas relações sociais emergentes a condição de ultraconcentração da propriedade da terra, a anulação da autonomia dos camponeses e a redução radical do poder dos núcleos urbanos, possibilitando a objetivação dos elementos morfológicos da sociabilidade feudal. Nessa processualidade, a desagregação caminha *pari passu* com a necessidade de ordenamentos, principalmente no que se refere à organização política dos reinos "bárbaros" que acabaram por assimilar a cultura romana e suas formas jurídicas – por exemplo,

---

[65] Cf. György Lukács, *Ontologia dell'essere sociale*, cit., v. 2, p. 446 e seg. [ed. bras.: *Para uma ontologia do ser social*, v. 2, trad. Nélio Schneider, São Paulo, Boitempo, 2013, p. 446 e seg. – N. E.]

[66] Karl Marx, *Elementos fundamentales para la crítica de la economía política (Grundrisse), 1857-1858* (Cidade do México, FCE, 1986), p. 433 e seg. [ed. bras.: *Grundrisse: manuscritos econômicos de 1857-1858 – esboços da crítica da economia política*, trad. Mario Duayer et al., São Paulo, Boitempo, 2011, p. 395 e seg. – N. E.].

foi essa assimilação que possibilitou certo brilho ao reino dos ostrogodos na Itália, em especial o reinado de Teodorico.

Contudo, a Igreja católica – formada na crise da transição, como a única instituição que se mantém estruturada, com seu clero conhecedor da velha cultura clássica e executor da fusão cultural do profano de origem pagã com a cultura do sagrado posta pelo cristianismo – será protagonista da nova ordem. Não somente por sua capacidade de organizar a nova cultura, mas fundamentalmente por seu grande poder econômico e profano, que, inclusive, contribui de forma decisiva para a construção de novas relações sociais, subvertendo as velhas estruturas do império escravista. As resistências à velha filosofia pagã, maiores no cristianismo ocidental, lentamente são quebradas não pelo mero debate filosófico e teológico, mas pelas novas *necessidades impostas pelas transformações nas relações sociais*.

Desse modo, ainda que em largos traços, trataremos, agora, do debate sobre a evolução da filosofia e da teologia cristãs e de suas implicações nas formas ideológicas, tanto no início da consolidação do cristianismo, na Tarda-Antiguidade, como de seus desdobramentos no medievo, visando principalmente a delinear os nexos ontológicos da construção do conceito de *virtùs*, no escopo da processualidade histórico-ideológica do pensamento e da cultura ocidental.

Já nos referimos ao papel do cristianismo na *recomposição do helenismo* a partir do aprofundamento das reflexões que aproximaram o judaísmo ao pensamento grego, desdobrando as formulações de Fílon de Alexandria, inicialmente pelo apologeta Justino[67], neoplatônico que considerava a doutrina aristotélica ateia, via em Platão e Pitágoras os "baluartes da filosofia" e, partindo das elaborações filoneanas sobre o *Lógos*, identificava *Lógos* e Cristo, tendo por base uma interpretação helenizante do *Lógos-Cristo* a partir do Evangelho de João[68]. Justino, ampliando as formulações de Fílon sobre o *Lógos-spermatikós* (seminal), insere Deus na história

---

[67] Ver Justino de Roma, *I e II apologias/Diálogo com Trifão* (São Paulo, Paulus, 2013); Étienne Gilson, *A filosofia na Idade Média* (São Paulo, Martins Fontes, 1998), p. 2 e seg.; Werner Jaeger, *Cristianismo primitivo y paideia griega*, cit., p. 44 e seg.; e Claudio Moreschini, *História da filosofia patrística*, cit., p. 70 e seg.

[68] Em diversas passagens do Evangelho de João, vemos a referência à *identidade substancial* entre Deus e Cristo: "E o Verbo se fez carne e habitou entre nós, e vimos sua glória, a glória que o filho único recebe do seu pai, cheio de graça e de verdade [...]. Todos nós recebemos da sua plenitude graça sobre graça. Pois a lei foi dada por Moisés, a graça e a verdade vieram por Jesus Cristo [...]. Em verdade, em verdade vos digo: o servo não é maior do que o seu Senhor nem o enviado é maior do que aquele que o enviou [...]. Não credes que estou no Pai, e que o Pai está em mim? As palavras que vos digo não as digo de mim mesmo; mas o Pai, que permanece em mim, é que

52 Os portões do Éden

(a partir de uma ontologia mística), primeiro com os hebreus, através de Moisés, e depois com a vinda de Cristo[69]. De todo modo, Justino, por necessidade de diferenciar o discurso cristão e para qualificá-lo perante os pagãos romanos, abre o debate com o pensamento helenista. Os cristãos alexandrinos, no século II, irão aprofundar esse debate nas figuras de São Clemente e Orígenes, tendo por base o *Velho e o Novo Testamentos*, as formulações de Fílon e, com ênfase, o igualitarismo universalista presente nos ensinamentos do apóstolo Shaul/Paulo[70], já reverberando a influência do estoicismo romano, particularmente a igualdade natural dos homens presente em Cícero e Sêneca[71]. Esses filósofos-teólogos, considerados fundadores da filosofia cristã, preocupam-se em dar sustentação filosófica, utilizando o conjunto

---

realiza suas próprias obras. Crede-me: estou no Pai, e o Pai em mim"; *Bíblia sagrada*, cit. I, 1-14 e 16; III, 13-16; 14-8,9,10, 11.

[69] Vemos nessas passagens de Justino: "Jesus Cristo é filho e embaixador de Deus, e antes era o Verbo, que apareceu algumas vezes em forma de fogo, outras em imagem incorpórea e agora, feito homem por vontade de Deus, por causa do gênero humano"; Justino de Roma, *I e II apologias*, cit., 63-10. Ou ainda: "Pai, Deus, Senhor, Soberano não são propriamente nomes, mas denominações tiradas de seus benefícios e de suas obras. Quanto a seu Filho, o único que propriamente se diz Filho, o Verbo, que está com ele antes das criaturas e é gerado, quando no princípio criou e ordenou por seu meio todas as coisas, chama-se Cristo por sua unção e porque Deus ordenou por seu meio todas as coisas. Nome que também compreende um sentido incognocível, da mesma maneira que a denominação 'deus' não é nome, mas uma concepção ingênita da natureza humana de uma realidade inexplicável [...] o Verbo se fez homem por desígnio de Deus Pai e nasceu para a salvação dos que creem e a destruição dos demônios"; ibidem, 5(6)-2, 3,4.

[70] O igualitarismo e o universalismo místicos do apóstolo Shaul/Paulo de Tarso são muito evidentes em suas *Epístolas*, como podemos ver, entre outras, nestas passagens: "Porque, como o corpo é um todo tendo muitos membros, e todos os membros do corpo, embora muitos, formam um só corpo, assim também é Cristo [...]. Em um só espírito fomos batizados todos nós, para formar um só corpo, judeus ou gregos, escravos ou livres; todos fomos impregnados do mesmo espírito"; *Bíblia sagrada*, cit., Corintos, I, VIII, 12-3; "Sabei, pois: só os que têm fé e que são filhos de Abraão [...]. Prevendo a Escritura que Deus justificaria os povos pagãos pela fé, anunciou esta boa nova a Abraão: *Em ti todos os povos serão abençoados* [...]. De modo que todos os homens de fé são abençoados de Abraão, homem de fé [...]. Já não há judeu nem grego, nem escravo nem livre, nem homem nem mulher, pois todos vós sois um em Cristo Jesus"; ibidem, Gálatas, II, 7, 8, 9 e 28.

[71] Como ressalta Chevallier: "Sêneca fez frequentes referências à natureza (e talvez mesmo à lei que a exprime), ela é o que não se modifica, a pedra de toque do bem, do verdadeiro, do permanente, do essencial. A igualdade humana em todas as pessoas, em escravos e amos, da mesma forma que a liberdade da alma, por mais cativo que possa estar o corpo, são pontos indiscutíveis para esse estoico"; Jean-Jacques Chevallier, *História do pensamento político*, v. 1, cit., p. 158. Ver também Paul Veyne, *Sêneca e o estoicismo* (São Paulo, Três Estrelas, 2015), p. 46 e seg.

do pensamento grego clássico, à revelação mítico-divina constitutiva da Bíblia. O universalismo de Clemente de Alexandria revela a preocupação em firmar o cristianismo como *Paideia pedagógica*[72]. Como salientam Gilson e Jaeger[73], em *Protreptikos* (discurso de exortação), Clemente chama atenção para o papel do pedagogo que estabelece os limites do pecado, sendo que esse educador de todos os homens, sem distinção, é Deus[74]. Indo além, Clemente exorta justamente o aspecto de maior relevância de seu tratado, que é o *igualitarismo* presente na nova Paideia, quando afirma que todos os cristãos são iguais diante da salvação, independente de serem mais ou menos instruídos, ricos ou pobres, escravos ou livres. Como podemos ver nesses trechos de Clemente: "Pois Ele [Deus] quer que de escravos cheguemos a filhos [...]. Ele anuncia a liberdade [para Clemente, chegar a essa liberdade implica conhecer a verdade do *Lógos* divino]. Mas o Senhor, que ama os homens, convida todos [citando Timóteo] ao conhecimento da verdade"[75].

O mesmo elemento presente na salvação é ressaltado por Orígenes, isto é, Cristo como salvador redime não somente os homens, mas também os anjos e o Universo como um todo. A salvação universal implica o pressuposto da existência de um conhecimento transcendente – portanto, divino, para além daquele humano, considerado apenas "exercício da alma"[76]. A fim de fundamentar esse conceito, Orígenes, em *Contra Celso*, polemiza duramente com Celso – egípcio que ataca os cristãos de forma sistemática apoiando-se nos fundamentos da filosofia clássica grega, no livro *Discurso verdadeiro contra os cristãos*, escrito por volta de 178 – valendo-se de Platão para demonstrar a dualidade do conhecimento[77]. O núcleo

---

[72] As obras de Clemente que se conservaram e que são consideradas parte de uma trilogia são: *Protréptico*, *Pedagogo* e *Strómata*.

[73] Ver Étienne Gilson, *A filosofia na Idade Média*, cit., p. 41 e seg., e Werner Jaeger, *Cristianismo primitivo y paideia griega*, cit., p. 71 e seg.

[74] Cf. Clemente de Alexandria, *Protréptico* (Madri, Gredos, 1994), cap. 1-6,7,8,9 e 10, no qual apresenta os dogmas mais importantes do cristianismo e a pedagogia de Deus para a salvação dos homens.

[75] Ibidem, cap. 9, 83-1 e 2 e 85-3.

[76] Orígenes, *Contra Celso* (São Paulo, Paulus, 2004), VI, 13.

[77] Como vemos em Orígenes, citando Platão: "Acrescentarei esta passagem da carta de Platão a Hérnias, Erasto e Corisco: 'A Erasto e Corisco afirmo, apesar de minha velhice, que, além da esplêndida sabedoria referente às ideias, eles ainda precisam da sabedoria que ensina a se proteger dos homens maus e injustos e de certa força de defesa. São inexperientes por terem passado um longo período da vida ao nosso lado, pessoas moderadas e sem malícia. É por isso mesmo que digo que precisam desses apoios para não serem obrigados a esquecer a sabedoria verdadeira e cultivar mais do que é

54 Os portões do Éden

desse debate é o igualitarismo presente na sabedoria divina que torna os homens isonômicos diante de Deus e uma "loucura" o conhecimento humano – aqui no sentido de conhecimento humano ínfimo diante da sabedoria divina –, tendo por fundamento a *Epístola* do apóstolo Shaul/Paulo aos hebreus, na qual ressalta-se que o verdadeiro alimento não é o leite, mas aquele sólido advindo do espírito divino[78]. O que vemos aqui, de fato, é o embate entre a Paideia tradicional e aquela resultante do sincretismo do período da crise do Império, isto é, a busca de fundamentos de legitimação. Sua argumentação baseia-se na retomada dos princípios míticos, recolocados no âmbito da óptica cristã, reinterpretando os mitos bíblicos. Nesse sentido, como bem acentua Jaeger[79], Orígenes insere-se profundamente na tradição clássica de utilizar, reinterpretar e alegorizar as fontes míticas, como fizeram os estoicos com Homero e Hesíodo, Fílon com a Torá e os platônicos pagãos como Plotino – seu contemporâneo. Para além dessa metodologia helênica *par excellence*, o que deve ser ressaltado é o *novo princípio* da Paideia cristã, que vai constituir o centro do cristianismo ocidental. Jaeger evidencia o amplo significado da compreensão origeneana no que se refere à absorção dos valores fundamentais da cultura grega:

A teologia de Orígenes baseia-se na ideia grega de Paideia em sua forma mais elevada. Com isso, para ele, o conceito se converte na chave do problema da verdadeira relação entre a religião cristã e a cultura grega. [...] O verdadeiro sentido assumido aparecerá somente sob o concerto de toda a história da Paideia helênica, cujos efeitos se estendem para além dos limites da cultura nacional da Hélade clássica. Ao absorver essa ideia central e dar a ela sua própria interpretação, a religião cristã mostrou ser capaz de oferecer ao mundo algo além de uma nova religião. Deixou de estar simplesmente na defensiva e ofereceu sua própria filosofia positiva como base para uma reconciliação entre o velho e o novo mundo.[80]

---

preciso a sabedoria humana indispensável"; ibidem, VI, 12. Obviamente, como aluno de Amônio Sacas, que também foi professor de Plotino, Orígenes conhecia a correspondência de Platão. A correspondência (Platão a Hérnias, Erasto e Corisco), citada em "Lettere", em *Platone*, v. 5, cit., faz parte daquelas consideradas autênticas pelos especialistas contemporâneos. Ver os comentários de Umberto Bultrighini na introdução à correspondência de Platão, em ibidem, p. 661-5.

[78] Cf. Paulo de Tarso, "Epístola aos hebreus", em *Bíblia sagrada*, cit., 5, 14, e também Orígenes, *Contra Celso*, cit., VI,13.

[79] Werner Jaeger, *Cristianismo primitivo y paideia griega*, cit., p. 71 e seg.

[80] Ibidem, p. 100-1.

Se na concepção filoneana a nova pólis universal-transcendente está em Jerusalém, para Orígenes é na Igreja católica emergente que está a pólis do mundo – a *Kosmópolis-transcendente*, portadora da *virtùs* (ἀρετεή/*aretê*) universal emanada por Deus; a *essência*, Ψυχή (espírito), racional de todo o Universo. Nessa retomada de princípios clássicos gregos – a teoria da essencialidade da virtude e da alma como fundamento da noção igualitarista da pólis comunitária –, fica evidente a recomposição de seu escopo. Como vimos, toda a construção filosófica efetuada por Sócrates e Platão tinha por elemento central a crítica da emergência da escravidão e de sua forma política, a democracia. Daí a filosofia desses pensadores da pólis deveria resultar numa práxis ética que direcionaria o homem a sua *virtùs* original, aquela emanada pelo espírito comunitário.

A reconstrução origeneana – que tem como fundamento a teoria da alma, a essencialidade universal única –, radicaliza esse fundamento socrático-platônico universalizando-o igualitariamente ao afirmar que é mais humilde e ordenado o justo (e simples) que o sábio humilde e ordenado de Platão. Para Orígenes, o Cristo tornado homem – o deus hominizado – esvaziou-se de sua essência de *Lógos* divino, assumiu a condição de servo (de Deus) e, na figura de homem, humilhou-se e foi obediente (à *virtùs* original) até a morte – "e morte de cruz!", citando Shaul/Paulo de Tarso[81]. Essa interpretação origeneana produz um conjunto analítico que não se limita a teologizar os fundamentos dos mitos, mas "reconstrói" os textos sagrados hebreus e cristãos na perspectiva de uma epopeia, principalmente trazendo o Novo Testamento para a racionalidade grega que se desenvolve sob a égide da teologia que aparece com Hesíodo e que já repercute a influência da filosofia jônica. Daí a identidade com a *Odisseia*, escrita no início do século VII a.C., na qual está presente um *éthos* que transcende o indivíduo heroico típico da epopeia clássica antiga, alcançando a comunidade e realçando o aspecto hominizador da *virtùs* – diferentemente da *Ilíada*, escrita entre os séculos IX e VIII a.C. – e caracteriza-se pela forte presença da determinação divina que impede o livre arbítrio e manipula os homens.

Na *Odisseia*, como afirma Jaeger, há uma inspiração baseada numa realidade existente, nas aventuras e na vida familiar comuns aos nobres da época, na produção do trigo etc. – por isso mesmo, muito distante da tradição épica grega arcaica. Como a *Odisseia*, o Novo Testamento está pleno de vida real, o contexto histórico em que se realiza a trama da paixão de Cristo, a dominação romana na Judeia, além da mescla de personagens míticos com outros que realmente existiram.

---

[81] Orígenes, *Contra Celso*, cit., VI, 15.

Essa atualização do épico, porém, será acrescida dos conteúdos catárticos da tragédia do arcaísmo grego, aproximação não ao acaso, mas determinada pela nova *morphosys* estética, que, apesar de trazer consigo a revelação religiosa, acaba tendo a função de realizar a catarse entre o humano e o divino. No entanto, se a tragédia (τραγοφδία, "controverso") em sua expressão original, no período grego-arcaico, é uma forma de "teoria intuitiva" que busca refletir a práxis de uma sociabilidade que se fundamenta e se renova por meio do conflito, o cristianismo helenístico dos alexandrinos harmoniza essa contradição, porque a contraposição entre o profano e o sagrado é superada com a divinização homem, representada pelo deus encarnado. Na direção da visão platônica, o bem é intrínseco ao espírito e o mal está fora dele, pois é resultado do distanciamento da *virtùs* universal em relação ao bem. Mesmo assim, como na tragédia, a figura de Cristo interage entre o real e o mitológico, entre o humano e a hierofania, pois ele mesmo é representado como figura mítica e helênica clássica, filho de um deus com uma humana. Mas a novidade nesse processo é que Cristo repõe o tempo histórico e, ao fazer a recomposição desse tempo, ele o sacraliza, realizando o que Eliade chamou de "teofania"[82]. E, ao sacralizar um tempo real, ainda que finito, *sacraliza a igualdade* entre os filhos de seu pai. A interpretação alexandrina do apóstolo Shaul/Paulo, particularmente a origineana, estará mais próxima ainda de um tipo de expressão trágica, porque o faz encarnar o que Kosik define como relação entre o humano e o divino, o passageiro e o duradouro, o banal e o elevado[83]. No mito autonarrado da conversão de Shaul/Paulo de Tarso, vemos uma identidade, ainda que formal, com a tradicional épica, quando o apóstolo, a caminho de Damasco, tem uma visão e ouve Cristo, que o chama e pergunta por que o persegue etc.[84]. No entanto, essa nova visão trágica não trará os mesmos conteúdos essenciais (críticos do mundo real, mesmo que intuitivamente) daquela que surge na passagem do arcaísmo para o período clássico da Antiguidade grega.

---

[82] Cf. Mircea Eliade, *O sagrado e o profano: a essência das religiões* (São Paulo, Martins Fontes, 1996), p. 97-8. Nas conclusões de Eliade: "O cristianismo vai ainda mais longe na valorização do *tempo histórico*. Visto que Deus encarnou, isto é, que assumiu uma existência humana historicamente condicionada, a história torna-se suscetível de ser santificada. O *ilud tempus* evocado pelos evangelhos é um tempo histórico claramente delimitado – o tempo em que Pôncio Pilatos era governador da Judeia –, mas santificado pela presença do Cristo [...]. Em resumo, a história se revela como nova dimensão da presença de Deus no mundo"; idem.

[83] Karel Kosik, "O século de Grete Samsa: sobre a possibilidade da tragédia ou a impossibilidade do trágico no nosso tempo", *Matraga*, Rio de Janeiro, UFRJ, n. 8, mar. 1996, p. 2.

[84] Ver *Bíblia sagrada*, cit., Atos, 9, 1-9

De um lado, a condição de *Kosmópolis* já não possibilita a existência do cidadão isonômico da pólis, o πολίτοι ισοι. De outro, a própria persistência do trabalho escravo, mesmo em crise, impede o surgimento de uma tragédia que veja o mito com olhos do cidadão livre. Na Tarda-Antiguidade, será *impossível* recompor a tragédia em sua plenitude e mantendo a relação catártica no plano de uma crítica às contradições da sociedade. Como fica evidente na ação e na interpretação do apóstolo Shaul/Paulo, essas condições histórico-objetivas possibilitam que se recoloque a tragédia de modo fragmentário, quer dizer, limitada ao elemento que resgata e recompõe o mito, mas dando a ele fortes conteúdos de hominidade mitificada, como ocorre com a figura de Cristo, o deus tornado homem. Nesse âmbito, Shaul/Paulo realiza a mediação entre o sagrado e o profano, mas não como cidadão da pólis, e sim como "cidadão do céu"; não realiza a crítica da vida real, mas a coloca no plano do esoterismo místico, que condiciona essa "cidadania celeste" à adesão ao cristianismo e a seu universalismo e seu igualitarismo transcendentais. Como afirma o apóstolo Shaul/Paulo de Tarso, "nós, porém, somos cidadãos dos céus. É de lá que ansiosamente esperamos o Salvador, o Senhor Jesus Cristo"[85].

Como elemento central, essa nova Paideia posta por Clemente e seu discípulo mais brilhante, Orígenes, centra o *igualitarismo no Lógos divino*, sobretudo no *Lógos* que se fez carne, quer dizer, a vinda do filho, que encarna, expressa e traduz o pai, traz a libertação para todos, os cultos e os incultos. Ver o filho é ver o pai, compreender o filho é ter em si o *Lógos do Universo*, que é Deus. Como vemos no *Contra Celso*:

> Mas o cristão mais simples sabe que qualquer lugar do mundo é parte do todo e que o mundo inteiro é o templo de Deus [clara contraposição à noção filoneana de Jerusalém como centro/pólis do mundo]. Orando "em todo lugar", depois de ter fechado a entrada dos sentidos e aberto os olhos da alma, eleva-se acima de todo o mundo; nem mesmo se detém na abóboda do céu, mas atingindo pelo pensamento o lugar supraceleste, guiado pelo espírito divino e, por assim dizer, fora do mundo, faz subir até Deus sua oração que não tem como objeto as coisas passageiras. Pois ele aprendeu de Jesus a não procurar nada de pequeno – quer dizer, sensível –, mas somente as coisas grandes e verdadeiramente divinas que sobrevêm como dons de Deus para guiar à bem-aventurança junto dele, *por seu Filho, o Lógos que é Deus.*[86]

---

[85] Shaul/Paulo de Tarso, *Filipenses*, III, 20, em *Bíblia sagrada*, cit., e passim.

[86] Orígenes, *Contra Celso*, cit., Livro VII, 44; grifos nossos.

Todos os outros teólogos importantes, como os padres capadócios São Basílio e São Gregório de Nissa, foram seus admiradores e seguidores, particularmente Gregório de Nissa, que reforça a síntese entre o platonismo e o sentido da ética e do *Lógos divino*, em que o centro da *Kosmópolis divina* é a Igreja católica. O fundamental nessa retomada dos elementos filosófico-teológicos de Clemente e de Orígenes é o aprofundamento da ideia do cristianismo como a nova Paideia que igualitariza os homens, de acordo com o que vemos nessa passagem da homilia de Basílio:

> "O que faço de errado", diz ele, "guardando o que é meu?". Dize-me, de que modo é teu? Donde tiraste, tomando-o para teu sustento? É como alguém que, indo ao teatro, se apoderasse do espetáculo e quisesse excluir os que entrassem depois, pretendendo ser só seu aquilo que é comum a todos os que se apresentam, conforme lhes parece bem. Assim são os ricos. Pois, apoderando-se primeiro do que é de todos, tudo tomam para si por uma falsa ideia. Se cada um tirasse para si o que lhe é necessário e entregasse ao indigente o que sobra, ninguém seria rico, ninguém seria pobre.[87]

Desse modo, a Paideia cristã configura-se como "tardo-helenismo", no sentido de um sincretismo possuidor de poder criador e formador de *outro mundo intelectual*, uma *nova Paideia* introjetada na antiga tradição, mas conformada pelo novo representado pelo cristianismo; como ressalta Jaeger, esta foi a maior realização dos padres capadócios[88].

Em Gregório de Nissa, a noção de uma Igreja transformada em *Kosmópolis divina*, realizadora da Paideia pedagógica cristã, ganha dimensão de busca do desenvolvimento da personalidade humana, voltando ao leito filosófico platônico e desdobrando a questão central do desenvolvimento da alma humana e de sua

---

[87] Basílio de Cesaréia, *Homilia sobre Lucas/Homilias sobre a origem do homem/Tratado sobre o Espírito Santo* (São Paulo, Paulus, 2005), 7.

[88] Na brilhante análise de Jaeger: "Os capadócios – Basílio e os dois Gregórios [Gregório de Nissa e Gregório Nanziano] – não proclamam programas para o desenvolvimento da religião de Cristo em suas épocas, mas revelam suas ideias a cada passo, ao longo de suas obras [...] não escondem sua grande estima pela herança cultural da Grécia Antiga. Essa é a clara linha divisória que traçam entre a religião e a cultura gregas. Desta forma, reviveram a relação positiva e produtiva entre o cristianismo e o helenismo que já podemos encontrar em Orígenes, ainda que em forma nova e em nível diferente. *Não será demasiado dizer que, nesse caso, podemos falar de um tipo de neoclassicismo cristão que possui algo mais que um caráter formal. O cristianismo surge agora, através deles, como herança de tudo o que parecia digno de sobreviver na tradição grega*"; Werner Jaeger, *Cristianismo primitivo y paideia griega*, cit., p. 106-7; grifos nossos.

bondade intrínseca; quer dizer, para Gregório de Nissa, o amadurecimento da alma humana, e de sua άρετεή (*virtùs*) requer a atenção educacional, do adestramento realizado pela fé e pelos ensinamentos da *Kosmópolis divina*, realizado pela cooperação entre o esforço humano e o espírito santo. Como evidencia Jaeger, deve ter sido imperioso a Gregório destacar a antiga ideia de ajuda divina, já encontrada na poesia grega desde a "época" de Homero e, posteriormente, na filosofia. O filósofo alemão destaca, ainda, que esse elemento se transformou, para Gregório, em base para que se pudesse introduzir o conceito *especificamente cristão* da graça divina, no esquema da Paideia clássica. Gregório concebe essa noção como cooperação do Espírito Santo com o esforço humano[89]. Nesse sentido, reafirma a noção do cristianismo como Paideia, tendo como *corpus* a Bíblia, na qual estão como referência as regras mais altas da vida humana e Cristo como modelo a ser seguido, quer dizer, a Paideia do cristão é ter Cristo dentro de si – *imitatio Christi*[90]. Essa será a tônica do cristianismo, e, mesmo em seu redimensionamento feudal, em que a história realiza-se por meio da *pólis* (*Kosmópolis*) do mundo, a noção de igualitarismo divino estará presente.

Com a patrística latina, aprofunda-se o debate sobre a imortalidade da alma, tanto a partir das interpretações do pagão Macróbio sobre o sonho de Cipião Emiliano[91] (o segundo Cipião Africano) como de Calcídio. Macróbio, por meio de suas interpretações – nas variações filosóficas *Commentarium in Ciceronis somnium Scipionis*[92] –, vai estabelecer, na "escala dos seres", o bem (*Tagathon*) como a causa primeira, seguido pela inteligência (*Nous*), nascida de Deus, contendo em

---

[89] Ibidem, p. 124.

[90] Gregório de Nissa, "Imitar a Cristo", em *A grande catequese* (São Paulo, Paulus, 2011), XXXV, 10.

[91] Como nos informa Étienne Gilson: "No livro VI de seu *Da república*, Cícero atribui a Cipião Emiliano (o segundo africano) o relato de um sonho. Ele vê aparecer em sonho seu pai, Cipião o Africano, que lhe mostra Cartago, prediz-lhe a vitória e, para incitá-lo ao bem, revela-lhe que as almas dos que serviram bem à pátria são recompensadas pelo deus supremos (*princeps deus*), que lhes confere depois da morte uma vida bem-aventurada. A Via Láctea é sua morada. Este deus supremo habita a mais alta das nove esferas celestes, cuja revolução produz uma harmonia que não mais percebemos [...]. O Africano convida, então, seu filho, que ainda olha para as coisas celestes. A glória não é nada, ainda que durasse séculos [...]. Portanto, é para o céu que se deve viver. *O corpo do homem é mortal, não sua alma. A alma é um deus pensante encarregado do corpo: ela está para o corpo assim como deus está para o mundo*"; Étienne Gilson, *A filosofia na Idade Média*, cit., p. 129-30; grifos nossos.

[92] Macróbio, *Commento al sogno di Scipione/Commentarium in Ciceronis somnium Scipionis* (ed. bilíngue, Milão, Bompiani, 2007).

60 OS PORTÕES DO ÉDEN

si os exemplares de todas as coisas ou todas as ideias. Enquanto direcionada para o bem, a inteligência permanece semelhante a sua origem e, quando se volta para si mesma, produz a alma. Graças a sua parte superior, o raciocínio, ela conserva um conhecimento inato do divino e o meio de se unir a ele, pelos *exercícios das virtudes* – política, prudência, força, temperança e justiça[93]. No entanto, é com o filósofo latino Calcídio, tradutor de Platão, que essa dimensão ganha corpo no século IV – Deus como origem causal do mundo. Calcídio define três princípios: Deus, a matéria e a ideia. Deus supremo é o bem soberano, incompreensível a todo o entendimento, perfeito em si, tendo por fundamento, como era comum aos cristãos da época, o Velho Testamento, além das alegorias de Fílon de Alexandria retraduzidas ao cristianismo por Orígenes, sob a óptica do medioplatonismo. O filósofo latino resume sua ideia da construção do mundo a partir da noção de Deus como substância criadora e, depois dele (Deus), a Providência, legisladora de ambas as vidas, tanto a eterna como a temporal. Além disso, há também, o pensamento e a inteligência, a guardiã da vida eterna[94]. O que fica evidenciado, principalmente na formulação calcidiana, é o aprofundamento do conceito – esboçado pelo último Platão e reestruturado na emergência da *Kosmópolis* – de *alma subsumida ao espírito supremo*, cuja regulação legislativa é realizada *fora da esfera da cidadania*, pela pessoa do legislador/rei, com a forte presença mística da noção de leis que têm seus fundamentos éticos emanados por Deus. Daí ser recorrente, entre os cristãos, a célebre frase atribuída a Cristo no Evangelho de Mateus: "Dai, pois, a César o que é de César e a Deus o que é de Deus"[95]. Deve-se enfatizar, porém, que inteligência/Providência significa, ainda, uma perfeição que Deus confere aos outros seres. Dela dependem também o destino, que rege divinamente os seres, a natureza, a fortuna, o acaso, os anjos etc., todos subordinados à alma do mundo, que penetra, vivifica e organiza o conjunto do Universo, ressaltando que, apesar de ser obra de Deus, o mundo existe no tempo, mas seu criador situa-se fora dele[96].

Formulações análogas aparecem em Mário Vittorino (conhecido como Afer o Africano), convertido ao cristianismo após muitas polêmicas com os cristãos. Tradutor de Plotino e de Porfírio, seus textos (principalmente *Enéadas*, de

---

[93] Cf. Étienne Gilson, *A filosofia na Idade Média*, cit., p. 130-1.

[94] Ver ibidem, p. 134 e seg. Como vemos em Calcídio: "Assim, o Deus supremo comanda, o segundo estabelece a ordem, o terceiro intima e as almas agem de acordo com a lei"; citado em idem e também em Claudio Moreschini, *História da filosofia patrística*, cit., p. 363 e seg.

[95] *Bíblia sagrada*, cit., Mateus, 22,21.

[96] Étienne Gilson, *A filosofia na Idade Média*, cit., p. 134.

Plotino) irão influenciar Santo Agostinho, que descobrirá o neoplatonismo por meio de Vittorino, que travou um duro debate com o arianismo, em especial com Cândido. Vittorino foi responsável pela formulação de uma filosofia cristã orgânica e que estrutura as reflexões sobre o dogma trinitário. Em sua polêmica com Cândido, a respeito do Ser – ambos apoiando-se no *Timeu* de Platão –, Vittorino, em seu tratado *Sobre a geração do Verbo divino*, leva adiante a noção de que o Ser, Deus, é identificado com o Uno, é a causa de todo Ser; logo, é anterior ao Ser como a causa é anterior ao efeito, de modo que Deus é um pré-ser, ou o Ser supremo. Nesse embate, Vittorino afirma a noção de um Verbo eternamente gerado pelo pai e afirma que Deus não somente é a causa de tudo, mas, antes, é a causa de si mesmo[97], o que, de certo modo, está presente, *mutatis mutandis*, nas formulações origineanas.

---

[97] Ibidem, p. 142-3.

II. AGOSTINHO DE HIPONA:
A TENTATIVA DE RESPOSTA À CRISE DO IMPÉRIO ROMANO
SOB A PERSPECTIVA DO CRISTIANISMO

Filosofia, razão e misticismo

I. Determinações sociometabólicas

Muitos foram os elementos que constituíram o núcleo ontológico da crise de desintegração do Império Romano, tanto em sua dimensão econômica como em seus aspectos ideossocietais *complessivi*. O fato é que Roma, em sua fase imperial, estruturou-se a partir de uma complexa economia que se movia de forma *desigual* e *combinada*, com regiões extremamente desenvolvidas e outras praticamente estagnadas e/ou subdesenvolvidas. Em certas regiões, a produção agrária era dinâmica, e eram cultivados cereais, óleo de oliva e uvas, como na Sicília, no Egito, na África setentrional e na Espanha meridional. Os metais preciosos, como a prata e o ouro, eram encontrados também na Espanha meridional, na Grécia e na província romana da Dácia, situada na região dos Bálcãs. Pode-se dizer que não havia política econômica geral para os territórios conquistados, de modo que Roma agia diferentemente em cada região. A diversidade produtiva das regiões influía na própria forma política da conquista; quer dizer, Roma equacionava as regiões e seus graus de desenvolvimento socioeconômico. Nas regiões mais urbanizadas, como na Grécia central e meridional e na Ásia Menor – e mesmo no Egito, com escassa urbanização, mas com grande produção agrícola –, as relações econômicas encontravam maior disponibilidade, na medida em que essas zonas contavam com dinâmicas próprias, como um pujante comércio e às vezes moedas próprias, de bronze e de cobre. Já nas províncias setentrionais e ocidentais do império, com exceção da Espanha meridional e da Gália meridional, as regiões espanholas célticas e as balcânicas setentrionais, tanto a urbanização como o comércio eram rudimentares, sendo que ali prevaleciam relações de escambo e de troca de prisioneiros para serem escravos. No entanto, foi pelos entraves postos por essas regiões estagnadas que Roma iniciou um processo sistemático de fundação de cidades[1], perfazendo, desde seu período republicano até o fim do império, cerca de mil cidades.

No século III, Roma vive uma funda e grave recessão que, pode-se dizer, determinou o fim da Antiguidade clássica. No centro dessa crise, entre outros elementos vitais – como a diminuição da população, determinada por epidemias, guerras e agitações políticas internas e, com isso, as decisivas invasões bárbaras e persas, estas nas fronteiras orientais do império –, estava a *falta de mão de obra*. A base econômica do império ruía, na medida em que não havia mecanismo interno de autorreprodução, porque sua força de trabalho não alcançava equilíbrio no próprio sistema, já que a reposição de escravos estava condicionada ao fornecimento de prisioneiros e de estrangeiros conquistados, além das limitações produtivas de um modo de produção com baixa dinâmica técnica.

Na complexidade da crise, a falta de mão de obra não se restringia às dificuldades de reposição de escravos para o processo produtivo. Outro elemento integrante da crise estrutural da economia do império era a *permanente fuga de camponeses* e o consequente abandono das terras, fenômeno que se verificava desde o século I. Nesse período, como ocorreu no Egito, vilas inteiras foram deixadas pelos habitantes, principalmente devido ao alto valor dos impostos cobrados pelo governo imperial. Juntamente com o refluxo da produção agrícola vinham a inflação e a diminuição da fabricação de produtos destinados às classes abastadas das cidades, como mercadorias de luxo etc. Pekáry chama atenção para o fato de que, buscando atenuar a crise, o governo central tentou combater a inflação e a consequente desvalorização das moedas – em que a presença de prata e ouro eram cada vez menores, sendo substituídos por cobre e bronze – cunhando moedas, o que favoreceu o aprofundamento da inflação, pois a uma grande quantidade de moedas contrapunha-se um número relativamente menor de mercadorias, processo que determinava um inevitável aumento de preços e de "mercados negros"[2]. No limite, *a origem da crise terminal da Antiguidade situa-se no campo, base da economia do Império Romano, na decomposição dos fundamentos de sua autoreprodução*. Esse processo desagregador será o elemento de alavancagem de novas formas de organização da produção, como a concentração de terras nas mãos dos grandes senhores terratenentes e o surgimento do *colonus*, o camponês dependente,

---

[1] Ver Thomas Pekáry, *Storia economica del mondo antico* (Bolonha, Il Mulino, 1986), p. 199-200; e Perry Anderson, *Passagens da Antiguidade ao feudalismo* (Porto, Afrontamento, 1982), p. 102 e seg.

[2] Thomas Pekáry, *Storia economica del mondo antico*, cit., p. 202-3.

tributário e ligado ao grande proprietário. Havia limites extremos e inflexíveis no modo de produção escravista quando o Império Romano entra em estagnação, e foram exatamente esses limites que determinaram a crise econômica e política do século III. No contexto dessa crise estrutural que levará ao fim do império, a forma-trabalho escravo, umbilicalmente vinculada à expansão militar e política, se escasseia e acaba se transformando em estorvo para a produção – por isso mesmo, foi gradativamente convertida em adscrição vinculada ao solo[3].

Em suma, não apenas a oferta de trabalhadores escravos para a agricultura colapsou como processou-se uma metamorfose na forma-trabalho: os senhores deixaram de prover o sustento dos escravos e os instalaram em pequenos lotes de terras para que provessem o próprio sustento. A formação do colonato muda a forma produtiva do Império Romano, pois estabelece-se uma relação entre o senhor de terras, o camponês subalterno dependente e o Estado, sendo que sobre os camponeses recai a severidade dos impostos imperiais. Juntamente, guerras internas e invasões bárbaras acabavam golpeando as cidades, que progressivamente passaram a ser esvaziadas de senhores de terras, que iam viver em suas propriedades rurais. Objetivamente, a crise terminal do império se dá com muita força no Ocidente, dadas suas debilidades estruturais. Em um contexto ideossocietal de *desagregação-reagregação*, soldavam-se as socialidades do mundo clássico, do helenismo e da nova sociabilidade resultante da crise do Império Romano, que passa a ter como ponto culminante a divisão de Roma entre Ocidente e Oriente, na clivagem que a transformará em cidade secundária, ainda que lá continuem a existir os núcleos do poder, como o Senado, com responsabilidades políticas de caráter "globais" no contexto do império, mas que gradativamente assume a administração da sua parte ocidental, já regionalizada, sendo que no Oriente há o movimento inverso, de centralização e divinização do poder na figura do imperador[4].

Poderíamos dizer que faltou no plano ocidental do império isso que foi implementado com certo sucesso no Oriente, o que possibilitou a permanência do império até o século XV, quando entra em colapso, em 1453, com a invasão dos turcos otomanos. No Oriente, a classe dirigente, formada pelos proprietários rurais, tinha bases políticas na cidade e, por isso mesmo, origens urbanas – e este grupo de

---

[3]   Cf. Perry Anderson, *Passagens da Antiguidade ao feudalismo*, cit., p. 102.

[4]   Sobre essa questão, ver Federico Marazzi, "L'ultima Roma antica", em Andrea Giardina (org.), *Roma Antica* (Roma/Bari, Laterza, 2000), p. 355-6; e Jacques Le Goff, *La Civilisation de l'Occident médiéval* (Paris, Arthaud, 1965), p. 27-9 [ed. bras.: *A civilização do Ocidente medieval*, Petrópolis, Vozes, 2016 – N. E.].

médio poder, na estrutura do império, inseria-se subalternamente nos núcleos do poder político central e, desse modo, estava mais inclinado a obedecer ao poder real e aos comandos da burocracia imperial. Essa fração de classe da nobreza no império do Oriente – cuja riqueza era muito menor que a da nobreza romana – forneceu os administradores, os dirigentes militares e os senadores, mantendo viva a fidelidade ao império e garantindo a presença da cultura e da bela língua grega[5]. A fidelidade desse extrato dirigente garantiu, desde o reino de Diocleciano até o de Flávio Maurício, que não houvesse guerras civis no Oriente. Como observou Anderson, "em parte, isso resultava da tradição política do mundo helenístico, com sua veneração pelo poder real e sagrado, que ainda tinha muita força na região; mas refletia também um equilíbrio social diferente entre o Estado e a nobreza"[6].

Isso obviamente nos demonstra que essas não foram transformações improvisadas, mas resultantes de uma progressiva preparação, como a do imperador Aureliano (215-275), que iniciou uma reorganização objetiva, reconquistando as províncias da Gália e do Oriente, estruturando, também, as cobranças fiscais dessas regiões recuperadas. Aureliano cunhou moedas e tentou recuperar a economia do império. Contudo, os passos decisivos foram dados por Diocleciano (284-305) e por Constantino (306-337). Esses imperadores preocuparam-se em efetivar algumas reformas administrativas, as quais ampliaram a estrutura burocrática do Estado – em especial, o aumento considerável do contingente militar, incorporando aproximadamente 500 mil soldados –, aumentando, consequentemente, as despesas públicas. Relevante nesse processo foi que parte do exército, os assim chamados *limitanei* (limítanes) soldados de fronteiras que se autossustentavam com atividades agrícolas, progressivamente se transformou em um grupo de proprietários de terras[7]. Muitos problemas circundaram esses imperadores, como a desvalorização da moeda, seguida de outras tentativas, como a moeda "nova" de Diocleciano, o *follis* e a moeda de ouro de Constantino, o *solidus*, que conservou valor até a queda do Império Bizantino.

O grande historiador italiano Santo Mazzarino assinala pontual e sinteticamente o melancólico fim do outrora grande Império universal ao afirmar que a "crise

---

[5] Steven Runciman ressalta que "Constantinopla foi fundada no litoral de língua grega e incorporou uma velha cidade grega. Mas Constantino fez ainda mais para acentuar seu helenismo. Sua capital deveria ser o centro da arte e da cultura. Construiu nela bibliotecas cheias de manuscritos gregos e povoou ruas, praças e museus com tesouros artísticos vindos de todo o Oriente grego"; Steven Runciman, *A civilização bizantina* (Rio de Janeiro, Zahar, 1977), p. 22.

[6] Perry Anderson, *Passagens da Antiguidade ao feudalismo*, cit., p. 109.

[7] Cf. Thomas Pekáry, *Storia economica del mondo antico*, cit., p. 211.

da unidade imperial é, portanto, crise cultural (religiosa) e econômica"[8], quer dizer, resultado de múltiplas determinações articuladas antiteticamente. No que se refere à parte ocidental do império, é consensual entre os estudiosos que sua economia regrediu muito e, em algumas regiões mais estagnadas, havia se transformado em economia natural. Também é consenso entre cientistas sociais e historiadores que o núcleo da crise tinha como elemento fundante a queda vertiginosa da produção agrícola. De um lado, devido à redução da população ativamente econômica e ao crescimento da improdutividade; de outro, devido a erros na administração da produção, principalmente pelo rígido sistema fiscal da Tarde-Antiguidade, o que levava, como vimos, à fuga dos camponeses das terras e, como consequência, à concentração de terras nas mãos dos grandes proprietários. Isso acabava se chocando com os interesses do estado imperial; ainda, como elemento causal da *débâcle* da parte ocidental do Império Romano – compondo-se com a queda acentuada da produção e do comércio (entendido aqui como a circulação de excedentes da produção) e a desvalorização da moeda –, temos as enormes despesas com os militares e as constantes revoltas camponesas.

Como nas últimas palavras do imperador Otavianus Augustus (63 a.C.-14 d.C.), *acta est fabula*[9] com um fim devastador.

Vivia-se a profunda crise de um império poderoso e milenar, a qual, como observou Santo Mazzarino, havia tempos era temida e intuída por pensadores como Lucrécio, que ressaltava a decadência da produção agrícola; Cícero, que centrava a crise política de um império supranacional na decadência dos costumes e na falta de líderes; e Políbio, que enunciava razões internas e externas, destacando a impossibilidade de Roma superar os conflitos de classes e a barbarização do império. Como sintetiza Mazzarino,

> O pressentimento de um fim "cientificamente" previsível, da forma como se encontra em Políbio (ou entendido em termos éticos, como em Cícero e Salústio), estabelecia, já na cultura da Roma republicana, uma estreita correlação entre o conceito de decadência e o da previsibilidade dos fatos históricos.[10]

---

[8] Santo Mazzarino, *L'Impero Romano*, v. 2 (Roma/Bari, Laterza, 2000), p. 814.

[9] "A tragédia foi encenada."

[10] Idem, *O fim do mundo antigo* (São Paulo, Martins Fontes, 1991), p. 29.

68 Os portões do Éden

O fato é que esses sinais da decadência atestaram uma agonia de *longue durée*, em se tratando de um grande Império universal em processo de consumpção, no qual estão presentes os elementos objetivos e subjetivos de uma *consciência da crise* tanto no âmbito da filosofia e da cultura como no da religião, ou mesmo na imbricação dessas formas de manifestação. Desse modo, como primeira aproximação de síntese, podemos dizer que é o escopo da crise que determinará o surgimento de buscas de *soluções de práxis*, mas que perdem objetividade no contexto de uma apreensão do mundo a partir de uma ontologia mística, muito em voga naquele momento, em especial a abordagem mítico-religiosa da patrística. Como procuramos demonstrar, o nascimento do cristianismo resulta do processo de crise do mundo antigo e da necessidade imperiosa da recomposição de sua cultura, que verdejava em um campo sociocultural e em uma filosofia permeada pelo misticismo e pelos elementos religiosos. Aquele era um mundo dividido e dilacerado, em que as classes sociais estavam rigorosamente definidas e agudizadas pela profunda crise, em que o acesso à cultura era limitadíssimo, centrado em uns poucos intelectuais orgânicos da classe dirigente. Se historicamente as classes populares do Império haviam participado de forma modesta das benesses de Roma, com o aprofundamento da crise as condições de vida pioraram, e dissolveram-se também as visões otimistas em relação ao futuro, porque, como sabemos, relações sociais degradadas geram consciências depauperadas. Nesse sentido, essas relações sociais de *consumptio* possibilitaram o advento de uma "consciência funesta" que ganhava expressão na ideia da salvação redentora – mesmo que levemos em conta o fato de que a consciência cristã tenha apresentado, como ressaltou Hegel, um plano positivo, porque, na dissolução das formas individualistas em que as manifestações de consciência estavam privatizadas, a consciência que se desprende do cristianismo reconstrói uma coletividade, em contrapartida à atomização vigente na Tarda-Antiguidade[11].

Ainda que o epicurismo tivesse alguma força de argumentação racional, ele sofria a concorrência dos estoicos, mais afinados com a expressão de um "senso comum" do Império. Os epicuristas mais ortodoxos, como Lucrécio, confrontavam-se com as ontologias místicas, porque partiam da concepção de que o universo da natureza se encontra diante de aspirações humanas a partir de uma não teleologia e com absoluta indiferença em relação a ela; por isso, segundo esse filósofo, os homens deveriam

---

[11] Cf. G. W. F. Hegel, *Fenomenologia del espíritu* (Cidade do México, FCE, 2009), p. 121 e seg. Ver, ainda, György Lukács, *El joven Hegel y los problemas de la sociedad capitalista* (Barcelona, Grijalbo, 1972), p. 86 e seg. [ed. bras.: *O joven Hegel e os problemas da sociedade capitalista*, trad. Nélio Schneider, São Paulo, Boitempo, 2018, p. 85 e seg. – N. E.].

resolver as questões da vida exclusivamente no plano da matéria e da terrenalidade. Lucrécio é enfático ao asseverar que tudo é matéria a partir da teoria epicúrea do *clinamen*, que na natureza a vida animal e, consequentemente, a dos homens são resultantes do movimento eterno da matéria; ele afirma que "nada pode surgir do nada" e que nada volta ao nada pela destruição, aos elementos naturais[12]. Nessa óptica, se os céus não podem fornecer nenhuma atenuação de sofrimento, nem mesmo uma recompensa futura, os homens se veem na obrigação de fazer escolhas entre o medo e a busca de viver bem e com prazer, exatamente porque, nessa concepção, quando somos, a morte não se faz presente – e, quando a morte marca presença, deixamos de ser, e somente assim a morte e o morrer tornam-se um requisito puramente moral, exclusivamente humano. Os delineamentos doutrinários epicúreos, porém, se limitavam a um pequeno núcleo da elite intelectual do império e, como evidenciou Lukács,

> evidentemente a filosofia epicúrea não foi capaz de provocar um efeito geral e duradouro. O ideal dos sábios, para o qual essa ética igualmente estava direcionada, já circunscreveu seu efeito a uma elite espiritual e moral, ao passo que a moral estoica, em muitos aspectos particulares análoga à epicúrea, é sustentada por uma ontologia muito mais compatível com a "necessidade de redenção" da Tarda-Antiguidade que a ontologia radicalmente terrenal de Epicuro. Desse modo, a imagem de mundo desse período, ainda ao tempo em que predominava a mística do neoplatonismo, está sempre pronta a acolher igualmente elementos da filosofia de Aristóteles e do estoicismo [a *stoa*], ainda que em geral o faça somente após profunda reinterpretação, enquanto o epicurismo permanece de todo isolado e passa a ser difamado, de modo contínuo, como hedonismo vulgar. *Esse sempre é o destino de uma ontologia terrenal em épocas de domínio da necessidade religiosa fervorosa.*[13]

A necessidade de uma ontologia religiosa fez com que a filosofia ampliasse sua dimensão no Império Romano exatamente ao encontrar a latinidade com Cícero,

---

[12] Lucrécio, *Da natureza*, Livro I (trad. Agostinho Silva, São Paulo, Abril Cultural, 1972, col. Os Pensadores, v. 5), p. 250-64. Como afirma Lucrécio, "volta ao nada, tudo volta, pela destruição, aos elementos da matéria [...]. Por conseguinte, não é destruído inteiramente nada do que parece destruir-se, porque a natureza refaz os corpos a partir um dos outros e não deixa que nenhum se crie senão pela ajuda da morte de algum outro"; ibidem, p. 250.

[13] György Lukács, "Introduzione", *Ontologia dell'essere sociale*, v. 1 (Roma, Editori Riuniti, 1976), p. 13; grifos nossos [ed. bras.: *Para uma ontologia do ser social*, v. 1, trad. Carlos Nelson Coutinho, Mario Duayer e Nélio Schneider, São Paulo, Boitempo, 2012, p. 35 – N. E.].

que, a partir de seu exilo imposto por Júlio César, compila e organiza algumas reflexões filosóficas gregas de diversos matizes, articulando uma síntese eclética que dá à filosofia um vocabulário e um sentido latino. Ainda que não aceite integralmente o estoicismo, Cícero adere a alguns preceitos morais, colocando, no entanto, que o exercício da virtude deve ser acompanhado por um consenso universal; isto é, a construção de fundamentos da vida social (e moral) tendo como pressuposto a existência de Deus, da providência divina e da alma, sendo que tudo isso seria comprovado pela própria finalidade existente na natureza. Depois, o estoicismo encontra grande ressonância entre os extratos romanos cultos, que absorvem fundamentalmente a teoria do conhecimento presente no estoicismo, que buscava articular a noção de verdade com a ciência, no âmbito do conhecimento sensível, a partir das impressões recebidas pelos sentidos que, ao mesmo tempo, estariam interpenetrados pela razão e constituindo juízos sobre as coisas, como a conexão entre a precedência e a consequência; a justaposição conjuntiva dos fatos; o juízo disjuntivo que separa os enunciados; o juízo causal; e o juízo que expressa a noção de mais ou menos. No entanto, o elemento central era a *ideia moral de resignação*, que encontramos amplamente discutida em Sêneca[14], cuja doutrina é também estruturada sob um estoicismo eclético com fundo religioso, sendo que alguns aspectos dessa doutrina, como o conceito de divindade, de fraternidade e de amor entre os homens, além da crença na vida após a morte, se aproximam do cristianismo. Sêneca permanentemente faz a conexão entre a natureza e a lei que dela emana e a exprime, a partir da noção de que a natureza não se modifica porque é a referência do bem, do verdadeiro e do essencial. Além do mais, o filosofo cordobês incorpora a noção helênica da igualdade da natureza humana: ainda que o corpo esteja momentaneamente escravizado, a alma humana é, por essência, livre.

---

[14] Lucius Annaeus Seneca, cidadão romano nascido em Córdoba, atual Espanha, foi criado em Roma. Patrício, foi senador e frequentador de círculos do alto patriciado romano. Mas a frequência dos círculos de poder e a intimidade com a família imperial o levaram à prisão e à condenação à morte por adultério praticado com a princesa Júlia Livila, irmã de Agripina e sobrinha do novo imperador, Cláudio Cesar Germânico, logo após a deposição e o assassinato do imperador Calígula. O novo imperador comutou a pena em exílio, em uma ilha "semibárbara", Córsega, onde Sêneca ficou por quase dez anos, vivendo em grande privação material. De volta a Roma, é convocado para educar o futuro imperador Nero e passa a viver como escritor e filósofo eminente. Assessor de Nero, é condenado ao suicído por este em 65 d.C. Para uma biografia político-filosófica de Sêneca, ver Pierre Grimal, *Sénèque, sa vie et son œuvre* (Paris, PUF, 1966), e Paul Veyne, *Sêneca e o estoicismo* (São Paulo, Três Estrelas, 2015).

No entanto, há uma novidade nas elaborações de Sêneca, especialmente na nonagésima carta a Lucílio, na qual ele formula a teoria da "idade pré-política" da humanidade, uma idade de ouro, ou um estado de inocência primitiva, já mencionado por Posidônio e seguramente com fundamento em Platão – a discussão do homem solidário de Sócrates em contraposição ao homem egoísta dos sofistas, feita na *República*, ao ser indagado sobre a natureza da justiça e da injustiça, quando Platão contrapõe uma ontologia que resgata a noção socrática de ψυχή (alma), afirmando a alma como fundamento da regra que legitima a justiça, a δικαιοσύνη[15], ideia de que nenhum governo, mesmo coercitivo, nenhuma servidão e nenhuma propriedade se impunha ao homem. Com a perda dessa inocência primitiva e com o surgimento da avidez pelo poder, contudo, a corrupção e o mal chegam aos homens. Vemos em passagem de Sêneca que

> os primeiros mortais e os filhos dos primeiros mortais seguiam ingenuamente a natureza. Um homem servia-lhes de guia e lei: o melhor entre eles, cujas vontades confiavam [...]. Governar não era reinar, era servir [...] teria havido geração mais feliz? Eles fruíam em comum os bens da natureza. Qual uma mãe, ocorria à proteção de todos. A riqueza pública pertencia a todos em plena segurança [...] era até mesmo *vedado demarcar ou dividir os campos*, cada qual fazia a colheita para a comunidade [...]. A avareza torvou a ordem do mais racional dos regimes.[16]

Isso não quer dizer que Sêneca confundia a inocência dos primeiros homens recém-autonomizados em relação aos deuses com a perfeição e com a virtude dos sábios. *Sua inocência provinha da ignorância.* Na visão dele, a virtude só seria

---

[15] Platão situa sua noção de homem ontologicamente solidário através da cooperação pelo trabalho, como podemos verificar nessa passagem da *República*: "Construamos teoricamente uma cidade, desde as fundações. A criará, ao que me parece, nossa necessidade [...]. Mas a necessidade primária e maior é a procura de nutrimento para continuar a viver [...], a segunda é necessidade de uma habitação, a terceira, a de uma veste e de necessidades parecidas [...] como a cidade pode fazer frente à demanda de tantos meios? Um indivíduo deverá ser camponês, outro arquiteto, outro, ainda, tecelão? Deveríamos acrescentar um sapateiro ou mais alguém que cuide das exigências do corpo? [...] Pois cada um deles deve pôr sua atividade à disposição de todos"; Platão, "La Repubblica", em *Platone: tutte le opere*, v. 2 (Roma, Newton Compton, 1997), 369d-369e. Ver também Antonio Carlos Mazzeo, *O voo de Minerva: a construção da política, do igualitarismo e da democracia no Ocidente antigo* (São Paulo, Boitempo/Oficina Universitária Unesp, 2009), p. 154.

[16] Sêneca, *Lettres à Lucilius*, v. 4 (Paris, Belles-Lettres, 1962), p. 28-9.

alcançada por uma alma educada e instruída e em permanente exercício. Como afirma o filósofo, é para fazer essa trajetória que nascemos, porém "nascemos sem ela; e, mesmo na condição mais natural do mundo, antes de sua aplicação ao estudo, há os atributos da virtude, mas não há a virtude"[17].

Numa primeira impressão dessas reflexões, notamos identidades com as formulações socráticas, especialmente a do dever dos sábios para com a coisa pública. É evidente, no entanto, que essa noção de coisa pública não aparecia nos moldes das elaborações do conjunto da teoria de Sócrates. Ao contrário, transcendia a noção socrática de uma pólis coletiva, fundada na pólis comunitária. Aqui, Sêneca a inseria no contexto da noção helenística de *Kosmópolis*, mais adequada ao Império Romano. E, nesse sentido, fez uma vigorosa defesa da abstenção da política, porque denunciou a política, a coisa pública, como demasiadamente corrompida para ser resgatada, reverberando no âmbito da subjetividade sua própria derrota diante de Nero. Como chama-nos atenção Chevallier, Sêneca não hesitará em afirmar que Zenon ou Crisipo, que viveram tal como disseram que se deveria viver, realizaram obras importantes e de grande significado porque não se dispersaram na atuação de negócios públicos, exercendo magistraturas, comandando exércitos ou promulgando leis[18].

No contexto das buscas de *soluções de práxis* para um império em crise, mas ainda no âmbito de uma ontologia mística, resta-nos mencionar, ainda que rapidamente, os pensadores Epicteto e Marco Aurélio, o imperador-filósofo.

O frígio e escravo liberto Epicteto, definido como estoico-cínico – por buscar sínteses entre as concepções do cínico Diógenes de Sínope e de Zenon e Crisipo – procurava por elementos que entendia como importantes do filósofo cínico, mas seu pensamento identificava-se em essência com as formulações de Sêneca, buscando enfatizar que na religiosidade compreende-se que Deus é o pai dos homens, que a vida é um dom divino e que Ele está em nós e em nossa alma. Segundo Epicteto, virtude significa liberdade, mas o homem só pode ser livre se desvincular sua atitude interior de toda dependência das coisas externas. Como salienta Abbagnano, a diferença fundamental entre o moralismo religioso de Epicteto, de Sêneca e do cristianismo reside no fato de que "o primeiro homem pode atingir a virtude somente por meio do exercício da razão puramente autônoma, enquanto no cristianismo o caminho do bem é apontado ao homem pelo próprio Deus"[19].

---

[17] Ibidem, p. 42.

[18] Cf. Jean-Jacques Chevallier, *História do pensamento político*, v. 1 (Rio de Janeiro, Zahar, 1982), p. 160-1.

[19] Nicola Abbagnano, *Storia della filosofia*, v. 1: *La filosofia antica* (Milão, TEA, 1995), p. 247.

O imperador-filósofo Marco Aurélio, discípulo de Epicteto, tornou-se o terceiro expoente do estoicismo romano. Como imperador, notável militar e excelente administrador, viveu, em seus quase vinte anos de um reinado turbulento, perturbado por guerras sangrentas e prolongadas e por desastres naturais, como terremotos e inundações; tentou refletir a condição do exercício do poder por meio de suas reflexões filosóficas, escritas em grego, sobre questões morais que eram, de fato, notas e esboços de pensamentos destinados a si mesmo. Mais tarde, esse conjunto de escritos de vezo estoico recebeu o nome de *Meditações*. Obviamente Marco Aurélio não fugiu à característica do estoicismo romano; quer dizer, de seu *ecletismo intrínseco*, em que as especulações filosóficas são preteridas em favor do pragmatismo e do moralismo típico dos romanos. Como seu mestre, a questão central é como se deve ver a vida em condições de felicidade. No entanto, ele a viu no escopo da religiosidade, com pouco interesse na busca de respostas científicas – o que caracteriza a necessidade de uma ontologia mística para "explicar" e "responder" à crise terminal do Império Romano. Daí sua filosofia ser pouco original, como enfatiza Agostinho da Silva em sua competente apresentação das *Meditações*[20]; Marco Aurélio não buscou solucionar as inconsistências de sua própria posição, recusando a evidência da matéria e optando pela ontologia mística[21]. Na senda da religiosidade de Sêneca e de Epicteto, entende que a filosofia é o recolhimento da alma em si mesma, introspecção e meditação:

A lugar nenhum se recolhe uma pessoa com mais tranquilidade e mais ócios que na própria alma, sobretudo quando se tem no íntimo aqueles dons sobre os quais basta inclinar-se para gozar, num instante, de completo conforto; e por conforto não quero dizer senão completa ordem.[22]

Nesse sentido, no escopo da visão estoica de um Universo ordenado divinamente, Marco Aurélio ressalta a identidade entre os homens e Deus e assume a clássica

---

[20] Agostinho da Silva, "Caderno de apresentação ao livro *Meditações*, de Marco Aurélio", em *Epicuro, Lucrécio, Cícero, Sêneca, Marco Aurélio* (São Paulo, Abril Cultural, 1973, col. Os Pensadores).

[21] Como afirma Agostinho da Silva: "Enquanto a ortodoxia estoica levava-o na direção de um credo materialista, seu sentimento religioso impelia-o no sentido da força moral e da benevolência [...]; a verdadeira chave para a compreensão das oscilações de Marco Aurélio deve ser procurada menos em suas características psicológicas do que nas circunstâncias históricas em que viveu. O Império Romano estava perdendo seu antigo esplendor, e a cultura clássica greco-latina mostrava os últimos sinais de vitalidade. Cada vez mais ganhava corpo uma nova concepção do mundo: o cristianismo"; ibidem, p. 103.

[22] Marco Aurélio, "Meditações", em *Epicuro, Lucrécio, Cícero, Sêneca, Marco Aurélio*, cit., IV,3.

formulação platônica do δίμων/*daímon* (espírito) individual como parte da ψυχή (alma) universal e, portanto, de Zeus/Júpiter, evidenciando o direcionamento das identidades dos estoicos romanos com o cristianismo.

Havia um senso comum que recusava uma visão do mundo a partir de parâmetros minimamente científicos e que se estruturava numa ontologia de *redenção mística*. No contexto em consolidação, os elementos filosóficos neoplatônicos e estoicos (e, ainda, os aristotélicos) foram todos reinterpretados, ao mesmo tempo que foram desprezados e relegados, como ressaltamos, os núcleos filosóficos ligados a propostas que se aproximavam de um materialismo possível e que, naquele momento, estavam restritos aos reduzidos setores cultos de um império e de uma sociedade em profunda desagregação, na qual, como descreveu Gaius Petronius Arbiter (27-66) – ou, como o conhecemos hoje, Petrônio – em seu *Satyricon*, corriqueiramente estudantes e professores encontravam-se alheios à realidade social. Na aguda constatação de Petronius: "Na verdade, suspeito que os meninos tornam-se mais tolos, porque eles não aprendem nada do que é necessário para a vida"[23].

Se por um lado, no âmbito do cristianismo, na disputa pela interpretação e pela construção de uma nova *Weltanschauung* – e, por conseguinte, de uma nova *Weltentstehung* –, a questão da *Parusia* produziu uma crise permanente nos setores religiosos ligados direta ou indiretamente ao cristianismo e gerou um estado de ânsia entre os pobres e uma expectativa nos núcleos cristãos cultos, por outro lado a retomada pelos cristãos das doutrinas de Shaul/Paulo de Tarso, principalmente da tese mística da "loucura da Cruz" e da "ressurreição" de Cristo, transformadas em "garantias de realidade", possibilitou que essa ideia ganhasse dimensão socioideológica e logo se convertesse em uma "redenção possível" – ao aceitar doutrinas e dogmas cristãos que passam a situar o Juízo Final em um indefinido *Werden* (vir-a-ser). Assim construída, a concepção do novo vir-a-ser facilitou que os cristãos afrontassem a falência dessa profecia com danos reduzidos a sua fé e possibilitou uma progressiva adaptação do cristianismo ao Império Romano, absorvendo inclusive sua cultura intelectual e relevando, ainda, que o cristianismo sofria transformações em seu processo de sincretização com o mundo helênico-romano. Como salientou Lukács, o cristianismo mantém, no plano teleológico, essa *estrutura bimundana*[24], isto é, de um lado, os homens realizam seus destinos onde se definem a salvação ou a danação e, de outro, há um mundo compreendido

---

[23] Gaius Petronius Arbitrus, *Satyricon Liber* (Roma, Newton Compton, 2012), p. 23 – IV.

[24] Cf. György Lukács, *Ontologia dell'essere sociale*, cit., p. 14 e seg. [ed. bras.: *Para uma ontologia do ser social*, v. 1, cit., p. 36 e seg. – N. E.].

teleologicamente, cósmico-transcendente, de Deus, o ser que constitui a garantia ontológica da indubitabilidade de seu poder na realidade terrena – ou seja, o cosmo é o fundamento ontológico e o objeto visível do poder divino.

Como conclusão, podemos dizer que a ontologia radicalmente terrena é derrotada diante de uma profunda necessidade religiosa e que é nesse ambiente da cultura clássica em dissolução/reconstituição que vicejam o cristianismo e a patrística, fundados no contexto de satisfações místicas de redenção, que é basicamente a noção da Parusia, a necessidade religiosa mística e mágica do inexorável retorno de Cristo, envolvendo uma população materialmente pauperizada que, inclusive no âmbito subjetivo, não vislumbrava possibilidade de vida digna no mundo terreno. A óbvia impossibilidade de realização da Parusia e sua "solução" com um *devir* místico acabam favorecendo a adaptação do império aos novos tempos e à cultura mítico-religiosa que se desenha, tornando-se, com o imperador Constantino, parte ideológico-orgânica da susten- tação dessa nova *Weltanschauung* e de sua consequente *Weltentstehung*. A polêmica da Parusia irrealizada provoca o surgimento de grandes quantidades de teorias teológicas e escatológicas, algumas divergentes entre si, de Agostinho de Hipona a Thomas Aquinas*, sempre determinada, em última instância, por sua falência como perspectiva "real" e pela progressiva institucionalização do cristianismo, que realizará também a adequação da moralidade cristã às realidades sociopolíticas e ao consequente e progressivo esvaziamento da *radicalidade ética* presente na própria patrística, a partir do Jesus Cristo bíblico, em particular o do *Sermão da montanha*[25]. Essas adaptações ao *impulso societal de nova característica histórica*[26], resultante das

---

* Ver, neste volume, p. 90, nota 3. (N. E.)

[25] No *Sermão da montanha*, evidencia-se a *radicalidade ética* do Jesus bíblico interpretado por Ma- teus – o judeu coletor de impostos cujo nome era Levi e que redigiu seu Evangelho em aramaico, segundo a tradição, por volta dos anos 60. Vemos isso nestas passagens: "Bem-aventurados [aqui no sentido de agraciados pela Graça divina] os que têm um coração de pobre, porque deles é o Reino dos Céus [...]. Bem-aventurados os que choram, porque serão consolados [...]. Bem- -aventurados os que têm fome e sede de justiça, porque serão saciados! [...] Bem-aventurados os puros de coração, porque verão Deus [...]. Bem-aventurados os que são perseguidos por causa da justiça, porque deles é o Reino dos Céus! [...] Vós sois o sal da terra. Se o sal perde o sabor, com que lhe será restituído o sabor?", em *Bíblia sagrada*, cit., Mateus 5-3, 4, 6, 8, 10 e 13.

[26] Utilizamos aqui o conceito de *impulso societal de nova característica histórica*, introduzido com o intuito de sintetizar a análise marxiana sobre a contradição-antagônica que o desenvolvimento dos meios de produção estabelece e desempenha nas processualidades sociometabólicas dos modos de produção. Como define Marx: "O modo de produção da vida material condiciona, em geral, o processo da vida social, política e intelectual [...]. Ao chegar a determinada fase de desenvolvimento,

relações antitéticas das formas de sociometabólicas de uma sociabilidade em crise estrutural, influíram de forma decisiva na ontologia originária – que recusava com radicalismo a cotidianidade do mundo e sua interpretação científica – e acabaram, objetivamente, esvaziando seus conteúdos, ainda que de maneira não explícita, transformando-a em elemento ideológico apenas justificador; isto é, de possibilidade "real-imediata", a Parusia converte-se em *longínquo devir inescrutável*. No entanto, nenhuma dessas mudanças alterou o princípio fundamental da ontologia religiosa, especialmente seu elemento teleológico do cosmo e de seu antropomorfismo, de um cosmo governado pela onipotência de Deus.

No século IV, a contribuição latina à patrística era escassa, e as formulações do cristianismo oriental chegaram pela obra de Ilário di Poitiers, *De Trinitate*, que originalmente chamava-se *De fide adversus arianos* – em tradução livre, "Na fé, contra os arianos". Era um debate candente entre os cristãos orientais com Ário, o presbítero cristão de Alexandria, que afirmava que o *Lógos* ou *Filho de Deus* havia sido criado do nada, exatamente como todas as outras criaturas e, por isso, não poderia ser visto como eterno, porque, nas Escrituras Sagradas, a definição de Filho de Deus aparece no sentido corriqueiro de que todos os homens o são. Com isso, nessa concepção não há consubstancialidade entre o Pai e o Filho. Tal visão foi duramente atacada por Santo Atanásio, que teve papel central no rechaço e na condenação pelo primeiro concílio cristão mundial, o Primeiro Concílio Universal de Niceia, em 325, durante o qual foi reafirmado o que ele, enquanto

---

as forças produtivas materiais da sociedade entram em contradição com as relações de produção existentes ou, o que nada mais é que sua expressão jurídica, com as relações de propriedade dentro das quais aquelas até então se tinham movido. De formas de desenvolvimento das forças produtivas estas relações se transformam em suas travas. *Sobrevém, então, uma época de revolução social*. A transformação da base econômica impacta mais ou menos rapidamente toda a enorme superestrutura erigida sobre ela [...]. Nenhuma formação social perece antes que estejam desenvolvidas todas as forças produtivas que a ela pertencem e jamais aparecem novas e mais adiantadas relações de produção antes que suas condições materiais de existência tenham sido geradas e amadurecidas no seio mesmo da velha sociedade". Nesse sentido, e como resultado dessa ampla processualidade, no âmbito ideossocietal, estabelece-se o escopo das articulações antitéticas dos "complexos de complexos" que Lukács invoca, isto é, quando no plano ideológico configura-se a possibilidade de apreender os respectivos momentos e as complexidades de que se compõe a crise, assim como de apontar alguns contornos intelectivos que possibilitem sua superação, de modo que, mesmo no patamar da imediaticidade, essa perspectiva direciona-se para elementos de universalidade. Ver, respectivamente, Karl Marx, "Prefácio de 1859", em *Contribución a la crítica de la economía política* (Buenos Aires, Estudio, 1970), p. 9, grifos nossos, e György Lukács, *Ontologia dell'essere sociale*, v. 2, cit., p. 535 e seg.

crítico de Orígenes, definiu como *homoousios*, isto é, a existência de substância idêntica na relação de Cristo com o Pai – o Cristo como *Lógos* divino; foram condenadas também as propostas arianas, as quais ele declarou heréticas, o que levou à queima de livros sobre o tema e à promulgação da pena de morte para quem os conservasse. Definiu o chamado "Símbolo de Niceia": "Πιστεύομεν εἰς ἕνα θεὸν πατέρα παντοκράτορα, πάντων ὁρατῶν τε καὶ ἀοράτων ποιητήν" (Cremos em um só Deus, Pai todo-poderoso, criador de todas as coisas visíveis e invisíveis). Essa doutrina, como destaca Abbagnano, teve como defensores Gregório de Nissa e Gregório Nanziano, além de Basílio, o homem de ação e de pregação[27].

As formulações de Santo Ambrósio (bispo de Milão entre 374 e 397), pertencente ao "círculo de Milão" – no qual pagãos e cristãos debatiam inspirados pelo neoplatonismo e que era frequentado, entre outros, por Mânlio, Teodoro, Simpliciano e, ao que tudo indica, Agostinho, conforme atesta em suas *Confissões*[28] –, constituem significativa interpretação neoplatônica e de consolidação cristã. Ambrósio pregava um platonismo "moderado" e crítico, filtrado pelas interpretações de Vittorino, e fundamentava suas interpretações nas obras de Fílon, realizando o que Moreschini define como "diálogo oculto" com o filósofo judeu helenizado, buscando dar contorno mais preciso às doutrinas cristãs. O bispo de Milão ainda reverberava as cautelas dos cristãos latinos em relação à filosofia; por isso, em sua concepção, a "verdadeira filosofia" é aquela que encontra confirmação pelo "sacramento da regeneração", ou seja, pelo batismo[29]. Pode-se dizer que o encontro de Agostinho com a fé passa pelos fundamentos enunciados por Vittorino e pelos escritos dogmáticos ambrosianos, nas concepções que evidenciam a consequência última da moralidade, na beatitude em Deus. Agostinho se "encarregará" de realizar a *grande síntese* de um largo caminho de constituição das primeiras cosmologia e cosmogonia cristãs, ainda no contexto patrístico.

II. A solução da crise na confissão, no reconhecimento e na assimilação das leis de Deus

Agostinho de Hipona sintetiza e supera a patrística ou, em outras palavras, expressa a *síntese do cristianismo* no processo de transição entre o Império Romano tardio e o nascente feudalismo. Muito se fala sobre as identidades desse filósofo

---

[27] Nicola Abbagnano, *Storia della filosofia*, v. 2: *La filosofia moderna* (Milão, TEA, 1995), p. 49 e seg.

[28] Agostinho de Hipona, *Confissões* (São Paulo, Folha de S.Paulo, 2010, col. Livros que Mudaram o Mundo, v. 12), VII.

[29] Ver Claudio Moreschini, *História da filosofia patrística* (São Paulo, Loyola, 2008), p. 437-8.

78 Os portões do Éden

místico com o apóstolo Shaul/Paulo de Tarso, mas, como pudemos demonstrar, essa era a identidade das formulações igualitárias e fundamentais da patrística com as posturas da radicalidade ética presente no Cristo bíblico e nas *Epístolas* de Shaul/ Paulo de Tarso, desde o apologeta Justino e, depois, de Clemente e Orígenes. No entanto, Agostinho inicia o distanciamento dessa radicalidade ética substituindo-a pelo pragmatismo e centrando na "doutrina da obediência" presente em Shaul/ Paulo – que se robustecia desde a conversão do imperador Constantino ao cristianismo, em 312 –, o que possibilitou que encurtasse o distanciamento entre a *Kosmópolis* celeste idealizada e a terrestre.

Ademais, Agostinho de Hipona – nascido em 354, na cidade de Tagaste, na província da Numídia, na África romana, de pai patrício e pagão e mãe cristã, cujo nome era Mônica (mais tarde, santificada) e que exerceu grande influência em sua formação moral e intelectual – estava imerso no debate proporcionado pela ontologia mística hegemônica desde seus tempos de estudante, quando já havia lido Cícero, Sêneca e, depois, Varrão e Apuleio – ou, ainda, Platão e Aristóteles. Além disso, em sua formação inicial cultivou paixão pela gramática; estudava os clássicos latinos, e, aos dezenove anos, a leitura de *Hortêncio*, de Cícero, o levou à filosofia. A atmosfera da época estava marcada por escolas filosóficas que debatiam entre si e disputavam espaço entre os setores cultos do império. O próprio neoplatonismo foi um dos elementos determinantes para o nascimento da doutrina de Agostinho. Ainda em Cartago, por volta de 374, quando desfrutava os prazeres mundanos, aproximou-se do maniqueísmo e escreveu, em 381, seu primeiro tratado, *De pulchro et apto* [Do belo e do conveniente], hoje perdido[30]. Suas ideias, porém, foram ganhando maturidade, e, após a leitura do livro de Aristóteles *Sobre as categorias*, além de outros escritos, passou a formular críticas ao maniqueísmo. Dois anos depois, já em Roma, com objetivo de ensinar retórica, aproximou-se do ceticismo, mas não de modo radical, o que permitiu que continuasse a tratar das questões concernentes à teologia filosófica tardia e de certos conceitos cristãos, assim como nunca questionar a existência de um deus. A proposta de chegar à fé por meio do conhecimento racional não foi suficiente para a busca agostiniana, que se pautava na "intuição" da fé, o que o levou a estudar as *Escrituras*. Aí reside

---

[30] Como nos informa Agostinho: "Contava 26 ou 27 anos quando escrevi aquele tratado revolvendo no pensamento estas imaginações puramente materiais que faziam ruído aos ouvidos de meu coração. Voltava-os, ó doce Verdade, para Vossa melodia interior, quando meditava no 'belo e no conveniente'. Desejando estar na Vossa presença [...] não o podia porque os rumores do erro arrastavam-me para fora, e o peso da soberba precipitava-me no abismo"; *Confissões*, cit., IV,15.

seu núcleo teológico, isto é, sua concepção de que é necessário aceitar pela fé as verdades que Deus revela e, posteriormente, adquirir alguma inteligência sobre elas – a inteligência dos conteúdos da fé acessível ao homem nesse mundo. Como salienta Gilson, essa é a tese que inspira a longa sequência das obras agostinianas[31].

Nesse período, com a ajuda de Símaco, prefeito de Roma, foi nomeado professor de retórica na cátedra de Milão, onde escreveu, entre outras, obras importantes como *Contra os acadêmicos*, em 386, e *De immortalitate animae*, em 387. No mesmo ano, foi batizado e, em 391, nomeado sacerdote; nesse período, escreveu seis obras teológico-filosóficas importantes. Destacam-se, além de *De magistro*, de 389 – texto em que encontram-se as bases de sua teoria do conhecimento –, a obra escrita entre 391 e 392, *De utilitate credenti*, tida como fundamental para a compreensão de seu método; *De doctrina christiana*, de 397, que será dominante na literatura cristã medieval; *Confissões*, de 400, em que estão presente todos os seus princípios filosóficos; *De Genesi ad litteram* (Comentário literal ao Gênesis), datado de 393, principal fonte de sua teologia; e *De civitate Dei* (A Cidade de Deus), escrito entre 413 e 426, em que se encontra o núcleo de sua teologia da história. A filosofia agostiniana expressa o esforço para levar o mais longe possível a inteligência de seu próprio conteúdo, com fundamentos filosóficos calcados em Plotino, o que de imediato resgata o conceito de homem e de alma formulados por Platão em *Alcebíades*, isto é, de que o homem é uma alma que se utiliza de um corpo – no sentido platônico, o homem é a unidade da alma e do corpo – no qual mantém o conceito, também ele platônico, da transcendência hierárquica da alma sobre o corpo; a alma somente se une ao corpo do homem por meio da ação sobre ele, para vivificá-lo[32]. Não por acaso, Agostinho foi chamado de "Platão cristão" não somente devido às identidades com os elementos místicos e doutrinários platônicos, mas por ter renovado o cristianismo por meio desses ensinamentos que realçam a fé e que aparecem em seu pensamento como ponto culminante de uma busca/pesquisa da verdade; quer dizer, busca/pesquisa que encontra fundamento e discernimento *somente na fé* – e, por sua vez, a fé encontra a consolidação e o enriquecimento nessa busca, porque aproxima a pesquisa à verdade e, ao mesmo tempo, possibilita que se chegue a uma realidade mais densa e rica que se consolida no homem quando vence a dúvida. Essa "gnose pura" é a tentativa de conhecimento eminentemente racional (realizado através da alma, como em Platão) do divino

---

[31] Étienne Gilson, *A filosofia na Idade Média* (São Paulo, Martins Fontes, 1998), p. 144.

[32] Ver Platão, "Alcibiade", em *Platone: tutte le opere* (Roma, Newton Compton, 1997). Ver também Étienne Gilson, *A filosofia na Idade Média*, cit., p. 146 e seg.

ou, talvez, a afirmação desesperada da irracionalidade da fé, no sentido paulino da "loucura da cruz".

Desse modo, podemos elencar, em linhas gerais, os principais elementos conformadores da ossatura da obra agostiniana e que constituem o escopo de sua visão filosófico-teológica: a) o caráter da racionalidade e da pesquisa agostiniana, em que a busca pela verdade propriamente dita é o resultado não apenas de uma necessidade do intelecto, mas da integralidade do homem, e essa verdade – conquistada pela disciplina e pela superação das dificuldades postas pela própria fé, em seu caminho de busca, que intrinsecamente conforma o conceito de "racionalidade" agostiniana – deve satisfazer e tranquilizar todas as necessidades humanas; b) o escopo de sua pesquisa, isto é, conhecer Deus e a alma. No entanto, Deus e a alma não requerem duas investigações paralelas ou diversas; pelo contrário, também há nessa definição a visão platônica de que Deus (e sua verdade) está na alma e se revela na interioridade dela mesma. Com isso, no pensamento agostiniano, buscar a alma significa debruçar-se sobre si mesmo e reconhecer-se na própria natureza espiritual, através da prática de *confessar-se*. A conduta da confissão, porém, é, desde o início, levar à luz todos os problemas que constituem o núcleo da própria personalidade de quem confessa, como se verifica em seu mais famoso livro, *Confissões*. O núcleo da confissão é sair de si para retornar a si mesmo, tendo verificado e buscado no interior de sua própria alma a verdade que nela habita, e, na procura dessa interioridade que se transcende, o homem se abre a Deus e à verdade que chega a sua consciência. No pensamento agostiniano, a verdade não é a alma propriamente dita, mas a luz que a guia em direção ao autorreconhecimento, por meio da humildade da confissão. Isso significa que, em última instância, para Agostinho, a verdade não é a razão, mas a *lei por meio da qual a razão se serve para julgar as coisas*; c) a procura de Deus, o princípio fundamental da teologia agostiniana. O caráter determinante da verdade reside no fato de que ela se revela como é, contrastando com o falso, porque é considerada por Agostinho a revelação do ser que ilumina a razão humana e proporciona a *norma* de todo juízo, a *medida* de todas as valorações. Seguindo os preceitos de Fílon, Clemente e Orígenes, o Deus que se revela aos homens o faz através de seu *Lógos*, o Verbo, porque a verdade não é mais que o *Lógos* divino. Para Agostinho, Deus se revela ao homem como transcendência que, amorosa e incessantemente, o procura na profundidade de seu eu[33], o que significa que Deus não se objetiva como ser senão enquanto manifestação de si como tal; quer dizer, enquanto *a verdade como*

---

[33] Como salienta Agostinho, "quero recordar as minhas torpezas passadas e as depravações carnais da minha alma, não porque as ame, mas por Vos amar [...]. É por Vosso amor que, amargamente,

revelação e que não se constitui pai sem estar na mesma substância do filho; Lógos que se move em direção ao homem para trazê-lo para si. Portanto, mais que verdade, Deus é entendido como *amor*, porque amor e verdade caminham juntos, porque não se pode ser amor sem ser, ao mesmo tempo, verdade[34].

Como vimos, a essência do pensamento agostiniano situa-se em seu *núcleo paulino*, nas formulações dos alexandrinos Clemente e Orígenes e, ainda, nas interpretações livres das concepções de Fílon de Alexandria. Com forte tom filosófico de vezo estoico, Agostinho parte da condição decaída do homem, diante do pecado original, quando, segundo essa concepção, ao afastar-se da lei prescrita por Deus, resta ao homem buscar viver sob a proteção das leis naturais – que, em última instância, são emanadas por Deus – até seu reencontro com o senhor por meio da Parusia, agora já relegada a um *devir* incerto e que, um dia, assinalará o fim dos tempos. Uma volta à lei natural que tem ainda uma base de inspiração socrático-platônica que justifica exatamente a noção de que Deus não deixaria o homem relegado à própria sorte, mesmo após sua expulsão do Paraíso e, consequentemente, de sua marca indelével do pecado original e de sua queda. Como bem definiu Hegel, para Sócrates *o bem é algo implícito na natureza do espírito*, na ψυχή, e, nessa concepção, está presente tanto no espírito universal como em sua parcela hominizada, a *alma*. Por isso, Platão, procurando ampliar esse conceito, dá o sentido de universalidade à justiça, na perspectiva de compreender a essência humana em seu percurso ontológico-mítico, resgatando, assim, a ideia socrática da ψυχή como fundamento da regra que legitima a justiça, a *dikaiosyne*. Como argumentei,

> Platão desenvolve, a partir de uma ontologia do homem em estado de natureza, o conceito da *naturalidade essencial da sociabilidade humana* (em que encontramos *embrionariamente* os rudimentos de uma ontologia e uma teleologia do trabalho) deter-

---

chamo à memória os caminhos viciosos [...]. Concentro-me, livre da dispersão em que me dissipei e me reduzi ao nada"; *Confissões*, cit., II,1.

[34] Como ressalta Arendt, em seu livro sobre Agostinho, "o eu, o próximo e o corpo estão ligados ao *propter* [porque]. O amor ordenado não ordena arbitrariamente o mundo inteiro a partir do futuro absoluto, mas em relação ao próprio eu. A experiência dessa relação é feita em sociedade (*societas*) apenas com aqueles que, em relação com Deus e com o bem supremo, podem alcançar a beatitude (os próximos, *proximi*), e esta experiência é vivida naquilo que pertence como coisa particular ao eu terrestre, no corpo [...]. Por outro lado, não é fortuitamente que Santo Agostinho tenta articular, unir, neste mesmo contexto, o amor do próximo, que para o cristianismo é a possibilidade específica de ter uma relação com o mundo mesmo, na ligação a Deus"; Hannah Arendt, *O conceito de amor em Santo Agostinho* (Lisboa, Instituto Piaget, s/d), p. 42-3.

minada pela necessidade de sobrevivência [...]. Essa definição conceitual do homem como ser naturalmente gregário coloca também a questão de uma ética primordial que orientaria o comportamento solidário entre os homens.[35]

A patrística já havia feito a conexão entre as construções de Shaul/Paulo de Tarso e as formulações estoicas e platônicas, ainda que muito *mediatizadas* pelas reinterpretações paulinas da Septuaginta/Torá, como vemos em suas *Epístolas*, nas quais são abundantes as citações da Torá, livro sagrado hebreu. Ainda que recusando a filosofia pagã, o inevitável encontro com a cultura helenística dos judeus da diáspora, como vimos, não somente obrigou Shaul/Paulo a falar o idioma grego como o fez dialogar com sua cultura a partir de uma *protréptica* que, em essência, caracteriza a filosofia grega. Uma prova dessa aproximação, senão totalmente voluntária, mas seguramente necessária, é a absorção da ideia estoica de *lei natural* pelo apóstolo, que procurava explicar a diferença entre os pagãos – que não tinham nenhum conhecimento da *lei mosaica*, aquela que resultou do encontro de Moisés com o *Lógos* no monte Sinai –, que, segundo Shaul/Paulo, valiam-se intuitivamente do que estava ao alcance, isto é, os mínimos preceitos de justiça que Deus "disponibilizava" aos homens, em sua condição natural, e os judeus que conheciam Deus (*Yahweh*) e suas leis, como fica evidente em sua *Epístola aos romanos*, em que afirma que os pagãos, privados da lei (revelada por Deus), vivem naturalmente regidos por leis naturais:

> Os pagãos que não têm lei, fazendo naturalmente as coisas que são da lei, embora não tenham a lei, a si mesmos servem de lei [...] eles mostram que *o objeto da lei está gravado em seu coração*, dando-lhes testemunho a sua consciência, bem como seus raciocínios, com os quais se acusam ou se escusam mutuamente.[36]

Não por acaso esse era um dos motes utilizados pelos padres da Igreja, acrescido das definições de Cícero, que forçava uma aproximação artificial entre a Escritura e a razão pagã. Os patrísticos concebiam, então, a lei natural como reflexo da lei eterna de Deus, sendo que as leis temporais seriam justas somente se estivessem em conformidade com a lei natural; quer dizer, em conformidade com as leis primitivas que vigiam antes da queda do homem, por meio do pecado original. Essa formulação nos explica como a teoria da "idade pré-política" de Sêneca é

---

[35] Antonio Carlos Mazzeo, *O voo de Minerva*, cit., p. 154.

[36] Shaul/Paulo de Tarso, "Epístola aos romanos", em *Bíblia sagrada*, cit., 2.1.-14,15; grifos nossos.

novamente utilizada pelos padres da Igreja, buscando elucidar o relato do Gênesis sobre o Paraíso perdido[37]. A admissão da existência de uma lei natural coloca em destaque, também, o *igualitarismo inato*, arremetido à condição primordial humana, antes da queda do homem pelo pecado original, e é nesse sentido que, para Shaul/Paulo, não existem mais diferenças entre pagãos, judeus e escravos, justamente quando a questão da liberdade e da igualdade natural é *mediada* pela necessidade do batismo como elemento de soldagem entre os homens, através de um reino não desse mundo, constitutivo de um corpo místico e conformador da nova *Kosmópolis*, em que os cidadãos do céu esperam encontrar o Salvador, Jesus Cristo[38]. O inspirador de Agostinho, Santo Ambrósio, se encarregará de esclarecer que a igualdade entre os homens não desaparece, apesar do pecado original. Daí recorrer à noção estoico-romana de que a condição do escravo é ser *livre espiritualmente*, porque, no limite, o que escraviza a alma é o pecado e, segundo essa perspectiva, "somos um só em Cristo". Para além da hipocrisia intrínseca dessa concepção, temos em tal formulação o elemento fundador da concepção agostiniana de *Cidade de Deus*, enraizada no estoicismo, mas posto sob uma óptica sobrenatural e escatológica. Assim, absorve-se e modifica-se a concepção estoica de uma cidade que agora situa-se nos céus, porque é de Deus, o novo reino universal, o que não impede, enquanto vivos, os cristãos de habitar e seguir (como dever) as leis da cidade terrestre, porque, no limite, os cristãos têm dupla cidadania e, portanto, duas responsabilidades. A responsabilidade terrestre, contudo, é transitória, pois os cristãos são considerados por Shaul/Paulo de Tarso "estrangeiros viajadores" em breve escala neste mundo.

Agostinho aprofunda essa discussão paulina, mas, ao mesmo tempo, procura responder às questões advindas da queda de Roma, em 410, conquistada pelas tropas do visigodo Alarico. A invasão e a derrota da capital do império puseram em xeque a força da religião cristã. Buscando a contraofensiva, três anos após essa tragédia, Agostinho inicia seu livro *A Cidade de Deus* para tratar da crise e da decadência do império. De um lado, enfatiza a incapacidade de o paganismo garantir a felicidade terrena; de outro, aponta para a necessidade de organizar e garantir a permanência da cultura latina e universal desenvolvida pelo Ocidente. Objetivamente e na tradição clássica do pensamento helenístico, a preocupação agostiniana segue as lições dos mestres da Antiguidade de procurar entender as razões da crise partindo da condição prática da debilidade política do cristianismo diante de seus

---

[37] Cf. Jean-Jacques Chevallier, *História do pensamento político*, v. 1, cit., p. 173-4.

[38] Shaul/Paulo de Tarso, "Filipenses", em *Bíblia sagrada*, cit., 3-20,21.

84   Os portões do Éden

inimigos; assim, podemos dizer que a mais importante obra de Agostinho constitui uma *tentativa de abordagem filosófica e teológica da história*. Na definição agostiniana, foram dois diferentes amores que criaram as duas cidades. Um, buscando as glórias terrestres que desdenhavam e desprezavam Deus. Outro, o amor divino que rende glórias ao Senhor e à consciência de Deus. É preciso, porém, lembrar que a cidade celeste está na terra peregrinando entre os ímpios, como se estivesse exilada de si, consubstanciada nas famílias dos homens de fé que esperam a vida eterna na outra cidade do outro reino. Nesse sentido, a cidade celeste vive na terra como seus cidadãos (do céu – Shaul/Paulo, *Filipenses*), na condição de estrangeira. Com isso, as duas cidades usam os mesmos bens temporais para sobreviver e sofrem igualmente de seus males; como bem ressalta Chevallier, elas se acham enredadas e misturadas uma na outra ao longo dos séculos e se diferenciarão somente no Juízo Final, quando cada um alcançará seu próprio fim, porque a natureza essencial de cada uma as impede de se aproximar e de buscar uma conciliação[39], ainda que subsistam fazendo parte uma da outra. Sem dúvida, esse é um conceito de difícil compreensão e que é articulado no contexto do dualismo e do ecletismo romano. Objetivamente, o que vemos nas formulações agostinianas são as antíteses constitutivas do próprio dualismo contraditório em que se encontra a condição humana, o que envolve dizer da condição natural de bondade proporcionada pelas leis naturais inculcadas por ação divina no coração dos homens, como definiu Shaul/Paulo, e, por outro lado, pelas ações que os afastam da bondade intrínseca concedida por Deus. Dessa forma, a cidade terrestre é inconciliável com a celeste até o fim dos tempos, quando, então, a história "se realizará" na redenção do pecado original pela humanidade. Na mediação dessa relação antitética, está a Igreja; não como encarnação de *Kosmópolis* divina, mas como aquela que abriga todos, inclusive os que não serão salvos no Juízo Final.

Juntamente com as questões propriamente religiosas, em 397, Agostinho, sagrado bispo de Hipona, tinha de manter sua autoridade religiosa e, ao mesmo tempo, afrontar, em sua cotidianidade, questões profanas, diretamente vinculadas às relações de poder e de propriedade. Essa tarefa tornou-se realizável com o apelo à tradição das formulações paulinas, assentadas nos princípios da convivência com o poder temporal, presentes nos Evangelhos de Mateus, Marcos e Lucas, nos quais aparecem tanto a noção de reino de outro mundo como a possibilidade e a necessidade de convívio com o poder terreno dos imperadores – conhecido no Novo

---

[39]   Cf. Jean-Jacques Chevallier, *História do pensamento político*, v. 1, cit., p. 176.

Testamento como "imposto do imperador"[40]; isso fica evidenciado nas narrativas do debate de Cristo com os sacerdotes fariseus, na conhecida passagem de Mateus:

> Dize-nos, pois, o que te parece. É permitido pagar o imposto a César? Jesus, percebendo sua malícia, respondeu: "Por que me tentais, hipócritas? Mostrai-me a moeda com que se paga o imposto!". Apresentam-lhe um denário. Perguntou Jesus: "De quem é esta imagem e esta inscrição?". "De César", responderam-lhe. Disse então Jesus: "Dai, pois, a César o que é de César e a Deus o que é de Deus".[41]

O que fica evidente, no escopo dessa definição de Cristo – que será repetida por Shaul/Paulo e pelo conjunto dos pregadores e teólogos cristãos –, é que, enquanto os cidadãos dos céus estiverem como "viajadores na terra", a ordem a ser obedecida é a de César, a dos imperadores e a dos governantes, mesmo quando o governante é cruel, pois, nessa perspectiva, o poder do soberano é emanado por Deus, na medida em que prevalece a noção de que Deus avalia que cada governante tem a relação da dignidade de seu governo em consonância com a dignidade do povo que é governado. Mesmo que aparentemente injustas, as razões ocultas de Deus justificam governantes como Nero, Augusto, Juliano o Apóstata etc. Em última análise, o cristão tem o dever de aceitar os desígnios divinos. Como a presença de Deus entre os homens na cidade terrestre é a própria presença da paz, Agostinho argumenta que, entre os males, Deus sempre coloca para os homens o mais adequado a suas condições históricas e a suas necessidades. Como vemos nesta passagem de *A Cidade de Deus*: "Devia nadar na agitação o império, para ser grande? Quanto aos corpos humanos, não é melhor, porventura, ter estatura mediana e saúde que talhe gigante e perpétuas dores e, havendo-a alcançado, não sossegar, mas viver em meio a sofrimentos tanto maiores quanto maiores os membros?"[42].

Esse elemento de adequação, por outro lado, não constitui *conditio* sem limites para o governante; quer dizer, é necessário que haja a "justa moderação" e, nesse sentido, Agostinho chama atenção, em *Enarrationes in psalmos* (Comentário aos salmos), que "os cristãos, apesar de não aceitarem os ídolos pagãos, marchavam em combate nos exércitos de Juliano o Apóstata, porque, por determinação do

---

[40] Marcos, 12-13,17, e Lucas, 20-20,26.

[41] "Evangelho Segundo Mateus", *Biblia sagrada*, cit., 22, 17-22.

[42] Agostinho de Hipna, *A Cidade de Deus*, v. 1 (Bragança Paulista, Universitária São Francisco, 2007), Livro III, X.

senhor eterno, defendiam o senhor temporal"[43]. No entanto, quando a ordem era contra Deus e suas determinações, suas leis naturais, o dever do cristão era a resistência passiva, na tradição dos mártires cristãos – delimitada pelo preceito cristão, "a César o que é de César", nem mais nem menos. Nessa visão, de certo modo utilitária e pragmática, a forma como o governo se apresenta é pouco relevante, pois é vista como resultado das circunstâncias e da própria natureza do povo a ser governado e pode ser alterada de acordo com as necessidades dos cidadãos, desde que se preserve a justiça. No entanto, na cidade terrena, onde convivem os ímpios e os bons, a justiça divina age e atinge cada um de acordo com sua condição diante dos desígnios de Deus, que sempre possibilita a redenção dos pecados, independentemente das leis que regem esses governos. Isso significa dizer que, no âmbito geral, para Agostinho, só há justiça verdadeira e plena no que foi criado e governado por Cristo, na Cidade de Deus. Daí a preocupação agostiniana em demonstrar que a Roma pagã nunca foi verdadeiramente pública (*republica*), lá nunca houve justiça de fato – e, nesse sentido, a visão agostiniana rejeita a noção política do *juris consensu* e da comunidade de interesses, cunhada por Cícero, isto é, nega a possibilidade de existir um povo que viva em justiça plena, baseando-se apenas em um contrato firmado entre os homens, o que significa um povo que se organiza em um estado que, por sua autonomia diante da justiça divina, tenta agir como um deus e acaba "servindo a demônios imundos", uma vez que, segundo essa visão, não atribuir a Deus o que lhe pertence é praticar a injustiça.

Para Agostinho, os romanos constituíam um "mau povo", assim como os gregos e os egípcios, por não terem tido as virtudes do verdadeiro Deus. Essa "falta grave", caracterizada pela ausência do verdadeiro Deus, é que determina a impotência do paganismo. *O fundamento dessa reflexão agostiniana é provar a inconsistência e a debilidade do paganismo*, diferentemente do estado cristão (Constantino), que pôs Deus no centro de suas instituições, e a partir delas possibilitar a maior aproximação possível da cidade dos homens com a Cidade de Deus. Há aqui, de modo implícito, uma noção abstrata da positividade de um estado teocrático – ou, pelo menos, teocratizado –, com a inclusão de leis religiosas ou inspiradas na religião e nos fundamentos do cristianismo. Essa tendência já aparecia em *Confissões*, escrito dez anos antes de *A Cidade de Deus*, no qual Agostinho enfatizava a necessidade dos homens de conhecer e de viver sob os preceitos das leis sagradas, mesmo que incompreensíveis aos homens, como algumas leis da Torá que hoje poderiam causar

---

[43] Idem, "Enarrationes in Psalmos", citado em Jean-Jacques Chevallier, *História do pensamento político*, v. 1, cit., p. 179.

repugnância, porque a lei é sempre Deus. O que muda são os homens, e o tempo não conta para Deus: "Porventura a justiça é desigual e mutável? Não. Os tempos a que ela preside é que não ocorrem a par, pois são tempos. E os homens – cuja vida sobre a terra é breve – não sabem harmonizar pelo raciocínio as razões dos tempos passados e dos outros povos, porque delas não tiveram conhecimento direto"[44].

No entanto, as leis "antigas" – aquelas presentes na Torá – perdem efeito diante da nova era e da nova lei, que aparece com o advento de Cristo e que, dali em diante, será a lei universal desenvolvida a partir dos ensinamentos centrados na *radicalidade ética* presente no *Sermão da montanha*; de amor a Deus e ao próximo e de continuidade-aperfeiçoamento das leis mosaicas, cujo o núcleo baseia-se em duas precisas formulações de Cristo, relatadas por Mateus: 1) "Não julgueis que vim abolir a lei ou os profetas. Não vim para aboli-los, mas para levá-los à perfeição"; e 2) "Amai vossos inimigos, fazei o bem aos que vos odeiam, orai pelos que vos [maltratam] e perseguem [...] se amais somente os que vos amam, que recompensa tereis?"[45]. Com isso, percebemos nesse núcleo os delineamentos do que devem ser os elementos fundamentais da justiça – e, na definição agostiniana, é na identidade entre o justo e a lei, inspirado pelo Espírito Santo, que se define a δικαιοσύνη (*justitia*, "justiça") propriamente dita. Verificamos, assim, que Agostinho[46] reduz, e muito, a noção de justiça aos preceitos genéricos da Torá/ Bíblia Sagrada e define seu fundamento no Espírito Santo: "Não se julga pelo costume, mas pela lei retíssima de Deus onipotente". Essa visão demonstra que o direito cristão não é sancionado na terra e, exatamente por isso, o direito de origem divina pode conviver com as leis temporais de origem humana[47]. Com isso, temos explicitado não somente um *agostinismo político*, mas fundamentalmente a necessidade de um estado humano a serviço da lei cristã e que, inclusive, pusesse o braço da lei para conter os eventuais cismas e as heresias contra os dogmas da Igreja, como ocorreu em 325, no Congresso de Niceia; no limite, que as leis da

---

[44] Agostinho de Hipona, *Confissões*, cit., 3-7.

[45] Mateus, em *Bíblia sagrada*, cit., III-17,43.

[46] Cf. Agostinho de Hipona, *Confissões*, cit., 3-7.

[47] Nas conclusões de Villey, "esses dois direitos não poderiam se contradizer: eles nem mesmo se encontram, pois não têm o mesmo terreno de aplicação. Um nos ordena desviar nosso amor das coisas temporais; outro se exerce sobre essas coisas transitórias como o corpo, a fortuna, as famílias ou a liberdade no sentido de condição social [...]. Portanto, em definitivo, o ideal de Santo Agostinho é que as leis humanas se conformem às leis da justiça cristã"; Michel Villey, *A formação do pensamento jurídico moderno* (São Paulo, Martins Fontes, 2009), p. 105-7.

cidade dos homens expressem as identidades e os conteúdos vigentes na Cidade de Deus. Como sintetizou Wood: "Ele não só encontra maneira de conciliar a moral cristã com a regra terrena, a moral, como efetivamente estabelece o cristianismo como forma de justificar governo terreno imoral"[48].

A erudição de Agostinho e a amplitude de suas obras, sempre elaboradas no limite do platonismo, delinearam um perfil filosófico a seus escritos e, ao mesmo tempo, garantiram que suas reflexões alcançassem objetivos que não foram possíveis a seu inspirador, o grande Orígenes. No entanto, se Agostinho expressou um pensamento sofisticado e vinculado a questões filosóficas que, de uma maneira ou de outra, responderam a problemas candentes de uma religião em precipitação – e que exprimiam em seu plano cosmológico a construção e a consolidação da primeira fase do cristianismo –, por sua vez as reflexões agostinianas sempre criaram desconfortos à teologia ortodoxa e aos núcleos eclesiásticos mais tradicionalistas. O fim do mundo antigo, a emergência do feudalismo e sua viragem no século XIII colocaram novos questionamentos a que os próprios limites filosóficos, jurídicos e temporais de Agostinho não conseguiram responder. Thomas Aquinas seria o teólogo das discordâncias e das reelaborações concernentes à construção de um cristianismo plenamente no poder, religiosa e temporalmente, mas que estava obrigado a responder às transformações estruturais que passavam a delinear um *impulso societal de nova característica histórica*, que alteraria e, posteriormente, desintegraria a forma sociometabólica do feudalismo.

---

[48] Ellen Meiksins Wood, *Citizens to Lords: A Social History of Western Political Thought from Antiquity to the Late Middle Ages* (Londres, Verso, 2011), p. 161.

III. THOMAS AQUINAS: RAZÃO DIVINA E A SANTIDADE DA LEI E DO DIREITO

A viragem do feudalismo entre os séculos XII e XIII e o impulso societal de nova característica histórica

Marc Bloch inicia seu magnífico *A sociedade feudal* assinalando que no feudalismo havia uma multidão de homens humildes submetidos economicamente a alguns senhores cuja riqueza e o poder resultavam da fusão das formas societais germânicas com as do mundo romano, quando as circunscrições tribais bárbaras alargaram-se e juntaram-se à *villa*, o que consolidou esses modos de exploração do homem pelo homem a partir de uma complexa articulação entre a renda feudal do solo e o direito, o que efetivamente objetivou a existência do senhorio, pertencente a uma oligarquia de prelados e monges que proporcionavam o Céu, sempre em favor da classe dos senhores guerreiros[1]. Para um mundo injusto, em que a sociabilidade era definida pelas relações entre subordinados e senhores, a esperança de uma vida melhor estava centrada na realização definitiva do reino de Deus, com a *Parusia* – a volta de Cristo à terra –, de modo que a única possibilidade de justiça se encontrava nos ordenamentos jurídicos baseados na teologia constitutiva dos fundamentos e da legitimação do poder feudal, ainda que o agostinismo imperante

---

[1] Vemos em Bloch: "No entanto, o regime feudal supunha a estreita sujeição econômica de uma multidão de gente humilde relativamente a alguns poderosos. Tendo recebido das épocas anteriores a *villa* já senhorial do mundo romano e as circunscrições rurais germânicas, ele alargou e consolidou esses modos de exploração do homem pelo homem e, reunindo num inextricável feixe o direito à renda do solo e o direito ao mando, fez de tudo isso, verdadeiramente, o senhorio. Isso em favor de uma oligarquia de prelados ou de monges, encarregados de propiciar o Céu. Em favor, sobretudo, de uma oligarquia de guerreiros"; Marc Bloch, *A sociedade feudal* (Lisboa, Edições 70, 1982), p. 506.

90 Os PORTÕES DO ÉDEN

até então tivesse aberto espaços para a inserção na doutrina jurídica medieval do direito romano, que, naquele momento, não encontrava contradições estruturais com a Igreja. A própria Igreja tornou-se a grande depositária dos textos jurídicos do império, pelo menos até meados do século XII, quando a estrutura doutrinária do direito romano passou ser preeminente, com o imperador Frederico I de Hohenstaufen, o Barbarossa (1152-1190), a partir da Dieta de Rocaglia, de 1158, que tentou construir um Império Romano centralizador, no qual sobrepunha-se o direito romano universalizante ao particularismo feudal e aos grandes senhores, sendo que comparava as *communi* (cidades) aos feudatários e estabelecia a necessidade da presença de um juiz imperial em cada cidade a fim de recolher tributos e administrar a justiça. Isso encontrou grandes resistências não somente dos senhores feudais como também das próprias *communi* italianas. Essa postura, que inicialmente visava à oposição ao papado, acabou por deflagrar guerras contra as cidades italianas mais importantes, como Roma e Milão. Frederico I foi derrotado pela Liga Lombarda, em maio de 1176, na região de Legnano[2]. E o próprio desenvolvimento das contradições do modo de produção feudal – que se agravariam no século XIII – determinou a necessidade de mais racionalização e laicização das leis, processo que alcançaria sua concretude na passagem do agostinismo jurídico para a doutrina de Thomas Aquinas[3].

Em uma sociedade rural inflexível, rigorosamente dividida em classes e quase sem mobilidade social, toda a crueza da vida fundava-se nas *relações sociais de produção*, em que os servos ligados às glebas estavam à disposição dos senhores para trabalhar em suas terras. Constituíam a maioria dos camponeses e sofriam todo tipo de exploração por parte dos senhores, tendo de pagar diversos tributos para

---

[2] Ver Charles William Previté-Orton, *História da Idade Média*, v. 4 (Lisboa, Presença, 1973), p. 111-41; e Mariateresa F. B. Brocchieri, *Il pensiero politico medievale* (Roma/Bari, Laterza, 2000), p. 84 e seg.

[3] Utilizamos seu nome latino por simbolizar a ruptura com o helenismo agostiniano tardio e, ao mesmo tempo, por expressar o novo *patamar cosmológico da transição*, em que a falência da *Parusia* anunciada por Shaul/Paulo de Tarso transforma-se lentamente de imagem teológica que condicionava a vida à espera da redenção, em que o comportamento individual condicionava a salvação ou a danação eterna, na perspectiva teológica cósmico-transcendente, para as imagens "normais" do mundo cotidiano, quando a *Parusia* se transforma em *vir-a-ser* do outro mundo, separada da radicalidade ética do Cristo bíblico, operacionalizadas por uma ação terreno-política, como vemos em Dante Alighieri, ainda que permaneçam os intrínsecos elementos da ontologia religiosa, como o caráter teleológico do cosmo e do desenvolvimento e da construção antropocêntrica e geocêntrica do Universo, que é governado por Deus *omnipotentis*.

utilizar a terra, além de serem obrigados a jurar fidelidade para ter acesso à moradia nas propriedades senhoriais; em contrapartida, tinham alguma proteção das leis que regulavam aquela sociabilidade, feitas para o resguardo e o perpetuamento dos privilégios daqueles que detinham as *tenures* feudais[4]. Além dos servos da gleba, havia os servos domésticos (*servi quotidiani*, expressão utilizada nas regiões germânicas, ou *sergent*, como eram conhecidos na região que hoje chamamos de França)[5]. O fato de a vida ser duríssima para quem não era de algum modo privilegiado ou que vivesse em torno de famílias abastadas condicionava um rigoroso comportamento social determinado pelas condições sócio-objetivas, em que reverberava uma *subjetividade religiosa* que dava os contornos ideoculturais, inclusive de classe, à população. Não por acaso, o grande historiador Huizinga definiu incisivamente a condição dos trabalhadores e dos miseráveis da Idade Média como "crueldade da vida"[6] – estabeleciam-se condições peremptórias, e a doença se diferenciava da saúde, o frio intenso e a escuridão angustiante do inverno eram um mal concreto e conformavam a vida difícil das classes subalternizadas, assim como as condições materiais abundantes e de riqueza possibilitavam a "boa vida" aos senhores. Na síntese de Marx,

> a tenebrosa Idade Média [...]. Aqui o homem independente desapareceu; todo o mundo vive subjugado; servos e senhores da gleba, vassalos e senhores feudais, seculares e eclesiásticos. A sujeição pessoal, portanto, caracteriza nessa época as

---

[4] Sobre a evolução do conceito de *tenure*, entre os séculos XI e XIII, ver Guy Fourquin, *Senhorio e feudalidade na Idade Média* (Lisboa, Edições 70, 1987), p. 125 e seg., e Marc Bloch, *A sociedade feudal*, cit. p. 198 e seg.

[5] Como exemplifica Duby: "Trata-se também de domésticos permanentes [...] que possuíam sua própria casa. Viviam em uma pequena propriedade [...] próxima à herdade onde trabalhavam. Tinham, pois, uma vida familiar própria e viviam das doações de alimentos [...]. Esta condição, menos dependente que a dos servos [...] era [...] a dos *servi quotidiani*"; Georges Duby, *Economia rural y vida campesina en el Occidente medieval* (Barcelona, Península, 1973), p. 265.

[6] Como acentuou Huizinga: "E todas as coisas na vida tinham um eco pomposo e cruel. Os leprosos faziam soar seus chocalhos e giravam em procissão, a mendigar nas igrejas e a mostrar suas deformidades. Cada classe e cada profissão era conhecida por suas vestes. Os grandes senhores nunca se moviam sem exibição de armas e uniformes imponentes e cobiçados. A administração da justiça, o comércio de vendedores ambulantes, casamentos e funerais, todos anunciados com estardalhaços, desfiles, gritos, gemidos e música"; Johan Huizinga, *L'Autunno del Medievo* [1919] (Roma, Newton Compton, 2007), p. 25 [ed. bras.: *O outono da Idade Média*, trad. Francis Petra Janssen, São Paulo, Cosac Naify, 2010 – N. E.].

condições sociais da produção material, assim como as relações de vida cimentadas sobre ela.[7]

Um elemento central e universal das relações sociais de trabalho feudais era constituído pelos espaços comunais e alodiais, existentes como reminiscências de formas econômicas pré-feudais, em que os servos podiam trabalhar, ainda que os senhores de terras tentassem interferir nessa condição consuetudinária, a partir do princípio *nulle terre sans seigneur*, em que, como salientou Engels[8], os camponeses oprimidos, mesmo nas condições mais cruéis de servidão, a partir de uma resistência coesiva e comunitária, conseguiram manter a condição de produção justamente pela existência de uma *consuetudine* independente e de remota origem.

Além disso, havia a *corveia*, a imposição de pagamento em espécie ou em dinheiro – que se intensificou a partir do século XIII – pelo trabalho que o servo realizava nas terras do senhor. Essa era a condição do *ser-precisamente-assim*[9] de sua forma de trabalho vinculada aos meios de produção, isto é, à terra, por mecanismos jurídicos e políticos de coerção extraeconômica de prestações de trabalho, materializadas exatamente nas corveias. Nessas relações sociais predomina determinada *forma de renda da terra* que se objetiva enquanto excedente socialmente produzido, realizado por produtores agrícolas que, na prática, têm parte dos meios de produção (instrumentos de produção) e, como vimos, o direito e/ou o dever de trabalhar nas terras do senhor, atividades que implicavam que esses trabalhadores deixassem parte de seu tempo de trabalho e de sua produção/renda em espécie – a *corveia* propriamente dita – para as classes senhoriais. Desse modo, a repartição do produto do trabalho do camponês em excedente, como *renda da terra*, realiza-se no âmbito da produção de subsistência e, portanto, de *valores de uso*. No entanto,

---

[7] Karl Marx, *El capital: crítica de la economia política*, Libro Primero (Cidade do México, FCE, 1973), v. 1, sec. 1, cap. 1, p. 42 [ed. bras.: *O capital: crítica da economia política*, Livro I: *O processo de produção do capital*, trad. Rubens Enderle, São Paulo, Boitempo, 2013, p. 152 – N. E.].

[8] Ver Friedrich Engels, *A origem da família, da propriedade privada e do Estado* (Rio de Janeiro, Civilização Brasileira, 1987), p. 172 e seg.

[9] Na conceituação de Lukács, "O *ser-precisamente-assim* é, antes de mais nada, uma categoria histórico-social, ou seja, o modo necessário pelo qual se apresenta o jogo contraditório das forças socioeconômicas que operam em determinado momento no interior de um complexo social situado num estágio específico de seu desenvolvimento histórico"; György Lukács, "O processo de democratização (o homem e a democracia)", em *Socialismo e democratização: escritos políticos 1956-1971* (org. Carlos Nelson Coutinho e José Paulo Netto, Rio de Janeiro, Editora UFRJ, 2008), p. 84.

mesmo sendo uma economia centrada na *produção de valores de uso*, o trabalhador da terra (o servo e/ou o camponês livre que trabalhava para um proprietário), ao ter parte de sua produção expropriada pelo terratenente, produzia um *excedente* que lhe era expropriado sob a forma de *sobreproduto social*. Como ressalta Marx,

> o trabalho excedente não foi inventado pelo capital. Onde quer que uma parte da sociedade detenha o monopólio dos meios de produção, o trabalhador, livre ou não, tem de adicionar ao tempo de trabalho necessário a sua autoconservação um tempo de trabalho excedente, a fim de produzir os meios de subsistência para o proprietário dos meios de produção, seja este proprietário o καλός κάγαθός [o proprietário gentil e virtuoso] ateniense, o teocrata etrusco, o *civis romanus*, o barão normando, o escravista americano, o boiardo da Valáquia, o terratenente (*landlord*) moderno ou o capitalista. Entretanto, é evidente que, nas formações econômico-sociais em que não predomina o *valor de troca* e sim o *valor de uso* do produto, o trabalho excedente encontra-se circunscrito a um setor mais ou menos amplo de necessidades, sem que *do caráter mesmo da produção* brote um apetite de trabalho excedente insaciável.[10]

Assim, temos a produção de um *mais-valor* (*Mehrwert*) como *sobreproduto social*. Na perspectiva analítica da conceptualidade marxiana, toda renda da terra produz mais-valor, porque é exatamente produto do sobretrabalho, que, desde sua forma histórica mais rudimentar, a *renda em espécie*, materializa e mediatiza diretamente o produto excedente. A condição objetiva de sua existência é que os trabalhadores possam executar o trabalho excedente, quer dizer, que as condições naturais sejam tais que baste parte de seu tempo disponível para sua reprodução e para seu próprio sustento como produtores e que a produção de seus meios necessários para a subsistência não consuma integralmente sua força de trabalho. Ainda na definição marxiana,

> qualquer que seja sua forma específica [histórico-particular], todos os tipos de renda coincidem na apropriação da terra; é a forma econômica em que se realiza a propriedade territorial e, por sua vez, a renda da terra pressupõe a propriedade territorial de determinados indivíduos sobre determinadas porções do planeta, o mesmo se o proprietário é a persona que representa a comunidade, como ocorria na Ásia, no Egito etc. [na figura do rei-deus], ou se esta propriedade territorial é simplesmente um

---

10 Karl Marx, *El capital*, Libro Primero, cit., v. 1, sec. 3, cap. 8, p. 180-1 [ed. bras.: *O capital*, Livro I, cit., p. 309 – N. E.].

94 Os portões do Éden

atributo da propriedade de determinadas pessoas sobre os produtores diretos, como ocorre no regime da escravidão ou da servidão, ou ainda, se se trata da simples propriedade privada dos não produtores sobre a natureza ou mero título de propriedade da terra [...]. Este caráter comum das distintas formas da renda – de ser a realização econômica da propriedade territorial e a ficção jurídica, através da qual diversos indivíduos possuem, de modo exclusivo, determinadas porções do planeta – faz com que passem inadvertidas suas diferenças [...]. *Toda renda da terra é mais-valor, produto do sobretrabalho. Em sua forma mais rudimentar, a renda em espécie apresenta, também, a forma direta do produto excedente* [...]. A condição objetiva é que podem executar trabalho excedente, quer dizer, que as condições naturais sejam tais que, para sua reprodução e para seu próprio sustento como produtores, baste que se utilize uma parte de seu tempo disponível e que a produção de seus meios de subsistência não consuma integralmente sua força de trabalho.[11]

Não obstante o ambiente opressivo, a expropriação e o desfrute do trabalho dos camponeses e da polarização fundamental entre senhores e servos[12], em uma sociabilidade absolutamente rural, com suas contradições inerentes, se davam em relações sociais extremamente complexas, de modo que o senhorio foi obrigado a conviver e coproduzir com camponeses livres e, nas cidades, com vilões artesãos, produtores e comerciantes livres. Ainda que subordinadas ao campo e, portanto, ruralizadas, as cidades ganharam dimensão e importância já entre os séculos IX e XII, funcionando como núcleos de recepção e de organização de comerciantes que giravam em torno da transumância dos que buscavam terras e melhores condições de vida, no contexto de uma mobilidade extrema e desconcertante[13]. É óbvio que a origem do desenvolvimento ou do que alguns historiadores chamaram de "renascimento urbano" é controversa e, seguramente, foi determinada por uma diversidade de elementos objetivos, resultantes das contradições e das necessidades do ser

---

[11] Idem, *El capital*, Libro Tercero, cit., sec. 6, cap. 37; grifos nossos [ed. bras.: *O capital*, Livro III, cit., p. 695-6 – N. E.].

[12] Ver Georges Duby, *Guerreros y campesinos: desarollo inicial de la economia europea (500-1200)* (Madri, Siglo XXI, 1976), p. 214 e seg.

[13] Vejam-se, entre outros, os clássicos de Henry Pirene, *As cidades na Idade Média* (Sintra, Europa--América, 1977), p. 65 e seg., e *História econômica e social da Idade Média* (São Paulo, Mestre Jou, 1968), p. 49 e seg.; de Maurice Dobb, *A evolução do capitalismo* (Rio de Janeiro, Zahar, 1976), p. 99 e seg., e *Do feudalismo ao capitalismo* (Lisboa, Dom Quixote, 1971); de Jacques Le Goff, *La Civilisation de L'Occident médiéval* (Paris, Arthaud, 1965), p. 172 e seg.; e de Carlo Maria Cipolla, *Storia economica dell'Europa pre-industriale* (Bolonha, Il Mulino, 1990), p. 235 e seg.

social. O afluxo de pessoas e o aumento de dependentes procurando mercadorias estimularam a intensificação do comércio e, consequentemente, também os núcleos urbanos, que poderiam, ainda, ter sido impulsionados pelos próprios feudos ao buscar alternativas para suprir uma demanda de produtos a cada dia maior. Além disso, deve-se considerar que os mercadores tiveram um papel preponderante no desenvolvimento das novas cidades. Um dos aspectos a ser relevado é que, no transcurso dos séculos XI a XV, verificaram-se, além do surgimento de novas técnicas produtivas[14], o desenvolvimento de "técnicas de negócios" e práticas mercadejantes, como a organização de feiras, o surgimento das letras de câmbio, o desenvolvimento da contabilidade, o cheque, os títulos financeiros, os certificados etc. Ao nos referimos aos novos grupos demográficos e aos tipos de associação surgidos depois do século IX – e ainda que alguns centros urbanos tenham se desenvolvido a partir de acampamentos em torno de sítios antigos, de origem romana –, há um *impulso societal de nova característica histórica* que os impele – mesmo que núcleos urbanos de tradição rural e subsumidas à produção agrícola dos senhores. Nesse sentido, apesar de termos alguns centros urbanos originários ligados aos interesses dos senhores feudais, observamos que, antiteticamente, surgem os *burgos livres*, independentes dos senhores; levando em conta a aguda observação de Dobb, que ressalta o elemento contraditório desses núcleos, eles podem até ter sido originários da iniciativa de alguma autoridade feudal, mas posteriormente alcançaram, por diversos fatores, autonomia relativa ou mesmo independência de suas origens[15].

---

[14] Ver, entre outros, Carlo Maria Cipolla, *Storia economica dell'Europa pre-industriale*, cit., p. 195--216; Moses Finley, "Technical Innovation and Economic Progress in the Ancient World", *The Economic History Review*, v. 18, n. 1, ago. 1965, p. 29-45, disponível on-line; Georges Duby, *Guerreros y campesinos*, cit., p. 236 e seg.; e o clássico livro de Marc Bloch, *Lavoro e tecnica nel Medioevo* (Roma/Bari, Laterza, 1996), p. 201 e seg.

[15] Como ressalta Dobb, "pareceria existir mais significado ligado a tal distinção que às diferenças entre cidades que provieram de aldeias ampliadas ou encheram o sítio de alguma cidade romana, ou se amontoaram em volta a um ponto de junção de uma rota comercial. Está claro que linha democrática alguma pode ser traçada com precisão. Um grande número de cidades, sem a menor dúvida, foi um tipo intermediário e seria difícil de classificar em qualquer dos lados. Com o decorrer do tempo, a linha divisória se modificava, e cidades antes dependentes se afirmavam e conseguiam certa medida de independência ou a liberdade de outras era eliminada em favor de um maior controle feudal. Já outras, que apresentavam toda a aparência de independência, parecem muitas vezes ter sido de início dominadas por algumas famílias aristocráticas que possuíam alguma terra dentro da cidade (como se mostrou característica frequente e importante das cidades italianas). Parece provável, se aventurarmos um juízo, que a maioria das cidades se originou da iniciativa de alguma instituição feudal, ou de algum modo como um elemento da sociedade feudal, em

Na medida em que o comércio interessava à Igreja e aos estabelecimentos feudais, fortaleciam-se os núcleos urbanos, até porque a circulação de mercadorias era ativa e ganhava expressividade desde meados do século VIII; por exemplo, vendiam-se tecidos fabricados nas manufaturas de Flandres e vinhos de Borgonha, sem citar as frotas de mosteiros como as das regiões do Loire e do Sena, que contavam com embarcações para efetuar relações comerciais.

O fato é que o deslocamento populacional verificado na Europa é de grande monta e efetivou-se em diversas regiões, apresentando em cada uma delas formas particulares. O movimento de ocupação sistemática de novas áreas cultiváveis – o que caracterizou uma colonização intraeuropeia – ocasionou, ao Ocidente, situações como "*la Reconquista*", resultado da intensificação da ofensiva militar contra os muçulmanos, na Península Ibérica, em que o cerco aos sarracenos ganhou força ao longo do século XIII. Também ocorre a expulsão dos sarracenos da Sicília, pelos normandos, entre 1061 e 1091. Na Europa oriental ocorre o *Drang nach Osten* (avanço para o leste), a partir do século X, quando os teutões conquistaram o Sorbenland, entre os rios Elba e Saale, além das invasões das áreas eslavas da região do Holstein – todas, obviamente, vestidas com a capa da evangelização das populações pagãs da região[16]. Esses movimentos evidenciavam as pressões que o modo de produção feudal recebia em sua base, assim como a necessidade de expansão territorial e de áreas de cultivo para atender a uma crescente demanda de gêneros

---

vez de surgirem como corpos inteiramente estranhos [...]. Em localizações especiais, no entanto, estrategicamente dispostas para se tornarem *entrepôts* importantes do comércio, *as cidades podem ter tido um caráter independente desde o início* [...] *e a expansão seguinte de muitas outras pode ter sido devida principalmente, senão inteiramente, a estabelecimentos de mercadores.* Algumas que se originaram em épocas mais remotas podem ter continuado a manter uma posição mais ou menos autônoma por todo o período medieval"; Maurice Dobb, *A evolução do capitalismo*, cit., p. 103-4, grifos nossos.

[16] Como ressalta Cipolla: "Para entender a importância econômica do *Drang nach Osten* é necessário compreender que prevaleceu nos territórios eslavos uma forma primitiva de agricultura [...] cavaleiros e colonos teutônicos mudaram-se para novos territórios levando o arado pesado e um tipo de machado pesado; com essas ferramentas foram capazes de penetrar camaradas de solo mais duras e mais difíceis de cultivar, na Europa oriental. Cidades e grupos sistemáticos de aldeias foram fundados, onde antes existiam apenas pequenos povoados semipermanentes, e foram importadas técnicas metalúrgicas e de mineração, desconhecidas para a população local. Tudo isso criou os pressupostos para: a) a formação de um excedente agrícola na Europa oriental; b) o desenvolvimento do comércio no mar Báltico [...]; c) o desenvolvimento da Liga Hanseática; d) o desenvolvimento de atividades de mineração e metalurgia na Europa oriental"; Carlo Maria Cipolla, *Storia economica dell'Europa pre-industriale*, cit., p. 237.

agrícolas e de mercadorias em geral, e manifestavam, no âmbito da subjetividade, as perspectivas de hegemonia do cristianismo ocidental "reformado" – e mais subordinado ao centro papal[17] –, que se materializava nas ações contra os "infiéis", conhecidas como Cruzadas. Na feliz definição de Riley-Smith, seria um tipo de guerra santa travada contra aqueles definidos como inimigos internos ou externos do cristianismo e para a recuperação das propriedades cristãs – ou em defesa da Igreja e dos cristãos[18]. Essas movimentações populacionais e o desenvolvimento econômico que se verificará dali em diante proporcionaram certa elevação do nível de vida das populações, fossem camponeses pobres, fossem mercadores, artesãos, clérigos e senhores feudais; contudo, isso não quer dizer que a vida dos camponeses pobres ficou mais fácil. De todo modo, é possível constatar, no escopo do registro histórico, que, apesar da carência e da exploração sistemática do trabalho dos camponeses, ocorre na imediticidade das condições de produção uma nova premissa econômica, que terá consequências na luta de classes que se estabelece na sociedade feudal dali em diante. Entre os séculos XI e XIII, temos um aumento significativo da produção agrícola, além do desenvolvimento do comércio – local e internacional[19] – e do surgimento de manufaturas texteis, tendo como núcleos de vanguarda desse desenvolvimento econômico medieval a Itália centro-setentrional e os Países Baixos meridionais, que estabeleciam relações de comércio com bizantinos, árabes, africanos e europeus[20]. Efetivamente, pode-se dizer que as Cruzadas, idealizadas

---

[17] Referimo-nos aqui às reformas implementadas por Gregório VII, que, em 1075, publica o *Dictatus papae*, sistematizando o que deveria ser o papel do papado, enfatizando e protagonizando a *centralidade papal* dali em diante. Um dos pontos fundamentais foi combater a compra e venda das *simonias*, isto é, de cargos eclesiásticos. Gregório VII proíbe que os fiéis católicos assistam a sacramentos e cerimônias oferecidos e administrados por simoníacos. Também institui o celibato entre os sacerdotes, diferenciando a Igreja católica ocidental do catolicismo oriental. Ver os artigos de Giovanni Tabacco, "Il cristianesimo latino altomedievale", e de Grado G. Merlo, "Il cristianesimo latino bassomedievale", ambos em Giovanni Filoramo e Daniele Menozzi (orgs.), *Storia del cristianesimo*, v. 2: *Il medioevo* (Roma/Bari, Laterza, 1997), respectivamente p. 64 e seg. e p. 221-50.

[18] Jonathan Riley-Smith, *Storia delle Crociate: dalla predicazione di papa Urbano II alla caduta di Costantinopoli* (Milão, Mondadori, 2004), p. 27.

[19] Como ressalta Braudel, "A partir do século XI, a Europa elabora o que virá a ser sua primeira economia-mundo, que outras seguirão até o presente"; Fernand Braudel, *Civilização material, economia e capitalismo: séculos XV-XVIII*, v. 3: *O tempo do mundo* (São Paulo, Martins Fontes, 2009), p. 14.

[20] Na observação de Cipolla: "Tanto a Itália como os Países Baixos aproveitaram suas respectivas localizações geográficas: a Itália como uma ponte entre a Europa e o norte de África e o Oriente

pelo papa Urbano II (1088-1099), decididas no Concílio de Clermont, em 1095, e efetivadas a partir da primeira deles, em 1096-1099, facilitaram a dinamização do comércio e a abertura de mercados extraeuropeus, a partir da conquista de Jerusalém, em 1099, quando se criou um reino cristão na cidade sagrada, um principado em Antioquia e condados em Edessa e Trípoli. Foi nesse momento que as frotas de navios de Veneza, Gênova e Pisa ampliaram suas participações no comércio marítimo fora da Europa. E, mesmo depois da queda de Jerusalém, conquistada por Saladino, em 1187, na Segunda Cruzada, essas cidades continuaram a comerciar inclusive com os muçulmanos. Veneza importava escravos germânicos e eslavos; produtos da Índia, como a seda; tapetes da Pérsia; aço e espadas de Damasco. Por sua vez, os venezianos ofereciam peixes, ferro dos Alpes orientais, madeira do Vale do Pó, cereais, vinho da Puglia etc. O fato é que depois da Segunda Cruzada o comércio se tornou mais ativo e belicoso, inclusive com o cerco e a conquista de Constantinopla, em 1204, durante a Quarta Cruzada, que ocorreu entre 1202 e 1204, sob comando de Enrico Dandolo (c. 1107-1205), doge veneziano que estendeu seu comércio ao mar Negro. O desenvolvimento do comércio possibilitou que amplas regiões fossem incorporadas nas atividades de mercado, e verificou-se, portanto, que regiões dedicadas à produção de valores de uso passaram rapidamente a ter suas produções açambarcadas para serem direcionadas à venda em um mercado extremamente ampliado – ou "mundial", se o dimensionamos no universo absorvido e integrado ao mercado de então. Foi o início de um processo contraditório, de relações sociais antitéticas que levariam, adiante, o feudalismo a sua *desintegração*. Há certo consenso sobre o fato de que no século XII o feudalismo estava consolidado enquanto modo de produção. No entanto, já na condição do que Anderson chama de "apogeu"[21], no século XIII, sua própria conjunção o impulsiona para o surgimento de *contradições internas* que determinarão sua crise terminal[22]. Por hora, basta dizer que a "revolução comercial" – como define Le Goff, o crescimento das relações comerciais, que se desencadeiam a partir do século XI[23] – gradativamente consolida os elementos

---

Médio; Países Baixos meridionais como *carrefour* de estradas e rotas entre o Mar do Norte e o litoral da França e da Espanha"; Carlo Maria Cipolla, *Storia economica dell'Europa pre-industriale*, cit., p. 238.

[21] Cf. Perry Anderson, *Passagens da Antiguidade ao feudalismo* (Porto, Afrontamento, 1982), p. 204 e seg.

[22] Tratamos mais detalhadamente da crise do feudalismo no capítulo 1 da parte II deste volume.

[23] Jacques Le Goff, *Mercadores e banqueiros na Idade Média* (São Paulo, Martins Fontes), 1991, p. 7 e seg.

objetivos da dissolução da comunidade feudal de subsistência, produtora de valores de uso. Na exemplificação marxiana,

> o desenvolvimento do comércio e do capital comercial faz com que a produção vá se direcionando, em toda parte, para o valor de troca, aumentando seu volume; que a produção se multiplique e adquira um caráter cosmopolita; que desenvolva o dinheiro até convertê-lo em dinheiro universal. Consequentemente, o comércio exerce em toda parte uma influência mais ou menos dissolvente sobre organizações anteriores da produção, as quais se orientavam, primordialmente, em suas diversas formas, para o valor de uso. Mas, na medida em que logre dissolver o antigo regime de produção, dependerá primeiro de sua solidez e de sua estrutura interior. *E para onde se encaminhe o sentido desse processo de dissolução, quer dizer, os novos modos de produção que venham ocupar o lugar dos antigos, não dependerá do comércio mesmo, mas do caráter do antigo* [anterior] *regime de produção.*[24]

Já no fim do século XII vemos mudanças nas estruturas econômicas dos senhores, exatamente quando iniciam uma adequação acelerada à dinamização de mercado, assim como a ampliação do uso da moeda. Duby chama atenção para o fato de que, nas últimas décadas do século XII, as maiores propriedades senhoriais passam a ser administradas por profissionais e que, no século XIII, umas das características da condição econômica dos senhores feudais era o endividamento e a consequente corrida atrás de créditos, sendo que as cortes feudais deram o direito aos senhores de atrasar em até quinze dias o pagamento a fornecedores de carne, pão e vinho nos mercados dos burgos[25].

A consequência imediata das novas formas de relações sociais que se desencadeiam – crescimento demográfico e desenvolvimento de relações comerciais; desenvolvimento e ampliação de manufaturas; e consequente surgimento de novas *relações de trabalho*, notadamente nas regiões onde encontramos manufaturas de lã, como em Flandres e, no fim do século XII, em Florença, na Toscana, onde verificam-se o aumento e a dinamização do trabalho assalariado – e o surgimento e/ou a rearticulação de processos produtivos, alguns já existentes em que são introduzidos novos conteúdos produtivos e outros que passam a adquirir outras características morfológicas, em especial a que se direcionava atender o mercado, ganharão magnitude na dinâmica histórica da transição do feudalismo ao capitalismo e, um

---

[24] Karl Marx, *El capital*, Libro Tercero, cit., p. 320-1, sec. IV, cap. 20; grifos nossos.

[25] Cf. Georges Duby, *Economia rural y vida campesina en el Occidente medieval*, cit., p. 305.

100   Os portões do Éden

pouco adiante, vão desencadear uma nova processualidade que Marx denominou *subsunção formal do trabalho ao capital*[26]. Efetivamente, a pujança europeia levava a *formação social* que havia possibilitado esse *take off* econômico, em relação à morosidade econômica anterior, a um novo patamar, no qual despontava com força uma forma econômica em que o valor de troca ganha proeminência e passa a ser, cada vez mais, o objetivo da produção. Justamente pela prevalência dessa condição histórica deve-se ressaltar os elementos que conformam o novo no interior de um modo de produção fundado e dominado pela terra e por uma economia natural, no qual nem o trabalho nem os produtos do trabalho eram mercantilizados, sendo que, como vimos anteriormente, os camponeses estavam juridicamente vinculados à terra, esta controlada por uma classe de senhores feudais. Ora, mas o que ocorre a partir do fim do século XII é justamente uma *alteração* no modo de funcionamento dessa forma sociometabólica voltada à produção de *valores de uso* e à subsistência, que desencadeia diversos elementos de contradição com seu núcleo funcional. Nesse período, constata-se a redução de reservas e de serviços nas terras senhoriais e verifica-se o aumento de trabalhadores assalariados, mesmo que subordinados a deveres tradicionais em relação aos senhores; além disso, vemos o crescimento de concessões de parcelas de reservas a camponeses. Ainda no plano das relações do trabalho, contraditoriamente, há um recrudescimento da servidão, que recebe reforço jurídico na definição da servidão da gleba e um aumento do controle sobre as terras utilizadas pelos camponeses, o que caracteriza uma acirrada luta de classes entre senhores e camponeses. O fato é que se consolida uma expansão agrícola – diga-se, que vinha se desenvolvendo desde o século XI – e que objetivamente altera o *sistema funcional-organizativo* do modo de produção feudal, definindo modificações nas técnicas produtivas e nas *relações sociais de produção*.

Em síntese, podemos ressaltar que a expansão do comércio, o desenvolvimento das cidades e o *boom* agrícola, em sintonia com o desenvolvimento das técnicas produtivas e as alterações nas relações de trabalho, representaram, até fins do século XII, o *desenvolvimento operativo-funcional* do feudalismo. Essa expansão e uma de suas consequências diretas, o aumento demográfico, passam a atuar como *núcleo de contradição* na base das relações operativo-estruturais do feudalismo, isto é, iniciam-se contradições entre o desenvolvimento de forças produtivas e relações sociais de produção daquela forma societal. Isso porque, num primeiro

---

[26] Karl Marx, *El capital: capítulo VI (inédito)*, cit., p. 54; grifo nosso.

momento, propiciou um crescimento populacional no conjunto do continente europeu, o que ocasionou o aumento expressivo da agricultura e, posteriormente, falta e exaustão das terras produtivas. Com isso, houve um decréscimo da produtividade, por causa de deficiências produtivas, mesmo com todas as conquistas técnicas medievais, como o moinho; o rodízio de terras; a melhoria dos animais utilizados na produção – inicialmente bois com alimentação adequada e depois cavalos, mais ágeis –, que passaram a mover arados melhorados; a combinação de madeira e ferro nas pontas, o que os torna mais cortantes; e, ainda, a construção de fornos mais areados para a fundição de ferro, nos centros urbanos[27]. Se no campo se robusteciam novas formas de trabalho e/ou a modernização das formas tradicionais das atividades laborais, inclusive adquirindo outros conteúdos, nas cidades os artesãos passaram a atuar com independência, ainda que os núcleos urbanos se constituíssem a partir de uma hegemonia feita por uma pequena nobreza atuante nas relações de mercado e por uma classe de comerciantes e artesãos abastados (a *nascente burguesia*) que atuavam como "cidadãos-fidalgos" a controlar a economia dos núcleos urbanos – e mais tarde, alguns estavam no comando das guildas, a partir do último período do século XII, quando surgiram inovações nas formas de organizar a governança das cidades, inclusive com o irromper de um *novo conceito de política e de democracia*. Como veremos adiante, mesmo sendo inspirada pela concepção dos antigos gregos, esta apresenta-se como uma *construção totalmente original* e a se contrapor ao poder dos senhores feudais. Além disso, como já nos referimos, nas regiões de Flandres e da Toscana surgem as manufaturas com mão de obra assalariada.

É digna de nota a exuberância cultural e intelectual na passagem entre os séculos XII e XIII, o que evidencia o surgimento de novas formas ideoculturais e de interpretação científica. Desde o século XI, crescia o interesse pelos estudos jurídicos, especialmente pelo *Codex iuris civilis*, ou Código justiniano[28], a partir da reforma da Igreja. As cidades, com suas competências e dimensões inovadoras, passam a ser locais de concentração de conhecimento e de cultura, como atesta o surgimento de centros superiores de ensino, que ganharam o título de *universitas magistrorum et scolarium*, dando origem às universidades europeias, nas quais se praticava um ensino do tipo enciclopédico. E, apesar de Bolonha ser o centro de

---

[27] Ver Georges Duby, *Guerreros y campesinos*, cit., p. 236, 241 e 245-6.

[28] Na visão de Previté-Orton: "O progresso intelectual não constituía apanágio dos estudiosos dos assuntos eclesiásticos, nem dos homens que se interessavam exclusivamente pelos problemas da Igreja e da religião"; Charles William Previté-Orton, *História da Idade Média*, v. 4, cit., p. 218.

102 OS PORTÕES DO ÉDEN

ensino mais antigo da Europa, datado de 1088, o termo "universidade" será utilizado pela primeira vez em Paris, em 1221, a fim de designar o corpo de professores e de estudantes da cidade[29], sendo que os professores realizavam concomitantemente reflexões e redações, configurando o que podemos nominar de trabalho de ensino e de pesquisa. Também na virada do século XII para o XIII ganham força os idiomas oriundos do latim vulgar, que vinham se constituindo a partir do "baixo latim", falado pelas populações que pertenciam ao Império Romano entre os séculos I e IV e que, a rigor, modificara a língua original. O *vulgar* (*sermo vulgaris*, ou fala comum), como ficou conhecida a nova língua, era de base latina, mas não pode ser chamado de latim. Os diversos povos da Europa falavam diferentes dialetos, notadamente os germânicos. O inglês, por exemplo, é resultado da junção do velho anglo-saxão falado na Bretanha com o "francês" dos normandos (românico com forte influência germânica dos gauleses, que invadem a ilha em 1066), na forma dialetal anglo-normando – vale dizer que o rei Eduardo I (1272-1307) foi o primeiro monarca inglês a utilizá-lo. Nos países da Europa meridional, temos o românico, ou romanço. Identifica-se o nascimento das línguas vulgares – também com a *Cantilena de Santa Eulália*, de 880, e o *Sermão sobre Jonas*, redigido entre 938 e 952 – por meio do conhecido texto *Juramento de Strasbourg*, prestado em 842, pelos dois filhos do imperador Ludovico, o Piedoso (778-840): Carlos, o Calvo (823-877), soberano do Reino Franco Ocidental, e Luís, o Germânico (806-876), soberano do Reino Franco Oriental, netos do imperador romano-germânico Carlos Magno, os quais, em uma fala bilíngue, selam e comunicam uma aliança contra o irmão e rival Lotário I. Um em língua franca e outro em língua germânica. Esses novos idiomas recebem o reconhecimento da Igreja, que se baseou nas reflexões

---

[29] Como evidencia Le Goff: "Sublinhamos, de imediato, uma distinção que não se manteve ao longo do tempo. As corporações universitárias medievais se estruturaram a partir de dois modelos. No modelo parisiense, professores e estudantes formaram uma única comunidade. No modelo bolonhês, apenas estudantes formavam juridicamente as *universitas*. Apenas o primeiro modelo chegou aos dias atuais. A afirmação do professor universitário na Europa do século XIII é paragonável àquela do mercador. O mercador é acusado inicialmente de vender o tempo que pertence a Deus (o benefício dos juros chega ao mercador mesmo enquanto ele está dormindo) [...] [o mercador] constituiu uma espécie de par com o professor universitário, também ele, no século XII, acusado de vender um bem que pertence a Deus: a ciência [...]. Nascia uma Europa do trabalho intelectual, juntamente com a do trabalho comercial [...]. Os universitários eram governados por reitores eleitos pelos professores e habitualmente vigiados pelo chanceler nomeado pelo bispo local"; Jacques Le Goff, *Il cielo sceso in Terra: le radici medievali dell'Europa* (Roma/ Bari, Laterza, 2004), p. 154-5.

de Santo Agostinho, em que se acentuava a não existência de hierarquias entre as diferentes línguas faladas. Contudo, a decisão fundamental para a legitimação desses novos idiomas foi o Concílio de Tours, de 813, depois do qual a Igreja passou a enviar pregadores preparados para fazer seus sermões em língua vulgar[30]. Essas línguas progridem lentamente, robustecendo-se com as escritas jurídicas e com o desenvolvimento da literatura, notadamente o romanço, que dariam origem ao francês, que aparece como síntese do latim com o germânico dos francos; as línguas ibéricas, com influências célticas, ibéricas, francas, que irão conformar o catalão; o castelhano propriamente dito, sedimentado no século XIII, com a hegemonia do reino de Castela; e o galaico-português, dialeto mais ocidental da Península Ibérica, que, com a independência de Portugal em relação a Castela, aproximou-se dos dialetos moçárabes dos territórios conquistados, mas manteve seu núcleo estrutural ocidental e latino.

O italiano constitui idioma bastante complexo em sua formação. No século XIII, o toscano e o lombardo já reivindicavam o *status* de línguas paragonadas ao francês. O próprio Dante Alighieri, porém, em seu estudo sobre os idiomas falados na Itália, *De vulgari eloquentia*, inconcluso, escrito em latim, entre 1303 e 1304, define como "inferiores" os catorze dialetos falados no país – inclusive aqueles que já eram considerados língua, como o romano, o milanês, o sardo, o siciliano, o bolonhês e até o toscano[31]. No entanto, apesar de buscar referências nos antigos poetas romanos, como Virgílio, que se situava na senda dos escritores latinos clássicos, Dante põe em cena o vulgar italiano, buscando normas a ser seguidas para que este se transformasse em língua literária[32]. Desse modo, propõe-se a estruturação/construção do que o poeta toscano chama de *vulgar ilustre*, que seria composto por elementos dos dialetos falados na Península Italiana[33]. Dos dialetos peninsulares, Dante destaca o idioma falado na Scuola Siciliana – movimento literário que se desenvolve na corte de Federico II de Svevia/Shwabenland (1194-1250), na Sicília – como língua predecessora, assinalando que todos os que falavam excelentes

---

[30] Ibidem, p. 169-70.

[31] Ver Dante Alighieri, "De vulgari eloquentia", em *Dante: tutte le opere* (Roma, Newton Compton, 1993), IX-X, p. 1.028 e seg.

[32] No artigo "Dante Alighieri: profilo biografico", em *Dante*, cit., p. 9, Italo Borzi ressalta: "Sua atenção está direcionada, sobretudo, à mensagem dos antigos a ser utilizada para a renovação da humana *civilitas*, acrescentando os ideais cívicos e morais da Roma Antiga na espiritualidade da Roma cristã"; grifos do original.

[33] Dante Alighieri, "De vulgari eloquentia", cit., X-XI, p. 1031.

104   Os portões do Éden

línguas italianas da época tiveram como inspiração a corte de um augusto rei, salientando ainda o principal poeta da escola, Jacopo Lentini (c. 1210-1260)[34], tido como inventor do soneto[35]. O desenvolvimento dessas línguas neolatinas vai proporcionar o desvelar de uma grande e refinada produção literária, notadamente a trova das escolas linguísticas latinas, como as que o próprio Dante homenageia em *A divina comédia*, provavelmente escrita entre 1304 e 1321 (ano de sua morte), além do siciliano Iacopo Lentini, o trovador occitano (francês) Arnaut Daniel, no canto XXVI[36]. Também é nesse período que aparecem as trovas ibéricas, como o *Cantar de mio Cid*, de autor anônimo e definido como pertencente a *Mester de juglaría*, "o Ofício dos jograis", escrito em castelhano antigo, provavelmente entre 1195 e 1207, que narra as aventuras de Rodrigo Dias de Bivar, *El Cid, el Campeador*, no século XI, senhor feudal e protagonista nas guerras contra os sarracenos na Península Ibérica[37], e, ainda, as trovas portuguesas do século XII, escritas em

---

[34] Como vemos na pujança da trova de Lentini: "*Amor è un[o] desio che ven da core per abondanza di gran piacimento; e li occhi in prima genera[n] l'amore e lo core li dà nutricamento. Ben è alcuna fiata om amatore senza vedere so 'namoramento, ma quell'amor che stringe con furore da la vista de li occhi à nas[ci]mento*"; Giacomo di Lentini, "Amore è uno desio", em *Poesie di Giacomo di Lentini* (Roma, Bulzoni, 1979).

[35] Dante Alighieri, "De vulgari eloquentia", cit., XII, 1 a 7, p. 1032-3. Ver ainda, do mesmo autor, "Purgatorio", em *La divina commedia* (Milão, Gherardo Casini, 1987), XXIV e passim. Entre os expoentes dessa escola filosófico-literária e política, destacamos, além do próprio Federico II e de Lentini, Cielo d'Alcamo, Pier della Vigna, Rugiero d'Amici, Rinaldo d'Aquino, Guido delle Colonne, Filippo da Messina, di Ricco Mazzeo, Jacopo Mostacci e Percivale Doria.

[36] Dante Alighieri, *La divina commedia*, cit., XXVI, 133 a 148. Na resposta do trovador ao poeta: "*Tant m'abelís vòstre cortés deman,/ qu'ieu no me puesc ni voil a vos cobrire./ Ieu sui Arnaut, que plor e vau cantan;/ consiros vei la passada folor,/ e vei jausen lo joi qu'esper, denan./ Ara vos prec, per aquella valor/ que vos guida al som de l'escalina,/ sovenha vos a temps de ma dollor*" (Assim me agrada teu pedido cortês/ Não posso e não irei me esconder de ti./ Sou Arnaut, que chora e vai cantando/ Constrito vejo a loucura passada/ e vejo contente o dia que espero, adiante./ Agora vos peço, por aquele valor/ que vos guia ao topo da escada,/ que estejais cientes de minha dor!)"; ibidem, XXVI, p. 139-48.

[37] Como vemos nas primeiras estrofes do poema: "*De los sos oios tan fuertemiantre llorando,/ Tornava la cabeça e estavalos catando;/ Vio puertas abiertas e uços sin cañados,/ alcandaras vazias, sin pielles e sin mantos/ e sin falcones e sin adtores mudados./ Sospiro Mio Cid, ca mucho avie grandes cuidados./ Fablo mio Cid bien e tan mesurado:/ 'grado a ti, Señor Padre, que estás en alto!/ Esto me an buelto mios enemigos malos'./ Alli piensan de aguiiar, alli sueltan las rriendas;/ a la exida de Bivar ovieron la corneia diestra/ e entrando a Burgos ovieronla siniestra./ Meçio Mio Cid los ombros e engrameo la tiesta:/ '¡Albricia, Albar Fañez, ca echados somos de tierra!/ Mas a grand ondra torneremos a Castiella'*"; *Cantar de mio Cid* (Madri, Real Academia Española, s/d), p. 5-7.

galaico-português e caracterizadas pelos estilos: *cantiga de amigo*, com origem na Provença (sul da França) e na orla noroeste da Península Ibérica; *cantiga de amor*, elaborada com maior erudição e complexidade; *cantiga de escárnio* e *cantiga de maldizer*, tendo como primeiros trovadores João Soares de Pávia (1140-?) e Pay Soares de Taveirós (?-?)[38].

Assim, vemos no século XIII um formidável deslanche civilizatório. Ali surgem os novos textos ideojurídicos, a escolástica, as universidades, a literatura, as inovações tecnológicas etc.; estes materializam a objetivação de mudanças de concepções e de valores, como *síntese antitética* de um largo processo transformador. Como acentuou Le Goff, as grandes transformações históricas não podem ser mensuradas com precisão[39], porque são resultado de amplos processos de mutações societais de *longue durée* (Braudel), e, no caso, a essência foi a primeira tentativa de hominização do universo celeste, trazendo-o para o mundo terreno e, que, de certo modo, constrói um tipo ambíguo de "laicidade" com fundo religioso, afirmando um cristianismo adaptado e direcionado a dar respostas às questões do reino desse mundo, assinalando, assim, a partir desse *impulso societal de nova característica histórica*, o avenir de tempos que exigiriam diferentes ordenamentos socioeconômicos e soluções religiosas e jurídicas na perspectiva da manutenção do agora ameaçado poder dos senhores.

Thomas Aquinas: a tentativa de ordenação da crise

O século XIII foi a eclosão do que ficou conhecido como "alta teologia escolástica", com a emergência de uma *Weltanschauung* feudal que buscava transcender os limites das formulações filosóficas da primeira escolástica – vigente entre os séculos IX e XI. A alta escolástica, que se desenvolve a partir da segunda metade do século XI e ao longo do século XIII, aparece como edificação teológico-filosófica a responder às necessidades históricas (*historische Notwendigkeit*) postas por relações sociais, no escopo de uma sociabilidade feudal que já se movia dentro de

---

[38] Como vemos na primeira estrofe da "Cantiga da guarvaia" (ou "Canção da ribeirinha"), de Pay Soares de Taveirós, escrita em galaico-português em 1189 ou 1198: "No mundo nom me sei parelha/ mentre me for como me vai,/ ca ja moiro por vós e ai!/ Mia senhor branca e vermelha,/ Queredes que vos retraia/ Quando vos eu vi em saia./ Mao dia me levantei/ Que vos entom nom vi fea!"; disponível on-line pelo Instituto Camões, de Lisboa. Hoje, os dois trovadores são mais conhecidos pela grafia atualizada de seus nomes: João Soares de Paiva e Paio Soares de Taveirós.

[39] Jacques Le Goff, *Il cielo sceso in Terra*, cit., p. 189.

novas *condições antitéticas*. A perspectiva dessa teologia-filosófica era transcender os limites restritos de uma forma de apreensão do mundo fundada em uma suposta "verdade já existente" e revelada pelas escrituras sagradas, que expressava uma radicalidade que subsumia a compreensão da realidade ao misticismo, a partir da *relação imediata* entre fé e conhecimento (mística), em que instituia-se a primazia da fé sobre a razão, transformando e reduzindo a filosofia à condição de mera retransmissora do que já era dado, a *ancilla theologiae*, em que inexistia o senso da historicidade. O foco do debate que se desencadeia no século XIII será o aclaramento da *relação universal-particular*; quer dizer, o *aggiornamento* desse antiquíssimo debate. Como acentou Lukács, essa questão aparece como busca de apreensão da realidade, e podemos verificar essa indagação já em Aristóteles, que antevia o perigo da substantivação/autonomização do universal, problemas que já se manifestam na obra de Platão e se agudizam na escolástica medieval, até ganhar forma de *realismo conceptual*. Como acentua Lukács,

> desde o ponto de vista do nosso problema, um importante componente desse perigo consiste em que a singularidade, a particularidade e a universalidade não sejam concebidas como determinações da realidade mesma, em suas interações dialéticas recíprocas, mas de tal modo que uma categoria se considere real em comparação às outras ou, inclusive, com a única real e objetiva, enquanto as outras não teriam mais que significações subjetivas.[40]

O impulso societal de nova característica histórica, registrado no século XIII, intensifica as buscas por soluções de práxis, e é nesse contexto que surgem as considerações do filósofo fenício Porfírio (234-*c*. 309), em seus comentários sobre a obra *Categorias*, de Aristóteles, *Introductio in praedicamenta*, também conhecido como *Isagoge* (na tradução feita por Boécio, 480-524) – que põe na ordem filosófica daquele momento a discussão sobre a diversidade e, consequentemente, a dificuldade de definir gênero e espécie somente como resultado da elucubração intelectual; quer dizer: se são corpóreos ou incorpóreos, separados das coisas

---

[40] György Lukács, *Prolegomenos a una estetica marxista (sobre la categoria de la particularidad)* (Barcelona/Cidade do México, Grijalbo, 1969), p. 18. Também Lênin, em seus *Cadernos filosóficos*, reforça os elementos conceituais aristotélicos e salienta que o singular existe somente na conexão com o universal, sendo que o universal não pode existir fora da singularidade, de modo que toda singularidade está em conexão com outras formas de singularidades, por meio de múltiplas conexões fenomênicas e processuais; ver Vladímir I. Lênin, "Cuadernos filosóficos", em *Lenin: obras completas*, v. 42 (Madri, Akal, 1978), p. 338-40.

sensíveis ou situados nas coisas mesmas que expressam suas características comuns ou, ainda, se podem ser considerados existentes no mundo material e, portanto, fora da alma[41]. De qualquer modo, o fato de essa questão ter sido relevada assinala um novo momento "espiritual" para a escolástica, e o que prevalece em primeiro plano é a validade racional e a conexão dos argumentos e das demonstrações com o mundo real, quebrando a noção dos arquétipos das ideias divinas e pondo em questão coisas ou entidades e essências particulares, acessíveis ao homem em sua experiência vivenciada na cotidianidade. A simples impostação do problema manifesta, em si, a maior atenção que os filósofos, dali em diante, darão ao mundo real e às experiências nele vividas, principalmente às coisas naturais e notadamente aos problemas relacionados às atividades socioeconômicas e culturais emergentes. No entanto, se no contexto da *disputa pelos universais* o que ficou conhecido como oposição ao realismo conceptual, a alternativa nominalista – a "via moderna", fundada na lógica cínico-estoica, que encontrou fôlego a partir das interpretações das obras de Aristóteles –, amplia na conceptualização da universalidade a determinação subjetivista, há uma *oposição* ao realismo que, por outro lado e contraditoriamente, apresentava-se com uma face *materialista espontânea*, mesmo com seus elementos teologizantes. Marx e Engels chamaram atenção para essa forma de materialismo que apareceria, adiante, nas formulações de Duns Scot (*c.* 1266-1308), um dos pioneiros dessa nova corrente interpretativa, e viram nele uma primeira expressão do materialismo. Conforme acentuou Engels,

> já o grande escolástico britânico Duns Scot perguntava a si mesmo "se a matéria não poderia pensar". Para realizar esse milagre, teve que recorrer à onipotência de Deus; de outro modo, dizia, teria de se forçar a teologia a pregar o materialismo. Duns Scot era nominalista. O nominalismo aparece como elemento principal nos materialistas ingleses e constitui, em geral, a primeira expressão do materialismo.[42]

---

[41] Como assevera Porfírio: "Em torno de gêneros e espécies, não vou dizer aqui se suscitam ou são colocados apenas no intelecto; ou, no caso em que suscitam, corpóreos ou incorpóreos, se separaram das coisas sensíveis ou localizados nas mesmas coisas e experimentos de seus caracteres comuns"; citado em Nicola Abbagnano, *Storia della filosofia*, v. 2: *La filosofia moderna* (Milão, TEA, 1995), p. 146.

[42] Friedrich Engels, *Do socialismo utópico ao socialismo científico* (Lisboa, Estampa,1971), p. 13. Ver ainda Karl Marx, "Terceira campanha da Crítica absoluta", em Karl Marx e Friedrich Engels, *A sagrada família, ou Crítica da crítica crítica contra Bruno Bauer* (Lisboa, Presença, 1974), p. 192 [ed. bras.: *A sagrada família*, trad. Marcelo Backes, São Paulo, Boitempo, 2003, p. 117 – N. E.];

108 Os portões do Éden

Assim, o antagonismo entre a "via antiga" e a "via moderna" da escolástica constitui-se como disputa de fundo, dando aos nominalistas a condição de se opor à teologia e lançar as bases para uma nova concepção de mundo e da natureza humana.

No século XIII estreitam-se os laços entre as formulações cristãs da primeira fase com o peripatetismo aristotélico. As universidades constituíram centros de debates sobre o caráter da sociedade e das contradições entre os poderes temporais e sacros. Contudo, foi a redescoberta de Aristóteles – por meio do averroismo; depois, da tradução completa da obra *Ética a Nicômaco*, por Roberto Grossatesta, por volta de 1245; e, posteriormente, da obra *Política*, cuja tradução completa é feita pelo padre dominicano Guilherme de Moerbecke, em torno de 1260 – que possibilitou o acesso às reflexões aristotélicas que se transformaram em instrumentais analíticos e proporcionaram a abertura de perspectivas para a discussão de questões dogmáticas até então invioladas e intocadas. Uma das teses aristotélicas impactantes foi a de que o homem é um *animal político* (ζῷον Πολιτικόν) que considerava a sociedade e suas instituições como naturais. Nesse sentido, torna-se possível analisar a história das sociedades humanas por meio de alguns instrumentais racionais e científicos que permitiram uma compreensão que pôde ir um pouco além das considerações teológicas e místicas. A difusão dessas teorias, acrescidas pelas considerações dos comentaristas gregos e principalmente árabes, possibilitou colocar em discussão dogmas e convicções baseados na teologia, sobre o caráter do poder e das relações políticas, ainda centradas nas formulações patrísticas e na sistematização de Agostinho, isto é, do conceito da "queda do homem" (*pecado original*). Teólogos como Duns Scot acentuaram a necessidade de um pacto social entre os indivíduos.

Um dos grandes intelectuais conformadores da escolástica ocidental foi o alemão da Baviera Alberto de Bollstädt, conhecido como Alberto Magno (*c.* 1193--1280), aristotélico, para quem os universais eram constituídos a partir de três núcleos: existem antes das coisas mesmas, em Deus enquanto ideia arquetípica para a criação; existem nas coisas, como unidade no múltiplo; e existem depois das coisas, enquanto noções abstratas das coisas, no intelecto dos homens[43]. O fundamental, porém, *é o significado das formulações e do sincretismo construído por Alberto Magno, que atualizou uma teoria do conhecimento* filoteológica – que se fundamentava

---

e Timothy B. Noone, "Universais e Individuação", em Thomas Williams (org.), *Duns Scotus* (São Paulo, Ideias e Letras, 2013), p. 135-67.

[43] Ver M. T. Iovchuk, T. I. Oizerman e I. Y. Schipanov, *Historia de la filosofía*, v. 1: *Historia de la filosofía premarxista* (Moscou, Progresso, 1980), p. 141 e seg.

numa *Weltanschauung* em decrepitude – com o objetivo adequar o cristianismo aos novos tempos e, em paralelo, procurando preservar seus dogmas para que eles não sofressem danos em seu conjunto teológico[44]. E mais: suas conclusões ganharam significância porque conformaram uma síntese de fundas implicações e, ao mesmo tempo, demonstraram que os teólogos do século XIII – particularmente Alberto –, independentemente de terem alcançado ou não seus propósitos, procuraram ir além das repetições do que Aristóteles havia formulado no século IV a.C.[45]. Nesse sentido, Alberto Magno cria um divisor de águas no pensamento medieval ao colocar à disposição dos cristãos europeus o debate filosófico que se desencadeava na produção filoteológica greco-*árabe, que se considerou muito superior àquela* de que dispunham até então. Seu objetivo era *apresentar e complementar* o pensamento aristotélico. Na explicitação do próprio Alberto Magno:

> Seguirei a ordem e o pensamento de Aristóteles e direi o que me parecer necessário para explicá-lo e prová-lo, mas de tal modo que nunca seja mencionado o texto. Além disso, farei digressões a fim de submeter as dúvidas que poderão oferecer-se ao pensamento e preencher certas lacunas que obscureceram para espíritos, o pensamento filosófico. A divisão de toda nossa obra será a que os títulos dos capítulos indicam [...]. Além disso, acrescentaremos partes aos livros deixados inacabados, do mesmo modo que acrescentaremos livros inteiros que nos faltam ou que foram omitidos.[46]

Podemos dizer que Alberto Magno foi fiel a suas intenções declaradas, daí ser considerado um escritor original, e que foi exatamente essa qualidade de novo que o lançou à condição de "autoridade", sendo que o aspecto mais importante de suas formulações foi a tentativa de separar filosofia e teologia. No entanto, também devemos considerar seus limites: o evidente reducionismo, o empirismo e a falta de profundidade para resultados definidos de pesquisa em muitas de suas reflexões,

---

[44] Como ressalta Gilson: "De fato, o século XIII foi a época em que o pensamento cristão finalmente tomou consciência de suas implicações filosóficas mais profundas e conseguiu, pela primeira vez, formulá-las de maneira distinta"; Étienne Gilson, *A filosofia na Idade Média* (São Paulo, Martins Fontes, 1998), p. 624.

[45] Ainda nas conclusões de Gilson: "Quando se despoja uma teologia escolástica qualquer de seu revestimento filosófico, encontra-se a teologia do concílio de Niceia e o *credo* cristão. Ora, as doutrinas filosóficas árabes e gregas diziam outra coisa. Assim, elas só entram nessa síntese sofrendo transformações profundas, que é importante constatar se não se quiser expor ao erro duplo e complementar de acreditar que os teólogos do século XIII apenas repetiram Aristóteles"; idem.

[46] Alberto Magno, citado em ibidem, p. 266.

como já havia sublinhado duramente seu maior crítico, o filósofo inglês Roger Bacon (1214-1294). Ou seja, eram enormes as deficiências filosóficas de sua obra, principalmente a confusão entre os escritos de Aristóteles e o de seus comentadores, como acentua Bacon, "no qual ele não sabe discernir o pensamento original do mestre daqueles que foram agregados pelos intérpretes árabes"[47]. Alberto Magno torna-se, em 1245, professor de teologia em Paris e, nesse período, tem como aluno Thomas Aquinas, que se tornaria seu discípulo e o seguiria a Colônia; nessa época, Alberto é chamado para lecionar na recém-fundada universidade da cidade.

É consenso entre historiadores, filósofos e cientistas sociais que Aquinas expressa as preocupações de seu tempo[48] e, mais que isso, expressa, no âmbito teológico e filosófico, as mudanças que se verificavam na sociabilidade feudal, isto é, o princípio de uma profunda crise que se abaterá sobre sua ordem sociometabólica e, consequentemente, sobre sua *Weltanschauung*. Considera-se que Thomas Aquinas nasceu em 1225, no antigo reino da Sicília, no castelo de Roccasecca, situado no condado de Aquino, na região de Frosinone, Lácio, pertencente ao conde Landulfo de Aquino, seu pai; sua mãe, Teodora, era descendente da dinastia dos imperadores romanos Hohenstaufen, do ramo dos Rossi (Caracciolo-Rossi) da proeminente família terratenente napolitana dos Caracciolo.

A obra de Aquinas marca um momento decisivo na história da escolástica, superando em qualidade e em significado filoteológico as elaborações esboçadas

---

[47] Como Roger Bacon define a obra de Alberto Magno: "Os escritos deste autor são repletos de erros e contêm uma infinidade de coisas inúteis. Ele [Alberto Magno] entrou muito jovem na ordem dos pregadores; nunca ensinou filosofia, nunca intencionou ensiná-la em escola alguma; não frequentou universidade antes de se transformar em teólogo [...]. Em realidade, o aristotelismo se apresenta a Alberto como um todo confuso, no qual ele não sabe discernir o pensamento original do mestre daqueles que foram agregados pelos intérpretes árabes. Os erros históricos de Alberto são frequentes; ele inclui Pitágoras entre os estoicos, acredita que Sócrates era macedônico, que Anaxágoras e Empédocles eram ambos oriundos da Itália, chama Platão *princeps stoicorum*, e assim por diante"; Roger Bacon, citado em Nicola Abbagnano, *Storia della filosofia*, v. 2, cit., p. 281

[48] Ver, entre outros, Étienne Gilson, *A filosofia na Idade Média*, cit., p. 652 e seg.; György Lukács, *Die Zerstörung der Vernunft: der Weg des Irrationalismus von Schelling zu Hitler* (Berlim, Aufbau, 1953) [ed. esp.: *El asalto a la razón: la trayectoria del irracionalismo desde Schelling hasta Hitler*, Barcelona/Cidade do México, Grijalbo, 1972 – N. E.]; Nicola Abbagnano, *Storia della filosofia*, v. 2, cit., p. 290 e seg.; Ellen Meiksins Wood, *Citizens to Lords: A Social History of Western Political Thought from Antiquity to the Late Middle Ages* (Londres, Verso, 2011), p. 204; Frederick C. Copleston, *El pensamiento de Santo Tomás* (Cidade do México, FCE, 1999), p. 14 e seg.; Jean-Jacques Chevallier, *História do pensamento político*, v. 1 (Rio de Janeiro, Zahar, 1982), p. 204 e seg.; e Mariateresa F. B. Brocchieri, *Il pensiero politico medievale*, cit., p. 84 e seg.

por Alberto Magno. Aquinas, por meio do tomismo, transforma o pensamento de Aristóteles em uma filosofia adaptada às exigências dogmáticas de um cristianismo em crise, utilizando a própria lógica de seu aristotelismo para situar os resultados fundamentais da tradição escolástica, em um sistema harmônico em seu conjunto, preciso e claro em sua particularidade. Livrando os textos de Aristóteles de intérpretes árabes, Aquino faz transparecer Aristóteles como se fosse a "filosofia definitiva"[49]. No entanto, o Aristóteles de Aquinas *é um filósofo reinterpretado e ambíguo em relação à noção da dinâmica do ser e de suas essências,* as quais para o estagirita *são determinadas pelo mundo material, em que* se distingue o que é da natureza do que é produto da ação humana (trabalho) – como já nos referimos. Aquinas parte do princípio de que tanto na filosofia como na religião as verdades se revelam à razão e à fé. Nesse sentido, para o pensador dominicano, é mais produtivo quando se puder optar; é melhor buscar a compreensão que apenas aceitar o que já está dado (a crença), porque a razão pode nos dar explicações se partirmos das coisas sensíveis. Na definição de Aquinas,

> o homem não pode alcançar através da razão natural o conhecimento de Deus, exceto através das criaturas. As criaturas nos conduzem ao conhecimento de Deus, como o efeito leva à causa. Pode, portanto, pela razão natural de conhecer a Deus só o que necessariamente se refere a ele como o princípio de tudo que existe.[50]

Isso possibilita, de um lado, que se chegue à demonstração de que a razão é capaz de apreender o porquê, posto aprioristicamente pela razão – *a priori o propter quid* –, de parte de uma essência causal para chegar a seus efeitos. Esse aspecto aproxima-se da possibilidade de apreender os elementos componentes do mundo real. Não por acaso, Lukács realça que no tempo de Aquinas foi possível construir uma imagem do Universo, ainda que permeada pelas doutrinas religiosas, que pretendia abarcar e compreender os princípios, os métodos e os resultados da ciência e da filosofia[51]. Essa pretensão esbarrava no misticismo intrínseco ao pensamento tomista e à própria formulação mística aquiniana; quer dizer, a doutrina da *forma* e da *matéria*.

Na filosofia tomista, é de significativa importância a distição entre existência e essência – doutrina que se referencia no filósofo e médico persa Ali Ibn

---

[49] Cf. Nicola Abbagnano, *Storia della filosofia*, v. 2, cit., p. 290.

[50] Thomas Aquinas, *Suma teológica* (São Paulo, Loyola, 2006), I-32, a.1.

[51] György Lukács, *Die Zerstörung der Vernunft*, cit., p. 87.

Sina (980-1037), conhecido no Ocidente por seu nome latinizado, Avicena; ele influenciou o pensamento e a medicina ocidentais – isto é, a concepção de que *essência* e *existência* coincidem apenas em Deus, porque em todas as coisas criadas por Ele a essência difere de sua existência. A existência é superior à essência, e sua relação com esta é como a relação do ato com a potência[52]. Na visão aquiniana, o Universo é composto por naturezas, e cada uma delas possui uma forma própria e singular. O elemento de singularidade dessas naturezas, *corpos materiais*, compreende a matéria que compõe cada uma delas, sendo que o elemento universal nelas contidos estrutura-se em sua forma; conhecer implicará, pois, desprender das coisas o universal que nelas está contido. Para Aquinas, isso é o que determina as operações mais caracterísitcas do intelecto humano. Os objetos sensíveis agem sobre os sentidos por meio das espécies imateriais que imprimem neles – espécies, mesmo que despojadas da matéria, ainda apresentam vestígios da materialidade e da particularidade dos objetos de que provem –, daí elas não são inteligíveis, mas podem se tornar quando as despojamos de suas marcas de origem. Esse é o papel do *intelecto agente*, que pressupõe a alma humana que interage com o *intelecto possível*, fruto da mera razão presente nos homens[53]. Daí a possibilidade de se compreender somente o elemento da universalidade, porque, na visão aquiniana, a singularidade é incognoscível ao intelecto humano, que não consegue conhecer diretamente as coisas. Assim, o intelecto humano é finito e, diferentemente do intelecto dos anjos, não chega ao inteligível, somente à possibilidade de conhecê-lo. Na óptica de um *idealismo profundo*, o conhecimento do intelecto humano, para Aquinas, efetiva-se apenas pela ação do intelecto agente, aquele que está diretamente conectado à alma.

---

[52] Cf. M. T. Iovchuk, T. I. Oizerman e I. Y. Schipanov, *Historia de la filosofia*, cit., p. 142-3; Étienne Gilson, *A filosofia na Idade Média*, cit., p. 667 e seg.; e Nicola Abbagnano, *Storia della filosofia*, v. 2, cit., 295 e seg.

[53] Segundo definição de Gilson, "em certo sentido, a alma humana é dotada de um intelecto agente; em outro sentido, é dotada de um intelecto possível. A própria alma racional existe, de fato, em potencial relativamente às espécies das coisas sensíveis; essas espécies lhe são apresentadas nos órgãos dos sentidos a que elas chegam, órgãos materiais em que representam as coisas com suas propriedades particulares e individuais. Portanto, as espécies sensíveis só são inteligíveis em potencial, não em ato. Inversamente, há na alma racional uma faculdade ativa capaz de tornar as espécies sensíveis atualmente inteligíveis: aquela que se chama 'intelecto agente'. E há nela uma aptidão passiva a receber as espécies sensíveis com todas as suas determinações particulares: aquela que se chama 'intelecto possível'. Essa decomposição das faculdades da alma permite-lhe ao mesmo tempo entrar em contato com o sensível como tal e fazer dele um inteligível"; Cf. Étienne Gilson, *A filosofia na Idade Média*, cit., p. 668.

Na teoria do conhecimento aquiniana, é a abstração realizada pelo intelecto que possibilita o conhecimento da "verdade intelectual", exatamente porque garante que a espécie existente no intelecto seja a própria forma da coisa, na relação correspondente entre intelecto e coisa; no limite, a adequação do intelecto à coisa. Portanto, nosso intelecto chega à verdade quando recebe a *medida mesma das coisas* – a correspondência entre intelecto e coisa[54]. Por sua vez, as coisas são mensuradas pelo intelecto divino; como explica Aquinas, "o intelecto divino é mensurativo, mas não mensurado; a coisa natural é mensurante (em relação ao homem) e mensurada (em relação a Deus); mas nosso intelecto é mensurado e não mensura as coisas naturais, somente aquelas artificiais"[55].

Assim, ao limite, Deus é a verdade suprema e a medida de todas as coisas, o artífice de todo o conhecimento.

A partir de sua teoria do conhecimento, Thomas Aquinas tenta ordenar os preceitos jurídicos da Igreja diante do impulso societal de nova cracterística história que se processa no século XIII – quando se abre uma época de grandes alterações nas intrínsecas formas sociometabólicas constitutivas do modo de produção feudal. Aquinas recompõe a teoria do direito, recuperando preceitos já tradicionais do cristianismo: as formulações da patrística e de Agostinho. Em suas reflexões sobre o caráter da lei, porém, estão pressupostos elementos novos e de grande significado histórico, que afloram como resposta ideo-operativa, isto é, a *embrionária emergência* da *politicidade* – forma resultante da intensificação da vida urbana e do conflito entre a velha ordem dos senhores feudais e setores de maior proeminência da emergente burguesia comunal. Adiante, esta é engrossada por setores e extratos

---

[54] Formulação esclarecedora de Michel Villey: "Portanto, para nós, que não somos inteligência pura, mas alma e corpo, feitos de matéria, todo conhecimento da natureza vem por intermédio dos sentidos; para São Tomás, bem como para Aristóteles, disso resulta que o método do direito natural partirá da observação dos fatos, que ele será um método experimental. Não há ciência infusa no homem, nem, normalmente, acesso direto às ideias divinas, nem mesmo no estado de inocência, e a tendência de São Tomás não é fiar-se, nesse domínio, na iluminação mística, na ilusão platônica da reminiscência [Para Platão, a alma conhece o Universo, como reminiscência da *psyché* universal]"; Michel Villey, *A formação do pensamento jurídico moderno*, cit., p. 143. Em meu citado *O voo de Minerva*, ressalto a visão platônica do conhecimento da alma: "Para se chegar à ideia do justo, há de se construir um caminho que leve à luz da sabedoria [...]. Esse saber encontra-se presente na alma. Aqui, a busca do antigo nada mais é que a procura da revelação da Ψυχή (*psyché*) universal e transcendente que rege os homens, quer dizer, a Ψυχή coletiva que rege a pólis" (p. 159).

[55] Thomas Aquinas, citado em Nicola Abbagnano, *Storia della filosofia*, v. 1, cit., p. 298.

mais baixos dessa burguesia e de artesãos urbanos – que já apresenta, como acentuamos, noção distinta de comunidade autônoma e que tem uma caracterísitca peculiar em relação à primeira experiência, a πολιτικά (política) e a δημοκρατία (democracia) no mundo antigo[56]. Diferentemente do que era estabelecido no âmbito social, quando da hegemonia absoluta do catolicismo, enquanto *reflexo religioso do mundo real* (Marx)[57], coloca-se agora a necessidade de se ampliar a reflexão sobre o mundo, os homens e a natureza, mas relevando o plano mundano.

O fundamento da teoria política de Aquinas é o direito natural dos estoicos, que no século XIII passa a sustentar o próprio direito canônico. A concepção aquiniana partia do princípio de que havia uma lei que governava todo o Universo e que existia na mente de Deus uma lei natural (*iure naturalis*) e eterna, que nos homens consiste em um reflexo, como uma forma de participação na ordem sobrenatural-divina; essa lei se materializaria a partir de três inclinações estruturais: 1) a inclinação natural do homem em direção ao bem (Platão); 2) a inclinação especial para atos que a natureza tem ensinado a todos os animais, tais como a união do homem e da mulher, a educação dos filhos etc.; 3) a inclinação para o bem de acordo com a natureza racional que é própria do homem, como a inclinação para saber a verdade, para viver em sociedade etc. Além disso, existem duas espécies de leis: a humana, inventada pelos homens, e a divina, necessária para direcionar os homens ao sobrenatural. O princípio básico, no entanto, é que a *lei natural*, constitutiva da regra primeira da razão, deve ser a base de todas as leis humanas. Como vemos em Aquinas, "o princípio externo que move ao bem é Deus, que nos instrui mediante a lei, auxilia mediante a graça. De onde deve-se discorrer primeiro sobre a lei e em seguida sobre a graça. No que concerne à lei, é mister considerar a própria lei no que lhe é comum e, em segundo lugar, suas partes"[58].

A reafirmação do ideal socrático-platônico de que o homem busca o bem e a felicidade como realização da plenitude de seu ser fundamenta-se na concepção de

---

[56] Nessa direção, ver as considerações de José Chasin no texto inacabado "O futuro ausente: para a crítica da política e o resgate da emancipação humana" (1993), em *Ensaios Ad Hominem*, Santo André, n. 1, t. 3: *Política*, 2000, p. 178-9. Retomaremos essa discussão adiante.

[57] Como enfatiza Marx, "é indubitável que nem a Idade Média pode viver do catolicismo nem o mundo antigo, da política. Longe disso, o que explica por que numa a política era fundamental e na outra o catolicismo é *precisamente pelo modo como uma e outra reproduziam a vida*"; Karl Marx, *El capital*, v. I, cit., p. 46, nota 36; grifos nossos [ed. bras.: *O capital*, Livro I, cit., p. 156-7, nota 33 – N. E.].

[58] Thomas Aquinas, *Suma teológica*, cit., I-114.

que, apesar das discordâncias entre os homens sobre o que é a verdadeira felicidade [Aquinas], as leis naturais indicam o caminho. Segundo expressão de Aquinas, "a lei natural é aquela destinada a descobrir e realizar a própria natureza". Porém, a lei natural também orienta os homens a sua tendência natural de viver em sociedade, local em que atua e realiza suas finalidades na terra. De todo modo, constitui a revisão da teoria da lei natural, centrando seu núcleo no sincretismo das formulações aristotélicas e neoplatônicas – Bíblia, Cícero, Ulpiano e Agostinho. E o norte fundamental é aristotélico, mesmo havendo, no ponto de partida da teoria da lei natural e do estado de inocência do homem, confluência com Agostinho, sendo que Aquinas não põe em discussão o princípio da igualdade original dos homens e, nesse sentido, cria a distinção entre a escravidão (*subiectio servilis*) e a autoridade que objetiva o bem comum (*subiecto civilis*). Este último representa a essência do viver em comunidade. A primeira não existia no estado de inocência, pois é resultante da "queda do homem" com o pecado original, e a segunda, essencial, é *produto intrínseco* da natureza mesma dos homens, que viviam em sociedade antes mesmo de sua queda. Assim, a predisposição humana de viver em sociedade e sua associação política, para Aquinas, residem na própria incapacidade de os homens realizarem suas necessidades e suas exigências para reproduzir a vida, tanto a que se refere às questões materiais como as relacionadas à moralidade, de modo individual. Sobre a razão de viver em sociedade, em *Comentário sobre a ética a Nicômaco*, de Aristóteles, Aquinas acentua:

> O homem é um animal social porque, para viver, tem necessidades de muitas coisas que não pode obter sozinho; por isso, naturalmente faz parte de um grupo (multitudo) que o coloca em condição de viver bem. O homem tem necessidades desse tipo de ajuda por dois motivos: primeiro, para satisfazer a necessidade da vida, coisa que lhe é possível fazer, através do grupo familiar do qual faz parte [...]. Em segundo lugar, o homem se vale da comunidade civil da qual pertence para ter uma vida plenamente suficiente; quer dizer, não somente para viver, mas para viver bem.[59]

Há, portanto, em Aquinas, uma natureza política intrínseca ao homem – clara aproximação às formulações originais de Platão e, nesse sentido, à integração do indivíduo à sociedade. Aquinas vê no homem duas finalidades: uma natural temporal e outra sobrenatural, que vinculam-se à própria dualidade do poder, isto

---

[59] Idem, "Comento all'*Etica Nicomachea*", citado em Mariateresa F. B. Brocchieri, *Il pensiero politico medievale*, cit., p. 92.

116 Os portões do Éden

é, o governo dos príncipes e dos senhores e a Igreja, a única que aparece como preponderante e suprema autoridade. Daí ser muito relativizado o que Aristóteles chamava de *soberano bem*[60], porque reduzia a função do governo à condição de auxiliar a missão terrena, exercendo as virtudes naturais, que levam os homens aos umbrais das virtudes sobrenautrais. Por sua vez, a condução aos caminhos dos mistérios do sobrenatural divino cabe a Deus, através de Jesus Cristo, que "não é somente homem, mas tembém Deus".

> Logo, tal governo pertence àquele rei que não é somente homem, mas também Deus, isto é, o Senhor Jesus Cristo, que, tornando os homens filhos de Deus, os introduz à glória celeste. É este, pois, o governo a Ele entregue e que não se corromperá, sendo por isso chamado nas Sagradas Escrituras não só de sacerdote, mas também rei [...]. A fim de ficar o espiritual distinto do terreno, foi, portanto, cometido o ministério deste reino não a reis terrenos, mas a sacerdotes e, principalmente ao Sumo Sacerdote, sucessor de Pedro, Vigário de Cristo, o Romano Pontífice, a quem importa serem sujeitos todos os reis dos povos cristãos.[61]

Essa passagem do *De regno* nos possibilta ver a preocupação de Aquinas em manter o poder central nas mãos da Igreja em um momento em que se instalavam governos civis e comunas urbanas (burgos livres), sendo algumas sob controle de uma plebeia e emergente burguesia – através do governo centrado no papado (o papa como vigário de Cristo), enfatizando que, entre os dois poderes, o temporal e o terreno, há uma hierarquia da Igreja sobre os príncipes, o que, no limite, constitui uma ligação mediativa entre a cidade dos homens e a Cidade de Deus, entre o mundo natural e o mundo sobrenatural.

Não é por acaso que Aquinas retoma e organiza os elementos filosóficos e teológicos que estavam dispersos nos estoicos, em Cícero e na patrística, pois o dominicano também objetivava consolidar a ideia, consagrada na teologia medieval, e elevar a supremacia da lei e do direito à condição de quase santidade, na medida em que a projeção da ordem universal encontra-se fundada na razão divina, no sentido de ação unitária inseparável entre razão e lei. Essa lei baseada no racionalismo do espírito divino regulava as ações coletivas e as dos homens individualmente. Mesmo que o homem tenha de sacrificar parte de sua liberdade, submetendo-se

---

[60]   Aristóteles, *Etica nicomachea*, Livro IV (Bari, Laterza, 1999).

[61]   Thomas Aquinas, "Do reino ou do governo dos príncipes ao rei de Chipre (*De regno*)", em *Escritos políticos de São Tomás de Aquino* (Petrópolis, Vozes, 1995), XIV, 46.

à comunidade civil – a subsunção da liberdade individual às leis do governo, e mais tarde do Estado, compõe um conceito que permeará todas as análises que objetivam entender a vida do homem em sociedade daí em diante –, o indivíduo não é totalmente absorvido pela política e pelos governos, porque em sua esfera de vida existe uma finalidade superior à finalidade humana, e tudo aquilo que o homem pode ser, em sua capacidade, é determinado por Deus[62]. Há, porém, uma diferença dessa formulação aquineana com a original aristotélica, que expressa a discrepância histórico-societal e, consequentemente, de enfoque ideopolítico em relação à ordem politeia antiga e à ordem feudal do século XIII, em que a maior preocupação era justamente organizar as diversas esferas jurídico-políticas que se sobrepunham e competiam nas múltiplas comunas urbanas em formação ou em cidade que refloreciam e que vivenciavam lutas intraclasses, várias delas com nítidas características de insurreição popular. Esse elemento, o da *tensão permanente*, chega para ficar – e com a tendência histórica de se ampliar, como acontecerá –, pois as mudanças que se estabelecem no século XIII, ao atingir as formas tradicionais de produção, impactam também a subjetividade coletiva, ou do que o cientista social português Armando Castro[63], ao avaliar o choque de classes no Portugal do século XIII, chamou de crise de "intersubjetividade histórico-social", determinada pelas formas de concorrência pelo controle socioeconômico entre as frações da classe senhorial, da emergente burguesia e das classes populares que já se organizavam em grêmios, conselhos e corporações de ofício[64].

---

[62] Ver Thomas Aquinas, *Suma teológica*, cit., I-II, 21.

[63] Ver Armando Castro, *A evolução econômica de Portugal dos séculos XII a XV*, v. 11 (Lisboa, Caminho, 1979), p. 61 e seg.

[64] Esclarecedora síntese de Kofler: "Na história inicial da cidade burguesa, se bem que hajam variantes segundo as regiões [...], é possível verificar três tendências. Em primeiro lugar, a luta da cidade por sua independência [...]. Em segundo lugar, quando a cidade entra no estágio de luta interna, que aponta em duas direções: por uma parte, a nobreza urbana e as demais classes coligadas, as que são quase sempre vencedoras; por outra, o patriciado mercantil e os artesãos agremiados [...]. Em terceiro lugar, ocorre sempre que, no estágio seguinte, o patriciado consegue, por fim, reconquistar para si o poder, através de caminhos tático-políticos e, com frequência, salvaguardado formas [políticas] com aparências democráticas, de tal modo que se erige na cidade uma ditadura oligárquica, aberta ou dissimulada. Já no começo do século XII a maioria das cidades da Itália conclui com êxito sua luta contra a tutela feudal do imperador e dos bispos. Agora, as cidades elegem por si mesmas seus cônsules e os demais funcionários [...]. Ademais, no curso do século XIII, as cidades conseguem libertar-se da constante ameaça dos senhores feudais, especialmente daqueles residentes no campo"; Leo Kofler, *Contribución a la história de la sociedad burguesa* (Buenos Aires, Amorrortu, 1971), p. 64.

A existência de uma situação de *tensão permanente* leva Aquinas a se direcionar, também, para o indivíduo, justamente quando discorre sobre o que chamou de lei positiva, a qual deve regular ações individuais, como respeitar o próximo e a proibição do homincídio, sendo que essa norma civil deve estar baseada na *lex naturalis*, subsumida à *lei eterna de Deus*, que em geral é percebida pelos indivíduos através do senso racional ou do foro de consciência individual. Assim, a lei feita pelos homens utiliza a razão para estabelecer um disciplinamento que se impõe pelo temor aos castigos e pela coerção exercida pelo governo. Essa é a condição para que o homem em sociedade execute com positividade a atribuição que lhe é inerente e componente de sua virtude essencial. Assim, as leis e o governo servem para manter a convivência pacífica e harmônica entre os membros da sociedade e apontam para a existência de uma concepção abstrata de igualitarismo que se reforça pelos três elementos constitutivos da lei; quer dizer, a lei eterna, a lei natural e a lei humana, que compõem uma *síntese mística* da lei, em conjunto. Entretanto, a lei deve ser aplicada com parcimônia, sempre visando a educar o membro da sociedade para que seja exercido nela um "comportamento virtuoso"; quer dizer, as normas civis devem ser calibradas para que se adptem à maioria dos indivíduos e sejam direcionadas a homens que ameaçem a paz social[65]. Ora, está claro que a teoria das leis é o fundo filoteológico da teoria do poder de Aquinas. Em *De regno*, o dominicano acentua que viver em sociedade "cumpre haja, entre os homens, algo pelo que seja governada a multidão"[66], o que demonstra o que entende por necessidade de ordenamento social, como, no plano objetivo, sua preocupação com as sedições e as disputas políticas mais radicais, nitidamente verificável pela ênfase na citação de Salomão, no Velho Testamento: "Onde não há governante, dissipar-se-á o povo". Em seguida, o comentário estoico por excelência: "Igualmente, no homem, a alma rege o corpo, e, entre as partes da alma, o irascível e o concupiscível são dirigidos pela razão. Também entre os membros do corpo, um é o principal, que todos move, como o coração ou a cabeça. Cumpre, por conseguinte, que em toda multidão haja um regente"[67].

Isso reafirma, de um lado, a condição natural do governo e, de outro, que o governante seja necessariamente uma autoridade que vise ao bem comum e que tenha a mesma função da alma no corpo, isto é, o governante deve ser o lume da conduta da comunidade. Por isso, Aquinas faz severas restrições ao príncipe

---

[65] Cf. Mariateresa F. B. Brocchieri, *Il pensiero politico medievale*, cit., p. 94 e seg.

[66] Thomas Aquinas, "Do reino ou do governo dos príncipes ao rei de Chipre", cit., II, 4.

[67] Idem.

que viola a lei natural. Ao mesmo tempo, tanto na *Suma* como em *De regno*, ele legitima a noção de justiça, mesmo que se considerem duras as punições, sempre que prescritas na *conformidade da lei*, porque, se o príncipe descumpre o que no limite é a lei de Deus, como as leis provenientes de governos tirânicos, em que o governante legisla em causa própria, visando à cupidez ou à glória pessoal, o governante deve ser contestado, porque torna-se ilegítimo.

Nesse sentido, podemos dizer que Aquinas distingue três gêneros de governos justos: a *monarquia*, a *aristocracia* e a *politeia* (política), sendo que nomina três variantes de regimes nocivos e cruéis: *tirania, oligarquia* e *democracia* – esta última, em especial, segundo o dominicano, *intrinsecamente corrupta*. Aquinas ressalta que os três gêneros de governos básicos existentes podem ser justos e bons se o governante escolher soluções adaptadas e constitucionais à natureza e ao grau de maturidade do povo. Em uma feliz sinopse, Mariateresa Brocchieri ressalta uma máxima presente na *Suma* e que permeará, também, os debates sobre o caráter do governante, no caso do príncipe, dali em diante:

> Em uma página da *Suma teológica*, Tomás exprime a convicção de que é preferível adotar uma forma mista de governo, na qual o príncipe, eleito por suas qualidades excepcionais, é assistido no governo por homens de virtude, sendo escolhido por (e entre) todos os cidadãos; ao fazê-lo, de fato, é possível moderar o poder do soberano para impedi-lo de se transformar em um tirano.[68]

Essa constatação aquiniana, que seguramente corresponde a realidades em curso, vividas em seu tempo, constitui o fundamento de sua "teoria da resistência" da sociedade contra os tiranos, considerados executores de governos injustos. E como Aquinas compreende a resistência dos cidadãos? Ele, por princípio, condena a sedição e a vê como pecado mortal, porque atenta contra a ordem jurídica. Por isso, diante da rebelião contra governos tirânicos, prefere o termo "revolta" popular contra a opressão, porque derrubar um governo que vilipendia a lei natural, como extensão da lei de Deus, é legítimo, mas sempre observando a lei, pois não se pode agir contra um tirano com seus próprios métodos. Aquinas observa que, diante de uma "tirania moderada", é preferível suportá-la por certo tempo[69]. Percebemos que sua concepção de direito à rebelião é bastante moderada e, sempre que possível, deve contar com a participação de uma autoridade superior ou, no limite, entregar

---

[68] Mariateresa F. B. Brocchieri, *Il pensiero politico medievale*, cit., p. 97.

[69] Thomas Aquinas, "Do reino ou do governo dos príncipes ao rei de Chipre", cit., I, 6-15.

120 Os portões do Éden

confiantemente a situação a Deus[70]. O desejável é um governo composto por um sistema misto com predominância monárquica, em que a virtude dos governantes assegura o bom desempenho do governo, em direção ao bem comum, porque, segundo sua avaliação, o governo de um só, desde que tenha elementos para conter a tirania, é muito mais benéfico que um governo de muitos.

Em suma, essa linha de pensamento e de direcionamento político coloca, para Aquinas, uma necessária adequação de um tempo em que o rei ou o príncipe deve ser cada vez menos um poderoso senhor feudal, menos assentado nas classes terratenentes e articulador de governos mais plurais e que atendam às novas composições sociais em precipitação, como os artesãos e a burguesia urbana, por meio de suas corporações de ofício e dos grêmios profissionais, mas não apenas como adequação a poderes extraeconômicos presentes na luta de classes que se escancara no século XIII, como quer Wood, que destaca Aquinas como pensador concentrado nas relações jurídicas[71]. Ainda que verdadeiras, essas observações de Wood demonstram apenas o aspecto *normativo* de uma preocupação mais ampla, que era garantir a sobrevivência das formas de poder calcadas em relações de produção com fundamento na produção agrária servil da ordem feudal já em crise de ordenamento funcional – que expressava o início do que seria o colapso dos mecanismo de reprodução do sistema[72] – e, já direcionando suas reflexões para buscar respostas à progressiva alteração das relações de produção feudais, em que um dos efeitos mais perceptíveis é a intensificação da exploração do trabalho dos servos, a intensificação da cobrança de taxas exorbitantes, rumo ao que futuramente seria a transmutação do trabalho do servo da gleba em trabalho forçado, visando a atender a demandas produtivas compostas por novas características particulares, como ocorreria na Alemanha no século seguinte[73]. Não por acaso, Aquinas se refere a contratos fundados na observância da lei (na perspectiva da unidade dos três elementos que a compõem) e consensuados entre governantes e cidadãos dos centros urbanos, incluindo o conjunto de classes e frações de classe nela implicados de que é formada a multidão, que, nos momentos de disputa política ou insurrei-

---

[70] Ibidem, VII, 21.

[71] Ellen Meiksins Wood, *Citizens to Lords*, cit., p. 241.

[72] Cf. Perry Anderson, *Passagens da Antiguidade ao feudalismo*, cit., p. 220 e seg.

[73] Ver Georges Duby, *Economia rural y vida campesina en el Occidente medeval*, cit., p. 316 e seg.; Friedrich Engels, *La guerras de campesinos en Alemania*, cit., p. 26 e seg.; e Ernst Bloch, *Thomas Münzer, teólogo da revolução* (Rio de Janeiro, Tempo Brasileiro, 1973).

ção, "divide-se em facções quanto à organização política"[74]; ele procurou adequar a doutrina aristotélica da escravidão e da servidão fundando-se no direito natural[75]. Era um tempo em que abria-se a necessidade da reinterpretação do mundo. Havia surgido novas línguas no Ocidente, produto do vulgar, e os documentos passavam a ser escritos em língua nacional; gestavam-se os futuros Estados nacionais, como ocorreria no século seguinte.

De todo modo, Aquinas avançou na sistematização de uma doutrina que continha muitos elementos laicizantes, ainda que mantendo um núcleo cristão centrado na perspectiva do papado e superando, em relação a aspectos de conteúdo, as formulações agostinianas, rudimentares e pouco sistematizadas. Obviamente, muitas de suas formulações serão questionadas, reconceituadas e até negadas por autores como Scot e Ockham, entre outros, principalmente no Renascimento.

---

[74] Thomas Aquinas, "Do reino ou do governo dos príncipes ao rei de Chipre", cit., VII, 18.

[75] Como ressalta Villey: "Outro exemplo é a escravidão: São Tomás retomou a doutrina aristotélica que justifica a servidão com base no direito natural"; Michel Villey, *A formação do pensamento jurídico moderno*, cit., p. 164.

PARTE II

O RENASCIMENTO: FORMA IDEOSSOCIETAL
DO MERCANTILISMO

Perchè la vita è brieve
e molte son le pene
che vivendo e stentando ognun sostiene;
dietro alle nostre voglie,
andiam passando e consumando gli anni,
ché chi il piacer si toglie
per viver con angosce e con affani,
non conosce gli inganni
del mondo; o di mali
a da che strane casi
*oppressi quasi – sian tutti i mortali.**
Niccolò Machiavelli, "La mandragola"

---

* "Posto que a vida é breve/e muitas são as penas que vivendo e lidando se padecem,/seguindo nossas ânsias/vamos passando e consumindo os anos,/pois do prazer privar-se,/p'ra viver em afãs e aflições,/é ignorar os enganos/do mundo ou por quais males/e estranhos casos sejam tiranizados todos os mortais." (N. E.)

I. A CRISE DA IDEALIZAÇÃO DA PÓLIS RENASCENTISTA

A burguesia, onde ascendeu ao poder, destruiu todas as relações feudais, patriarcais, idílicas. Rasgou sem compunção os diversos laços feudais que prendiam o homem a seus superiores naturais e não deixou outro laço entre homem e homem que não o do interesse nu, o do insensível "pagamento em dinheiro". Afogou a sagrada reverência da exaltação devota, do fervor cavalheiresco, da melancolia sentimental do burguês filisteu, na água gelada do cálculo egoísta. Resolveu a dignidade pessoal no valor de troca, e no lugar de um sem-número de liberdades legítimas e estatuídas colocou a liberdade única, sem escrúpulos, do comércio. Numa palavra, no lugar da exploração encoberta com ilusões políticas e religiosas, colocou a exploração seca, direta, despudorada, aberta.

Karl Marx e Friedrich Engels, *Manifesto Comunista*

Processualidade e edificação da nova sociabilidade baseada na produção de mercadorias

O Renascimento propicia a eclosão do que Max Weber denominou de "espírito do capitalismo". Relevemos, contudo, que esse conceito formulado pelo sociólogo alemão ganharia concretude se vinculado à concepção de que essa subjetividade ideossocietal somente pôde emergir no contexto de uma *revolução* que se processou nas bases materiais da sociabilidade que constituía o Ocidente e que, por sua vez, passa a abranger, além dos fundamentos de uma forma econômico-social *em movimento* – enquanto processo resultante da desagregação morfológica do modo de produção feudal, que engendra uma nova sociabilidade –, também e principalmente, os elementos conformativos da cultura europeia, ligada de forma visceral a uma socialidade plasticamente moldada no interior de uma *Weltanschauung* (cosmologia) de base medievo-cristã. Desse modo, a (nascente) economia baseada no mercado e na produção de mercadorias é um *produto histórico*. O surgimento

128 Os portões do Éden

da burguesia enquanto classe social, a expropriação dos meios de produção das mãos dos camponeses e dos artesãos – que irão, adiante, formar o proletariado – e a consequente venda de força de trabalho serão os elementos que protagonizarão uma forma sociometabólica específica e configurada pela processualidade de uma particularidade em vias de se tornar *histórico-universal*. Assim, por essa perspectiva, nós nos diferenciamos radicalmente da visão de Max Weber, justamente por esse sociólogo não considerar a historicidade desse processo. Para o pensador alemão, a burguesia já existia antes mesmo do estabelecimento das relações sociais capitalistas[1]. Além disso, Weber entendia a consolidação e o deslanche do capitalismo a partir do desenvolvimento de inovações técnicas, culturais e religiosas, articulado com o incremento de uma "racionalidade específica e peculiar, que surge no Ocidente" (a Reforma Protestante e seu "espírito"), além da capacidade e da disposição dos homens em adotar certos tipos de conduta racional, no âmbito dessas possibilidades[2].

Não seria exagero dizer que todo um *modus vivendi*, inclusive de mentalidade cotidiana, é atingido pelo (novo e contraditório) *impacto societal de nova característica histórica* – que traz em si não somente a crise das formas societais feudais, mas também os elementos ontológicos fundantes do capitalismo – emergente nesse processo que media o prenúncio, enquanto vir-a-ser (*Werden*), da *bürgerliche Gesellschaft* (sociedade burguesa). No entanto, podemos falar de *Rinascimento ipsis litteris* somente onde essas mudanças econômico-sociais e "mentais" (ideossocietais) surgem juntas e contemporaneamente – e, mesmo assim, a aurora anunciada pelo sol renascentista muitas vezes não se consolidou em um amanhecer venturoso, justamente por seu aspecto de continuidade-descontínua, desigual e combinada[3].

---

[1] Ver Max Weber, *Economia y sociedad: esbozo de sociologia comprensiva*, v. 1 (Cidade do México, FCE, 1969), p. 376 e seg. Consultar também Julien Freund, que destaca que, a partir do trabalho forçado e da escravidão, na Antiguidade, "Weber vê aí uma das origens do capitalismo agrário, desde a época dos cartagineses e dos romanos"; *Sociologia de Max Weber* (Rio de Janeiro/São Paulo, Forense, 1970), p. 131.

[2] Ver Max Weber, "Introdução", em *A ética protestante e o "espírito" do capitalismo* (São Paulo, Pioneira, 1999), p. 9-11.

[3] Como ressaltou Heller: "Mas o Renascimento [...] em sua ascensão final elimina, aborta ou faz com que se percam em becos sem saída muitas das revoluções e das transformações singulares havidas. Demonstraram-se becos sem saída as processualidades transformadoras na Itália, na Espanha e, de certo modo, na Holanda: ali, ao amanhecer não se sucedeu o dia. No entanto, mesmo onde surgiu o dia – como na Inglaterra, pátria do processo clássico do desenvolvimento histórico –, esse "dia" acabou sendo muito mais problemático e contraditório do que parecera sob a luz rosada do amanhecer"; Agnes Heller, *L'uomo del Rinascimento: la rivoluzione umanista*

Com isso, nos "países" europeus que não vivenciaram as condições materiais conformadoras do Renascimento, as reverberações do imaginário renascentista ganharão formas específicas, manifestas pelo chamado humanismo[4], exatamente porque os novos elementos éticos e científicos, nesses lugares, não tinham raízes objetivas e seus efeitos se limitavam a reduzidos segmentos da vida social, fosse a tradicional aristocracia, fosse a ascendente burguesia mercantil; como evidencia Heller, aí encontramos os nexos históricos de que forma, mais tarde, a Reforma varreu depressa o humanismo alemão[5].

(Florença, Nuova Italia, 1977), p. 4. Ver também Peter Burke, *Il Rinascimento europeo: centri e periferie* (Roma/Bari, Laterza, 2009).

[4] Efetivamente, o debate que separa o Renascimento do humanismo é reaceso no contexto atual das interpretações sobre o pensamento renascentista. Ainda que a polêmica apareça já no período renascentista – o imanentismo *versus* a transcendência medieval –, vemos essa questão reposta no importante e instigante livro de Agnes Heller, *L'uomo del Rinascimento*, cit., p. 1-211, no qual a autora vincula o Renascimento como resultado da forma desigual do processo de entificação do capitalismo mercantil, isto é, nas radicalidades com que se deram as rupturas e os reprocessamentos com o passado medieval. Na mesma direção, conferir Leo Kofler, *Contribución a la história de la sociedad burguesa* (Buenos Aires, Amorrortu, 1971), p. 131 e seg., e também Ellen Meiksins Wood, *Liberty and Property: A Social History of Western Political Thought from Renaissance to Enlightenment* (Londres, Verso, 2012), p. 3 e seg., em que a autora desenvolve a teoria da modernização precoce da Europa. Ver, ainda, a análise de Quentin Skinner sobre essa questão, em *As fundações do pensamento político moderno* (São Paulo, Companhia das Letras, 1999), p. 123 e seg. Sobre o humanismo com base em Petrarca, ver Étienne Gilson, *A filosofia na Idade Média* (São Paulo, Martins Fontes, 1998), p. 895 e seg. De qualquer modo, é consenso que o Renascimento deve ser entendido em sua totalidade, de modo que nesse escopo aparecem essas duas teses polêmicas como resultado de uma mesma processualidade.

[5] Na definição de Heller, "o conceito de 'Renascimento' implica um processo social global no qual a estrutura básica da sociedade foi afetada até no âmbito da cultura, envolvendo a vida e a mentalidade cotidiana, o exercício prático das normas éticas e os ideais estéticos, as várias formas de consciência religiosa, a arte e a ciência. No rigor do termo, podemos falar de Renascimento somente se, a partir de bases e de mudanças econômico-socias estruturais, esses fenômenos surgem juntos e contemporaneamente, como na Itália, na Inglatera, na França, na Espanha e, em parte da Holanda. [Em nosso ver, poderíamos acrescentar Portugal, como processo em que essas transformações não se concluem e acabam rumando para um 'beco sem saída'.] A corrente de pensamento renascentista que habitualmente é designada por 'humanismo' não representa mais que uma projeção ideológica do Renascimento: manifestações éticas e científicas que puderam existir e conquistar terreno, com alguma autonomia em relação à estrutura social e à realidade cotidiana, também em países onde o Renascimento era inexistente como fenômeno social global. Nesses países, porém, manteve-se necessariamente desenraizada, apenas ganhando aderentes nas camadas superiores da vida social – ao menos entre a aristocracia política e intelectual – e

130   Os portões do Éden

Ainda que possamos admitir a existência de uma "tendência geral europeia" em direção a novas formas produtivas e de trabalho, no sentido da progressiva *subsunção real* das formas-sociais às relações de mercado, o processo desigual e combinado que marcará o desenvolvimento da socialidade capitalista, desde seu primeiro momento, determinará morfologias diversificadas, ou, como define Geertz, graus de complexificação societal e níveis de construções de estruturas explicativo-conceituais diferenciadas[6]. Portanto, no desencadear da crise do feudalismo, as regiões que ontologicamente reuniam melhores condições para organizar atividades econômicas e responder às necessidades de ampliar as alternativas para a crônica crise de abastecimento e para as constantes epidemias, com ênfase nas "pestes" que grassam pela Europa ocidental entre o século XIV e as primeiras décadas do século XV, encontraram-se em condições mais vantajosas para expandir mercados e superar a estagnação socioeconômica engendrada pela crise da sociabilidade feudal, possibilitando a construção dos elementos necessários para a entificação de uma *nova* processualidade civilizatória. Essas condições assumem características específicas em consonância com a dinâmica histórico-particular de cada região e, de certo modo, são condicionadas pelo andar e pelas contradições internas originadas no próprio processo de desagregação das formas societais do feudalismo.

Encontramos indícios gerais da desagregação do feudalismo acentuadamente na Inglaterra e na França, nas regiões centrais e setentrionais da Itália, na Espanha, em parte da Holanda e em Portugal, como a intensificação das relações comerciais e o surgimento de burgos livres. Ainda que levemos em consideração as ponderações de Jacques Le Goff sobre o papel do comércio medieval – se foi causa ou efeito da aceleração das profundas mudanças socioeconômicas na Europa, a partir do século XII[7] –, não podemos deixar de relevar o intenso debate a respeito da transição das formas feudais para as relações de produção capitalistas, da década de 1960, entre Dobb e seus críticos como Takahashi, Sweezy e Perry Anderson, entre outros, nem a polêmica indireta desses com Pirenne e Bloch e sua atualização feita pelo Debate Brenner, no qual esses autores afirmam que o desencadeador da

---

isolando-se rapidamente. Foi assim que, na Alemanha, a Reforma substituiu o humanismo"; Agnes Heller, *L'uomo del Rinascimento*, cit., p. 3-4. Ver ainda Peter Burke, *Il Rinascimento europeo*, cit., p. 146 e seg.

[6]   Ver Clifford Geertz, *Interpretazione di culture* (Bolonha, Il Mulino, 1987), cap. 1.

[7]   Consultar Jacques Le Goff, *La Civilisation de L'Occident medieval* (Paris, Arthaud, 1965), p. 110 e seg., e *Mercadores e banqueiros da Idade Média* (São Paulo, Martins Fontes), p. 7 e seg.

A CRISE DA IDEALIZAÇÃO DA PÓLIS RENASCENTISTA 131

crise do feudalismo encontra-se justamente em seu auge, no século XIII[8]. Nesse debate, tornado clássico, Dobb e Anderson sustentam a tese – a qual aceitamos na íntegra – de que o comércio aparece como agente desagregador, enquanto elemento contraditório gestado no interior da socialidade feudal e que se potencializa como sua negação, como contrário-antagônico, que o tensionamento maior entre forças produtivas e relações de produção determina alterações da identidade anterior, possibilitando o surgimento de uma particularidade societal que inicia seu caminho na direção de tornar-se universal. Como sabemos, o desenvolvimento de centros urbanos foi impulsionado por um crescente e frenético comércio, pelo desenvolvimento econômico e pelo consequente aumento da produção, no século XIII – base das radicais mudanças que se processarão no continente europeu. Em suma, podemos destacar que a exuberância do crescimento econômico ao longo do século XIII criou o elemento antitético para a desarticulação dos fundamentos do feudalismo enquanto modo de produção, isto é, causou um *colapso geral* nas formas de reprodução sistêmica, o que se agrava com o aumento populacional, que atua como fator de pressão de demanda. Assim, o processo de desagregação do modo de produção feudal gera contradições que se estabelecem no contexto histórico de novas situações e relações sociometabólicas, as quais se desdobram a partir de quatro elementos fundamentais: 1) as novas relações sociais rurais que permitem a emancipação do servo da gleba; 2) o desenvolvimento das artesanias urbanas, que passam a produzir mercadorias independentes e especializadas, livres e sob forma artesanal; 3) o desenvolvimento populacional; e 4) a acumulação de riqueza monetária advinda das relações comerciais e da prática da usura.

A interação desses elementos destacados – articulados com o *boom* produtivo no período – cria as condições do *ir sendo* do novo *ser social*. Ressaltamos que, apesar de estruturalmente subsumidas (e como parte integrante) à forma societal feudal, e levando-se em consideração o fato de o trabalho artesanal e corporativo desenvolvido nas cidades se apresentar, como quer Le Goff, enquanto típicas

---

[8] Ver, entre outros, Maurice Dobb (org.), *Do feudalismo ao capitalismo* (Lisboa, Dom Quixote, 1971); Maurice Dobb, *A evolução do capitalismo* (Rio de Janeiro, Zahar, 1976); Perry Anderson, *Passagens da Antiguidade ao feudalismo* (Porto, Afrontamento, 1982); Marc Bloch, *A sociedade feudal* (Lisboa, Edições 70, 1982); Henri Pirenne, *História econômica e social da Idade Média* (São Paulo, Mestre Jou, 1968); e Carlo Maria Cipolla, *Storia economia dell'Europa pre-industriale* (Bolonha, Il Mulino, 1990), especialmente cap. 5 "Redditi, produzioni e consumi: 1000-1500", p. 235 e seg. Ver também Trevor H. Aston e Charles H. E. Philpin (orgs.), *The Brenner Debate: Agrarian Class Structure and Economic Development in Pre-Industrial Europe* (Cambridge, Cambridge University Press, 1985).

132 Os portões do Éden

formas feudais de divisão do trabalho[9], essa mesma *forma-trabalho* constituirá o elemento *antitético*, o ponto agudo a deflagrar o processo de dissolução do feudalismo – isto é, na base da *alteração* da relação cidade-campo e na perspectiva da urbanização do campo, determinando os elementos originários de um novo modo de produção, que, por sua condição de ser social em *processo de objetivação*, articula formas econômicas anteriores, *não capitalistas* – produção e relações de trabalho –, integrando-as sob conteúdos capitalistas. Como acentuou Marx:

> Inicialmente, o capital subordina o trabalho conforme as condições técnicas em que historicamente o encontra. Portanto, ele não altera de imediato o modo de produção. Razão pela qual a produção de mais-valor, na forma como a consideramos até agora, mostrou-se independente de qualquer mudança no modo de produção.[10]

Quer dizer, a importância da formação do artesanato medieval consiste no fato de que, nesse processo, ele se torna *propriedade*, deixando de ser mera fonte da habilidade do trabalho, uma vez que introduz a separação potencial entre o trabalho e as outras condições de produção, o que expressa um grau mais complexo de individualização em relação ao comunal e torna possível a formação da categoria do trabalho livre. Essa característica urbano-artesanal, aliada a uma estrutura agrária em dissolução, possibilitará, de início, o desenvolvimento de uma atividade de mercado a princípio restrita e que atuará juntamente com formas econômicas preexistentes, quebrando-as em seguida.

---

[9] Jacques Le Goff, *Mercadores e banqueiros na Idade Média*, cit., p. 39 e seg.

[10] Karl Marx, *El capital: crítica de la economia política*, Libro Primero (Cidade do México, FCE, 1973), sec. 3, cap. 9, p. 248; grifos nossos [ed. bras.: *O capital: crítica da economia política*, Livro I: *O processo de produção do capital*, trad. Rubens Enderle, São Paulo, Boitempo, 2013, p. 382 – N. E.]. Em seu *Capítulo VI, inédito*, do Livro I de *O capital*, Marx analisa esse processo de subsunção formal do trabalho ao capital mais detalhadamente: "Não se efetuou *a priori* uma mudança essencial na forma e na maneira real do processo de produção. Ao contrário, está na natureza do caso que a subsunção do processo de trabalho ao capital opere sobre a base de um processo laboral *preexistente*, anterior a esta subsunção ao capital e configurado sobre a base de diversos processos de produção e de outras anteriores condições de produção; o capital subsume *determinado processo laboral existente*, como o trabalho artesanal ou do tipo de agricultura correspondente à pequena economia camponesa autônoma. Se nesses *processos de trabalho* tradicionais que ficam sob a direção capitalista operam-se modificações, estas aparecem como *consequências* gradativas da prévia subsunção de determinados processos de trabalho tradicionais, em relação ao capital"; Karl Marx, *El capital, Libro I: capítulo VI (inédito)* (Buenos Aires, Siglo XXI, 1974), p. 55; grifos do original.

A manufatura direcionada para o mercado externo primeiro aparece em função do comércio a longa distância, fora das guildas artesanais, nos ofícios rurais mais complementares, menos especializados e com menor controle delas (guildas), como as tecelagens e as fiações, ainda que surja vinculada a atividades urbanas da construção de navios. Na área rural, irrompe o camponês arrendatário, no bojo da transformação da população rural em trabalhadores livres – essas atividades necessitam da existência prévia de um mercado massivo[11]. A desagregação do trabalho servil e o surgimento das manufaturas, ao longo de aproximadamente trezentos anos, converteram aos poucos todas essas formas de produção em atividades capitalistas, em especial os trabalhadores livres situados fora das guildas, que passam cada vez mais a estabelecer relações de trabalho assalariado. Esse foi o processo que Marx chamou de "subsunção formal" do trabalho ao capital[12].

No processo de objetivação de uma *nova ordem sociometabólica*, mesmo que a agricultura ainda constituísse o setor-base da economia do continente europeu – lembrando o notável desenvolvimento agrícola dos séculos XI, XII e principalmente XIII –, verificaram-se também, no mesmo período, o progressivo aumento do comércio internacional, centrado na circulação de produtos alimentícios e de tecidos, e o próprio aumento da produção têxtil, além da ampliação do setor financeiro. No caso das cidades italianas setentrionais – como Pisa, Veneza, Gênova e, mais tardiamente, Florença –, desde o fim do século XII havia uma frenética atividade centrada tanto na produção como no comércio de manufaturados[13], que se desenvolviam em ritmos divergentes. No contexto da complexidade do surgimento de novas relações sociais de produção, o aumento do comércio e da necessidade de produção de mercadorias

---

[11] Cf. Antonio Carlos Mazzeo, *Estado e burguesia no Brasil: origens da autocracia burguesa* (3. ed. rev. amp., São Paulo, Boitempo, 2015), cap. 1, p. 36 e seg.

[12] Na síntese marxiana: "Sobre a base de um modo de trabalho preexistente, ou seja, de um desenvolvimento *dado*, da força produtiva do trabalho e da modalidade laboral correspondente à essa força produtiva, somente pode-se produzir mais-valor recorrendo-se ao prolongamento da jornada de trabalho; quer dizer, sob a forma de *mais-valor absoluto*. A esta modalidade, como forma única de produzir mais-valor corresponde, pois, a subsunção formal do trabalho ao capital"; Karl Marx, *El capital, Libro I: capítulo VI (inédito)*, cit., p. 56; grifos do original.

[13] Ver Richard A. Goldthwaite, *L'economia della Firenze rinascimentale* (Bolonha, Il Mulino, 2013), p. 29 e seg.; e Harry A. Miskimin, *A economia do Renascimento europeu: 1300-1600* (Lisboa, Estampa 1998); Carlo Maria Cipolla, *Storia economica dell'Europa pre-industriale*, cit.; e Agnes Heller, *L'uomo del Rinascimento*, cit.

é uma tendência que se desenhava no conjunto de uma *economia em transição*. O desenvolvimento da produção de mercadorias já dimensionada pelo valor de troca quebra a estrutura produtiva antes existente – isto é, a produção baseada nos valores de uso e na circulação do excedente da produção – e, assim, transforma o processo de trabalho em valorização do capital e na criação de mais-valor. Dobb é enfático ao demonstrar o efeito dissolvente que a circulação de mercadorias determina nas formas produtivas clássicas feudais[14]. A necessidade de aumentar a produção e a inexistência de oferta de mão de obra livre levará, no limite, os senhores feudais a explorarem o tempo de trabalho excedente dos servos da gleba, alçando-os à condição de *trabalho-forçado* (por exemplo, a segunda servidão na Alemanha), como embrião do que, mais tarde, será transformado em *escravidão capitalista-mercantil*, inicialmente instalada nas ilhas europeias, como Chipre e Madeira, e depois bem estruturada no processo de ocupação político e socioeconômico do continente americano[15]. Como já foi realçado, havia na Europa meridional uma vertiginosa atividade produtiva e mercantil. No sul da Itália, por exemplo, particularmente na Sicília, a produção ativa de cerais, que já visava ao mercado, gerava prosperidade econômica e cultural e caminhava *pari passu* com uma grande miséria da população campesina; nota-se, portanto, o contraste com as cidades setentrionais e nortistas, cuja estrutura produtiva era mais moderna e pujante e as quais findam por concorrer e superar a produção dessa região meridional italiana[16]. No âmbito do desenvolvimento de estruturas produtivas mais complexas, vemos o adensamento das

---

[14] "Foi a ineficiência do feudalismo como sistema de produção, conjugada às necessidades crescentes da classe dominante quanto à renda, que se responsabilizou primariamente por seu declínio; essa necessidade de renda adicional promoveu um aumento da pressão sobre o produtor a um ponto em que se tornou insuportável. A fonte da qual a classe dominante feudal extraía sua renda, e a única pela qual ela podia ser aumentada, era o tempo de trabalho excedente da classe servil, além daquele que se fazia necessário para promover a própria subsistência dela"; Maurice Dobb, *A evolução do capitalismo*, cit., p. 60.

[15] Ver, entre outros, os importantes trabalho de Jacob Gorender, *O escravismo colonial* (São Paulo, Ática, 1978); Décio Saes, *Formação do Estado burguês no Brasil, 1888-1891* (Rio de Janeiro, Paz e Terra, 1985); José Roberto A. Lapa (org.), *Modos de produção e realidade brasileira* (Petrópolis, Vozes, 1980); e Antonio Carlos Mazzeo, *Estado e burguesia no Brasil*, cit., especialmente cap. 2, p. 55 e seg.

[16] No que se refere à produção siciliana de açúcar, que por um longo período garantiu desenvolvimento e riqueza, ela passa a sofrer – no século XV, com a expansão mercantil lusitana – a concorrência direta dos portugueses, que, a partir da ocupação dos territórios da costa africana e principalmente na ilha da Madeira, transplantam mudas sicilianas para suas regiões de plantio, aumentam a produtividade de cana-de-açúcar e praticamente destroem a estrutura açucareira da Sicília. Ver Harry A. Miskimin, *A economia do Renascimento europeu*, cit., p. 74.

A CRISE DA IDEALIZAÇÃO DA PÓLIS RENASCENTISTA **135**

atividades manufatureiras de tecidos, as quais se favoreciam da proximidade com a Inglaterra, onde se produzia e se exportava largamente uma lã bastante conceituada na Europa. Na Itália setentrional, havia certo equilíbrio na estrutura econômica, que se distribuía entre atividades agrícolas, comerciais, manufatureiras, construção de navios e trabalhos bancários. Lucca era um centro produtor de seda, e Siena transforma-se em centro financeiro, atuando estreitamente com o Vaticano, com o *status* de banqueiros da Câmara Apostólica. Ao Norte, destaca-se Veneza, por sua posição geográfica privilegiada para atividades comercias, especialmente pela ligação comercial com Bizâncio. A região da Toscana, por sua vez, contava com jazidas de ferro que lhe garantia autossuficiência para a fabricação de materiais compostos desse metal, como ferramentas agrícolas e armas; além disso, encontravam-se ouro, prata, cobre, chumbo, mercúrio e enxofre e pedras, mármore etc.[17]. Na síntese de Marx:

> Na Itália, onde primeiro se desenvolve a produção capitalista, é também onde declina a servidão. O servo italiano se emancipa antes de ter adquirido por prescrição qualquer direito à terra. Por isso, em sua emancipação, [o servo da gleba] se converte diretamente em proletariado livre e privado dos meios de vida.[18]

Quanto à particularidade florentina, seu desenvolvimento econômico situa-se no fim do século XII, quando sua atividade mercantil se aventura a mercados mais distantes, como a própria Itália meridional e central, as regiões francesas de Provença e Champanhe, a Bretanha, a Escócia, a Irlanda e o Oriente. Já em meados do século XIII, por volta de 1252, é introduzida uma moeda unitária, o *fiorino*, e progressivamente a atividade manufatureira têxtil florentina passa a produzir um tecido mais refinado, principalmente a lã, comprada em estado bruto dos flamengos, que a tingiam e aprimoravam; no início do século XIV, por volta de 1300, as manufaturas florentinas passam a comprar matéria-prima da Inglaterra, da Escócia, da Espanha, da África setentrional e da própria Itália meridional, a ponto de a produção de tecido, ou *panni "Franceschi"*, chegar a 100 mil unidades por ano[19]. A corporação que reunia comerciantes e produtores de tecidos era conhecida como Arte de Calimala e constituía, naquele momento, a maior e mais importante corporação da cidade. Florença era como uma ilha civil e urbana em meio a um mar feudal, o que fazia

---

[17] Cf. Richard A. Goldthwaite, *L'economia della Firenze rinascimentale*, cit., p. 34-5 e seg.

[18] Karl Marx, *El capital*, Libro Primero, cit., cap. 24, p. 609, nota 1; grifos nossos [ed. bras.: *O capital*, Livro I, cit., p. 788, nota 189 – N. E.].

[19] Ver Carlo Maria Cipolla, *Storia economica dell'Europa pre-industriale*, cit., p. 240-1.

com que a cidade vivesse conflitos com seu entorno – e inclusive conflitos internos, uma vez que seu núcleo citadino disputava o poder com influentes senhores feudais que residiam e exerciam autoridade política na cidade. Como ressaltou Goldthwaite, no processo da consolidação cidadá florentina vivem-se dois momentos marcantes: de um lado, a extensão da jurisdição citadina sobre as áreas rurais; de outro, uma complexa e lenta fusão social e econômica intramuros, de amalgamento da antiga economia e das classes feudais às relações sociais[20] – construída no contexto de ferozes disputas que expressavam o caráter violento da luta entre as classes que buscavam hegemonia –, o que poderíamos definir como embrionária processualidade que constituirá um tipo de "*transformismo* precoce", desencadeado por uma economia em pujante efervescência, no contexto de um capitalismo-mercantil temporão. É nesse contexto histórico-ontológico que a antiga nobreza feudal, contraditoriamente e por meio do conflito, passa a buscar vínculos com os burgueses, que, por sua vez, perseguiam uma *noblesse oblige* ou pretendiam uma fidalguia que não tinham – esse aspecto ganhará dimensão e consolidação a partir dos séculos XIV e XV, notadamente, como evidenciou Burke, na lógica da "apropriação/recepção" (*Rezeption*)[21] de um processo reinterpretado e redimensionado em seu plano histórico-cultural.

Na processualidade da objetivação societal de uma economia não somente de alta produção e circulação, mas também de produção de mercadorias e de acumulação financeira, tornam-se mais consistentes as corporações, ou guildas, que lentamente se consolidam no poder e findam por constituir um *autogoverno cidadão*. Em 1293, o setor burguês-mercantil, sob a liderança dos *arti maggiori*, impõe uma Constituição de caráter republicano que, juntamente com a moeda unitária, simboliza a vitória desse setor burguês contra o que restava da antiga nobreza[22].

---

[20] Richard A. Goldthwaite, *L'economia della Firenze rinascimentale*, cit., p. 44.

[21] Ver Peter Burke, *As fortunas d'O cortesão: a recepção europeia ao cortesão de Castiglione* (trad. Álvaro Luiz Hattnher, São Paulo, Editora Unesp, 1997), p. 12 e seg.; e George Huppert, *Il borghese-gentiluomo: saggio sulla definizione di* élite *nella Francia del Rinascimento* (Bolonha, Il Mulino, 1978), p. 69 e seg.

[22] Como ressalta o sociólogo Alfred von Martin em seu clássico *Sociologia del Renacimiento* (Cidade do México, FCE, 1970), p. 21: "A Constituição de 1293 significa a entrega do poder a uma 'elite' da burguesia plutocrática. O 'governo do povo' foi mera fórmula ideológica de propaganda para a massa, no sentido de atraí-la para [o projeto de] uma nova classe dirigente (a grande burguesia) e, assim, apresentar a nova ordem como 'ordem e justiça', que degradou toda uma classe social, a saber, a nobreza, que ficou privada de seus direitos políticos [...]. A luta contra a nobreza feudal foi a primeira prova máxima de força para a grande burguesia, que não poderia ter sido realizada sem o concurso da burguesia em geral, da pequena e da média".

Nos primeiros anos do século XIV, Florença é hegemônica na região da Toscana. A existência de um setor *transformista* no interior da nobreza feudal possibilita o desenvolvimento e a predominância de uma "mentalidade" que não mais considera o comércio e o lucro como pecado, nem como ofensa à ordem moral cristã, como era estabelecido no tradicional conceito ideossocietal do feudalismo, conforme demonstra Goldthwaite em exaustiva e importante pesquisa sobre a economia da Florença renascentista. Vale citar a posição de dois eminentes representantes da Igreja florentina: São Bernardino de Siena (1380-1444) e o bispo de Florença, Santo Antonino (Antonio Pierozzi, 1389-1459), que não contestavam a importância do comércio e da indústria. Mais ainda, uma Igreja que buscava aliviar os eventuais "sentimentos de culpa" dos empreendedores florentinos, tanto por meio do tradicional sacramento da confissão como pela instituição do purgatório, que

> punha à disposição do empreendedor os instrumentos com os quais poderiam contratar o favor divino por meio de missas de sufrágio [missas direcionadas às indulgências para as almas do purgatório, visando a obter a remissão de pecados na vida terrena], capelas privadas, doações às instituições assistenciais e religiosas.[23]

Nesse sentido, cabe-nos afirmar que o *impulso societal de nova característica histórica* reverbera na própria composição e na readequação das classes sociais do conjunto das cidades que vivenciaram o Renascimento. Os senhores feudais perdiam a cada dia seu antigo poder, no escopo do surgimento de uma nova forma sociometabólica, em que aspectos da outrora tradição marcante da forma feudal se desvaneciam – desde as novas estratégias militares, passando pela inflação dos preços e a consequente desvalorização das terras e a diminuição da renda dos proprietários feudais[24]. A Guerra dos Cem Anos (1337-1453), que envolveu direta ou indiretamente toda a Europa ocidental, e a peste negra (1348-1349), que provocou acentuada queda populacional, causaram o aumento dos preços e dos fatores de produção, inclusive o preço da mão de obra, e articuladamente constituíram, no longo prazo, elementos fundamentais para a desarticulação do poder econômico e político dos senhores feudais.

Ao mesmo tempo que Goldthwaite demonstra *ausência de oposição* de uma instituição feudal como a Igreja ao comércio e à indústria – e, implicitamente, as vistas grossas à exploração do trabalho de camponeses expropriados de suas terras e dos meios de produção – e observa que a penetração do mercado no campo

---

[23]   Richard A. Goldthwaite, *L'economia della Firenze rinascimentale*, cit., p. 797.

[24]   Cf. Harry A. Miskimin, *A economia do Renascimento europeu*, cit., p. 22 e seg.

138 Os portões do Éden

debilitava as relações de produção feudais e criava uma concepção positiva em relação às novas formas produtivas em precipitação, favorecendo e permitindo às frações da antiga nobreza feudal aderir às atividades de mercado, ele se mostra dúbio em relação à existência de um *processo transformista* na nobreza feudal das regiões renascentistas italianas. Nesse debate, refutando abertamente as teses de Von Martin, para quem houve uma adequação da nobreza feudal às novas relações socioeconômicas[25], o historiador estadunidense, recorrendo ao clássico livro de Francesco Guicciardini, *Ricordi*[26], de 1530, e enfatizando a visão conservadora do autor renascentista, toma por "verdade estabelecida" o enfoque aristocrático e elitizante de Guicciardini – que na citada obra claramente destila preconceito contra os burgueses enriquecidos ao dizer que "das riquezas mal adquiridas não goza o terceiro herdeiro"[27] –, para quem a nobreza florentina não aderiu à cultura de mercado e pôde pretensamente manter "intocados" seus valores ideoculturais. Esse enfoque situa-se no escopo da típica visão de um aristocrata nostálgico do passado, em nada atraído pela ideia da participação do *popolo minuto* ou do *popolo magro* nos afazeres da governança da cidade, já que em sua concepção havia uma "escuridão de alma" no cidadão florentino comum e que, diferentemente de Machiavelli[28], contemporâneo e amigo, nunca incorporou nem assumiu o ideal renascentista de um projeto humano a modificar o processo histórico[29]. Além disso, essa obra de 1530 está permeada, como não poderia deixar de ser, por sentimentos determinados pelos trágicos acontecimentos derivados do saque de Roma, em 1527, perpetrado pelos aliados dos Habsburgo, principalmente os

---

[25] Alfred von Martin, *Sociologia del Renacimiento*, cit., p. 23 e seg.

[26] Francesco Guicciardini, *Ricordi* (org. Giorgio Masi, Milão, Mursia, 1994).

[27] Ibidem, p. 33.

[28] Optei por manter o nome original Machiavelli por ser este autor o primeiro pensador robusto do pensamento burguês e, fundamentalmente, aquele que irá elaborar, em suas reflexões, a necessidade da conexão intrínseca do *condottiero* (o príncipe) com a *virtù*, entendida como a razão, o "instrumento" que possibilita a intervenção teleológica (racional) e precisa do príncipe na vida de uma sociedade, visando mantê-la no âmbito de "estruturas institucionais virtuosas" (racionais). Além disso, é através do conceito de *virtù* que Machiavelli lançará, pioneiramente, os elementos fundantes da teoria do Estado absolutista.

[29] Como bem sintetiza Ugo Dotti: "O sentimento do ideal como projeto humano para mudar o fato histórico é ausente em perspectiva guicciardiniana, na qual, por sua vez, domina o fatalismo, uma inteligência bloqueada e vencida pela renúncia e a deploração da 'natureza humana'"; Ugo Dotti, *Storia degli intelletuali in Italia: crisi e liberazione da Machiavelli a Galilei* (Roma, Editori Riuniti, 1998), p. 116.

lanzichenecchi – mercenários das legiões alemãs do Sacro Império Romano, contra o papa Clemente VII, na maioria luteranos antipapistas, que viam Roma como cidade corrupta e decadente e que por quase um ano assaltaram as riquezas da cidade e de seus moradores, violaram mulheres e assassinaram a população civil[30]. Como bem aponta Bignotto[31], Guicciardini vinculava-se de tal modo à tradição (aristocrático-feudal) que findava por pensar as questões da política sempre dentro dos pressupostos da própria tradição, o que o impedia de perceber os aspectos mutantes da realidade objetiva, refletidos no desenvolvimento e na construção de uma nova *Weltanschauung*. Nesse sentido, a singularização e a regionalização histórica realizadas por Goldthwaite ignoram, não contemplam ou recusam os estudos de diversos historiadores e cientistas sociais que demonstraram o processo de metamorfose e/ou transformismo nas diversas regiões em que se verificou a predominância de relações socioeconômicas de vezo mercantilista. Von Martin sintetiza com brilhantismo esse aspecto histórico-universalizante que se dá na crise de precipitação das relações de produção capitalistas em formação:

> É característica do Renascimento italiano a facilidade com que a nobreza se acomoda às novas condições e como se incorpora à cidade. A nobreza rural que não fora extinta pelas "lutas cavalheirescas" nem arruinada pelo luxo se instalou na cidade, onde se envolve em atividades comerciais e, assim, adquire riquezas, que para ela constituem a base de um novo poder político; um modo de sentir e de pensar da burguesia [...]. Esses nobres se casam com os grandes patrícios da cidade e formam uma aristocracia mercantil exclusivista. O procresso se acelera pela inclinação das famílias não pertencentes à nobreza em intervir nas riquezas acumuladas por meio do exercício da indústria e do comércio, tanto para o prestígio de sua própria razão comercial como para interesses de sua posição social, provavelmente após haver despojado os mesmo nobres. Aí se fomenta um processo de fusão cujo resultado é a formação de um extrato social completamente novo, de uma nova aristocracia do talento e da energia ativa [...] e que associa à arte econômica o político, sendo sempre, porém, o "momento econômico" (o burguês) aquele que, predominando, determina o estilo daquele modo de vida.[32]

---

[30] Ver Antonio di Pierro, *Il sacco di Roma: 6 maggio 1527, l'assalto dei lanzichenecchi* (Milão, Mondadori, 2003).

[31] Ver Newton Bignotto, "Notas metodológicas: Guicciardini leitor de Maquiavel", *Discurso*, USP, n. 29, mar. 1998, p. 111 e seg.

[32] Alfred von Martin, *Sociologia del Renacimiento*, cit., p. 23-4. Podemos dizer que algo semelhante ocorre em Portugal, como ressalta o historiador português Borges Coelho, em seu clássico

Desse amálgama nascerão o empresário individualista e suas manufaturas, que estarão prontas para expropriar o servo da gleba dos meios de produção e criar a base histórica para a proletarização dos camponeses e, adiante, o conjunto das classes subalternas. Já no século XIV a produção têxtil dotou Florença de uma base manufatureira sólida. Historicamente, o desenvolvimento da economia florentina e, em particular, da indústria têxtil da seda acontece por meio de políticas de substituições de importação, isto é, absorvendo os produtos têxteis fabricados fora da Itália, aprimorando internamente esses tecidos comprados em bruto e desenvolvendo em paralelo uma indústria de seda, mais sofisticada e de alta competitividade nos mercados europeus. As estruturas produtivas manufatureiras tinham características próprias. A produção de lã contava com investidores de capital que se diferenciavam dos gerentes do processo de trabalho. Na seda, era o núcleo aristocrático-artesão-burguês, a Arte, que organizava os que estavam diretamente envolvidos no processo produtivo, sendo que esses envolvimentos e investimentos se apresentavam de formas diferentes e hierarquizadas no contexto da força econômica de cada investidor – isto é, existiam grandes e pequenos investidores, os quais se subordinavam ao núcleo hegemônico que controlava as manufaturas. Também havia trabalhadores a domicílio, que integravam-se como núcleos menores subalternizados ao conjunto da estrutura produtiva. Articulava-se ao processo produtivo o núcleo dos banqueiros e dos comerciantes, que, respectivamente, financiavam o processo produtivo e faziam circular as mercadorias produzidas. Como ressalta Goldthwaite, essa elite da Arte, importadores e exportadores, não eram grupos que se excluíam – e alguns eram sócios de *botteghe* (oficinas) artesanais, de lã ou seda e/ou de empresas bancário-mercantis internacionais[33]. Obviamente as incipientes

---

estudo sobre a Revolução de Avis, de 1383-1385: "Quando se fala em nova nobreza, surgida após Aljubarrota, pretende-se não tanto liquidar a antiga, mas assinalar a abertura de ordem, a abertura do aparelho repressivo do Estado a um *novo conteúdo social*, o dos cavalheiros vilões, o dos honrados pela sua fazenda [...]. Por outro lado, senhores houve que se tornaram regatões que investiram capitais no comércio internacional e na pirataria. No concreto, nos indivíduos, torna-se típica uma situação híbrida: a classe que domina o aparelho de Estado vive indistintamente do assalariado, da pilhagem, do comércio, dos câmbios e da renda [...]. Quando falamos em burguesia como classe, designamos não só os honrados, os bons, os escudeiros urbanos, como os indivíduos anichados no aparelho de Estado e até em sua direção (revestidos de honras e da nobreza senhorial), mas cujo poder assenta na mercadoria, nos câmbios, no comércio e na pirataria marítima"; António Borges Coelho, *A Revolução de 1383* (Lisboa, Caminho, 1981), p. 229-30; grifos nossos. Essa característica indica uma tendência crescente nas regiões em que havia dinamização econômica, determinada pelo amplo *processo de subsunção formal do trabalho ao capital*.

[33] Cf. Richard A. Goldthwaite, *L'economia della Firenze rinascimentale*, cit., p. 367-8.

estruturas manufatureiras não se apresentavam como organizações racionalizadas como as indústrias que se estruturariam a partir do século XVIII, no primeiro período da Revolução Industrial. Ao contrário, eram *pequenos negócios*, lojas e estúdios/oficinas artesanais, e tanto a produção da lã como a da seda constituíam pequenos núcleos produtivos que se subordinavam às corporações que, de fato, controlavam o processo produtivo.

No âmbito da força de trabalho, sua forma organizativa apresentava as mesmas características de fragmentação do conjunto da forma produtiva. Já no século XIV observa-se a desagregação do que caracterizou a organização das corporações, especialmente as do século XIII, quer dizer, a *relação igualitarista* entre o mestre e o aprendiz. Agora, muitos mestres apoderam-se das corporações e atuam para interesses exclusivos; assim surgem corporações "superiores" que passam, inclusive, a assalariar os trabalhadores componentes das corporações "inferiores", o que denota, ainda, que antigos mestres artesãos se transformaram em empreendedores e proprietários dos meios de produção. Isso sucedeu na própria Florença, com os *Arti Maggiori*; na França, com os *Corps de Métier*; e na Inglaterra, com as doze *Supply Companies*, que se transformaram em organizações ricas e poderosas. No caso específico florentino, de que aqui tratamos, no contexto de uma organização fragmentada do trabalho, essa estruturação da força de trabalho centrava-se diretamente nas fases de produção dos tecidos, sendo que os trabalhadores, em hipótese nenhuma, podiam mudar a forma produtiva, nem que fosse para melhorar e agilizar o processo de trabalho. Obviamente os trabalhadores não eram proprietários dos tecidos, e uma característica dessa forma produtiva era que a maioria realizava suas tarefas laborais em casa – tipo de indústria a domicílio/doméstica –, o que significa que muitos deles ainda tinham os instrumentos de produção, ao menos em uma fase determinada do processo de produção. Menos da metade do custo do trabalho nas manufaturas de lã dependia de trabalhadores pouco qualificados, os quais eram empregados para realizar os primeiros processos preparatórios para as fases subsequentes e absorviam entre 20% e 25% dos custos de produção. A tecelagem e o acabamento, que, em conjunto, absorviam 50% do custo de produção, exigiam trabalhadores com diversas especializações, sendo alguns mais qualificados e que, por conseguinte, recebiam maiores salários. No entanto, o único segmento de trabalhadores que se colocava em uma situação mais favorável e cujos ganhos eram bem mais altos, principalmente após a introdução da sarja, no século XIV, eram os tecelões, que faziam o contraponto aos que menos recebiam, isto é, os fiandeiros, que trabalhavam em casa. Nesse tipo de trabalho, as mulheres eram maioria, sendo que os homens prevaleciam nas fases iniciais de trabalho com a lã em estado bruto. Já nos setores produtivos da seda as mulheres e as crianças tinham papel significativamente maior. Excluindo os tecelões, a massa de trabalhadores era constituída por mulheres que atuavam (em casa e, portanto, como *mão de obra marginal*) na elaboração da seda ainda posta em novelos e bobinas, que por sua vez eram encaminhados aos fiandeiros e, depois, aos tecelões. Também era comum que os empreendedores das tecelagens de seda empregassem crianças órfãs na preparação dos fios[34].

Esse breve relato baseado na exaustiva pesquisa de Goldthwaite nos possibilita verificar, nesse processo produtivo, uma gama de formas empregadas simultaneamente de trabalho, o que nos dá a medida para compreender as diversas condições e os procedimentos na objetivação das subsunções formais do trabalho ao capital e, consequentemente, da ampla exploração do trabalho, que não estava sujeita a nenhuma regra, senão aos interesses das classes detentoras dos meios de produção e das matérias-primas e controladoras dos mercados. A *Arte* controlava e fixava preços e salários quer dizer, fixava livremente o *quantum* da expropriação do mais-trabalho que seria fixado. Se dentro do processo de trabalho os tingidores/tintureiros e tecelões de seda (não os da lã) tinham *status* (oficial), ainda que subalterno, diante da *Arte*, dentro do processo de trabalho, a maior parte dos trabalhadores não contava com nenhum tipo de organização e, consequentemente, nenhuma representação. Esses constituíam o *popolo magro*.

A partir dos anos 1340, Florença mergulha numa séria crise que faz guinar radicalmente uma economia de situação estável para uma economia instável. De próspera e ativa, que participava de guerras e emprestava dinheiro a outras cidades e, inclusive, a reinos e reis, como o rei da Inglaterra, após duas guerras (contra a rica família Scaglieri, de Verona, 1336-1338, e a sucessiva guerra de Lucca, 1341-1343) Florença viu sua dívida pública sair do patamar de 450 mil e chegar à astronômica cifra de 600 mil florins, o que deixou a cidade sem condições de cumprir seu compromisso com os credores. Apesar das tentativas de contornar a dívida por meio da negociabilidade de títulos públicos, a crise não foi debelada. Além disso, outro elemento complicador e que aprofundou ainda mais a crise foi o disparar da Guerra dos Cem Anos, que atingia diretamente o comércio e a vida financeira da cidade. O Armistício de Espléchin de 1340 pôs em evidência a condição falimentar da Inglaterra na empreitada militar que o rei Eduardo III fez contra a França. Apesar da vitória militar sobre os franceses, ficou claro que o rei inglês não conseguiria pagar sua dívida com os banqueiros florentinos, principalmente

---

[34] Ibidem, p. 433-4.

com os Bardi e os Peruzzi[35]. No plano político, essa bancarrota teve consequências, também elas impactantes na vida da cidade. Pressionados pela crise, os governantes de Florença chamam Gualtieri di Brienne, nobre francês e duque de Atenas, visto pela classe burguesa florentina como estrangeiro "neutro" e que estaria acima das disputas da cidade, principalmente as entre duas velhas facções políticas, *guelfi* e *ghibellini*[36]. Ocorre, porém, exatamente o contrário do esperado. Brienne logo pende para uma aliança política com as famílias feudais residuais na cidade e nelas busca sustentação de seu governo, claramente contraposto à burguesia economicamente hegemônica. Brienne impõe uma política de restrições econômicas drásticas, visando a solucionar uma crise resultante de um forte débito público, estabelecendo "empréstimos" obrigatórios que os ricos deveriam pagar ao governo, em termos bastante desvantajosos. Para ampliar sua oposição a burgueses, mercadores e banqueiros e, ao mesmo tempo, procurando acalmar as movimentações dos trabalhadores menos qualificados e sem nenhuma organização, Brienne, entre 1342 e 1343, permite que setores do *popolo minuto* – como os denominou Machiavelli em *Storie fiorentine*[37], escrito entre 1520 e 1526 e que tem publicação póstuma em 1532 – se organizem em uma nova *arte*, mesmo que não reconhecida oficialmente. Também outros segmentos de trabalhadores conseguem algum reconhecimento, ainda que não sob a forma de *Arte*. No entanto, essa demonstrou ser uma vitória efêmera, porque enfrentou uma grande derrota com a deposição de Gualtieri di Brienne e a subida de um governo baseado nos grandes burgueses, mercadores, banqueiros e na estrutura corporativa.

As lutas populares são agravadas pela peste negra, que em 1348 fez escassear a mão de obra e, ao mesmo tempo, aumentar os salários, o que acentuou as pressões por estipêndios e por postos de trabalho, cada vez mais restritos; essas lutas, diga-se

---

[35] Cf. Carlo Maria Cipolla, *Storia economica dell'Europa pre-industriale*, cit., 248 e seg. Sobre a tragédia da falência e da ruína de Florença, Cipolla conclui: "O tríplice golpe, o da bancarrota inglesa, das retiradas de dinheiro da parte dos napolitanos e o colapso dos títulos da dívida pública foram golpes demasiadamente fortes para o sistema econômico da cidade toscana. Chegou-se à ruína [...]. Faliram os Acciaiuoli, os Bonaccorsi, os Cocchi, os Antellesi, os Corsini e, da cidade de Uzzano, os Perendoli. Em 1343, faliam os Peruzzi. Três anos mais tarde, faliam os Bardi"; ibidem, p. 248-9. Sobre as consequências da Guerra dos Cem Anos, consultar Charles Williams Previté-Orton, *História da Idade Média*, v. 4 (Lisboa, Presença, 1973), p. 79 e seg.

[36] Ver o clássico texto do século XIX de Jorge Renard, *Historia del trabajo en Florencia* (Buenos Aires, Heliasta, 1980), p. 179 e seg.

[37] Niccolò Machiavelli, "Storie fiorentine", em *Machiavelli: tutte le opere storiche, politiche e letterarie* (Roma, Newton Compton, 2011), p. 467 e seg.

144 Os PORTÕES DO ÉDEN

de passagem, se estenderão por quatro décadas. Entre 1370 e 1372, os trabalhadores tintureiros realizaram uma série de movimentos grevistas, mas acabaram derrotados pelo governo da cidade. Os tensionamentos e as contradições internas culminaram em um esgarçamento da aliança entre a burguesia e a pequeno-burguesia, o que acarretou uma fratura no "partido" guelfo, que na disputa interna acabou favorecendo a chegada ao cargo de *gonfaloniere* (magistrado de justiça eleito pelo conselho governante da cidade) Salvestro de' Medici, em junho de 1378. Buscando recompor o governo e o equilíbrio político da cidade, de' Medici constrói um novo bloco político dirigente baseado nos ghibellini. No dia 21 de junho de 1378, eclode o que ficou conhecido como Tumulto ou Revolta dos Ciompi[38] (ou, ainda, como a primeira revolta proletária da história[39]); eram os trabalhadores menos qualificados, que trabalhavam em média dezoito horas por dia desembaraçando lã manualmente, explorados de forma árdua e que constituíam cerca de 10 mil operários, distribuídos em 279 oficinas. Esses trabalhadores invadem o palácio do *podestà* (governador da cidade) e conseguem o reconhecimento de novas *artes* para parte do *popolo minuto* e para o *popolo magro*, entre as quais a *arte dos ciompi*, que, em princípio, se igualava à dos patrões. A reação da grande burguesia, que consegue apoio dos pequeno-burgueses da *arte menor*, é a declaração da *serrata*, do fechamento das oficinas; além disso, eles deixam de pagar os trabalhadores – na maioria, diaristas. A cidade dissolve a *arte dos ciompi*. A resposta dos operários em revolta foi imediata e violenta. Os trabalhadores tomam a cidade e incendeiam os palácios e as casas dos ricos; essa ação, como definiu Machiavelli, denotou "um ódio do *popolo minuto* contra os cidadãos ricos e os príncipes das artes, não lhes parecendo ser compensados por esforços dos quais acreditavam ser justamente merecedores"[40].

O movimento é duramente reprimido, e seus líderes são presos ou exilados. Seu isolamento – ainda que as reivindicações tivessem relevância política, como liberdades políticas e até o aprofundamento dos espaços de participação popular – diante de outros setores do proletariado e dos pequenos artesãos que não são devidamente envolvidos no movimento é uma das principais causas da derrota do

---

[38] Alguns historiadores afirmam que a designação de *ciompi* é oriunda da corruptela da palavra francesa *compéres*, utilizada no sentido de cumplicidade.

[39] Ver Alessandro Stella, *La Révolte des ciompi: les hommes, les lieux, le travail* (Paris, Editions de l'École des Hautes Études en Sciences Sociales, 1993), p. 17-29. Ver também, entre outros, Antonio la Placa, *Il tumulto dei ciompi* (Roma, Edizioni Associate, 2011), e Ernesto Screpanti, *L'angelo della liberazione nel tumulto dei ciompi: Firenze, giugno-agosto 1378* (Siena, Protagon, 2008).

[40] Niccolò Machiavelli, "Storie fiorentine", cit., L. III, 12.

movimento. Além do mais, as propostas apresentadas no programa de reformas elaborado pelos *ciompi* não se referiam à organização das formas produtivas, não mencionavam as condições de trabalho nem a necessidade de se reestruturarem as formas de pagamento de salários[41]. Todos esses elementos somados acabam contribuindo para o fracasso do movimento, ainda que relevemos que a vigorosa contraofensiva das classes dirigentes tenha sido decisiva para a derrota. A consequência da repressão aos *ciompi* é o retorno e a restauração das formas organizativas que predominavam antes do levante dos operários, marcando o momento em que a elite político-econômica florentina passa a ter a hegemonia da cidade.

De qualquer modo, as propostas feitas pelo movimento continuaram a reverberar, principalmente aquelas relacionadas aos fundamentos democratizantes presentes no projeto de um governo popular, que revelavam a presença de elementos de *consciência de classe*. A sociedade florentina e o conjunto da Toscana não seriam iguais depois dessa rebelião operária e das outras que aconteceram em diversas cidades da região. A resposta plasmada pela burguesia mercantil e financeira é a que vai dar à luz a modernidade como original recriação de uma experiência vivenciada na Antiguidade e que foi remodelada e adaptada para a vida da pólis renascentista. Referimo-nos aqui à intensificação e ao aprofundamento do processo de construção da política moderna.

Emergência e construção da política no mundo moderno

I. Considerações introdutórias

É comum a política ser considerada parte intrínseca das sociedades humanas, trazendo em sua essencialidade um elemento civilizatório. No entanto, é fundamental que se diga, para uma necessária abordagem ontológica, que a política é um fenômeno histórico cuja essência original tem como primeira experiência concreta as relações sociais engendradas no mundo antigo ocidental, mais especificamente na Grécia, no largo processo da passagem do arcaísmo para o período clássico. Esse processo histórico-particular proporcionou as condições objetivas para o advento de uma pólis igualitária[42] e para a emancipação dos camponeses que emergem como

---

[41] Cf. Richard A. Goldthwaite, *L'economia della Firenze rinascimentale*, cit., p. 439 e seg., e Antonio la Placa, *Il tumulto dei ciompi*, cit.

[42] Assim definimos a pólis igualitária: "A *morfologia particular* encontrada em Atenas tem *sua raiz no processo de constituição da pólis*; quer dizer, em sua estrutura produtiva fundada na pequena produção agrícola, que tinha como base uma repartição relativamente equitativa da riqueza entre

146 Os portões do Éden

protagonistas na vida social. Mais ainda, desenvolve-se um pensamento teórico de apreensão do real que, progressivamente, distancia-se da consciência mítica da representação do mundo. Esses elementos ideossocietais podem ser considerados ponto de partida para a construção de uma *Weltanschauung* (cosmologia) e de uma *Weltentstehung* (cosmogonia) eminentemente helênicas. Como ressaltei em *O voo de Minerva,*

> entre fins do século VII e início do século VI a.C., estruturam-se as bases para o surgimento da filosofia nas cidades jônicas. Devemos lembrar também que esse é o período em que se potencializam os elementos culturais, técnicos e científicos absorvidos por meio dos contatos e das relações com as regiões orientais – no longo processo de *mediterranização do Oriente* –, reprocessados no âmbito ideoimaginário como desdobramento dos parâmetros societais gestados na dinamicidade específica da objetivação da pólis enquanto surgimento de uma nova κοσμογονία (*Weltentstehung*). Esse reprocessar dos conhecimentos advindos do Oriente, como evidenciou Hegel, não significou uma simples apreensão nem, ainda, uma repetição de conceitos ou das técnicas desenvolvidas no Levante. Essa é uma processualidade que tem na construção da *morphosys* helênica sua *objetivação complexiva*.[43]

Partimos do pressuposto de que a política – e seus produtos diretos, isto é, o *igualitarismo* e, adiante, a *democracia antiga*, a δημοκρατία – constitui um aspecto decisivo para que se afronte o permanente estado de luta de classes e de dilaceramentos que a sociedade ateniense (e muitas outras póleis gregas) vivia na disputa escancarada, resultante da *emergência do campesinato* como sujeito de grande protagonismo histórico do período. Assim, a política nasce e se estrutura como resultado da consciência da crise da pólis[44], materializada não somente nas lutas sociais e numa literal guerra de classes permanente, a *stásis*, mas também no âmbito da disputa ideocosmológica.

---

seus membros, isonomia esta impulsionada já no período das tiranias [...] a maioria dos πολίτοι ίσοι (cidadãos isonômicos), que efetivamente se integravam de forma legítima na pólis, isto é, os homens adultos que não fossem escravos nem estrangeiros residentes, excluindo-se também as mulheres –, possuía bens, direito à propriedade e direito de participação na vida política da cidade"; Antonio Carlos Mazzeo, *O voo de Minerva: a construção da política, do igualitarismo e da democracia no Ocidente antigo* (São Paulo, Boitempo/Oficina Universitária Unesp, 2009), p. 80.

43 Ibidem, p. 95-6.

44 Sobre a consciência da crise da pólis, ver ibidem, p. 91 e seg.

É sabido que a τραγῳδία ("tragédia" – em grego arcaico, o *controverso*) apresentou-se como primeiro momento da mediação da sociedade consigo mesma, plasmada morfologicamente como *catarse*, no período da *pólis igualitária*, entre os séculos VI e V a.C., que expressava uma forma embrionária de reflexão mediativa sobre a crise da pólis e, de certa maneira, realizava as primeiras conexões entre questões relativas às atividades da vida social – como a ética e a moralidade e, também, reverberando os fundamentos da filosofia jônica da natureza e estreitando, ainda, o novo elemento presente na pólis: a emergência da individualidade, ainda que estruturada a partir de um *éthos* comunitário. Mesmo que em um contexto ideossocietal antropomorfizado[45], vemos a eclosão de uma teoria filosófica universalizante que potencialmente aponta para possibilidades desantropomorfizadoras do real, como a *teoria do universo igualitário* dos filósofos jônicos da natureza, em que temos a visão de um Universo equilibrado pelos contrários e que se constituía *reflexo social* da situação de *stásis* – a luta entre a aristocracia e a maioria dos membros da pólis –, que se consubstancia na consolidação de uma nova concepção de δίκη ("justiça"), a qual põe no centro da vida a comunidade. Havia, pois, necessidade de estruturação e ordenamento legal da vida cotidiana, exatamente o lugar em que se verificavam os conflitos e os embates entre camponeses e aristocratas. A tragédia não poderia ser o único elemento de soldagem da vida da comunidade, atuando no equilíbrio do conflito por uma forma intuitiva e – por que não dizer? – estranhada de mediação. Como sintetizamos em *O voo de Minerva*,

> se a política tem por objetivo regular o conflito, por meio de uma ação pragmática, de outra parte, a tragédia apresenta-se como uma forma de "teoria intuitiva" que busca refletir a práxis de uma socialidade que fundamenta-se e renova-se por meio do πόλεμος (*pólemos*, "conflito"). Desse modo a tragédia desenvolve-se dentro de uma situação de crise, em que o πόλεμος revela-se em todos os campos da práxis que permeia a pólis. A crítica reflexiva posta pela filosofia da natureza aparece, então, como o núcleo ideológico que fará o contraponto da condição de crise, exatamente porque põe em dúvida verdades consagradas. Obviamente, não será a filosofia da natureza jônica a responsável pela crise que se estabelece na Grécia do período arcaico, mas serão suas colocações críticas que irão materializar o questionamento de um "Universo instituído".[46]

---

[45] No que se refere à questão da antropomorfização/desantropomorfização do reflexo na concepção mediativa do ser social, ver György Lukács, *Estetica: la peculiaridad de lo estetico, cuestiones preliminares y de principio*, v. 1 (Barcelona, Grijalbo, 1966), p. 147 e seg.

[46] Antonio Carlos Mazzeo, *O voo de Minerva*, cit., p. 122.

148 Os portões do Éden

Desse modo, a política é uma construção necessária de ação e de compreensão imediata da crise, parte secular de uma estrutura cívico-religiosa e que precede a filosofia social que será desenvolvida por Sócrates e Platão, como sistematização mediativo-reflexiva do processo de ascensão e crise da forma política da democracia[47]. Assim, a política soma-se à catarse realizada pela tragédia, atuando como elemento operador pragmático e regulador temporal dos conflitos. Na ordem de uma estrutura cívico-religiosa, a política alcança a dimensão de reguladora jurídica que molda o *igualitarismo* prevalente na organização da pólis, isto é, funcionava como elemento de *regulação coercitiva* de uma forma particular de religião de estado, que, no plano jurídico-político, igualitariza os πολίοι ισοι (*políoi isoi*, "cidadãos isonômicos") a partir de uma igualitarização que acaba "abolindo" a propriedade privada somente em seu plano abstrato, mas que se mantém intocada em no âmbito material objetivo; mantém e garante não somente a existência da propriedade privada, como acentua materialmente a desigualdade. Portanto, nesse momento histórico em que são desenhadas as condições para a objetivação do *vir-a-ser* da democracia antiga – a δημοκρατία – e seu pressuposto, a pólis igualitária, cria-se entre os cidadãos isonômicos uma situação objetiva de desigualdade, regida por uma *igualdade ideária*; quer dizer, que situava-se externamente no elemento constitutivo real da inserção na propriedade e fundamentalmente na produção.

Nesse sentido, percebemos que o *ser-precisamente-assim* dos fenômenos histórico-sociais não é apenas um problema abstrato constituído por meio das antíteses metodológicas, mas resultado de uma indivisível e contraditória unidade dialética, do modo como se apresentam as contradições entre as forças socioeconômicas que operam em determinado momento histórico. Isso é o que define a emergência da política e da democracia no mundo antigo e suas "ressurreições" e rearticulações que a adequam às novas necessidades históricas (*historische Notwendigkeit*) na Idade Moderna. Antes de mais nada, há de se salientar que não existe a possibilidade de praticar a política fora de centros urbanos que se constituem núcleos de concentração político-econômicos, no sentido da localização geográfica do poder, seja em seu centro-fundamental administrativo, seja no da consequente expressão de

---

[47] Ver ibidem, p. 116-7: "Esse se constitui um momento especial da pólis ateniense. A situação de crise possibilita a reformulação e a recolocação de questões relativas aos conteúdos da atividade social, principalmente os relacionados à ética e à moralidade, o que implica, também, a construção de outras formas de relações sociais que indicam, tendencial e contraditoriamente, a aceleração do processo do desenvolvimento da individualidade em numa base social em que, cada vez mais, cresce o protagonismo dos homens na luta contra as 'fatalidades do destino'" (p. 117).

A CRISE DA IDEALIZAÇÃO DA PÓLIS RENASCENTISTA 149

hegemonia política. Mesmo que a atividade econômica principal da pólis estivesse localizada no campo, a cidade era o vértice da vida politeia, entendendo-se também que o conceito de pólis não estava restrito a seu núcleo urbano, que englobava, assim, as áreas rurais. Se atentarmos para o esforço de compreensão da dinâmica da vida e das relações de poder e de governo realizados pelos filósofos clássicos da pólis Sócrates e Platão, percebemos que suas preocupações resvalam no elemento comunitário da pólis, visto já como forma societal ideária a ser recuperada em um momento de degradação da forma comunitário-coesiva, posta pela dissolução da hegemonia campesina, com a emergência do modo de produção escravista e da *forma-democracia-escravista* antiga, a δημοκρατία. Ainda que reverberasse um *éthos* primal e comunitário, a *forma-democracia-escravista* contribuía para a dissolução da concepção de uma individualidade subsumida à comunidade. Daí se dilatarem em importância as noções de "trabalho socialmente útil" (τέχνη, *téchni*) e "trabalho inútil" (βαναυσία, *vanafsía*), que refletem a emergência de outra concepção de individualidade, que se constitui *pari passu* com a desagregação da pólis igualitária, na qual se generaliza o trabalho excedente escravo para emancipar o extrato dirigente da pólis. Aqui, a política ganha contornos essenciais porque caminha articulada com o núcleo operador da ordem institucional dos iguais. Fragmenta-se ainda a própria religião cívica, que havia sido fundamental na manutenção do *comunitarismo coesivo* e que atuava como mediador entre o público e o privado. Desagregam-se os fundamentos de uma pólis comunitária em que soavam os aspectos primais das formas societais arcaicas.

É característica do elemento ontológico, na análise de uma forma societal, a articulação dialética das continuidades e das descontinuidades por meio dos saltos "qualitativos" – transformação da quantidade em qualidade –, reclamados por Engels na senda das reflexões de Hegel, ou dos saltos ontológicos, asseverados por Lukács. Em sua *Ontologia*, o filósofo húngaro ressalta que, para analisar um ser social, é fundamental priorizar o ontológico em relação ao mero conhecimento empírico, isto é, não basta o ser em geral, é necessário captar a objetividade complexiva, a estrutura e a dinâmica concreta, analisando *seu-ser-precisamente-assim*[48].

---

[48] Como resume Lukács: "Quando se afirma que a objetividade é uma propriedade primário-ontológica de todo ente, afirma-se em consequência que o ente originário é sempre uma totalidade dinâmica, uma unidade de complexidade e processualidade"; György Lukács, *Ontologia dell'essere sociale*, v. 1 (Roma, Editori Riuniti, 1976), p. 284-5 [ed. bras.: *Para uma ontologia do ser social*, v. 1, trad. Carlos Nelson Coutinho, Mario Duayer e Nélio Schneider, São Paulo, Boitempo, 2012, p. 304 – N. E.].

150 OS PORTÕES DO ÉDEN

Não por acaso, Marx chamava atenção para o fato de que a concretude devia ser buscada exatamente na produção e na reprodução da vida material; quer dizer, as relações sociais, inclusive as formas históricas da propriedade, contextualizam e determinam o comportamento do homem no âmbito de sua existência mesma, incidindo tanto na esfera objetiva como na subjetiva. Assim, se na Grécia a política, mesmo com estatuto de elemento laico da religião oficial helênica – portanto, subsumida às formas religiosas –, mantinha aspectos democráticos dilatados, diante da forte presença das classes populares (majoritariamente camponesas) nas decisões politeias, ainda que perdendo progressivamente seus poderes – com a prevalência do trabalho escravo, a partir do século V a.C. –, essa condição proporcionava certo e relativo protagonismo dos segmentos populares, relevando necessariamente que a própria existência de consenso normativo estranhado e ontonegativo era condicionada por um mito que fundamentava uma forma de isonomia que tinha como núcleo objetivo a existência da hegemonia de uma classe de possuidores de riquezas que controlavam a igualdade[49]. Embora possamos delinear uma remota origem do igualitarismo como expressão e herança das coações extraeconômicas, com fundamento ideocultural na religião e nas estruturas burocrático-estatais, presentes em sociedades palaciais tributário-aldeãs[50], com formas econômicas de *irrigadio* (modo de produção asiático – Marx) – em que a estrutura burocrática das castas reais, nobres e sacerdotais se apropriava do excedente do trabalho dos camponeses a partir de um distributivismo burocratizado e espoliativo, realizado por um aparelho de dominação estatal, enquanto uma superfetação que subsumia os *self-sustaining peasents*, como no Egito do período do Bronze[51] –, a forma organizativa que unificou produtores camponeses e proprietários de terras e de escravos foi o igualitarismo isonômico do período arcaico e, depois, a democracia clássica da Grécia Antiga, ou δημοκρατία[52].

---

[49] Cf. Antonio Carlos Mazzeo, *O voo de Minerva*, cit., p. 120 e 121.

[50] Sobre o conceito de sociedade tributário-aldeã, ver Ciro Flamarion Cardoso, *Sete olhares sobre a Antiguidade* (Brasília, UnB, 1998), p. 44 e passim; José das Candeias Sales, *A ideologia real acádica e egípcia: representações do poder político pré-clássico* (Lisboa, Estampa, 1997), p. 43 e seg.; e Mario Liverani, *Antico Oriente: storia, società e economia* (Roma/Bari, Laterza, 2000), p. 232 e seg.

[51] Utilizamos a periodização histórica consagrada e criticamente aceita por vários historiadores, como Moses Finley.

[52] Ver Antonio Carlos Mazzeo, *O voo de Minerva*, cit., p. 113 e seg.; e Ellen Meiksins Wood, *Democracia contra capitalismo: a renovação do materialismo histórico* (trad. Paulo Castanheira, São Paulo, Boitempo, 2003), p. 163 e seg.

A CRISE DA IDEALIZAÇÃO DA PÓLIS RENASCENTISTA   151

Já em Roma, a política ganha uma característica mais completa, porque não somente o modo de produção escravista apresenta mais estruturação e maturidade, como também a classe dirigente se apodera do *ager publicus*, transformando-o em espaço particular e de classe[53]. No entanto, assim como em Atenas, a política ocupava o espaço cívico-religioso, de natureza coesivo-coercitiva e, nesse sentido, como bem definiu J. M. David, Roma "era uma comunidade de homens e deuses"[54]. Como todas as outras civilizações do passado, Roma se constrói a partir de uma diversidade tão evidente que buscou legitimidade numa linhagem mitológica que não deixa de considerar exatamente esse aspecto histórico-particular, isto é, sua constituição original por diversos povos, como gregos, etruscos, latinos e sabinos, que, por sua vez, formam uma história que não pode ser entendida de modo linear. Como saborosamente ressaltou Giardina, há uma ampla mestiçagem étnica e social na formação de Roma, que nasce como uma "cidade aberta aos talentos"[55]. O amálgama étnico-cultural é tão evidente na construção da história romana que o historiador romano Tito Lívio (57 a.C.-17 d.C.), tendo como referência a *consuetudine* oral e cultural-religiosa romanas, já menciona a presença de latinos, etruscos e troianos na formação do que seria a cidade de Roma, em seu monumental

---

[53] Cf. Karl Marx, *Elementos fundamentales para la critica de la economia política (Grundrisse), 1857--1858* (Cidade do México, FCE, 1986), p. 452 [ed. bras.: *Grundrisse: manuscritos econômicos de 1857-1858 – esboços da crítica da economia política*, trad. Mario Duayer et al., São Paulo, Boitempo, 2011, p. 393 e seg. – N. E.].

[54] Jean-Michel David, "I luoghi della politica a Roma: dalla Repubblica all'Impero", em Andrea Giardina (org.), *Storia di Roma: dalla Antichità a oggi* (Roma/Bari, Laterza, 2000), p. 57.

[55] Andrea Giardina, "Introduzione", em Andrea Giardina (org.), *Storia di Roma*, cit., p. xi. Na visão de Giardina, "osmose étnica e osmose social, portanto, *dois aspectos de um único caráter*: Roma se apresentava e era vista externamente como uma pólis que dava a cidadania aos estrangeiros e aos ex-escravos, em um nível absolutamente desconhecido nas outras cidades [...]. Os próprios gregos, que detinham o monopólio e a mania das classificações etnográficas, tinham evidentes dificuldades para definir Roma: havia os que a definiam como cidade grega, os que a desejavam etrusca e os que a definiam como bárbara; quer dizer, absolutamente itálica. Roma, de fato, era todas essas coisas juntas e muito mais ainda [...]. A autorepresentação romana [...] insistia no ecletismo de suas origens, que, por sua vez, trazia uma dupla vantagem: correspondia amplamente a uma realidade histórica contínua e, por outro lado, interpretava o sucesso de Roma no âmbito do pluralismo, privilegiando as abordagens dos méritos e das capacidades em detrimento das de estirpe; nesse último aspecto, esse não representava somente um original mito de gênese, mas também um incomum e eficaz mito imperial. Mesmo em uma cidade como essa, todavia, não poderia faltar um núcleo étnico originário primal essencial, do qual todos descendiam. Esse núcleo consiste, como é sabido, na estirpe de Enéas"; ibidem, p. xii, xiii e xiv; grifos nossos.

trabalho *Ab urbe condita libri* (literalmente, "Desde a fundação da cidade"), cujos primeiros volumes vieram à luz entre 27 a.C. e 25 a.C. – especialmente o relato em que Enéas de Troia se casa com Lavínia, filha do rei Latino e, mais tarde, dá a cidadania e os mesmos direitos dos latinos aos etruscos e aos rútulos[56]. É fato que a história mítica romana encontra fundamentos na realidade, exatamente no amálgama de povos e de etnias – que, no âmbito mitológico da formação da cidade, objetiva-se na identidade com Ílio, pretensa cidade gêmea da antiga Troia. A consanguinidade que fazia "correr nas veias dos romanos um pouco de sangue troiano" não condicionava hierarquias nem privilégios que obstaculizassem a integração com outros povos. Esse "sangue" aparecia muito mais como elemento de afirmação cultural e poderia correr nas veias de qualquer indivíduo que aceitasse viver no modo romano; quer dizer, respeitando os valores, as convenções, as regras e o desempenho considerados indispensáveis à existência da romanidade[57], o que basicamente afirma uma identidade que se reconhece na diversidade étnico-cultural. No entanto, pode-se dizer que o pilar originário das *gentes* (*gens*, "famílias"), que se definiam como *patres* (pais) fundadores de Roma – estirpe da qual seus descendentes portavam o nome de família e que formavam as classes dominantes, cujo nome histórico é *patricii* (patrícios) – situava-se nas tribos de pastores latinos, forma societal arcaica explícita no mito da criação da cidade, por meio da loba, a mãe nutriz dos fundadores de Roma, Rômulo e Remo[58], e, posteriormente, na consolidação da Liga das Sete Colinas – e, ainda, na confluência ideológica, econômica e étnica com outros povos, principalmente sabinos e etruscos, fato que transforma os delineamentos primordiais mais simples em sofisticações econômico-culturais evidentes, principalmente a partir de fins do século VIII a.C., ainda que mantendo e/ou sincretizando suas tradições essenciais, a tradição do núcleo do poder cerrado

---

[56] Tito Lívio, *Ab urbe condita libri* (São Paulo, Paumapé, 1982), I, 2. Sobre o casamento de Enéas e Lavínia, filha do rei Latino, descreve Tito Lívio: "Ao ouvir que aqueles homens eram troianos, que seu chefe era Enéas, filho de Anquises e de Vênus, que fugiam de sua pátria incendiada e procuravam um local para se estabelecer e fundar uma cidade, Latino, cheio de admiração pela nobreza daquele povo e de seu chefe [...], teria estendido a mão a Enéas como penhor de sua futura amizade [...]. Enéas foi recebido em casa, e, diante de seus penates, Latino acrescentou uma aliança de família à aliança política, dando sua filha em casamento a Enéas".

[57] Ver Andrea Giardina, "Introduzione", cit., p. xiv.

[58] Como ressalta Rouland, "o lobo é venerado porque temido: os rebanhos podem ser dizimados pelos seus ataques. Esse é o motivo da busca da reconciliação com ele, o que explica o lugar de honra que lhe é reservado no mito"; Norbert Rouland, *Roma, democracia impossível? Os agentes do poder na urbe romana* (Brasília, UnB, 1997), p. 24.

das gentes exercido pela assembleia dos chefes das famílias dominantes, o Conselho dos Anciãos (*senes*, "velhos"), gênese do Senado.

Na passagem de uma sociedade fundada na economia pastoril para a presença de estruturas de cidade-estado, através da hegemonia etrusca, que deu a Roma uma nova forma econômico-institucional, vemos o resplandecer de uma economia que ganha diversidade e que obriga o antigo grupo dirigente de origem pastoril a compor politicamente com esse povo que trazia influências de velhas culturas, como o egípcio, o sírio-fenício e o grego, por meio dos contatos com a magna Grécia e a itálica[59]. O resultado do conjunto das fusões de Roma com os diversos povos que a constituirão é um formidável impulso de refinamento civilizatório, já no século VIII a.C., com as tumbas suntuosas, que indicam, também, a sofisticação e a riqueza de uma aristocracia hegemônica – expressando uma tendência dominante entre os séculos VIII e VII a.C., a qual os historiadores definem como fenômeno "orientalizante", um tipo de "revolução cultural e intelectual" que ocorre por todo o Mediterrâneo, exatamente quando se entrelaçam as culturas do Oriente Próximo e a Grécia e suas colônias da Ásia Menor, em que o Egito, a Síria, a Palestina e a Mesopotâmia exerceram grande influência na arte e no conhecimento científico sobre os gregos, favorecendo o processo de mediterranização do Ocidente[60]. Contudo, podemos dizer, fundados nas mais recentes descobertas arqueológicas, que é na segunda metade do século VII a.C., quando Roma se afirma como cidade-estado, que evidencia-se a presença de trabalhadores especializados em construções sofisticadas e afirma-se também uma comunidade política consciente de sua condição. Além do mais, a construção da cidade e de seus locais comuns e políticos mais importantes caminha com a própria construção da religião romana[61].

Na Roma dos monarcas, porém, os etruscos nunca foram realmente etnia dominante, e o núcleo arcaico das famílias dos pastores originários sempre se manteve – ainda que se miscigenando com os sabinos e com parte dos etruscos –, de uma maneira ou de outra, em visões de mundo divergentes em relação à maioria dos

---

[59] Ver Mario Torelli, *Gli etruschi* (Milão, Bompiani, 2000), p. 145.

[60] Cf. Antonio Carlos Mazzeo, *O voo de Minerva*, cit., p. 44 e seg.

[61] Como ressalta Cornell, "a construção de edifícios públicos monumentais destinados a utilizações públicas ou civis conecta os significados políticos mais importantes. Particularmente notáveis são os edifícios religiosos. Temos provas de atividades culturais em diferentes partes de Roma desde os tempos antigos, mas no que se refere à cidade-estado o que importa é o testemunho de atividades religiosas comuns e a afirmação de cultos públicos"; Tim Cornell, "La prima Roma", em Andrea Giardina (org.), *Storia di Roma*, cit., p. 9.

etruscos e em relação à plebe, que aflui à cidade em busca de fortuna e de oportunidades. *O grande desafio da aristocracia romana foi inventar e reafirmar modos de manutenção de espaços de poder na comunidade que se amalgamava, garantindo seus campos de atuação e suas formas de produção e de apropriação das riquezas produzidas na urbe e suas consuetudines, que se referenciavam em suas gentes mítico-originárias.* No plano econômico, no início do século V a.C., o desenvolvimento dos setores de populações camponesas e de suas aldeias fortalecem os senhores rurais que constituíam o patriciado. A luta política entre esse núcleo dirigente aristocrático histórico e os etruscos se agrava, proporcionando a ruptura entre os grupos de poder e, como consequência, a rebelião contra Tarquínio, o Soberbo, emblematicamente representada pelo estupro de Lucrécia por Sexto Tarquínio, príncipe e filho do rei[62]. De qualquer modo, a *gentes*, que expressava o mundo rural, se vê em condições de restabelecer um governo de hegemonia patrícia, empoderando-se tanto do Senado como da magistratura[63]. No entanto, essa reação provoca, também, uma ruptura no *populus* (povo) entre a *gentes* e a plebe, ainda que os magistrados encarregados de manter o núcleo institucional da sociedade reafirmassem que todos os romanos faziam parte de um mesmo corpo cívico – foi uma difícil disputa de equilíbrios

---

[62] O estupro de Lucrécia por Sexto Tarquínio, o filho do rei, é contado em duas versões clássicas: a de Dionísio de Halicarnasso, *Le Antichità romane* (Turim, Einaudi, 2010), IV, 64 e seg.; e a de Tito Lívio, *Ab urbe condita libri*, cit., I, 57 e seg. Em ambas, o que se evidencia é a desonra de uma virtuosa mulher e esposa romana pertencente a uma família aristocrática – no caso, à própria família do rei – que, depois de denunciar publicamente o estupro, se suicida aos pés de seu pai, Espúrio Lucrécio, o prefeito de Roma, "um homem distinto [...]. Esta cena terrível causou tamanho horror e compaixão entre os presentes que eles gritaram em uma só voz que preferiam morrer mil mortes em defesa de sua liberdade a suportar esses insultos cometidos por tiranos"; Dionísio de Halicarnasso, *Le Antichità romane*, cit., IV, 64,66. Tanto o relato de Halicarnasso como o de Lívio, ainda que apresentem variações na descrição dos fatos, nos fazem concluir que a fratura dos grupos dirigentes incluía etruscos que se alinhavam e se amalgamavam com a velha aristocracia patrícia.

[63] Como nos esclarece Finley: "Os nobres romanos que derrubaram o rei tirano Tarquínio, o Soberbo, eram de ascendência latino-etrusca (e, provavelmente, também sabina). É por isso que homens com nomes evidentemente etruscos continuam a surgir nas listas consulares por cerca de cinquenta anos, até serem latinizados por completo ou abandonados. Temos razões para crer que os plebeus romanos teriam preferido o domínio dos etruscos ao domínio de seus próprios nobres. Com o tempo, e por razões obvias, esses aspectos da implantação da república foram expurgados da tradição e substituídos por uma história inequivocamente patriótica de romanos nobres e etruscos embrutecidos e libertinos"; Moses Finley, *Aspectos da Antiguidade* (São Paulo, WMF Martins Fontes, 1991), p. 147.

A CRISE DA IDEALIZAÇÃO DA PÓLIS RENASCENTISTA 155

entre desiguais que findou em 450 a.C., com a promulgação da Lei das Doze Tábuas. Tudo indica que até o ordenamento dessas leis consuetudinárias em leis escritas a *gentes* tenha desfrutado e espoliado os cidadãos mais pobres com muita violência[64]. A partir daí, e com muita força e dinamismo, passa a prevalecer o modo de produção escravista antigo, que durará até a crise do Império.

Se por um lado o processo que se desencadeia na consolidação de Roma, seja em seu período monárquico, seja no republicano, apresenta identidades com os ocorridos antes, em outras cidades da Antiguidade – como guerras de expansão, fundação de colônias, anexação territorial etc. –, por outro lado destacamos que, na particularidade histórica romana, o poder político fica intacto nas mãos do patriciado. Como ressalta Anderson,

> contrariamente às cidades gregas, Roma nunca conheceu modificações provocadas pelo governo de tiranos que quebrassem a dominação aristocrática e conduzissem à subsequente democratização da cidade, baseada numa agricultura sólida, pequena e média. Em vez disso, uma nobreza hereditária conservou um poder inabalado por meio de uma constituição cívica extremamente complexa, que sofreu importantes modificações populares ao longo de uma prolongada e violenta luta social no interior da cidade, mas que nunca foi revogada nem substituída.[65]

O Senado hegemonizado pelo patriciado era o núcleo do poder da república aristocrática, ocorrendo exatamente o contrário do que se processou na Grécia,

---

[64] Ver Antonieta Dosi, *Lotte politiche e giochi di potere nella Repubblica romana* (Milão, Mursia, 1999), p. 26-7. Na síntese de Dosi sobre a gradativa postura política do patriciado contra as possibilidades do povo constituir espaços que lhes seriam perigosos: "A lenta tomada de consciência de sua inferioridade se produz aproximadamente na segunda metade do século V a.C. Naquele momento, o patriciado, já consciente do perigo, irá procurar consolidar os seus privilégios com uma tentativa de fechamento político. Desse modo, explodirá o conflito, que se tronará tradicional, entre um povo até então unido. Para entender as razões da luta que a plebe vai travar devemos examinar o regime patrício e a civilização da *gentes*, na qual se fundamentava. Além de se constituir como comunidade de sangue e de nome, a *gens* era também uma comunidade de culto, sobretudo dos antepassados, que somente um patrício poderia nominar com orgulho. Os patrícios se consideravam os únicos intérpretes da vontade divina. Com o argumento do *fas* (o que é lícito) e do *nefas* (o que é ilícito), diziam ter o conhecimento, dominavam o resto da população e com a onipotência do rito oficial que os legitimavam mantinham a população a distância [...]. A república que se constitui depois da expulsão dos reis foi, por conseguinte, uma sociedade patrícia, cuja expressão materializa-se no Senado, onde mandavam os chefes das *gentes* mais poderosas"; ibidem, p. 27.

[65] Perry Anderson, *Passagens da Antiguidade ao feudalismo*, cit., p. 56.

em que as tiranias puseram abaixo a hegemonia do núcleo aristocrático que, independentemente de suas intencionalidades, acabaram por desencadear alterações políticas que iam de encontro com o novo quadro societal que se estruturava, implementando a modernização nas formas de governo da pólis[66]. A questão é que a república emerge restringindo ainda mais a participação real do *populus* na dinâmica da vida citadina; apesar de participarem politicamente como cidadãos, nas eleições das assembleias do povo, o faziam organizados em centúrias desiguais e, não obstante o igualitarismo aparente, a existência das centúrias praticamente pulverizava a participação e as possibilidades de alternativas populares por meio dos mecanismos do voto censitário. As classes mais ricas tinham mais peso no conjunto da votação – não importando a maioria dos votos nem a relevância dos votantes –, de acordo com suas posições na economia e na sociedade. Mais tarde, a aristocracia patrícia admite a presença no Senado de plebeus ricos que compunham com o patriciado, constituindo uma *nobiliarquia ampliada*.

Além do mais, em que pesem os espaços políticos alargados pelas pressões das massas mais pobres (diga-se, a maioria componente do *populus*), que resultam na instituição de um *tribunato da plebe*, em que se travavam intensas disputas de classes e, via de regra, sempre com a prevalência patrícia, através da manipulação e/ou corrupção, ou, ainda, pelos assassinatos políticos a céu aberto, em geral encomendados à clientela ligada aos opositores dos tribunos – como ocorreram nos trágicos e emblemáticos casos dos irmãos Tibério e Caio Graco – que eram eleitos pela assembleia das tribos, estabelecidas pelas divisões territoriais e de parentesco (quatro na cidade e dezessete fora dela), onde havia um princípio de funcionamento democrático, mas que, objetivamente, constituía um organismo secundário, no confronto com as outras instâncias do estado[67]. Outro elemento social, que inexistia na Grécia, eram os *cliens*, a clientela, classe tão antiga como a própria Roma monárquica, que, apesar de não ser equiparada aos escravos, estava ligada subordinadamente a patronos, patrícios, que lhes protegia em troca de serviços. Essa condição dissolvia qualquer possibilidade de unidade de explorados contra as classes dominantes, até porque havia frações populares mais exploradas e pauperizadas que os clientes.

Como síntese aproximativa, podemos verificar, tanto na Grécia como em Roma, a presença de mecanismos coercitivos de poder de classe. Na Grécia, com sua δημοκρατία, em que os elementos normativos de dominação se apresentavam mais diluídos, não somente pela presença histórica do campesinato na sociedade, mas pela

---

[66] Cf. Antonio Carlos Mazzeo, *O voo de Minerva*, cit., p. 72 e seg.

[67] Ver Perry Anderson, *Passagens da Antiguidade ao feudalismo*, cit., p. 56 e seg.

incidência das construções cívico-religiosas coesivo-coercitivas na polis. Em Roma, o longo domínio da aristocracia pastoril (patrícios) *desorganizou sistematicamente* tanto as classes dos pequenos agricultores – os *assidui*, que em sua origem compunham os exércitos de Roma, à semelhança dos *hoplitas* gregos – como os *proletarii*, homens sem propriedade, entre outros. Ali a *contrarrevolução permanente do patriciado*, ao longo da história da Antiguidade romana, incluindo seu período final, o Império – quando instala-se a autocracia *sans phrase* da aristocracia imperial romana, inaugurada no reinado de César[68] –, *impediu a realização da democracia formal que existiu em algumas póleis gregas*. Ressalte-se, também, que qualquer possibilidade de constituição de uma forma societal nos moldes da pólis clássica grega é impossibilitada pela prevalência da escravidão e, adiante, pela noção alexandrina de *Kosmópolis*.

A política como forma-operativo-integrativa da hegemonia burguesa

A nova dinâmica societal que vai se constituir a partir de fins do século XIII engendra, como vimos, uma forma urbana, baseada no autogoverno e que, como ressaltam Baron e Heller[69], tem por referência a tradição política da pólis antiga, além dos alicerces da própria tradição de corte judaico-cristão, entendidos aqui no escopo do judaísmo e do cristianismo *helenizados*, conforme abordamos na primeira parte deste trabalho. O eminente filósofo paulista José Chasin, em texto inconcluso de 1993, "O futuro ausente", inicia suas formulações problematizando a questão de por que a ascendente burguesia renascentista, na construção de seu novo ideal de cultura e diante da emergência de "outra forma de existência", opta pelos parâmetros

---

[68] Rouland, baseando-se em Suetônio, define Júlio César (100 a.C.-44 a.C.) como o homem que desprezava a República, que para ele era nada mais que uma palavra vazia. "Suetônio tem razão. César, em seu reinado – é esse o nome que cabe para seu regime –, fez com que o Senado e os comícios [assembleias populares] passassem a ser câmaras de registros. As assembleias populares votavam as leis que ele elaborava e empossavam os candidatos oficiais designados por ele [...] reservava-se o direito de nomear pessoalmente os cônsules e a maioria dos outros magistrados. Ao Senado é reservada sorte análoga. César convoca-o pró-forma, mas de fato toma as decisões ele mesmo [...]. Paralelamente, empenha-se como todos os candidatos à tirania, em ampliar sua popularidade [...] para assegurar-se do prestígio popular, César procede distribuições massivas de terras e duplica o número de cidadãos, avolumando, com isso, o contingente de seus partidários"; Norbert Rouland, *Roma, democracia impossível?*, cit., p. 338-9.

[69] Ver Hans Baron, *En busca del humanismo cívico fiorentino: ensayos sobre el cambio del pensamiento medieval al moderno* (Cidade do México, FCE, 1988), p. 11 e seg.; e Agnes Heller, *L'uomo del Rinascimento*, cit., p. 81 e seg.

referenciais da Grécia Antiga, não de Roma, ao procurar fazer de Florença a "nova" Atenas. O próprio autor nos brinda com uma eficiente resposta, exatamente a consideração de que os gregos foram os primeiros a intuir com "tino universal o sentido da mundaneidade antiga". Indo adiante, Chasin assinala que, para além das necessidades de contornar as tensões internas da Itália, a questão é que o melhor de Roma veio da Grécia e que lá a individualidade assenta-se exatamente na pólis, o que possibilita certa "autonomia" individual (no escopo da cidadania isonômica). O problema é balizar o processo de objetivação da pólis grega – a ateniense, em particular – em seu processo histórico, ao longo de aproximadamente dois séculos, em que temos a consolidação da pólis arcaica e a passagem para a versão clássica. Nesse sentido, o "melhor da Grécia" deve ser compreendido em seu elemento histórico mesmo[70]. O período arcaico, como vimos, é aquele em que a emergência do campesinato na vida política politeia abre um amplo espectro de luta de classes em que se consolidam os elementos fundamentais do igualitarismo e a dissolução das monarquias, com a sedimentação do cidadão isonômico. A partir do século V a.C., porém, quando a escravidão torna-se o núcleo hegemônico da produção, o argumento do "melhor" aparece, em uma socialidade conspurcada pela escravidão (que rompe com a estrutura societal igualitarista) e na qual o indivíduo não mais se apresenta como singularidade resultante da vida politeia (em comunidade) – tanto em sua subjetividade como em seu âmbito objetivo. Ainda que consideremos o aspecto nuclear constitutivo de uma sociabilidade como a antiga, em que a riqueza não é o objetivo da produção – e mesmo os que pensaram a produção na época estavam voltados para a melhor maneira de produzir os valores de uso de uma economia de subsistência – e que a individualidade em afirmação é aquela que se processa no escopo da sociedade comunitária, de onde "provém a decisiva inclinação grega pela *medida*, ou mais precisamente pela idealizada *justa medida* […]. Marca da sabedoria helênica, a ideia de medida traduz antes de tudo a presença e a consideração permanente dos limites da comunidade e dos indivíduos"[71]; é preciso explicitar que a noção de comunidade, como já evidenciamos, vem penetrada por um igualitarismo *estranhado*, porque centrado na formalidade constituída por seu núcleo coesivo e coercitivo característico: a *religião cívica*.

Assim, chegamos ao primeiro remate confluindo com os resultados e as conclusões de Chasin, isto é, de que a politicidade presente nas pólis gregas aparece

---

[70] Cf. José Chasin, "O futuro ausente: para a crítica da política e o resgate da emancipação humana", em *Ensaios Ad Hominem*, Santo André, n. 1, t. 3: *Política*, 2000, p. 165-7.

[71] Ibidem, p. 169; grifos do autor.

A CRISE DA IDEALIZAÇÃO DA PÓLIS RENASCENTISTA 159

como "mutação germinal" e como início de um caminho que culmina no estado político e, adiante, na subsunção e na alienação da privacidade às instituições estatais. Ressaltamos que essa individualidade vai perdendo seu aspecto virtuoso, assentando-se de início no igualitarismo e depois na democracia, na medida em que o modo de produção escravista antigo ganha dimensões de universalidade na forma-societal do mundo antigo, do século V a.C. em diante, até dissolver a democracia isonômica direta e constituir o estado monárquico antigo, com a expansão macedônica, conforme dito anteriormente. É necessário atentar que a própria condição da individualidade sofre transformações e se subsume às estruturas que retiram o homem da esfera pública e o realocam na esfera do privado. Isso significa que há uma metamorfose na própria individualidade, que passa a ser considerada em seu plano íntimo, no recôndito do lar, já que a política não está mais nas mãos do cidadão isonômico. O próprio Sócrates, avaliando a trajetória ateniense, já havia percebido essa condição, exatamente a partir do momento em que Atenas vive seu período áureo da δημοκρατία, após as Guerras Médicas, (494 a.C.-477 a.C.), quando a cidade assume a condição de potência militar e econômica, sendo que essa dimensão histórica possibilita ao filósofo elaborar suas mais contundentes críticas à δημοκρατία, ao afirmar que essa forma-práxis política (da democracia escravista) não implicava a razão e o conhecimento, o que impedia o exercício do poder na perspectiva da ἀρετή (*aretí*, "virtude"), reforçando a ignorância dos cidadãos[72]. Platão segue os passos críticos de seu mestre e entende que somente com a recusa da democracia escravista – a δημοκρατία – é possível retomar a opção individual do cidadão igualitário para que ele chegue ao conhecimento, à virtude universal, na qual o verdadeiro eu individual realiza-se no espírito coletivo (deus) da pólis, como fica evidente nas "palavras" de Sócrates, interpretadas por Platão:

> Atenienses, respeito e amo vocês, mas obedecerei ao deus e, até quando eu respirar e conseguir fazê-lo, nunca cessarei de filosofar e de exortar-vos, dizendo as coisas que costumo dizer [...]. E isso farei com jovens e velhos, com todos os que encontrar, estrangeiros ou cidadãos, especialmente os cidadãos, porque sois meus mais próximos por estirpe. Isso manda o deus, vocês o sabem. E penso que para vocês, para a cidade, não exista bem maior que essa servidão ao deus [...]. A virtude não nasce da riqueza, mas da virtude nascem as riquezas e todos os outros bens para o cidadão e para a comunidade.[73]

---

[72] Ver Platão, "Gorgia", em *Platone: tutte le opere*, v. 3, cit., 515e-516e.

[73] Idem, "Apologia di Socrate", em *Platone: tutte le opere*, v. 1, 29d-30b.

160 Os portões do Éden

Ao buscar uma resposta ontológica ao fim da vida em comunidade e, assim, da própria *forma-individualidade* arremetida à pólis e a suas ἀρεταί (virtudes), Platão direciona-se principalmente ao indivíduo, para que ele tenha a capacidade de reagir à decadência moral da pólis; depois, o neoplatonismo se encarregará de moldar essa definição platônica para a condição ética da vida individual, como mais tarde irão acolher e adequar os filósofos-teólogos patrísticos e sua síntese, santo Agostinho.

Nesse sentido, a condição da escravidão configura outra ideologia da individualidade, assim como metamorfoseia-se sua condição, em especial com a eclosão do cristianismo, já no bojo da crise do mundo clássico e de sua forma sociometabólica, na qual inclusive o conceito de individualidade, antes relegado ao âmbito do lar, ganha nova configuração universal, atrelada à formulação paulina de que, aceitando-se a palavra de Cristo, chega-se a uma realização plena individual, coletivo-alienada, no "reino dos céus", assinalando-se que esse "coletivo" somente pode ser compreendido como projeção idealizada de uma forma de *subjetivação alienada*, isto é, de uma "coletividade" abstrata de almas e de espíritos que se unem no plano místico, adequando a participação em sociedade à condição do reino do outro mundo e à "cidadania do céu", reclamada por Shaul/Paulo de Tarso.

Assim, a eclosão da política no Renascimento traça um novo horizonte e um novo conceito de individualidade, mais otimista, oriundo da liberdade que advém das formações urbanas medievais autônomas em relação à velha opressão imposta pelos senhores feudais e por um pujante e dinâmico processo econômico que, como vimos, se desenvolve entre os séculos XIII, XIV e XV e do qual se desprende a noção de um homem absolutamente livre e já "maculado" pelas nascentes formas de assalariamento e de venda e compra de força de trabalho; isso ocorre nos lugares em que as manufaturas ganham espaço no processo produtivo e, consequentemente, no processo de desenvolvimento societal. O Renascimento constitui-se como grande momento de renovações em todos os campos, em que se processa o impulso societal de nova característica histórica, que delineia a primeira fase da caminhada revolucionária da burguesia para impor sua *revolução societal* e sua consequente *Weltanschauung*. Por isso, autores contemporâneos dos mais diversos vieses teórico-metodológicos confluem com a ideia de que o período renascentista é aquele das grandes inovações e das profundas rupturas com as concepções anteriores, dentro de um pluralismo que refletia a transição de uma sociedade rígida e quase sem mobilidade social para uma sociedade de classes[74]. A emersão dos núcleos urbanos

---

[74] Agnes Heller *L'uomo del Rinascimento*, cit., p. 32 e seg. Ver também Antonio Gramsci, "Gli intellettuali", em *Cuaderni del carcere* (org. Valentino Gerratana, Roma, Editori Riuniti/Istituto

A CRISE DA IDEALIZAÇÃO DA PÓLIS RENASCENTISTA 161

independentes da Europa foi a constituição de condições objetivas para o *salto ontológico do ser social*. Isso significa que as cidades estruturam-se como fronteiras entre um mundo dinâmico e novo, no qual as pessoas vislumbravam possibilidades de romper com os vínculos do passado, pois ali estavam as saídas econômicas e sociais – de fortuna, de premiação da audácia e das iniciativas individuais. Assim, as cidades eram compostas por pessoas que haviam deixado para trás o mundo rural e feudal e seus muros, que, a partir dali, adquiriam um significado simbólico que assinalava os confins entre duas cosmologias em conflito. Não por acaso, o que mais se ouvia nos burgos livres alemães era o grito *"Stadtluft machts frei"* ("O ar da cidade nos liberta"), que expressava um clima de oportunidades abertas a nobres e plebeus, mercadores ou artesãos. Nesse ambiente de busca de liberdade, surgem as identidades entre o mundo antigo e o novo momento, plasmado numa processualidade cujo o aspecto central é a percepção de que o resgate do antigo não aparece meramente como modelo, mas como um elemento de referência a ser moldado livremente, como um vir-a-ser (*Werden*) da socialidade burguesa.

Um representante do primeiro momento do salto ontológico, do advento da representação alegórica dos pensamentos por meio das imagens, foi o filósofo napolitano Giordano Bruno – como ressaltou Cassirer, a expressão mais luminosa do espírito geral da filosofia renascentista, ao desenvolver sua ética, que se relaciona tanto com a forma do Universo como com a dos homens[75] –, pensador que, ao projetar a animação (vida) universal por meio da natureza, constituiu um momento de elevação das reflexões filosóficas quinhentistas, mesmo que no contexto de uma religião da natureza entendida como elemento em que tudo se encontra em eterno movimento, até mesmo a Terra. Bruno é um contestador da teologia católica oficial e, em sua concepção filosófica, é necessário rever, inclusive nos planos mais fundos das memórias filosóficas, a trajetória do pensamento, na perspectiva da fusão das velhas visões produzidas tanto no Oriente como no Ocidente, que muitas vezes reaparecem como memórias presentes na própria natureza[76]. Assim, a natureza é vista não mais como mero lugar geográfico, e sim no escopo de um ambiente vital

---

Gramsci, 1979), p. 48 e seg.; Peter Burke, *Il Rinascimento europeo*, cit., p. 4 e seg.; Eugenio Garin, *Medioevo e Rinascimento* (Roma/Bari, Laterza, 2005), p. 4 e seg.; e Nicola Abbagnano, *Storia della filosofia*, v. 3: *La filosofia del Rinascimento* (Milão, TEA, 1995), p. 6 e seg.; entre outros.

[75] Cf. Ernst Cassirer, *Individuo y cosmos en la filosofia del Renacimiento* (1935) (Buenos Aires, Emecé, 1951), p. 101-2.

[76] Cf. Giordano Bruno, "Sobre o infinito", I,1, em *Giordano Bruno, Galileu Galilei e Tommaso di Campanella* (São Paulo, Abril Cultural, 1973, col. Os Pensadores, n. 12).

que propiciaria *atualizar o antigo para servir ao futuro*. É nesse sentido – e relevando as filosofias que alargavam visões e projetos cosmológicos – que o antigo pode ser resgatado na condição de *continuidade-descontínua*, porque nas relações intercorrentes entre indivíduo e a sociedade o sistema feudal e a pólis grega tinham mais coisas em comum que a estrutura sociocultural que se forma no Renascimento. No entanto, é necessário relevar que essa processualidade de rupturas e continuidades dialeticamente descontínuas indica um novo em que o velho está presente como elemento historicamente reprocessado, metamorfoseado e compondo o universo do moderno conceito de Revolução – *neuzeitlicher Revolutionsbegriff.*

Daí não ser plausível condicionar essas rupturas e continuidades dialéticas à mera antítese entre o homem medieval e aquele do Renascimento, porque nas *descontinuidades* são reprocessados velhos dogmas religiosos, que ganham novos conteúdos, como o direito natural e o livre-arbítrio, mas também surge o que Marramao denomina de transvalorização do "foro interior agostiniano", em que o homem não mais encontra em si mesmo a verdade divina, mas, antes, descobre a "intrínseca autoevidência da verdade", que só pode ser concebida no âmbito do cristianismo ocidental[77]. No entanto, não sem a busca de outro contexto referencial e sem a recusa de relevar seriamente a base na realidade. É assim que no Renascimento *ressurgem* o epicurismo e o estoicismo. Emergem agora, porém, no próprio sentido histórico da trajetória das interpretações filosóficas que tinham sido delineadas já pelos antigos romanos; quer dizer, no escopo de um *ecletismo utilitário*, por meio do qual se aproximam justamente porque se distanciam das antigas diferenças existentes na Antiguidade – entre as quais a questão do desvio do átomo (*clinamen*), o fatalismo e o aristocratismo – e se unem na perspectiva de um comportamento/uma atitude moral que se conecta a qualquer sistema filosófico, o que significa que, objetivamente, o estoicismo e o epicurismo não conservaram nada de seu caráter filosófico anterior. E, para que esse instrumento pragmático possa ser efetivo, no quadro histórico que expressa uma permanente revolução social e, de certa forma, um *ponto de viragem* (*Zeitenwende*) ideossocietal, ele deve ser inserido no âmbito ontológico do ser social, isto é, na real dinâmica de uma *forma-sociabilidade em precipitação*, fundada na produção de mercadorias – e é justamente o que este instrumento consegue realizar, atendendo pragmaticamente a condições para adequar a religiosidade à realidade objetiva[78] ou, ainda, para dar

---

[77]   Giacomo Marramao, *Poder e secularização: as categorias do tempo* (trad. Guilherme Alberto Gomes de Andrade, São Paulo, Editora Unesp, 1995), p. 87.

[78]   Cf. Agnes Heller, *L'uomo del Rinascimento*, cit., p. 150-2.

A CRISE DA IDEALIZAÇÃO DA PÓLIS RENASCENTISTA 163

suporte objetivo às formulações que situavam autonomamente a ação do espírito criativo do homem. Ora, esse é o elemento fundante para a operacionalização do processo de edificação de uma nova abordagem do conceito da existência e, por conseguinte, da individualidade. Conceitos societais de grande enraizamento são postos em questão e ou reprocessados no âmbito das novas necessidades histórico-subjetivas. Daí Lukács ressaltar a concepção lenineana de que a astúcia presente no processo revolucionário é sempre mais ampla, mais contundente e mais original, e, no caso da ação pragmática da política, é necessário que se utilize de modo mais aproximativo possível essa astúcia[79], ao mesmo tempo relevando que nunca deve estar subordinada ao pragmatismo da ação operacional da política, mesmo que mediada. O que fica evidente em Lukács, ao referir-se a essa postulação de Lênin, é a amplitude infinita da criatividade humana, mas que é simultaneamente conformada pelo *ser social* e por sua *historicidade*. Assim, concepções rígidas como a da morte sofrem alterações, até porque essa concepção é permanentemente reequacionada nos contextos históricos conformadores do ser social. Se nos reportamos ao conceito de vida em comunidade reclamado por Sócrates, percebemos que ali, ao introjetar a noção de alma dos pitagóricos, o filósofo ateniense situa o espírito no âmbito de uma ψυχή/espírito universal do qual a alma humana é parte intrínseca. Se, como pudemos verificar, para Sócrates (e também Platão) a alma é considerada imortal, sendo, então, um aspecto singular da mesma natureza transcendental – de uma essencialidade universal única –, a morte é o momento em que a ψυχή retorna a sua fonte originária, integrando-se no cosmo universal. No limite, a morte propicia a vida em eterno retorno, o que mantém a permanente concepção de vida renovada e asseverada pela pólis comunitária[80].

No Renascimento há um firme caminhar em direção a uma *Weltanschauung* que recolocava o divino na vida dos homens, mas que, ao mesmo tempo, dimensiona a autonomia e o livre-arbítrio na perspectiva de sua maximização e sua reconstrução na direção de uma ampla liberdade acolhida por Deus. Nos complexos resultantes dessa interpretação, a noção da historicidade humana é um pilar essencial, porque dela se desdobram os conceitos que evidenciam o valor humano e sua natureza mundana, além da possibilidade de ampliar a noção de tolerância. Restaura-se a compreensão do conhecimento clássico, e seus elementos atualizam-se para o mundo burguês em construção. O resgate da liberdade, por

---

[79] Cf. György Lukács, "Prefazione", *Arte e società*, v. 1 (Roma, Editori Riuniti, 1972), p. 22.

[80] Ver Werner Jaeger, *La teologia de los primeros filosofos griegos* (Cidade do México, FCE, 1998), p. 419 e seg.; e Antonio Carlos Mazzeo, *O voo de Minerva*, cit., p. 141 e seg.

meio da reinterpretação do mundo clássico, significava, de um lado, o mergulho em uma realidade aparente, sem fundamento na materialidade, porque mítico--estranhada, como a da Antiguidade. De outro lado, há rupturas com o próprio elemento estagnizante presente nas formas de conhecimento até então e, ainda, nos fundamentos da moralidade, em que a religião marcava presença e hegemonia. Na Itália, a ideia de mérito humano ganha força a ponto de atingir também concepções religiosas, que de medievais gradualmente ganham feições burguesas; a hierarquia moral se realiza em um mundo agora considerado unitário, onde não existe mais a dualidade divino/humano, na qual, como salientou Heller, aparece a percepção de Maria, que de mãe de Cristo, de rainha do Universo, passa a ser considerada a protetora dos filhos dos homens (leia-se, dos burgueses), um ideal (feminino) de beleza que atinge as proporções reais da vida terrena, em que não mais, como no passado medieval, era evidente a diferenciação entre o divino e o humano, como víamos nas representações artísticas. Passam a existir o belo e o muito belo, o bem e o melhor, assim como o mal e o pior, mas dali em diante a beleza do divino surge carregada da própria beleza presente no humano. Inclusive o significado da morte, como nos referimos, é mais uma vez posto em questão ao travar-se o embate com a ideia medieval de uma vida voltada à espera do fim, porque concebia-se um homem arremessado (pela doutrina do pecado original) a uma perspectiva tenebrosa em que a vida terrena era uma provação exordial para uma possível vida no paraíso, caso não se cometessem pecados mortais imperdoáveis que arremetessem o pecador às profundezas do inferno. A condição da alma humana no outro mundo era mendigar a felicidade e a vida eterna do lado de fora dos portões do Éden. Tratava-se, pois, de afrontar uma condição de morte fora da vida.

Dessa maneira, volta à discussão a postura de Epicuro, que pôs em evidência que o único medo filosófico em relação à morte era o fim da vida coletiva; como sabemos, o filósofo de Samos pronunciou essa sentença no âmbito histórico em que a comunidade antiga não mais existia, expressando, assim, um medo contextualizado de perder do sentido da vida, no escopo de uma reflexão no contexto da compreensão da morte em termos societais. Antes de mais nada, passa-se a considerar que a bela vida é aquela vivida plenamente, com o amor, a amizade e os prazeres mundanos, como vemos em personagens dos escritores renascentistas, que pensam na vida, não na morte, como Petrarca e Boccaccio. O filósofo aristotélico da escola paduana, Pietro Pomponazzi, em *Trattato sull'immortalità dell'anima*, de 1516, ao polemizar com Aquinas, discordando sobre a possibilidade da interpretação cristã de Aristóteles e divergindo de Averrois sobre a ideia de que a alma deixava o corpo para unir-se à ψυχή (*psychè*) universal, postulou certa autonomia da alma em relação ao corpo e o fato de que ela participava da imortalidade por meio de sua capacidade racional (*intrinseca Ratio*) de compreender as abstrações metafísicas; ao mesmo tempo, Pomponazzi assevera que imortalidade da alma é um problema neutro[81]. Como acentua Heller, resgata-se aí – nessas reflexões do filósofo paduano, quando polemiza com o cristianismo, lançando-se contra as noções das "recompensas e castigos" no outro mundo como garantias práticas da virtude neste mundo – a perspectiva terrena que realça a virtude como elemento mundano que possui validade enquanto moralidade social, sendo que os motivos do mal e do bem são profundamente sociais[82]. Como podemos ver na formulação de Pomponazzi,

> dado que, ao escolher a morte como maneira de salvar o país e os amigos e forma de evitar o pecado, é adquirida uma grande virtude, e tal morte é muito vantajosa para os outros, e, como o homem preza naturalmente um ato deste tipo e nada mais é mais precioso ou dá maior felicidade que a própria virtude, sua escolha está acima de todas as outras. Ao cometer um crime, no entanto, um homem faz um grande mal à comunidade e, portanto, também a si próprio, pois é parte da comunidade.[83]

Evidencia-se, nessa passagem de Pomponazzi, a perspectiva de retomada da noção de comunidade, reposta em seu escopo quinhentista, reverberando a experiência da pólis florentina. A virtude está na *atitude moral* que tem valor em si mesma porque advém da vida real plasmada pela sociabilidade renascentista. Assim, escolher o bem é optar pela comunidade. No entanto, podemos especular também onde situava-se a "garantia celestial" de que mesmo tendo uma vida direcionada aos prazeres mundanos o homem não mais seria condenado de imediato às profundezas infernais nem a rondar a periferia do Éden por toda a eternidade.

A vida do homem em sociedade podia ser virtuosa e honesta, e a busca para efetivar essa vida na correção ética, balizada pelo estoico-epicurismo, deveria considerar um cosmo independente das ambições e das vontades humanas – a natureza humana como produto de sua atividade mesma e da natureza individual do homem concreto, quer dizer, a natureza histórica humana enquanto particular arremetido à universalidade. Destaque-se, nessa questão, a reinterpretação

---

[81] Pietro Pomponazzi, "Trattato sull'immortalità dell'anima", em *Tutti i trattati peripatetici* (org. Francesco Paolo Raimondi e José Manuel García Valverde, Milão, Bompiani, 2013).

[82] Cf. Agnes Heller, *L'uomo del Rinascimento*, cit., p. 158-9.

[83] Pietro Pomponazzi, "Trattato sull'immortalità dell'anima", cit., p. 302.

renascentista de Agostinho, exatamente no que se refere ao conceito de "verdade interior", que agora é exteriorizada; quer dizer, a verdade encontra-se na conexão interna e externa do homem e, nesse sentido, subverte-se o eixo meramente teológico. Esse aspecto já está presente no debate sobre o purgatório. De um conceito abstrato, em que a alma de um pecador poderia sofrer uma trajetória de purgação de suas faltas, passa a ser um lugar entre o inferno e o paraíso, em que as almas estagiam e se preparam para entrar no céu. Gregório de Nissa e, principalmente, Agostinho serão os primeiros teólogos a recolocar essa questão, sendo que entre os séculos XII e XIII o purgatório atinge uma localização "geográfica", ainda que indeterminadamente definida, entre o inferno e céu. Dante Alighieri se encarrega de "definir o lugar" e seu contexto teológico.

> As leis do abismo acaso se hão quebrado?
> O céu dá. Seus decretos revogando,
> Que dos maus seja o meu domínio entrado? [...]
> Mostrei-lhe a gente, que por má padece;
> Mostrar-lhe intento os que ora estão purgando
> Pecados no lugar, que te obedece [...]
> Vimos à erma praia a passo lesto:
> Nunca sobre águas suas navegara
> Homem que o mundo torne a ver molesto [...]
> Cingido fui, como Catão mandara.
> Portento! A humilde planta renascida,
> Qual antes vi no solo, onde a arrancara,
> Sem diferença, de súbito crescida.[84]

Nesse sentido, o que ganha dimensão, através do estoicismo-epicurismo, é a relação entre indivíduo e sociedade, na qual viver segundo sua própria natureza é alcançar a universalidade da condição humana; para que se objetive esse modo de vida, impõe-se o autoconhecimento, que deve ir além do axioma helênico do γνωθι σαυτόν (em latim, *nosce te ipsum*, ou "conhece-te a ti mesmo"), escrito nos templos da Grécia Antiga. Isso constrói um movimento que Marramao definiu como a transferência do diálogo Deus-homem para a relação criatividade humana-natureza[85], ou, como aprofundou Heller, o alargamento do conceito que pressupõe

---

[84] Dante Alighieri, "Purgatorio", em *La divina comedia*, cit., I, 1-42.

[85] Giacomo Marramao, *Poder e secularização*, cit., p. 89.

a condução das ações humanas de acordo com o preceito de que captando o que é bom em nossas naturezas e na natureza individual de cada um nos conduz à virtude[86] – o que, mais tarde, Espinosa definirá como liberdade e espontaneidade de uma natureza na ausência de constrangimento externo[87].

O ponto inicial dessa concepção de liberdade parte da uma nova dinâmica constituída pela relação dialética entre indivíduo e sociedade. Heller, em seu fundamental trabalho sobre o Renascimento, levanta a questão de o estoicismo e o epicurismo efetivamente responderem às necessidades de construção de um conjunto de princípios universais que norteariam a organização de uma sociedade em precipitação. A própria autora nos fornece a resposta, ressaltando que, no âmbito do estoicismo, essa réplica aparece tanto na obra de Thomas Morus como na de François Rabelais. Na *Utopia* de Morus, de 1518, como *positividade negativa*, isto é, na perspectiva antitética da sociedade inglesa[88], em que a transição do feudalismo ao capitalismo impunha, no acelerado processo de subsunção formal do trabalho ao capital, delineamentos morais apontavam para uma *nova ética* direcionada à lógica cosmológica assentada em uma socialidade fundada na produção de mercadorias, diferenciada da estoica proposta de Morus, em que o conjunto da estrutura da economia e da política da sociedade deveria ser transformado. Morus baseia sua crítica nas condições socioeconômicas objetivas da Inglaterra, acentuando a condição dos camponeses, que eram expulsos de suas casas para que a aristocracia terratenente ampliasse o cultivo de carneiros para a produção laneira. À situação de funda tragédia social que criaria um enorme contingente de miseráveis sem terras – que irão perambular pelo país aproximadamente por três séculos, até serem absorvidos na estrutura produtiva, com a Revolução Industrial, no século XVIII –, Morus contrapõe aquela condição de degradação humana, em *Utopia*, que localiza-se em uma ilha cuja capital é Amaurota, onde a propriedade privada dos meios de produção (no caso, a terra) é abolida, a terra é cultivada coletivamente e a turnos, e o ouro e a prata são metais utilizados na fabricação de produtos modestos e sem importância. Cada um tem seu próprio trabalho, e a ordem social é controlada por magistrados (os *sifograntes*) que vigiam para que ninguém esteja sem ocupação laboral. Em *Utopia*, a cultura é

---

[86] Cf. Agnes Heller, *L'uomo del Rinascimento*, cit., p. 163 e seg.

[87] Como realça Chaui: "De uma necessidade espontânea que brota da essência do próprio ser"; Marilena Chaui, *A nervura do real: imanência e liberdade em Espinosa* (São Paulo, Companhia das Letras, 1999), p. 78 e seg.

[88] Agnes Heller, *L'uomo del Rinascimento*, cit., p. 170 e seg.

168   Os portões do Éden

toda direcionada à comunidade, que cultiva a filosofia e as ciências. Morus assim expõe sua sociedade ideal:

> Os habitantes de Utopia aplicam aqui o princípio da posse comum. Para abolir a ideia de propriedade individual e absoluta, trocam de casa a cada dez anos e tiram a sorte da que lhes deve caber na partilha [...]. Há uma arte comum a todos os utopianos, homens e mulheres, e da qual ninguém tem o direito de isentar-se – é a agricultura [...]. Além da agricultura, que, repito, é um dever imposto a todos, ensina-se a cada um ofício especial. Uns tecem a lã ou o linho; outros são pedreiros ou oleiros; uns trabalham a madeira ou metais. São esses os principais ofícios [...]. As roupas têm a mesma forma para todos os habitantes da ilha; esta forma é invariável e apenas distingue o homem da mulher, o solteiro do casado [...] cada família confecciona seus próprios vestidos [...]. Os utopianos dividem o intervalo de um dia e de uma noite em 24 horas iguais. Seis horas são empregados nos trabalhos materiais [...]. O tempo compreendido entre o trabalho, as refeições e o sono, cada qual é livre de empregar à própria vontade [...]. Todas as manhãs, antes de o sol se levantar, os cursos públicos são abertos. Somente os indivíduos especialmente destinados às letras são obrigados a seguir esses cursos; mas todo mundo tem direito de assisti-los, mulheres e homens, quaisquer que sejam as profissões. O povo acorre em massa; e cada um se apega ao ramo de ensino que tem mais relação com sua indústria e seus gostos.[89]

Por sua vez, a resposta epicurista de Rabelais surge na *Abadia de Thélême*, em que a palavra "abadia" não é apenas uma contraposição sarcástica ao cristianismo, mas indica uma comunidade que rompe com os hábitos e os costumes da sociedade hegemônica e, nesse sentido, aproxima-se mais do jardim epicurista que da Utopia, em que não existe controle social propriamente dito, mas, ao contrário, uma vida escolhida livremente pelos homens[90]. Diferentemente do jardim de Epicuro, onde o trabalho não era considerado necessidade ou concepção de criatividade humana, devido a sua visão aristocrática, na *Abadia de Thélême* o trabalho tem importância central, porque é a condição da produção da existência material e lá a única regra é a de *fais ce que tu veux* ("faze o que tu queres"), inspiração da ideia do livre

---

[89]   Thomas Morus, *Utopia* (Rio de Janeiro, Edições de Ouro, s/d), p. 83 e 87-9.

[90]   Como ressaltou Rabelais, "toda a vida se passava não em leis, estatutos ou regras, mas de acordo com as respectivas vontades e prazeres livres. Levantavam-se das camas quando achavam que o deviam fazer; comiam, bebiam, trabalhavam, dormiam quando queriam e estavam dispostos a isso"; François Rabelais, citado em Agnes Heller, *L'uomo del Rinascimento*, cit., p. 171.

trabalho e de utopias futuras, como as de Fourier e do emblemático *Que fazer?*, de Chernyshevsky, que, por sua vez, influenciará o livro homônimo de Lênin. Além de ser uma premissa de que o homem *per si* luta pelo bem, localiza esse agir nos homens numa sociedade honesta, educada e livre[91].

De qualquer modo, essas visões entrelaçadas reforçam o fundamento de viver de acordo com a própria natureza, com tudo o que é universalmente humano, e o conhecimento de suas potencialidades individuais dão ao indivíduo a essencialidade que o distancia da noção de submissão à natureza. Esses elementos conformativos da eclosão da modernidade configuram o *novo indivíduo*, livre e dono de seu destino; homens responsáveis por seus próprios atos e pensamentos, e esse elemento constituído pela cosmologia renascentista abre a perspectiva para que as ações que conduzam e ampliem as virtudes humanas que alçam o homem à condição de novo Prometeu, mas sem as correntes que o aprisionavam à noção da existência de deuses e de um deus potência, o Zeus do mundo clássico, que o castigou pela ousadia e pela rebeldia ao buscar e dar aos homens o conhecimento e a divindade do poder criador e por amar e honrar os homens como se fossem deuses[92]. O Prometeu historicamente reformulado, do primeiro período do Renascimento até o século XVI, é o homem livre, que recusa o medo e a ameaça do castigo divino; que utiliza a ciência, a filosofia, a arte e a política como operadoras das novas formas de convivência; é plurivalente e tem grande independência individual. No dizer de Heller, nesse momento, encontram-se

> os modelos da versatilidade e da mais fanática e apaixonada unilateralidade de moderação estoico-epicúrea e da passionalidade mais imoderada. Burckhardt afirma com razão que ninguém tinha medo de ser conspícuo, de aparecer diferente dos outros; os homens seguiam obstinadamente seu rumo na vida e as leis a que obedeciam suas respectivas personalidades. Entre a grande diversidade de personalidades, surge, no

---

[91] Para situar Rabelais em seu escopo complexo de crítica à religião, ver o exaustivo trabalho de Lucien Febvre, *O problema da incredulidade no século XVI: a religião de Rabelais* (São Paulo, Companhia das Letras, 2009).

[92] Como vemos em Ésquilo, que realça o apego do homem a um campo ético que o hominiza diante da solidão frente à imensidão do Universo e dos desafios ao desenvolvimento do conhecimento humano. Ao executar o castigo de Zeus, acorrentando-o na montanha, nos confins do Universo, Éfesto fala a Prometeu: "Recusar obediência a um pai é grave [...]. Quem te dará paz não nasceu. Tua amaste os homens, e este é o fruto. Oh, Deus, que não te curve à ira dos deuses, contra a lei"; Ésquilo, "Prometeo incatenato", em *Esquilo: tutte le tragedie* (Roma, Newton Compton, 2000), p. 108.

entanto, repetidamente, uma característica comum, que consiste num voltar-se para o mundo, aquilo a que hoje chamamos, usando uma expressão da psicologia que se popularizou, extroversão.[93]

Após essas breves, mas necessárias, observações e digressões, voltemos à questão do indivíduo no contexto da emergência da politicidade, considerando, agora, as observações sobre a eclosão e o caráter da nova individualidade.

No plano ideológico, há o reflexo do próprio processo de acumulação capitalista-mercantil precoce, com seus elementos ideoculturais incidindo na cidade – já compreendida como *pólis cidadã burguesa* – e que constituíam uma hegemonia do modo de vida que superava as antigas formas da subjetividade feudal. Podemos dizer que esse elemento ideossocietal apresenta certa "universalização", pois está presente em todas as regiões italianas em que se desenvolvem as novas relações sociais capitalistas-mercantis. Como é possível observar, desde fins dos *Duecento* o *popolo grasso* se vê diante da tarefa de lutar contra a pobreza, posta no âmbito da ideologia religiosa, que contava com o apoio político das corporações de ofício ligadas à produção/ao beneficiamento da lã e da seda, alargando o espectro da democracia da pólis cidadã burguesa. A ampliação dos espaços democráticos e antifeudais é resultado histórico do precoce processo de desarticulação da servidão nessas regiões. A construção da democracia no escopo da pólis burguesa e que avançava em um quadro extremamente radicalizado despertou os "de baixo". No entanto, para alcançar o poder, a burguesia necessitou do apoio desse proletariado precoce, como se observa nas revoltas populares em diversas cidades da Toscana. O elemento particular que surge dessa processualidade é que, diante de uma embrionária e limitada democracia formal forjada pela burguesia, o nascente proletariado coloca para si, desde o início, ontologicamente e como um dos alicerces de sua cosmologia, a necessidade de radicalizá-la. E não é por acaso que se radicalizam também as próprias concepções sobre o elemento natural humano, no sentido da compreensão de que toda forma de sociabilidade e sua idealização apresenta uma contrapartida de "ideal humano". Não podemos ignorar que, no Renascimento, o contexto sociocultural – ideossocietal – é o do mercantilismo, seja em seus primórdios, no período de um mercantilismo em edificação, seja posteriormente, quando essa forma de sociabilidade se constitui como hegemônica. É importante

---

[93] Agnes Heller, *L'uomo del Rinascimento*, cit., p. 289.

ressaltar que a construção ideossocietal resultante do Renascimento, baseada nas referências culturais do mundo antigo, constituía-se enquanto *continuidade descontínua* e, por isso mesmo, se atualizava no contexto da original interpretação burguesa dos valores clássicos da Antiguidade. Nesse sentido, se o ideal clássico (grego) de homem era formado pelo ideal "eterno" da pólis (ou da inércia do estado) como centro do Universo, na pólis cidadã burguesa, como assinalamos, o ideal de homem encontra no egoísmo seu elemento central. A emergência da individualidade (e do *individualismo*) como aspecto fundante da sociabilidade que se processa no Renascimento alcança todos os segmentos de um tecido social em dramática mutação. Desse modo, o impacto do desenvolvimento de uma nova concepção ideossocietal é geral; atinge desde o antigo servo da gleba, agora desprovido dos meios de produção da vida, até os segmentos burgueses e, consequentemente, golpeia com força a velha nobreza e sua forma ideossocietal em decomposição.

Daí ser impossível afirmar que a cultura renascentista seja produto de uma só classe social. Ao contrário, é a síntese das diversas produções ideoculturais, cujos *elementos imediatos* podem ser observados na cultura das seitas e, inclusive, no doutrinarismo do pensamento dos extratos mais pobres das classes populares/trabalhadoras citadinas e rurais, o que fascinou, como bem observou Kofler, muitos "ideólogos dessa época", os quais o autor classifica como burgueses[94]. Obviamente, como afirmou Gramsci, esse amálgama aos poucos se organiza por uma intelectualidade proveniente das camadas médias das cidades onde eclodirá o Renascimento[95], que exercem a hegemonia de uma cultura basicamente aristocrática, ainda que também ela esteja em movimento e em transformação. É esse o escopo em que filhos da alta burguesia mercantil e manufatureira aderem às seitas então voltadas aos sofrimentos dos pobres e dos enfermos – grande fração das classes campesinas que, desprovidas de terras e cada vez mais requisitadas para a produção destinada ao mercado, vagavam sem rumo pela Europa e, em particular na região da Toscana, viviam em condições precárias e miseráveis, sem meios para a manutenção da vida,

---

[94] Cf. Leo Kofler, *Contribución a la historia de la sociedad burguesa*, cit., p. 130. Na conclusão de Kofler: "Pode-se até mesmo dizer que, quanto mais talentosos, sinceros e profundos eram esses ideólogos, quanto mais se esforçavam para resolver os problemas sociais de seu tempo, sem olhar para as consequências, menos podiam compreender as condições sociais exclusivamente de acordo com os conceitos de determinada classe social e mais seguramente misturaram seus pensamentos com as ideias das classes baixas, a que originalmente não pertenciam nem ideologicamente nem na socialmente"; idem.

[95] Cf. Antonio Gramsci, "Gli intellettuali", cit., p. 41 e seg.

172 OS PORTÕES DO ÉDEN

sem terras e sem casas[96]. Isso também já demonstraram as reflexões de Abelardo[97] (1079-1142) e as ações prático-religiosas em prol dos *pauperes*, como as de Francisco de Assis (*c.* 1181-1226) ou da beata Diana Giuntini (1287-1327), produtos do que Mollat chamou de "teologia do pobre", nascida de uma dialética forjada no embate entre cavaleiros e vilões, onde avareza e caridade situam-se no mesmo patamar. As primeiras reflexões sobre a condição da pobreza nascem das escolas e das universidades estabelecidas nas áreas urbanas, onde se estruturava uma nova cultura "impregnada do direito romano", e da crítica à teologia tradicional do medievo, justamente porque exercidas na cotidianidade da vida real[98] e que continuam ao longo do século XIV, com a eclosão do Renascimento. Obviamente, no contexto das desigualdades das cidades do período renascentista, essas concepções ganham feições particulares, em especial a negação da teologia da pobreza no humanismo, por exemplo na Alemanha, com a Reforma.

Aqui nos interessa o debate da nova individualidade que será o elemento ideológico em que prospera o aspecto da relação indivíduo, política e "virtude" (*virtùs*) e que permitirá sua realização no escopo da preconização da relação homem-virtudes (individuais) que se autoafirmam independentemente do destino, porque suficientes pela observância de uma vida regrada por uma "ética humanista", já deificada pelo humanismo civil do primeiro período do Renascimento; isso possibilita o exercício de uma vida desenvolvida no contexto de um agnosticismo em relação à religiosidade ou, em última instância, em um "ateísmo prático" (Lukács/Heller) e pragmático, com a consequente redução da distância entre o progresso social e o desenvolvimento da individualidade, tendo por base filosófica o pensamento da Antiguidade clássica. Será com Francesco Petrarca (1304-1374) que se consolidará, no primeiro período do Renascimento, essa articulação entre o mundo clássico e o

---

[96] Ver Duccio Balestracci, "Lavoro e povertà in Toscana alla fine del Medioevo", *Studi Storici*, Roma, Istituto Gramsci, n. 3, 1982, p. 565 e seg.

[97] Ver, por exemplo, as reflexões éticas de Abelardo, "Ethique ou connais-toi toi-même", em *Œuvres choisies d'Abélard* (Paris, Montaigne, 1945), p. 11 e seg.

[98] Como acentua Mollat, "a reflexão dos homens do século XII, baseada em fatos vividos par a par com a doutrina, procurou soluções concretas. Um dos procedimentos foi construir sobre as distinções uma espécie de casuística da pobreza vivida e da esmola. Essa reflexão também soube falar alto e evocar deveres imperiosos. Dela, não guardaremos o que concerne à pobreza espiritual, vivida individual ou coletivamente por monges e religiosos; nós nos dedicaremos aos pobres que não elegeram seu Estado, que se resignavam a ele, que o suportam a contragosto ou porque se revoltam contra ele"; Michel Mollat, *Os pobres na Idade Média* (trad. Heloísa Jahn, Rio de Janeiro, Campus, 1989), p. 102.

humanismo, buscando sua síntese. Seu ponto de partida são as ideias platônicas, mas recuperando Cícero e fazendo uma conexão com Agostinho, criticando duramente o averroísmo e o aristotelismo, porque procuravam uma identidade com o naturalismo que, segundo o filósofo humanista, apresentava-se como negativa à necessária reflexão individual do homem (meditação interior) que serviria para aclarar e reforçar a personalidade do indivíduo. Assim, Petrarca aproximava-se das formulações agostinianas que preconizavam a noção de que "não há um problema que não seja o próprio problema", isto é, priorizando a interioridade da vida e, no limite, a identidade entre filosofia e religião, em que recoloca a questão do sentimento íntimo conectado à eticidade (Agostinho), de modo que se posiciona contra às ciências naturais, diante das quais contrapõe a contemplação, o que implica a concepção de um mundo desajustado entre o ideal e a realidade. O âmbito de sua procura reside na busca de um saber que está no próprio indivíduo (Platão), e de nada adianta o conhecimento da natureza das coisas se não se conhece a natureza humana. Isso significa dizer que o homem, formado de corpo e de alma, é destinado a viver e a dominar o mundo, mas por meio da meditação interior. Nessa perspectiva, Petrarca aparece como "meio-termo" entre o medievo e a modernidade. Contudo, há para ele um elemento conformador de modernidade nucleado exatamente no indivíduo com a presença da *autoconsciência* que a renovação das artes proporcionou; aspectos do individualismo e do subjetivismo estão claramente expressos quando ele discorre, em seus escritos, sobre suas experiências e suas impressões adquiridas em leituras ou na elaboração de textos[99].

Um dos aspectos fundamentais do pensamento de Petrarca é sua polêmica com as ciências da natureza. Petrarca, em seu *Invectivarum contra meducum quendam*, ataca a medicina e a acusa de ser inconsistente como ciência; além disso, ele se contrapõe às ciências naturais como um todo[100]. Chasin acentua, com razão, o desinteresse de Petrarca pela ordem natural e por qualquer forma de cosmologia e das afirmações dos físicos, às quais contrapõe a filosofia moral, o núcleo de seu esforço especulativo, o que objetivamente o faz contrapor às ciências da

---

[99] Como assinala Kristeller: "O caráter subjetivo dos escritos de Petrarca assinala a característica notável da maior parte do pensamento e da literatura humanistas posteriores, característica que encontrou sua expressão culminante em um dos últimos e o mais filosófico dos humanistas, Michel de Montaigne, que iria declarar que seu próprio eu constituía o principal objeto de seu filosofar"; Paul Oskar Kristeller, *Ocho filósofos del Renascimiento italiano* (Cidade do México, FCE, 1996), p. 27.

[100] Francesco Petrarca, *Invective contra medicum: invectiva contra quendam magni status hominem sed nullius scientie aut virtutis* (org. Franceso Bausi, Florença, Le Lettere, 2005).

natureza e à medicina (útil ao corpo, mas inútil ao espírito) a contemplação[101]. Sua contrapartida, no plano filosófico, esbarra na teologia – no escopo de sua condição contraditória de ser, ao mesmo tempo, medieval e moderno – quando insiste que o principal interesse e objeto da reflexão filosófica deve ser o homem e sua alma. Contou em uma carta a um antigo confessor, Dionigi da Borgo San Sepolcro – professor da Universidade de Paris e humanista –, supostamente em 1336, que, ao chegar ao monte Ventoux[102], em companhia de seu irmão Gherardo, e após refletir sobre os últimos dez anos de sua vida e sobre o amor em relação a Laura, olhar para os picos do Rohne e dos Cévennes, sentou-se e abriu seu exemplar das *Confissões* de Agostinho, detendo sua leitura na seguinte passagem: "Os homens vão admirar os píncaros dos montes, as ondas alterosas, as largas correntes dos rios, a amplidão do oceano, as órbitas dos astros, mas não pensam em si mesmos!"[103].

A asseveração dessa referência às *Confissões* como constante de uma experiência de vida e de pensamentos de Agostinho demarca o aspecto pessoal e identitário do santo, homem ilustrado pela filosofia da época e ele mesmo (Petrarca) portador de uma erudita cultura clássica articulada com a cultura, também ela erudita, produzida pelo cristianismo (aquele elaborado e constituído em Alexandria pela patrística) na perspectiva de retomada da fé como centralidade da ação humana. Nessa fundamentação em que também recupera Sêneca – por seu *Tratado sobre a ignorância*, ao referir-se à passagem da *Epistolae morales*, VIII, 5, na qual afirma que, "mesmo que todas as coisas fossem certas, não teria importância conhecer a natureza se desdenhasse a natureza dos homens, quer dizer, para que nascemos, para onde vamos" etc. – aparece o elemento da novidade petrarquiana, que situa--se justamente no debate sobre a dignidade humana e a possibilidade de ela se realizar por meio de uma prática coletiva e igualitária. Nesse sentido, mais uma vez confluimos com as análises de Chasin, para quem o estabelecimento da polêmica contra a medicina contrapõe as letras e as leis, como o escopo dignitoso que define a possibilidade da ação efetivadora, elevando para tal o âmbito da política.

---

[101] Cf. José Chasin, "O futuro ausente", cit., p. 173 e seg.

[102] Os especialistas na obra e na vida de Petrarca afirmam que essa carta não foi escrita em 1336, como afirma o autor, mas muitos anos depois, no âmbito de um documento literário, como fundo para as suas reflexões filosóficas e de retórica; como um elemento alegórico de vida, de "pensamentos e de literatura vividos".

[103] Agostinho de Hipona, *Confissões* (São Paulo, Folha de S.Paulo, 2010, col. Livros que Mudaram o Mundo, v. 12), II-X, 8.

No sentido de um primeiro delineamento conclusivo, podemos dizer que, no conjunto, o humanismo, como ideologia geral do Renascimento – que, em algumas regiões fora da Itália limitou-se a setores componentes das classes dominantes, não atingindo o conjunto ideocultural da população –, sintetiza a luta pela transcendência religiosa do conhecimento, ainda que essa busca de conhecimento tenha procurado se desenvolver no contexto de uma pretensa harmonia com as verdades reveladas pelo cristianismo. Trazendo a herança cristã da patrística, o humanismo, por um lado, apresenta-se como trava para o desenvolvimento real das ciências. Por outro, será responsável por avanços conceituais sobre a centralidade do homem no Universo. Antiteticamente, a partir da perspectiva de conectar a cultura clássica com seu tempo, o humanismo representa a vontade de recolocar os valores no âmbito da realidade histórica, afrontando a exigência do reconhecimento da historicidade dos fatos, inclusive abrindo campo para as pesquisas filosóficas e filológicas[104]; quer dizer, põe na ordem do dia a perspectiva de reinserir o elemento de valorização do humano como um ser mundano que se objetiva na natureza e na própria história, onde determina seu destino. Sem dúvida, desde as construções aquinianas a filosofia requeria maior centralidade e autonomia da razão, na perspectiva de compreensão da realidade. Então, no Renascimento, esse vislumbre ganha aspectos de radicalidade, justamente quando concebe no âmbito da historicidade a objetivação da individualidade humana. Desse modo, insere-se o homem tanto na esfera da natureza como na da sociedade, o que o leva a conceber a vida humana em comunidade e, consequentemente, no caso das cidades italianas, em especial Florença, a organização dessa vida em comum por meio tarefas civis e da fundamental mediação das relações sociais realizada pela politicidade, utilizando alegoricamente a recuperação da política da Antiguidade clássica como centro nuclear para a legitimação racional da ação humana – isso em um contexto propício para ressaltar a igualdade entre os homens, isto é, recuperando o conceito grego da isonomia da pólis –, base ideológica da democracia

---

[104] Como define Abbagnano: "A descoberta da perspectiva histórica é, em relação ao tempo, a mesma que a descoberta da perspectiva óptica realizada pela pintura renascentista é em relação a espaço: a capacidade de perceber a distância de um objeto em relação ao outro na conexão daquele que o observa; portanto, a capacidade de compreendê-los em seu lugar real, em distinção dos demais, em sua verdadeira individualidade. A importância da personalidade humana, assim como o centro original e a auto-organização dos vários aspectos da vida, é condicionada pela perspectiva que se coloca nesta direção. A importância que o mundo moderno atribui à personalidade humana é consequência de uma atitude que foi realizada pela primeira vez pelo humanismo renascentista"; Nicola Abbagnano, *Storia della filosofia*, v. 3, cit., p. 6.

176 Os portões do Éden

grega, para que proporcionasse a regulação não somente do conflito, como também da desigualdade real existente na relação objetiva entre propriedade e trabalho. Assim, esse impacto ideossocietal, que atinge do antigo servo da gleba, agora proletário desprovido dos meios de produção (inicialmente em algumas regiões europeias, com a tendência de alargamento), aos segmentos burgueses, sobreleva a individualidade que se afirma como produto histórico da ascensão das camadas plebeias no contexto de um feudalismo em fase de consumpção, consolidando a individualidade resultante de uma *forma societal histórico-particular*, em vias de se tornar universal. Não por outro motivo, o historiador inglês do século XIX Addington Symonds argutamente asseverou que a autonomia dos homens renascentistas, em relação ao passado feudal, é percebida em suas obras arquitetônicas, nas quais está presente não tanto a marca do pensamento individual, mas, fundamentalmente, o *instinto popular*[105]; essa fama pertencente ao povo que, no contexto do "espírito" do tempo, as criou. No âmbito histórico da crise de afirmação de uma nova forma sociometabólica, o homem inserido no mercado prima por sua criatividade, sendo que seus objetivos imediatos são a glória, os negócios e, obviamente, a acumulação monetária. No contexto da afirmação do conceito da pólis cidadã burguesa ou comuna aristocrático-burguesa e de suas contradições, que alcançam dimensões antagônicas, é que gradativamente se desvanece a idealização de se retomar, mesmo que de modo *aggiornato*, o igualitarismo isonômico do mundo clássico.

Ainda nessa sumarização – e incorporando, nessa breve síntese, o percurso da objetivação e da crise do projeto de pólis moderna –, ressaltamos que, na construção do equilíbrio entre as forças sociais nas cidades renascentistas e a fim de afrontar o poder dos senhores feudais, a emergente burguesia recorre à composição com setores populares das *commune populi* para fortalecer suas alternativas e suas propostas socioeconômicas, o que propicia o alargamento da presença das camadas populares no projeto aristocratizante da burguesia. Segundo essa perspectiva, mesmo que a noção de "governo do povo" fosse permeada pela estratégia de manipulação e cooptação das classes populares, como aponta Von Martin[106], essa abertura reforçou a forma comunal-organizativa popular, de longínqua tradição e cuja origem radica-se na antiga civilização romana – aliás, talvez seja até anterior

---

[105] Cf. John Addington Symonds, *El Renacimiento en Italia*, v. 1: *La época de los déspotas. El renacimiento del saber. Las artes plásticas. La literatura italiana* (Cidade do México, FCE, 1987), p. 376-7.

[106] Cf. Alfred von Martin, *Sociologia del Renacimiento*, cit., p. 20 e seg.

A CRISE DA IDEALIZAÇÃO DA PÓLIS RENASCENTISTA 177

a ela. De todo modo, com a instituição da *podestade*, a burguesia procurou subordinar a autonomia da *commune populi* a sua autoridade, enquadrando também as famílias de origem feudal que já se encontravam subalternizadas ou submetidas ao transformismo. Esse artifício, muitas vezes arrimado em um governante forasteiro e pretensamente "neutro", foi o instrumento para manter equilibradas as tensões que a aflorante sociedade de classes engendrava entre a burguesia mercantil, os extratos aliados a ela e o *populus*/povo, constituindo uma instituição política *ipso facto*. Na medida em que as relações sociais se emaranhavam na produção de mercadorias e nos diversos modos de subsunção formal do trabalho ao capital, agudizam-se as relações entre as classes, e o resultado desse processo é a fratura do regime comunal e o aprofundamento da luta de classes.

E é nessa processualidade que aflora o modo da política, ou a politicidade, sua forma igualitária, e a democracia moderna, relevando-se, ainda, que surgem seus ideólogos mais contundentes, convencidos (e convencedores) da necessidade e da possibilidade de uma sociabilidade igualitária e "universalmente" democrática – mesmo com a presença social de camponeses expulsos de suas terras, sendo, agora, operários explorados nas manufaturas de lã e de seda, que recebem baixos salários e sofrem grande exploração; isso porque os pensadores renascentistas encontravam limites históricos, cognitivos e metodológicos para relevar objetivamente as determinações do ser social. Sedimentava-se uma comunidade cuja base material situava-se na produção de mercadorias e no comércio, e consolidava-se, também, a constituição societal de uma forma-trabalho dividida em classes sociais, com a precoce proletarização dos camponeses; e a percepção do igualitarismo e da democracia se constituíam *fallacia* que supunha indevidamente uma *consequentia* (Aristóteles), uma falsa apreensão da realidade e, por conseguinte, uma falsa consciência. No lapso temporal que se delineia entre o século XIII e meados do XVI, no complexo e multifacetado contexto das tensões intrínsecas resultantes da sociabilidade da mercadoria, a luta pelo poder que se trava entre frações da burguesia propicia o desenvolvimento, em ambos os lados, de "fisionomias espirituais" particulares. No âmbito da pequena-burguesia, participa também o elemento operário, trabalhador livre (*popolo magro*), dependente da classe dominante urbana. A média burguesia é mais religiosa e mais popular que a alta burguesia, mas será dela que sairão Dante e Boccaccio, além de Petrarca, intelectuais do *popolo grasso* (mercadores, empreendedores, proprietários de manufaturas e membros das *Arti Maggiori*) e dos *magnati* (setores da burguesia aristocratizada e da nobreza "transformista"), que, juntos, conformam o grupo burguês hegemônico do poder. Será exatamente da classe do *popolo grasso* que virá a secularização[107]. Como relevou Heller, "não podemos nos estupidificar diante disso: são eles que sentem e veem desde o início, são eles mesmos que devem direcionar seus próprios destinos e é por meio deles que pioneiramente se dissolve a exigência religiosa. Ao mesmo tempo, procuram uma ideologia que corresponda a seus objetivos"[108].

A definição de Heller de que o verdadeiro mérito do Renascimento foi ter expressado uma universalidade antropológica que tornou possível a elaboração de um conceito dinâmico do homem[109] nos dá a possibilidade de ressaltar que seu desdobramento – isto é, a conceptualidade genérica da produção de mercadorias equivalentes – colocou a igualdade como princípio societal universalizado, posto que não se mensuravam as diferentes qualidades particularizadas, as quais se objetivavam no processo produtivo – problema que só começaria a ser resolvido, e parcialmente, adiante, com o surgimento da economia política.

Com isso queremos dizer que no processo de subsunção formal do trabalho ao capital ainda não havia surgido recurso metodológico que possibilitasse a mensuração do valor da mercadoria, dadas as insuficiências intrínsecas à própria processualidade histórica. No capítulo sobre a mercadoria, em *O capital*, Marx demonstra essa característica de generalização sobre a compreensão da formação do valor da mercadoria ao polemizar com Adam Smith justamente sobre a essência da produção e do valor intrínseco da mercadoria, a partir do pressuposto de que todo trabalho é dispêndio de força humana de trabalho, em seu senso fisiológico[110]. Mesmo no século XIX ainda se apresentava a velha divergência de fundo sobre o caráter da *dupla magnitude* da mercadoria; quer dizer, sua forma natural e sua forma de valor, entendendo-se como forma "natural e prosaica" o valor de uso da mercadoria. Como afirma Marx, as mercadorias só se objetivam como tal

---

[107] Addington Symonds, em seu clássico e exaustivo trabalho de 1886, ressalta com muita propriedade essa característica dos homens livres, pertencentes à pequena-burguesia e às camadas populares: "Em todos os campos abertos ao homem de talento o nascimento [origem social] tinha sempre menos importância que os dotes naturais, pois na Itália as barreiras e as hierarquias sociais do feudalismo nunca existiram nem haviam sido derrubadas ou desarticuladas durante as batalhas dos séculos XII e XIII [...]. A classe governante das repúblicas estava formada por homens que forjaram a si mesmos no comércio"; John Addington Symonds, *El Renacimiento en Italia*, v. 1, cit., p. 376.

[108] Agnes Heller, *L'uomo del Rinascimento*, cit., p. 66.

[109] Cf. ibidem, p. 593.

[110] Cf. Karl Marx, *El capital*, Livro I, cit., sec. 1, cap. 1, p. 14 [ed. bras.: *O capital*, Livro I, cit., p. 124 – N. E.].

porque são algo duplo: objetos úteis e, ao mesmo tempo, suportes de valor. Portanto, apresentam-se como mercadorias somente quando têm esta dupla forma: a natural e a do valor.

> A.[dam] Smith confunde, aqui, [...] a determinação do valor por meio da quantidade de trabalho despendido na produção da mercadoria com a determinação dos valores das mercadorias por meio do valor do trabalho e procura, assim, provar que quantidades iguais de trabalho têm sempre o mesmo valor.[111]

Esse é o aspecto objetivo e material que nos possibilita compreender a *centralidade* no igualitarismo idealizado. Nesse sentido, desde os pensadores renascentistas, podemos ver nos esforços para ampliar e democratizar o conhecimento e o acesso tanto à arte como às ciências, como em Alberti, Bacon, Da Vinci, Bruno, Machiavelli etc., justamente a *expressão* da visão utópica – no contexto histórico de uma divisão social que gradativamente concentra e privatiza a propriedade e os meios de produção nas mãos de uma classe hegemônica – de que seria possível a todo cidadão ter condições para fruir desses conhecimentos, que se colocavam à disposição de um homem tornado dinâmico e afirmativo, abstraindo as determinações materiais da magnitude do valor da mercadoria.

Isso significa que a premissa de que qualquer pessoa estava apta a utilizar os conhecimentos científicos, num contexto em que o "gênio" humano vivenciava livremente a democracia, partia de um pressuposto idealizado e fora dos elementos materiais e objetivos ontologicamente delineados pelo ser social. Com isso fundamentamos o ponto de vista de que a retomada do igualitarismo, da democracia e do espírito democratista não pode ser vista no âmbito simplório de um "subterfúgio tático" ou de uma "aleivosia teleológica" da parte da nascente burguesia contra os trabalhadores. Ao contrário, resulta do fundamento ontológico das relações sociais. O ser social que emerge dessa nova forma sociometabólica reproduz, no âmbito do *reflexo* societal, o elemento da *generalidade igualitarista*, posta, no espectro da materialidade, pela produção ampliada de mercadorias e pelas consequentes atividades humanas cotidianas para produzi-las, nas quais, como salientou Marx, "todos os produtos do mesmo tipo formam, de fato, um todo: a rigor, uma única massa, cujo preço é a determinação geral, sem levar em consideração as circunstâncias particulares"[112]. Esse elemento é considerado um ato histórico.

---

[111] Ibidem, p. 14, nota 17 [ed. bras.: ibidem, p. 124, nota 16 – N. E.].

[112] Ibidem, p. 7, nota 10 [ed. bras.: ibidem, p. 117, nota 10 – N. E.].

180 Os portões do Éden

Como nos lembra Marx, a elaboração do conceito de "virtude interna" *in limine* é o valor de uso; quer dizer, no âmbito imediato da produção da mercadoria o que emerge é a forma meramente fenomênica da materialidade da mercadoria produzida pela energia criativa da ação humana – o trabalho, ainda não posto em seu plano histórico. Como acentua Marx, o próprio valor de troca da mercadoria

aparece como a relação quantitativa, a proporção na qual valores de usos de um tipo são trocados por valores de uso de outro tipo, uma relação que se altera constantemente nos lugares e no tempo. É por isso que o valor de troca aparece como se fosse algo puramente causal e relativo, como um valor de troca intrínseco e imanente à mercadoria (*valeur intrinsèque*); como se fosse um *contradictio in adjecto* (uma contradição em termos).[113]

Dessa forma, trata-se de uma subjetividade plenamente permeada pela materialidade, que, por sua vez, é determinada por uma variedade de formas e de modos produtivos que vão se aglomerando e plasmando dialeticamente o semblante da subsunção formal do trabalho ao capital. É nesse sentido que Heller define esse momento como o do surgimento de uma antropologia democrática que irá incidir na própria concepção de "gênio humano"[114], com a qual, em princípio, estamos de acordo, desde que venha enfaticamente definida como resultado dos saltos mediativos realizados pela práxis social cotidiana, exatamente por ser a práxis constitutiva do que Lukács denominava *conditio sine qua non* para o desenvolvimento e para a objetividade da reprodução e do desenvolvimento do ser social[115]. No contexto renascentista, antiteticamente, essa práxis e sua forma imaginária consonante também geravam outra *falsa ideia* – enquanto pseudoconcreticidade (Kosik)[116] – de que essas conquistas humanas constituíam novidades intrínsecas ao tempo vivido e intuitivamente (com laivos místicos) compreendidas como resultantes de seus meios sociais urbanos. Como afirmamos, o homem renascentista ainda não apreendia o conjunto da totalidade em movimento, e o individualismo resultante daquela processualidade centrava a noção de "gênio" no âmbito da singularidade individual, porque era compreendida como alta representação do gênero humano e

---

[113] Ibidem, p. 4 [ed. bras.: ibidem, p. 114 – N. E.].

[114] Agnes Heller, *L'uomo del Rinascimento*, cit., p. 594 e seg.

[115] Ver György Lukács, *Ontologia dell'essere sociale*, v. 1, cit., p. 6 e seg. [ed. bras.: *Para uma ontologia do ser social*, v. 1, cit., p. 28 e seg. – N. E.].

[116] Cf. Karel Kosik, *A dialética do concreto* (Rio de Janeiro, Paz e Terra, 1976), p. 11 e seg.

de uma "hipersubjetividade", não como resultado objetivo das determinações postas pelo ser social. Nos *Manuscritos de Paris*, de 1844, Marx demonstra – antecipando as conclusões desenvolvidas adiante, em *A ideologia alemã*[117] – que a consciência não é mais que a forma teórica (abstrata) daquilo que é a comunidade real, sendo que a essência social é a forma viva.

> Deve ser evitada a insistência de colocar a "sociedade" como outra abstração diante do indivíduo. *O indivíduo é o ser social*. A exteriorização de sua vida – embora não apareça sob a forma mediata de uma exteriorização de vida coletiva, cumprida em união e ao mesmo tempo com outros – é, portanto, uma exteriorização e uma confirmação da vida social. A vida individual do homem e sua vida genérica não são distintas, por mais que, necessariamente, o modo de existência da vida individual seja mais particular ou mais geral da vida genérica.[118]

Portanto, a consciência humana, respondendo às formas objetivas das relações sociais, tem em sua estrutura uma complexa conexão direta com a vida real e, no caso de uma nascente sociedade fundada na produção de mercadorias e no capital, os reflexos dessa sociabilidade aparecem como aspectos gerais de um núcleo central

---

[117] "Não se trata, como na concepção idealista da história, de procurar uma categoria em cada período, mas de permanecer sempre sobre o terreno da história real; não de explicar a práxis a partir da ideia, mas de explicar as formações ideológicas a partir da práxis material; chegando-se, por conseguinte, ao resultado de que as formas e os produtos da consciência não podem ser dissolvidos por força da crítica espiritual, pela dissolução na 'autoconsciência' ou pela transformação em 'fantasmas', 'espectros', 'visões' etc. – só podem ser dissolvidos pela derrocada prática das relações reais de onde emanam essas tapeações idealistas; não é a crítica, mas a revolução, a força motriz da história, assim como da religião, da filosofia e de qualquer outro tipo de teoria. Essa concepção demonstra que a história não termina dissolvendo-se na 'autoconsciência', como 'espírito do espírito', mas que em cada uma de suas fases encontra-se um resultado material, uma soma de forças de produção, uma relação historicamente criada com a natureza e entre indivíduos, que cada geração transmite à geração seguinte; uma massa de forças produtivas, de capitais e de condições que, embora sendo parte modificada pela nova geração, prescreve a esta suas próprias condições de vida e lhe imprime determinado desenvolvimento, um caráter especial. Mostra que, portanto, as circunstâncias fazem os homens, assim como os homens fazem as circunstâncias"; Karl Marx e Friedrich Engels, *La ideologia alemana* (Barcelona, Grijalbo, 1970), p. 40-1 [ed. bras.: *A ideologia alemã*, trad. Nélio Schneider et al., São Paulo, Boitempo, 2007, p. 42-3 – N. E.].

[118] Karl Marx, "Manuscritos economico-filosoficos de 1844 – tercer manuscrito", em *Escritos económicos varios* (Cidade do México, Grijalbo, 1966), p. 84 [ed. bras.: *Manuscritos econômico-filosóficos*, trad. Jesus Ranieri, São Paulo, Boitempo, 2004 – N. E.].

sócio-objetivo – o caráter mesmo do conjunto da produção da vida material – em que o homem se apresenta não somente como criador da atividade econômica, mas também como seu produto mercantilizado. A forma de realização laboral que ali se desenhava socialmente se direcionava para a estruturação da alienação do trabalho e, consequentemente, a alienação do conjunto do ser social.

Assim, a sociedade que possibilita a acumulação de capital e o enriquecimento é aquela que gera, ao mesmo tempo, a miséria, engendrando a condição de um homem carente de uma totalidade de exteriorização da vida humana que se efetiva como necessidade (*Notwendigkeit*) interna e como carência (*Not*)[119]. A sociabilidade fundada na produção de mercadorias e na acumulação do capital, mesmo em sua incipiência, engendra, assim, uma igualitarização que se *efetiva* a partir da prática do trabalho realizada no processo de produção cujas mercadorias se equivalem *apenas* enquanto resultados formais e imediatos dessa prática – ainda que se diferenciem no âmbito substantivo, pelo tempo de trabalho necessário empregado para produzi-las; justamente por não conseguir mediar (particularizar) a diferença que determina o valor da mercadoria, a consciência imediata resultante desse processo aparece não somente alienada, como também fetichizada. Marx demonstra que, a partir da teoria do trabalho alienado, faz-se a conexão essencial entre toda a gama de alienações e o sistema monetário, por meio do dinheiro, o "proxeneta que atua entre a necessidade do homem e o objeto, entre sua vida e seus meios de vida"[120].

No caso do capitalismo nascente, as *formas reificadas de mediação* impossibilitavam, no âmbito da mediatização da consciência, a ligação entre o trabalho, a produção e o próprio homem – isto é, a percepção do valor da mercadoria determinado pelo tempo socialmente necessário para produzi-la – e acabavam incidindo na (in)compreensão de uma igualdade sem substância, isto é, a reificação da prática real e material que é tomada por única medida e a alienação pela prática da política que "supera" a propriedade privada a partir de uma "negação" idealizada e não verdadeira dela mesma, sem que, para isso, haja uma ação contundente e objetiva para suprimi-la[121], criando uma involuntária fantasia original burguesa da igualdade e da liberdade, projetada na Antiguidade e transferida e reprocessada criativamente para a modernidade. Uma igualitarização idealizada porque a ausência da mediação a torna incapaz de perceber a necessária particularidade componente nas relações sociais mediadas pela propriedade privada dos meios de produção.

---

[119] Cf. ibidem, p. 89 [ed. bras.: ibidem, p. 112-3 – N. E.].

[120] Ibidem, p. 92 [ed. bras.: ibidem, p. 159 – N. E.].

[121] Ibidem, p. 96 e seg. [ed. bras.: ibidem, p. 100 e seg. – N. E.].

A CRISE DA IDEALIZAÇÃO DA PÓLIS RENASCENTISTA 183

Engels detectou isso ao perceber o limite ontológico da *Weltanschauung* burguesa, localizado no elemento particular generalizado e pseudoconcretamente universalizado, na medida em que reduzia objetivamente sua pretensão de representação igualitária às lutas por direitos restritos (situados nos contornos da politicidade), na medida em que eram concebidos na perspectiva de classe e, por isso mesmo, redutores da universalidade. De modo pontual, havia a impossibilidade histórica de realizar a transcendência (*Aufhebung*) da igualdade genérica e abstrata, no âmbito da socialidade que se fundava na propriedade privada dos meios de produção, para o âmbito de *outra* sociabilidade, em que a igualdade real estaria fundada na coletivização dos meios de produção. Na percepção desse elemento nodal constitutivo dos limites da universalidade-particularizada burguesa, Engels sintetiza:

> A burguesia podia arrogar-se o direito de representar, de igual modo, na luta contra a nobreza, os interesses das diversas classes trabalhadoras dessa época. Viu-se, entretanto, que, ao lado de cada movimento burguês, desenvolveram-se movimentos independentes da classe que era precursora mais ou menos desenvolvida do proletariado moderno. Assim foi na época da Reforma e das guerras camponesas na Alemanha, a tendência dos anabatistas e de Thomas Münzer; na grande Revolução Inglesa, os "*levellers*", e na Revolução [Francesa], Babeuf. Esses levantamentos revolucionários de uma classe ainda embrionária eram acompanhados por manifestações teóricas; nos séculos XVI e XVII, descrições utópicas de uma sociedade ideal; no século XVIII, teorias já francamente comunistas (Morelly e Mably). A reivindicação da igualdade não se limitava apenas aos direitos políticos, mas se tornava também extensiva à situação social dos indivíduos; já não se pretendia somente abolir os privilégios de classe, mas destruir as próprias diferenças de classe.[122]

Essa reflexão, além de fazer a recensão do caráter da pseudo-universalidade particularizada do igualitarismo burguês, nos permite compreender em profundidade as razões ontológicas da impossibilidade da existência de uma democracia com "valor universal" sob a óptica da ordem sociometabólica burguesa, em que a abolição da propriedade privada pode ser "realizada" unicamente no âmbito da abstração idealizada e concernente aos ordenamentos ideojurídico burgueses[123].

---

[122] Friedrich Engels, *Do socialismo utópico ao socialismo científico* (Lisboa, Estampa, 1971), p. 49.

[123] Problema tratado em profundidade pelo jovem Marx em seu livro escrito em 1843 e publicado em 1844, "Sobre la cuestión judia", em *Marx: escritos de juventud* (Cidade do México, FCE, 1987), p. 468 e seg.

184 OS PORTÕES DO ÉDEN

Assim, somente podemos entrever a possibilidade histórica de universalizar a democracia se a inserirmos na particularidade proletária que seu caráter ontológico de particularização-universalizante inscreve no âmbito histórico – isto é, se a inserirmos na perspectiva da emancipação humana cujo fundamento requer a abolição da propriedade privada, a socialização dos meios de produção e a extinção do Estado, do direito e dos meios e dos instrumentos repressivos relacionados à manutenção da ordem sociometabólica do capital, como evidenciou Lênin em suas ponderações sobre o escopo sócio-histórico da democracia[124].

Como prenúncio a essa questão de central importância, atentemos para a consideração ontológica do "jovem" Marx, avaliando, com precisão, os problemas genéticos de abordagem conceitual e os elementos histórico-constitutivos da visão burguesa de liberdade coletiva e individual, assim como os aspectos que fundamentam suas ilusões, ao observar o que chamou de "colossal ideia de Robespierre e de Saint-Just de um povo livre vivendo apenas segundo as regras da justiça e da virtude", na pressuposição sincera de que os espartanos, os atenienses e os romanos fossem povos livres, justos e virtuosos[125]. O que deve ser relevado nessas observações é o destaque marxiano do *aspecto ilusório* de que "havia existido" na Antiguidade uma absoluta liberdade dos cidadãos, especialmente em Roma. Como observou impiedosamente: "Robespierre, Saint-Just e seu partido sucumbiram porque confundiram a sociedade de democracia realista da Antiguidade, assentada na base da escravidão real, com o Estado representativo moderno de democracia espiritualista, que se assenta na escravidão emancipada, na sociedade burguesa"[126].

Não por acaso, Lukács evidencia que essas observações de Marx demonstram cabalmente o caráter quimérico, assim como a impossibilidade objetiva da "renovação da Antiguidade", como aspiravam os pensadores burgueses desde o Renascimento[127]. Nesse sentido, lembramos, ainda, as observações que Marx fará adiante, retomando o problema da ilusão de classe dos jacobinos franceses, no

---

[124] Cf. Vladímir I. Lênin, "El Estado y la revolución", em *Obras completas*, cit., v. 27, p. 95 e seg. [ed. bras.: *O Estado e a Revolução*, São Paulo, Boitempo, 2017].

[125] Cf. Karl Marx e Friedrich Engels, *A sagrada família, ou Crítica da crítica crítica contra Bruno Bauer* (Lisboa, Presença, 1974), p. 182 [ed. bras.: *A sagrada família*, São Paulo, Boitempo, 2003, p. 140 – N. E.].

[126] Ibidem, p. 183 [ed. bras.: ibidem, p. 141 – N. E.].

[127] Cf. György Lukács, *El joven Hegel y los problemas de la sociedad capitalista* (Barcelona-México, Grijalbo, 1972), p. 66 e seg. [ed. bras.: *O joven Hegel e os problemas da sociedade capitalista*, São Paulo, Boitempo, 2018, p. 107 e seg. – N. E.].

prefácio, datado de 1869, de seu *O 18 de brumário de Luís Bonaparte*, no qual situa historicamente os limites da luta do proletariado romano e ironiza a analogia que se fazia com o proletariado alemão.

Nesta analogia histórica superficial esquece-se do mais importante, ou seja, de que na antiga Roma a luta de classes desenvolveu-se apenas no seio de uma minoria privilegiada, entre os ricos cidadãos livres e os pobres cidadãos livres, enquanto a grande massa produtora, os escravos, formava o pedestal puramente passivo para esses combatentes. Esquece-se da significativa frase de Sismondi: "O proletariado romano vivia às expensas da sociedade, enquanto a sociedade moderna vive às expensas do proletariado".[128]

Obviamente havia nessas considerações, desde os primeiros teóricos burgueses até os revolucionários franceses, concepções fora de seu lugar histórico, sobretudo em relação ao escopo em que os camponeses, fundamentalmente os atenienses da Antiguidade, tinham influência na vida citadina da pólis justamente porque possuíam expressão econômica na ordem politeia. Mesmo assim, estavam submetidos a uma forma específica de estranhamento (*Entfremdung*), pontualmente no âmbito da democracia, porque subalternizados aos terratenentes que objetivamente mantinham a hegemonia econômica e política da pólis. Mesmo que relativamente democrática, a vida na Atenas do arcaísmo, em especial aquela que se viabiliza no período da pólis clássica, a partir do século V a.C., era estruturada na escravidão e numa religião cívica coesivo-coercitiva que se baseava em um igualitarismo-desigual, a partir do qual emerge o elemento comum às democracias classistas, isto é, aquelas estruturas societais alicerçadas na premissa ideológica de uma abolição abstrata ou fictícia da propriedade privada ou do solipsismo do poder político arrimado na possessão de bens e de riquezas. No caso ateniense, ainda que os camponeses tivessem a propriedade da terra, o que lhes dava certa autonomia e os inseria em um espectro de dimensão positiva da política praticada na pólis, essa condição de autossuficiência encontrava seus limites em sua inserção da propriedade privada, no poder dos terratenentes e na condição de riqueza dos mercadores, o que realçava a verdadeira dimensão da ontonegatividade da politicidade do mundo antigo, mergulhada nos limites próprios e inerente das forças produtivas da Antiguidade. Nesse sentido, é precisa a assertiva de Chasin de que foi "a fragilidade da comunidade antiga que fez

---

[128] Karl Marx, "Prefácio à segunda edição de 1869 de *O 18 de brumário de Luís Bonaparte*", em *Marx* (São Paulo, Abril Cultural, 1978, col. Os Pensadores), p. 326.

brotar a política em seu perfil mais atraente"[129] e, ao mesmo tempo, ilusório, sendo que, nas condições em que se dispunham as relações de poder na pólis, como já pudemos verificar, constatamos que a politicidade é filha da luta de classes.

É certo, como vimos, que, em especial no Renascimento, os limites de compreensão da totalidade ganham múltiplos aspectos, determinados pela dinâmica do mercantilismo e pelas limitadas abrangências da compreensão do processo igualitarizante, postas pela concretude do ser social – que propiciava, à época, a dominância de uma noção de movimento amplamente difundida, cujo o elemento contraditório subsumia-se à concepção de organicidade, justamente determinado pela dimensionalidade de um conhecimento que buscava localizar o homem no Universo, procurando alcançar seu papel na conexão com a natureza e como parte integrante dela. Um dos elementos fundantes dessa preocupação é a própria condição da necessidade histórica (*historische Notwendigkeit*) de ampliar a produção de mercadorias, porque o estudo e o controle da natureza passam a ser indispensáveis para a nova forma sociometabólica. A emergência de uma sociabilidade cujas referências genéricas eram as antigas, mas que efetivamente necessitavam responder a novas questões, fizeram do primeiro período renascentista uma mistura de enfoques, nos quais apareciam simultaneamente abordagens místicas, por meio da magia, da perspectiva da filosofia da natureza e propriamente das abordagens empírico--científicas, baseadas nos experimentos e nas observações classificatórias. As primeiras rupturas em relação aos conceitos de magia e aos paradigmas aristotélicos se dão com o filósofo naturalista calabrês Bernardino Telesio (1509-1588), inspiração para pensadores como Giordano Bruno, Bacon, Descartes e Campanella, entre outros. Mesmo assim, a partir de sua teoria – de que o homem nasce integrado à natureza, ainda que possua uma alma criada diretamente por Deus –, desenvolve-se a ideia de que a dinamicidade que se processa na natureza acontece de forma análoga a um organismo vivo e natural, o que expressa, em termos mais gerais, a própria condição de perceber o conjunto societal daquele período como unidade comunal que espelhava a identidade idealizada e a retórica orgânico-coesiva da Antiguidade, especialmente a platônica, que se fundava na visão nostálgica da coletividade politeia do arcaísmo. Podemos, contudo, dizer que o futuro desse naturalismo renascentista será a ciência. Nela confluirão as pesquisas dos últimos escolásticos que haviam se direcionado aos estudos da natureza, distanciando-se do sobrenatural; o aristotelismo renascentista, que desenvolveu o conceito de ordem necessária da natureza; o platonismo (antigo e novo), que insistiu na estrutura matemática da natureza;

---

[129] José Chasin, "O futuro ausente", cit., p. 171.

A CRISE DA IDEALIZAÇÃO DA PÓLIS RENASCENTISTA 187

a magia, inserida nas pesquisas técnicas operativas diretas visando a subordinar a natureza etc. Enfim, a exigência imposta pelas novas formas produtivas e relações sociais de produção de compreender e explicar a natureza, reduzindo-a à objetividade compreensível, de cujos elementos componentes serão retirados os aspectos explicativos metafísicos e teológicos. Como ressaltou Abbagnano, "a ciência elimina os pressupostos teológicos que permaneciam ancorados nas pesquisas dos últimos escolásticos; elimina o pressuposto metafísico do aristotelismo e do platonismo; e, por fim, elimina o pressuposto animístico no qual se fundavam a magia e a filosofia de Telesio. Nessa direção, podemos dizer que o caminho para a ciência da natureza é percorrido pela intuição de Leonardo da Vinci"[130], adiante desenvolvida por Copérnico, Kepler, Galileu, Bacon e outros. Essa revolução científica influenciará, também, o campo das artes; para além das óbvias pinturas e esculturas, em que as técnicas emergentes são evidentes, o campo da música se diversifica, principalmente entre os séculos XIV e XV, e se sobressaem compositores como Johannes Tinctoris – o holandês que desenvolverá suas artes radicando-se na Itália –, o florentino Girolano Mei e o francês Jean-Antoine de Baïf. É nesse construir e reconstruir, a partir de saltos ontológicos, das relações entre o passado e o presente, que aflora um quadro de grandes espectros criativos em todas as áreas do conhecimento, enquanto elemento próprio e intrínseco aos processos revolucionários.

Assim, o quadro ideossocietal desenhado no primeiro período do Renascimento, por sua lógica e dinâmica, caminha para a desconstrução da idealização da pólis florentina e da vida do homem dinâmico, na forma do humanismo cívico. A versátil vigorosidade do mercado se encarregará de sepultar o sonho inicial e, ao mesmo tempo, possibilitará a constituição do conceito de protagonismo humano, com a ênfase da ciência e das "virtudes individuais", em que a politicidade ganha corpulência com o advento de *personas* que "encarnam" as vontades coletivas, "gênios" criadores e todas as potencialidades e as liberdades dos *enfants terribles* que emergirão nos tempos modernos.

Noterelle *sobre o absolutismo como Estado da transição*

O contexto do Renascimento põe em discussão, seja no âmbito político-filosófico, seja no da economia, os elementos básicos do arcabouço ideossocietal que mantinha e referendava o poder no medievo. Por isso Heller ressalta com

---

[130] Cf. Nicola Abbagnano, *Storia della filosofia*, v. 3, cit., p. 167.

188 OS PORTÕES DO ÉDEN

propriedade que o Renascimento foi a primeira época a escolher um passado[131]. O crescimento e o fortalecimento das cidades, resultantes da expansão das manufaturas e do comércio, proporcionaram, no plano político, aos chamados "príncipes laicos", apoiar as atividades comerciais e manufatureiras, assim como a buscar apoio político na burguesia mercantil[132], o que possibilita, também, pôr em questão a centralidade dos poderes espiritual e temporal do papado. Além do mais, no que se refere ao poder temporal, os emergentes Estados nacionais avocam para seus imperadores a dualidade de poderes que antes era privilegio dos papas. O próprio processo de desagregação do feudalismo impunha a necessidade de uma estrutura centralizada de poder, na medida em que a noção de *Kosmópolis* centrada na Igreja ruía. Mais tarde, no século XVII, a recomposição da teoria do "direito natural" implica a crítica do "direito particular" – como privilégio divino dos eleitos para o poder – e a discussão de um direito universal, no qual encontrava-se intrinsecamente a racionalidade divina que apontava uma igualdade universal a todos os homens[133].

Assim, no contexto de grandes transformações societais, a crítica das velhas formas políticas aparece como decorrência quase "natural", em se tratando de buscar legitimidade da contraposição às concepções eclesiástico-feudais. O fundo desse direcionamento rumo a outra sociabilidade, estruturada em novas forças produtivas e em outras relações sociais, centrava-se na crise das relações sociais feudais. No já citado debate sobre a transição do feudalismo ao capitalismo, realizado em meados da década de 1950 entre Maurice Dobb e seus interlocutores[134], o historiador inglês insistia, como pudemos ver, que o capitalismo teria surgido de uma particularidade histórica, engendrada internamente no modo de produção feudal,

---

[131] Como salientou Heller: "O Renascimento foi a primeira época que *pôde escolher um passado*. Sartre tem razão quando vê nesse fato um dos critérios da liberdade. Trata-se do elemento digno da libertação tanto dos vínculos de classe como a dos comunitários – de fato, os povos que vivem no âmbito da comunidade e de classe recebem seu passado pronto, perfigurado em seus mitos [...]. A escolha do passado significa que os povos (as classes) de dada época escolhem, entre a história passada e os mitos interpretados em forma de história, aqueles nos quais encontram *analogias*, não importando se em seus valores contidos haja um valor positivo ou negativo. Com isso, restrutura-se todo o processo da pesquisa precedente"; Agnes Heller, *L'uomo del Rinascimento*, cit., p. 127-8.

[132] Ver Leo Kofler, *Contribución a la historia de la sociedad burguesa*, cit., p. 98 e seg.

[133] Ver Ernst Kantorowicz, *Os dois corpos do rei: um estudo sobre teologia política medieval* (São Paulo, Companhia das Letras, 1998), p. 271 e seg.

[134] Ver Maurice Dobb (org.), *Do feudalismo ao capitalismo*, cit.

A CRISE DA IDEALIZAÇÃO DA PÓLIS RENASCENTISTA   189

como uma forma-econômica que se dilata e se transforma em universalidade, realçando a dimensão ontológica do desenvolvimento das relações sociais capitalistas. Nessa formação social que se desenvolve rumo à constituição de uma *nova* forma sociometabólica/modo de produção, os elementos ressaltados foram justamente a incapacidade de autorreprodução do feudalismo, isto é, sua ineficiência como sistema de produção, e a necessidade crescente das classes dominantes em relação à renda; consequentemente, emerge a necessidade de renda complementar, do aumento da exploração do trabalho excedente dos servos da gleba, um sobrevalor *extra*, além do mais-valor subtraído pela corveia, o que determinou a exaustão da força de trabalho da qual o feudalismo se provia. Ora, como vimos, esse longo processo, que se inicia no século XIII, constitui historicamente o que Marx definiu como *subsunção formal do trabalho ao capital*, isto é, um desenvolvimento progressivo de dissolução das formas-produtivas anteriores e, ao mesmo tempo, como acentuou Rosdolsky, a construção de novas, a partir de uma acoplagem de massas, de braços e de instrumentos que o capital encontra preexistentes e "[...] os aglomera sob seu império. Essa é a verdadeira acumulação; a acumulação de trabalhadores em [determinados] lugares, juntamente com seus instrumentos de produção"[135], que caminha junto com a construção de uma nova forma de sociabilidade[136].

Nesse sentido, a busca por ordenamentos societais originais geram alternativas produtivas a afluir em buscas de *soluções de práxis*, sejam as subjetivas – relativas a problemas do tipo "o que é o homem", que se apresentam como questão ontológica, na perspectiva da subjetividade e na concepção da mundanização da alma humana –, sejam as objetivas, no caminho da necessidade de dar respostas práticas à reposição da vida material, além das novas formas produtivas em precipitação, e aparece como necessidade de estruturar as relações sociais.

---

[135] Cf. Roman Rosdolsky, *Génesis y estructura de "El capital" de Marx (estudios sobre los "Grundrisse")* (Cidade do México, Siglo XXI, 1978), p. 315.

[136] Lembremos a detalhada síntese de Marx: "Não se efetuou *a priori* uma mudança essencial na forma e na maneira real do processo de produção. Ao contrário, está na natureza do caso que a subsunção do processo de trabalho ao capital opere sobre a base de um processo laboral *preexistente*, anterior a essa subsunção ao capital e configurado sobre a base de diversos processos de produção e de outras condições de produção; o capital subsume *determinado processo laboral existente*, como o trabalho artesanal ou o tipo de agricultura correspondente à pequena economia camponesa autônoma. Se nesses *processos de trabalho* tradicionais que ficam sob a direção capitalista operam-se modificações, essas aparecem como *consequências* gradativas da prévia subsunção de determinados processos de trabalho tradicionais, em relação ao capital"; ver Karl Marx, *El capital – Libro I, capítulo VI (inédito)*, cit., p. 55; grifos do original.

Se a política precocemente realiza as tentativas de ordenamentos dessas relações sociais que procuravam se adequar às emergentes forças produtivas, consolidando, ainda, a noção de sociedade propriamente dita, essa questão aparece como fenômeno resultante do desenvolvimento das relações sociais capitalistas, porque distingue-se aí o conceito de Estado. Heller chama atenção para o elemento tardio da separação do conceito de sociedade do Estado[137]; como na concepção antiga, os acontecimentos sociais ainda são compreendidos como políticos, ainda que os elementos presentes nas relações sociais sejam já considerados mais amplamente, como a luta de classes, que passa a ser reconhecida enquanto luta dos ricos contra os pobres, e isso aparece inclusive na análise de Machiavelli sobre os *ciompi*. De certo modo, o prevalecimento da política a partir do período do Renascimento/ mercantilismo será resolvido, em parte, com o surgimento da economia política, que torna óbvio o caráter fundamental dos fatos econômicos e, ao mesmo tempo, provoca a fratura do homem em burguês-cidadão, proletário-cidadão etc., invertendo a tradição milenar da identidade entre Estado e sociedade. De qualquer forma, o desenvolvimento desigual e combinado das forças produtivas e a "articulação dos complexos de complexos" (Lukács) determinados pela eclosão da economia fundada na produção ampliada de mercadorias vai requerer a ordenação dos territórios em que esse tipo de relação econômica se desenvolve, impulsionando um gradativo processo de estatização nos países que vivenciaram o Renascimento, inclusive na Itália, onde proliferaram teorias sobre a sociedade e a política; quanto maior era a presença de uma economia e de uma sociabilidade de caráter mercantil e globalizante, menor era o peso da república autônoma, como foi em Florença, na medida em que aumentava a presença do poder centralizador das classes dominantes, *pari passu* com o desmonte e a constrição das comunas populares, constituindo, assim, o prenúncio do absolutismo[138]. Esse caminho rumo à estatização e, consequentemente, à hegemonia da alta burguesia e das antigas famílias senhoriais, já transformadas em *nobreza fidalga*, requereu, por sua lógica intrínseca de mercado, além da organização da unidade de pesos e medidas, a institucionalização de um padrão de moeda circulante; dos parâmetros jurídicos

---

[137] Ver Agnes Heller, *L'uomo del Rinascimento*, cit., p. 36-7 e seg.

[138] Nas conclusões de Chasin: "Em poucas palavras, o perfil florentino é de uma república oligárquica, na qual a plebe é radicalmente excluída, e o povo, formado de artesãos e da pequena e média burguesia, é ciosamente reduzido à participação mínima, ficando a máquina administrativa inteiramente nas mãos, ostensiva ou veladamente, dos representantes da alta burguesia e das famílias ligadas a ela"; José Chasin, "O futuro ausente", cit., p. 186.

das formas de propriedades e das leis; dos direitos e das regulações das relações de trabalho e, consequentemente, da própria luta de classes; da delimitação de fronteiras territoriais; da constituição de um exército regular etc. Em suma, aparecem as formas nacionais e as manifestações culturais e políticas resultantes.

Aqui, interessa a questão *particular* do surgimento dos Estados nacionais. Nesse sentido, retomaremos, ainda que rapidamente, a discussão sobre o caráter do Estado absolutista, considerada inconclusa por alguns historiadores e cientistas sociais, com o intuito de situar não somente o âmbito histórico da política, mas também seu elemento de atuação ordenativa e reguladora das nascentes relações sociais fundadas na produção ampliada da mercadoria e do "espírito" burguês, como uma ocorrência ideo-histórica resultante de uma racionalização relativa, advinda da produção manufatureira e das relações de mercado, nas quais aflorava o conceito de liberdade subjetiva. Esse processo será definido por Kofler como "*racionalidade coisificada do todo social*"[139], caracterizado por relações homem-homem que, mesmo que ainda mediadas socialmente, aparecem em sua manifestação fenomênica como relações entre individualidades, expressando uma tendência cosmológica dominante no Renascimento e que, adiante, vai configurar o "molde" renascentista do caráter humano e desencadear a polarização entre a liberdade e a necessidade da vida em sociedade (Machiavelli/Hobbes), como veremos.

Em seu exaustivo estudo sobre o Estado absolutista, Perry Anderson enfatiza a necessidade de se afrontarem as controvérsias sobre o caráter histórico das monarquias nacionais surgidas no bojo da crise do feudalismo. O historiador inglês segue a linha central argumentativa delineada por Kohashiro Takahashi, em sua polêmica travada com Dobb no fim da década de 1950, quando argumenta que o fim da servidão e as alterações nas formas de prestação de trabalho, principalmente o fim do trabalho obrigatório ao senhor, não significaram o desaparecimento do feudalismo, mesmo com os camponeses passando a pagar uma renda. O colapso do sistema manorial (forma econômica, social e administrativa vigente no medievo, por meio da qual o servo da gleba da Europa ocidental obtinha em usufruto de seu senhor as terras que cultivava) e o pagamento de taxa de uso da terra não alteram, segundo esses historiadores, a forma-trabalho nem as relações de produção[140]. Nessa perspectiva,

---

[139] Ver Leo Kofler, *Contribución a la historia de la sociedad burguesa*, cit., p. 99 e seg.; grifos nossos.

[140] Segundo Takahashi, "esta mudança na estrutura da propriedade do solo que acompanhou o declínio do sistema manorial acarretou uma mudança na forma da renda – na Inglaterra, para a renda em dinheiro; na França e na Alemanha, para a renda em espécie –, mas não produziu qualquer mudança básica na natureza da renda feudal. Anteriormente, os camponeses haviam

192 Os PORTÕES DO ÉDEN

Takahashi e Anderson divergem das análises consagradas por Marx e Engels, que situam a formação das monarquias nacionais como resultantes diretas do impacto dilacerante nas formas produtivas existentes, isto é, nas relações sociais que compunham o modo de produção feudal. Ora, como expusemos, todas as alterações ocorridas nas relações sociais de produção do feudalismo – mesmo mantendo suas feições anteriores – passam, a partir daí, a compor os delineamentos dos fatores históricos que vão constituir os novos elementos produtivos de subsunção formal do trabalho ao capital. Desse modo, as argumentações conclusivas de Rosdolsky (fundamentadas nas análises de Marx) jogam por terra as premissas de Anderson de que as alterações nas formas produtivas em nada afetaram as relações de produção do feudalismo. O estudioso polonês dos *Grundrisse* demonstra, apoiando-se fartamente nesses rascunhos de *O capital* e na própria obra publicada, que o capitalismo em sua formação originária ocorre, portanto, simplesmente por meio do processo histórico de dissolução do antigo modo de produção; o valor existente como patrimônio--dinheiro adquire a capacidade de comprar as condições objetivas do trabalho e se transforma em acelerador e transformador das novas relações de produção de valores de troca[141]. Efetivamente a condição de crise das relações de produção feudais incidem com vigor nas condições econômicas e políticas dos senhores feudais, que vinham se aproximando economicamente da burguesia desde o século XIII, que forneceram barcos, abastecimentos e dinheiro para os senhores feudais e, adiante, o apoio e a participação direta nos serviços e na gestão às monarquias, como os Acciaiuolli no Vaticano, os La Pole junto a Eduardo III da Inglaterra ou os Coeur junto a Carlos VII da França[142]. Nesse sentido, realçamos o formalismo das

---

pago o excedente do trabalho sob forma de trabalho que realizavam; agora o pagavam em formas convertidas – produtos ou seus preços em dinheiro […]. Em ambos os casos, a renda aparece como 'a forma normal' do trabalho excedente e não tem a natureza de uma parte do 'lucro' realizado pelos produtores e pago na forma de renda capitalista"; Kohashiro Takahashi, "Uma contribuição para a discussão", em Maurice Dobb (org.), *Do feudalismo ao capitalismo* (Lisboa, Dom Quixote, 1971), p. 96-7. Para Anderson, "com efeito, o fim da servidão não significou aí o desaparecimento das relações feudais no campo […] é evidente que a coerção extraeconômica privada, a dependência pessoal e a combinação do produtor imediato com os instrumentos de produção não desapareceram necessariamente quando o sobreproduto rural deixou de ser extraído sob a forma de trabalho ou prestações em espécie e se tornou renda em dinheiro"; Perry Anderson, *Linhagens do Estado absolutista* (Porto, Afrontamento, 1984), p. 15.

[141] Cf. Roman Rosdolsky, *Génesis y estructura de "El capital" de Marx*, cit., p. 314 e seg.

[142] Como ressalta Le Goff, "também no fim da Idade Média, no contexto dessas monarquias cujo caráter nacional matiza cada vez mais a ação centralizadora, mercadores locais aparecem no primeiro

conclusões de Takahashi e Anderson direcionadas à tese de que, para afrontar a crise do feudalismo, os senhores de terra procuravam recombinar os fatores de produção e buscar uma saída da crise. Isso fica evidente nas argumentações de Anderson:

> Os senhores de terras que se mantiveram proprietários dos meios de produção fundamentais em qualquer sociedade pré-industrial eram, evidentemente, proprietários nobres. Durante toda a primeira fase da época moderna, a classe dominante – econômica e politicamente – era, portanto, a mesma da própria época medieval: a aristocracia feudal. Essa nobreza sofreu profundas metamorfoses nos séculos que se seguiram ao fim da Idade Média, mas, desde o princípio ao fim da história do absolutismo, nunca foi desalojada do poder político.[143]

Essa argumentação do historiador inglês visa a justificar a noção de claro vezo *politicista* de que o surgimento do Estado nacional moderno, em sua forma absolutista, é resultante da "resposta política" dos senhores feudais ao levante dos camponeses e aos perigos representados pela emergência do capital comercial e pela produção de valores de troca. A tese é que os senhores criaram uma alternativa política para se manter no poder, compondo uma cúpula centralizada e militarizada para impor a coerção sobre os camponeses[144]. O *politicismo* de Anderson fica evidente quando, de um lado, subordina o elemento econômico a um pretenso "avanço feudal" e, de outro, confunde a *subsunção formal ao capital* das formas produtivas com "adaptações dos senhores feudais a um 'mercado integrado', subentendendo-se que há, também, uma 'adaptação-integrativa' da burguesia mercantil ao feudalismo". Como podemos verificar em sua contraditória argumentação,

> o mercantilismo foi a doutrina dominante da época e apresenta a mesma ambiguidade da burocracia destinada a impô-lo, com a mesma regressão subjacente a um protótipo

---

plano político […]. Ao longo de toda a Idade Média, seja o patriciado das cidades, no contexto urbano e comunal, sejam os grandes capitalistas, no contexto estatal, os mercadores-banqueiros respaldaram e coroaram seu poder econômico com um poder político em que se mesclava a busca do lucro e do prestígio"; Jacques Le Goff, *Mercadores e banqueiros da Idade Média*, cit., p. 64.

[143] Perry Anderson, *Linhagens do Estado absolutista*, cit., p. 16.

[144] Como resume Anderson: "O efeito final desta redisposição genérica do poder social da nobreza foi a máquina política e a ordem jurídica do absolutismo, cuja coordenação aumentaria a eficácia do domínio aristocrático ao fixar os camponeses não servos em novas formas de dependência e exploração. As monarquias da Renascença foram, antes e acima de tudo, instrumentos modernizados para a manutenção da dominação da nobreza sobre as massas rurais"; ibidem, p. 19.

anterior [...]. Efetivamente, *o mercantilismo representava com exatidão as concepções de uma classe dirigente feudal que se tinha adaptado a um mercado integrado.*[145]

A consequência dessa abordagem é o bloqueio de percepção da totalidade processual e ontológica da formação do modo de produção capitalista, porque fundamenta-se na mera constatação empírica e factual da história, fragmentando o inseparável, isto é, *desconecta* a resposta política das exigências materiais postas pela dinâmica econômica. Esses limites aparecem mais claramente nas argumentações finais de Anderson, quando se ressalta que a ordem jurídica vigente no absolutismo responde imediatamente às ameaças dos levantes camponeses e às pressões do capital mercantil-manufatureiro sobre a estrutura de produção feudal[146]. Segundo o historiador inglês, os senhores feudais teriam criado uma alternativa política e de poder para se manter nele. Segundo Anderson, a desagregação do sistema da servidão levou os senhores feudais à criação de uma cúpula centralizada e militarizada, objetivando ampliar a coerção sobre os camponeses[147]. Considerando as divergências que temos com as argumentações de Takahashi e Anderson sobre o caráter do Estado que emerge das entranhas do feudalismo em desagregação, faremos algumas breves considerações sobre os argumentos desses dois conceituados historiadores, tendo por base a discussão que realizamos em outro trabalho sobre essa temática[148].

Engels, em *A guerra dos camponeses na Alemanha*, desenha o quadro da desagregação do feudalismo alemão pondo no centro do problema a decadência do poder dos senhores feudais, em que as cidades livres se aliaram e combateram os príncipes e o próprio rei (imperador) feudal. Nesse contexto, ao lado das velhas classes feudais, surgem outras, dinâmica que acaba favorecendo a autonomia dos príncipes alemães em relação ao Império. A antiga nobreza feudal, em sua grande maioria, estava empobrecida, e seus membros viviam a serviço dos príncipes, como funcionários civis ou militares a soldo[149]. Esse panorama amplo evidencia o contexto da análise marxiana sobre o caráter histórico do Estado renascentista (absolutista), análise que é aprofundada em outro texto engelsiano, o qual sintetiza essa processualidade:

---

[145] Ibidem, p. 37-8.

[146] Ibidem, p. 33 e seg.

[147] Cf. Antonio Carlos Mazzeo, *Estado e burguesia no Brasil*, cit., p. 46.

[148] Ibidem, p. 45 e seg.

[149] Cf. Friedrich Engels, *La guerra de campesinos en Alemania* (Buenos Aires, Claridad, 1971), p. 25 e seg.

A CRISE DA IDEALIZAÇÃO DA PÓLIS RENASCENTISTA 195

A realeza, apoiando-se nos habitantes das cidades – ou seja, os burgueses –, enfraqueceu o poder da nobreza feudal e fundou as grandes monarquias, baseadas essencialmente no conceito de nacionalidade. Sob esse regime, alcançaram grande desenvolvimento as nações europeias e a moderna sociedade burguesa. E, enquanto a burguesia e a nobreza continuavam engalfinhadas, a revolução camponesa alemã assinalou profeticamente as futuras lutas de classes.[150]

Essa citação de Engels nos ajuda a situar o escopo da discussão sobre o caráter histórico do Estado absolutista, porque realça os elementos ontológicos da emergência do modo de produção capitalista no âmago do feudalismo, onde as formas nascentes de subsunção do trabalho ao capital configuram o *ir sendo* de uma particularidade que se dilata e absorve os elementos socioeconômicos feudais. Nessa perspectiva, realçamos que, no entendimento *ontognoso-metodológico* do materialismo-dialético, o desenvolvimento do capitalismo e de sua forma sociometabólica constituem um ser social que é parte de um complexo concreto. Nesse contexto, o surgimento do Estado absolutista não está determinado por "injunções políticas da reação feudal", mas pelas pressões que as formas emergentes do capitalismo, materializadas nas muitas e diversas apreensões que o capital produtivo fará das formas feudais existentes, dando a elas novas características no processo produtivo. Essas pressões na base feudal, ainda que por essência se materializem pela forma econômica, lançam aspectos de um projeto ideopolítico por parte da burguesia, que já contempla sua participação como classe no poder. Os núcleos urbanos, que contêm em si a *gênese* da particularidade histórica capitalista, impõem suas atividades econômicas ao campo feudal, iniciando a reversão do que é central ao feudalismo: a subsunção da cidade ao campo[151]. Assim, as análises de

---

[150] Idem, *A dialética da natureza* (Rio de Janeiro, Paz e Terra, 1979), p. 15.

[151] Nessa perspectiva, citamos a observação de Lukács: "Não é possível, aqui, seguir de perto os diversos estados e resultados dessa batalha de muitas vicissitudes. Bastará observar que, em algumas zonas, ela termina com a conquista da autonomia por parte das cidades (Itália, cidades hanseáticas etc.), o que vai destruindo a estrutura feudal, sendo, também, muito importante para a preparação ao capitalismo [...]. Sob esse perfil adquire [...] uma importância de primeiro plano a liga das cidades, em luta pela própria libertação, quando surgem tendências para a monarquia absoluta, que, sobre a base do temporâneo e relativo equilíbrio dos poderes, entre feudalismo e capitalismo, *vem a ser a forma típica de passagem e preparação ao definitivo constituir-se do segundo em sistema que abarca toda a sociedade*"; György Lukács, *Ontologia dell'essere sociale*, v. 2 (Roma, Editori Riuniti, 1976), p. 304; grifos nossos [ed. bras.: *Para uma ontologia do ser social*, v. 2, trad. Nélio Schneider, São Paulo, Boitempo, 2013, p. 326 – N. E.].

Takahashi e Anderson deixam de lado o que é fundamental na apreensão analítica da transição do feudalismo ao capitalismo, exatamente o *elemento ontológico* da processualidade de objetivação da forma sociometabólica capitalista, ao reduzirem a emergência do Estado absolutista à condição de "reação política" dos senhores feudais diante da crise de dissolução do feudalismo. Objetivamente, o que Takahashi e Anderson entendem por "rearticulação" e "reação feudal" é, de fato e *per si* (*et quidem in semet ipso*), a gênese do novo que a inflexão do feudalismo engendra, exatamente por ser determinada pelas formas produtivas de mercado que se conformam como negadoras da feudalidade, em um cenário histórico cada vez mais burguês. A luta da burguesia contra a nobreza feudal expressa a materialidade da luta entre campo e cidade, da indústria (manufatura) e da propriedade da terra, da economia de subsistência contra a economia de mercado. Nesse processo, o acúmulo de forças é realizado pelos agentes sociais da ordem em precipitação, isto é, da burguesia, não da que se desagrega, a antiga nobreza feudal.

É de considerar, porém, que efetivamente o Estado absolutista é um aparelho de poder que reprime as massas camponesas, mas que também, *et por cause*, organiza as novas relações sociais de produção emergentes. Nesse sentido, esse Estado media, também, relações antitéticas determinadas pelo caráter e pelo grau de radicalização das classes em luta, camponeses contra os senhores terratenentes e esses contra a burguesia, sendo que esta classe é a que mais ameaça o equilíbrio do poder, porque é a mais pujante e a que se apresenta com uma revolucionária e demolidora *Weltanschauung*. Esse Estado *de transição* apresenta características particulares com dominantes peculiaridades e formas capitalistas, mesmo que manifeste contraditoriamente elementos superestruturais de conteúdos feudais, justamente por sua condição de ser também um mediador de relações sociais de produção em desenvolvimento e inseridas no amplo processo de *subsunção formal do trabalho ao capital*. Assim, podemos afirmar, no mesmo sentido das pertinentes conclusões de Poulantzas, que "os períodos de transição apresentam uma tipicidade própria, uma articulação específica devida a uma coexistência complexa, numa formação em transição, dos diversos modos de produção, e a um deslocamento contínuo, muitas vezes oculto, do índice de dominância de um modo de produção para outro"[152], que encontramos na estrutura híbrida do Estado absolutista, com uma natureza próxima a uma subsunção formal dos componentes da superestrutura feudal aos elementos burgueses. Obviamente, não podemos reduzir um complexo processo

---

[152] Nicos Poulantzas, *Poder político e classes sociais do Estado capitalista* (Porto, Portucalense, 1971), p. 187.

A CRISE DA IDEALIZAÇÃO DA PÓLIS RENASCENTISTA 197

de *longue dureé* à noção de uma classe, a burguesia, vencendo a outra, os senhores feudais. Ainda que historicamente verdadeira, essa é a síntese. O *elemento mediativo* é que nos fornece as determinações concretas para a compreensão dessa processualidade. Nessa perspectiva, podemos inclusive considerar a ideia de "reação feudal", entendendo que os senhores das terras não vivenciaram esse processo passivamente. Ao contrário, organizaram-se e procuraram dar respostas aos avanços das revoltas camponesas, mas na *direção oposta* àquelas pretendidas por Takahashi e Anderson.

Vejamos: sabemos que a crise de inflexão estimula o desenvolvimento de novas formas produtivas, que, por sua vez, transformam a maioria das propriedades feudais em centros de produção para o mercado, sendo que no Ocidente europeu "os próprios senhores se convertem em agentes propulsores das relações de mercado, o mesmo acontecendo – e aí como elemento historicamente crucial – com o servo da gleba, na medida em que, com o desaparecimento de relações servis de trabalho, dissolve-se a relação direta do produtor dos meios de produção"[153]. Mesmo admitindo que o recrudescimento da servidão na Europa oriental, a partir do século XVI, definida por Engels como *segunda servidão*, tenha constituído um esforço de construção de um fator para alavancar uma pretensa "reação e rearticulação de relações sociais de produção feudais", diante da desintegração das relações sociais da servidão, o que se ressalta no plano histórico é o efeito exatamente adverso, porque essa ação finda por associar-se ao desenvolvimento da produção cerealista e da ampliação do mercado, tanto na Alemanha como na Polônia, na Boêmia e nos bálticos. Como acentuou Dobb,

> as oportunidades crescentes para a exportação de cereais levaram não a abolições, mas ao aumento ou ao revivescimento das obrigações servis por parte do campesinato e ao cultivo arável para o mercado nas grandes propriedades, numa base de trabalho servil. De forma semelhante, na Hungria, o crescimento do comércio, da agricultura em grandes propriedades e crescentes imposições sobre os camponeses marcharam lado a lado.[154]

Abre-se, desse modo, uma contradição, na qual o recrudescimento do trabalho servil serve ao avanço de relações de produção capitalistas que variam de acordo com o grau de objetivação particular dessa forma sociometabólica em cada região ou país. Não por acaso, grande parte da Europa oriental se transforma em fornecedora

---

[153] Antonio Carlos Mazzeo, *Estado e burguesia no Brasil*, cit., p. 50.

[154] Maurice Dobb, *A evolução do capitalismo*, cit., p. 56-7.

Os portões do Éden

de lá e outras matérias-primas fundamentais para o desenvolvimento das manufaturas da Europa ocidental. Podemos dizer que essa necessidade de ligação do servo à terra para a produção em larga escala, direcionada aos mercados ocidentais, é o prenúncio do que vai acontecer, de forma ampliada, no Novo Mundo, onde a escravidão adquire o caráter de trabalho-forçado nos moldes da segunda servidão da Europa oriental, do qual se extraem mais-valores que se direcionam ao voraz processo de acumulação de capital (Mazzeo). É nesse amplo processo de acumulação de braços, forças e formas de produção que se materializam como subsunção formal do trabalho ao capital (Marx), que surge imperiosamente o trabalho-forçado (a escravidão moderna), porque no desenvolvimento das manufaturas europeias ocidentais, constitutivas do núcleo dinâmico do processo acumulador, anula-se gradativamente a produção agrícola para o valor de uso. Nessa perspectiva, o que Takahashi e Anderson entendem como recrudescimento feudal é, de fato, o avanço das relações de mercado, nos moldes de uma forma-trabalho feudal subsumida – ainda que de aparência morfológica arcaica – ao capital, como demonstra o rápido crescimento do trabalho assalariado e a transformação das formas feudais de trabalho em formas capitalistas[155].

De modo que o Estado absolutista emergente se adapta para atender às necessidades econômicas e políticas postas pela hegemonia burguesa, e, na estrutura do aparelho do Estado, esse elemento define e conforma o aprimoramento e a modernização das formas jurídicas do Estado da transição, o que efetivamente cria as condições para o *take-off* rumo à produção ampliada de mercadorias[156]. No entanto, é necessário acentuar que a eficácia do Estado absolutista, no processo de acumulação primitiva, é resultado da hegemonia burguesa, determinada justamente pelo redimensionamento da totalidade da forma sociometabólica, não por determinações superestruturais nem por "dominações de instâncias" político-jurídicas,

---

[155] Como afirmei à guisa de conclusão em *Estado e burguesia no Brasil*, cit., p. 51: "Os senhores feudais respondem à burguesia, buscando realizar as próprias atividades burguesas e, em alguns países – como Portugal –, estes mesmos senhores tornam-se burgueses, ou uma 'nobreza aburguesada'".

[156] Como acentuou Poulantzas, "a forma jurídica de propriedade do período de transição é a forma capitalista de propriedade; a forma institucional de dominação política, o Estado absolutista de transição, é uma forma de Estado capitalista anterior à realização da separação entre o produtor direto e seus meios de produção, que é *o pressuposto teórico* das relações de produção capitalistas [...]. A função do Estado absolutista não é precisamente operar nos limites fixados por um modo de produção *já dado, mas produzir relações não ainda dadas* de produção – as relações capitalistas: sua função é transformar e fixar os limites do modo de produção"; Nicos Poulantzas, *Poder político e classes sociais do Estado capitalista*, cit., p. 190-2.

A CRISE DA IDEALIZAÇÃO DA PÓLIS RENASCENTISTA   199

como quer Poulantzas. A nova base material – as relações econômicas mercantis – constitui, assim, fator de relevância concreta na articulação do Estado absoluto, não o "destino" da nobreza nem seu "espírito aventureiro", como afirma Anderson. Tampouco nas relações políticas hegemônicas se escora o real caráter do Estado renascentista. O protecionismo, que de início estava restrito às cidades, estende-se ao Estado, que passa a expressar a garantia da nacionalidade com o apoio burguês. Serão as determinações postas pelo processo de acumulação de capital em sua *forma objetivada, o mercantilismo*, que sedimentarão um Estado robusto e centralizado, elementos característicos das monarquias nacionais renascentistas, em que a dinâmica social, apesar de ser composta inclusive pela nobreza fidalga/*gentilhomme*, é comandada pelos interesses da burguesia. Nesse sentido, a afirmação de Anderson de que o mercantilismo foi uma "atividade feudal" aparece como mero adjetivo "solto no ar" e descolado da realidade; uma *pseudoconcreticidade* sem consistência histórica e conceptual, justamente porque deixa de relevar, em seu plano concreto, a *processualidade ontodeterminativa* da formação do capitalismo, em especial no período que abarca os séculos XIV e XV, em que a burguesia adquire propriedades e novas formas de riquezas e, ainda, certa nobreza, ao comprar títulos e patentes, antes exclusividades das classes feudais[157].

O mercantilismo, *real determinante* do Estado absoluto, foi uma atividade regulamentada pelo Estado e efetivada pelas ações de mercado da burguesia, realizando, objetivamente, a política econômica de uma era de acumulação primitiva de capital (Mazzeo).

---

[157] Ver George Huppert, *Il borghese-gentiluomo*, cit., em que o autor analisa a burguesia mercantil francesa do século XV, que procura adquirir títulos de nobreza, inclusive com legitimação institucional. Ver, ainda, a análise sobre a repercussão do livro *O cortesão*, de Baldassare Castiglione, feita por Peter Burke, *As fortunas d'O cortesão*, cit.; e António Borges Coelho, *A Revolução de 1383*, cit., p. 229-30.

II. O IGUALITARISMO DA(S) REFORMA(S)

A crise da forma-ideologia-Igreja-feudal

Como vimos, o mundo que se descortina a partir do século XIV (e, posteriormente, no XV e XVI) é aquele que se processa por meio do desenvolvimento de novas forças produtivas e de novas relações sociais de produção, em que caminhava-se celeremente para a constituição de formas jurídicas e políticas visando a organizar os elementos morfológico-produtivos emergentes, isto é, o surgimento de estruturas econômicas regionais que tendiam à dilatação, de acordo com a extensão dos territórios em que se executassem as atividades de produção. Portanto, é nessa processualidade que se consolidam os Estados e/ou as identidades culturais nacionais, em particular a Alemanha, fragmentada em principados autônomos, no contexto do desenvolvimento desigual e combinado das relações de produção capitalistas, e onde se apresenta uma economia atrasada, se compararmos com a dinâmica econômica da Inglaterra, dos Países Baixos, das artesanias da Itália e de Flandres, além de haver poucos recursos de transportes fluviais e marítimos, no confronto com a Holanda e com a Inglaterra. As cidades hanseáticas do Norte produziam suas riquezas por meio do intenso comércio que realizavam, e essa atividade proporcionava o abastecimento de linho, procedente da Polônia, via porto de Danzig[1]. Essa matéria-prima era a base para as pujantes manufaturas têxteis do Sul onde, somente em Munique, produziu-se, no século XVI, unicamente para a cidade de Veneza, algo próximo a 6 mil tecidos de linho. Outras cidades da região, também produtoras de tecidos, empregavam 2 mil trabalhadores. Na região

---

[1] Cf. Harry A. Miskimin, *A economia do Renascimento europeu: 1300-1600* (Lisboa, Estampa 1998), p. 318 e seg.

202   Os portões do Éden

da Baviera, produzia-se uma lã grosseira, a mais importante do setor têxtil e que, entre 1500 e 1620, empregou em suas manufaturas aproximadamente 114 mestres tecelões, os quais, por sua vez, geravam trabalho a cerca de 3 mil pessoas[2]. Em Augsburg, onde situavam-se as empresas dos Fugger e o centro de comércio de metais da Europa central, desenvolve-se uma indústria têxtil de seda, cuja matéria-prima era originária da Itália e do Oriente. Em Ulm, havia a produção de fustão, e na região meridional produziam-se tecidos de algodão misturado com linho. Além disso, havia a produção de alta qualidade de vidros, lenha para a produção de carvão ou de carbonato de potássio (potassa) e sal evaporado nas regiões bávaras[3].

Apesar dessas atividades econômicas diversificadas, vigorosas e com grande potencial, a condição de *fragmentação política* de um império feudal em decadência, formado por principados independentes que guerreavam entre si, possibilitava a prevalência do que Engels definiu como "centralização dentro da fragmentação", isto é, *centralização provincial*. Mesmo no âmbito da compartimentação política e da dinamização econômica, na chamada "era dos Fugger", o desenvolvimento do comércio e das atividades manufatureiras, mineradoras (extração de prata) e principalmente agrárias proporcionou o surgimento de excedentes agrícolas que se concentraram nas mãos de mercadores e senhores de terras, o que, por sua vez, causou o empobrecimento dos camponeses e o recrudescimento da servidão (*segunda servidão*) do campesinato, gerando permanentes tensões sociais. Esse fenômeno que ocorre na Europa central e oriental está relacionado às condições mais complexas no contexto das mudanças econômicas que se processam na parte ocidental. Relaciona-se à demanda crescente de produtos agrícolas para a região, principalmente cerais, linho e cânhamo[4]. As atividades mineradoras exigiam um aporte técnico cada vez maior e findaram por possibilitar a concentração do processo produtivo e, consequentemente, dos meios de produção nas mãos da burguesia e dos senhores de terras, resultando na pauperização e na proletarização dos mineiros, outrora membros dos grêmios que, no passado, atuavam como coprodutores

---

[2]   Ibidem, p. 318-9.

[3]   Cf. Ibidem, p. 319 e seg.

[4]   Como ressalta Gunder Frank, "esta demanda e a troca concomitante de matérias-primas orientais por manufaturas e supérfluos ocidentais aparentemente aumentaram já nas últimas décadas do século XV – da mesma forma que a mineração de prata na Alemanha –, mas se elevaram e se consolidaram significativamente graças à revolução nos preços e às transformações decorrentes na Europa ocidental"; André Gunder Frank, *Acumulação mundial, 1492-1789* (Rio de Janeiro, Zahar, 1977), p. 92.

das minas[5]; além disso, ocorreu uma proletarização em outros setores produtivos, notadamente o da produção têxtil. Essa forma de desenvolvimento, articulada com a dinamicidade da economia do Ocidente europeu, exatamente o que o faz ser desigual e combinado, significou a adaptação da economia alemã (e de outras da Europa central e oriental) ao próprio crescimento inicial do capitalismo europeu em seu conjunto – em sua fase mercantil e de acumulação original do capital. Na complexa particularidade (histórica) alemã convivem as classes tradicionais e surgem novas classes e frações de classe que expressam o processo de recomposição de uma economia feudal em transição ao capitalismo[6], em que a predominância das

---

[5] Fritz Hartung, *Historia de Alemania: en la epoca de la Reforma, de la Contrarreforma y de la Guerra de los Treinta Años* (Cidade do México, Uteha, 1964), p. 4 e seg.

[6] Na longa demonstração explicativa de Engels: "Os *príncipes* haviam saído da alta nobreza. Eram quase independentes do imperador e desfrutavam de todos os direitos de soberania [...]. Mantinham exércitos permanentes, convocavam as dietas, decretavam os impostos [...]. Governavam uma parte da pequena nobreza e das cidades e se valiam de todos os meios para incorporar em seus domínios outras cidades e baronias [...] seus métodos de governo eram bastante autoritários [...]. A *nobreza média* havia desaparecido por completo da hierarquia feudal da Idade Média [...]. *Uma grande parte estava completamente empobrecida.* Seus membros viviam a serviço dos príncipes como funcionários civis ou militares; outros subsistiam como vassalos submetidos aos príncipes e somente uma minoria dependia diretamente do poder imperial [...]. Os *servos* eram explorados até a última gota de sangue, os nobres se valiam de todos os pretextos para impor novos tributos e serviços a seus vassalos [...] aumentavam a servidão pessoal [...]. O *clero*, carregado de riquezas, parecia aos senhores uma classe inútil e invejavam sua enorme quantidade de bens [...]. O clero era composto por duas classes distintas. Sua hierarquia feudal formava a aristocracia dos bispos, arcebispos, abades, priores e demais prelados. Estes altos dignatários da Igreja, quando não eram, ao mesmo tempo, príncipes do Império, dominavam como senhores feudais a soberania de outros príncipes, grandes territórios com numerosos servos e vassalos [...] os *pregadores do campo e das cidades* constituíam a fração plebeia do clero [...]. As *famílias patrícias*, os chamados 'honoráveis', mandavam nas cidades. Eram os mais ricos. Formavam os municípios e desempenhavam os cargos públicos. Não se contentavam, pois, em administrar os cargos públicos, como também os consumiam. Fortes por sua riqueza e por sua condição aristocrática, de antigo reconhecimento pelo poder imperial, podiam despojar seus cidadãos, como os camponeses que dependiam da cidade. Praticavam o açambarcamento do trigo e a usura, apropriando-se de todo tipo de monopólios [...] impunham arbitrariamente novos pedágios e traficavam os privilégios corporativos e direitos de atribuição da função de mestre [de ofício] e de cidadania, vendendo a justiça [...] os patrícios gradativamente procuraram enfraquecer o poder da comunidade, sobretudo o que se referia à terra [...] *a oposição burguesa* [burguesia] abarcava os *burgueses ricos e os médios*, assim como uma *parte da pequena burguesia* que, segundo as circunstâncias locais, era mais ou menos numerosa [...]. Reivindicavam o controle da administração municipal e uma representação do Poder Legislativo, por meio de uma assembleia comunal ou da representação

formas arcaicas feudais e de uma burguesia fragmentária e vinculada a interesses de outros países propicia a sobrevivência do que há de mais indigente do processo de transição e impulsiona, por força da dinamicidade econômica, a transformação progressiva (transformismo – Gramsci) dos senhores feudais em burgueses, caracterizando em seu escopo histórico o processo de acumulação de capital pelo campo[7] e conformando as condições objetivas para o que viria a ser a objetivação da "via" prussiana do desenvolvimento do capitalismo (Lênin)[8].

É nesse sentido que as lutas de classe na Alemanha no século XVI adquirem uma característica que, diferentemente do que ocorreu em outros países ocidentais, produzirá consequências no âmbito ideológico, especialmente no humanismo alemão, que terá menor presença na construção de uma consciência de nacionalidade e na consolidação de uma língua e de uma escrita nacional comum. O que ocorre na Alemanha é a permanência da velha estrutura feudal e a emergência

---

municipal [...] queriam limitar o favoritismo do patriciado [...]. Ao lado dos restos degenerados da velha sociedade feudal e corporativa, *iniciou a manifestar-se o elemento proletário* – ainda pouco desenvolvido – da nascente sociedade burguesa. Uns eram companheiros de grêmio empobrecido [...] outros eram camponeses despejados e criados desempregados, que ainda não podiam ser proletários. Entre ambos [os grupos] estavam os oficiais que, excluídos da sociedade da época, se encontravam em uma situação comparável à do proletariado atual, tendo em conta a diferença entre a indústria de hoje e aquela regida pelo privilégio gremial. Mas, ao mesmo tempo, e em virtude desse privilégio, quase todos se consideravam como futuros mestres burgueses"; Friedrich Engels, *La guerra de campesinos en Alemania* (Buenos Aires, Claridad, 1971), p. 26-30; grifos nossos. Ainda sobre os plebeus e *principalmente sobre os camponeses*, Engels destaca: "Antes da guerra camponesa a oposição plebeia não participa das lutas políticas como um partido autônomo. Aparece como apêndice da oposição burguesa, como um tropel de desordeiros aficionados na pilhagem, cuja atuação ou silêncio se compra com algumas cubas de vinho. Durante as insurreições camponesas, por fim, formou-se um partido, mas então ligado aos camponeses e às suas reivindicações e à sua atuação, o que demonstra até que ponto a cidade ainda dependia do campo"; ibidem, p. 31.

[7] Como bem acentuou Lukács, "na Alemanha se mantém em pé tudo o que há de miserável nas formas de transição da Idade Média para a época moderna. E este caráter retardatário, pantanoso, da reação que se manifesta na Alemanha, acentua-se, não obstante os elementos deixados para trás, como os conteúdos sociais dessa transição: como resultado da transformação dos grandes senhores feudais em um absolutismo de miniatura (sem sua faceta progressista, a de servir de parteira da burguesia e ajudar seu fortalecimento) e das formas acentuadas da exploração dos camponeses"; György Lukács, *Die Zerstörung der Vernunft: der Weg des Irrationalismus von Schelling zu Hitler* (Berlim, Aufbau, 1953) [ed. esp.: *El asalto a la razón: la trayectoria del irracionalismo desde Schelling hasta Hitler*, Barcelona/Cidade do México, Grijalbo, 1972 – N. E.], p. 30.

[8] Cf. Vladímir I. Lênin, "El programa agrario de la socialdemocracia en la Revolución Rusa de 1905-1907", em *Obras completas*, v. 13, cit.

de um *Novo subsumido* à tradição, em que prevalece uma forma jurídica oriunda da religiosidade e das concepções legais fundadas nas elaborações aquinianas e também pelo realismo tomista, que possibilita a aproximação ao nominalismo de Ockham e de Gabriel Biel, sendo que este último exerceu certa influência sobre Lutero. Esse fundamento ficou conhecido como *via moderna*, em contraposição a *via antiga*. Nem mesmo a Reforma vai além de uma *forma específica* de "positivismo dogmático". Como acentua Reardon, a *via moderna* "limitava fortemente o papel da razão humana no conhecimento da realidade sobrenatural; uma realidade na qual a verdade não pode ser provada racionalmente, mas deve estar fundamentada, em última análise, na revelação bíblica. Desta forma uma espécie de positivismo dogmático e de fideísmo, que passaram a basear-se em um ceticismo profundo"[9].

Assim, a luta de classes que se desencadeia na Alemanha aparece turvada sob o manto mesmo da religiosidade. Na vigência de uma hegemonia educacional e jurídica de vezo eclesiástico, os dogmas da Igreja ganhavam dimensão política. Mesmo a ciência, que em outras regiões já realizava contraposições às "verdades" oficiais e "eternas" da Igreja, lá se mantinha condicionada à teologia. Nesse escopo contraditório, os ataques às estruturas feudais e feudalizantes que foram direcionadas contra a Igreja, como elemento simbólico da continuidade do domínio feudal, não estiveram em grau de realizar a *Aufhebung* e, por isso mesmo, ganharam a dimensão de *heresias teológicas*, condição esta constatada, inclusive, por Max Weber ao discorrer sobre a concepção de "vocação" em Lutero[10]. A imposição do luteranismo "pregou e transfigurou religiosamente a submissão dos pequenos Estados ao absolutismo, dando dimensão espiritual e base moral ao atraso econômico, social e cultural da Alemanha"[11].

No entanto, o desencadeamento do movimento crítico ao catolicismo, como é sabido, realiza-se no contexto de grandes rebeliões de camponeses, exatamente os que recebiam a carga das velhas estruturas de opressão, porque explorados por todas as outras classes que dominavam as atividades econômicas e, consequentemente, os meios de produção. A reação e a oposição revolucionária dos camponeses contra a opressão feudal se materializaram por meio de insurreições místicas ou heresias escancaradas contra a hegemonia da Igreja católica. Esses movimentos populares contra a hierarquia da Igreja, na maioria enraizados na velha cultura religiosa dos

---

[9] Bernard M. G. Reardon, *Il pensiero religioso della Riforma* (Roma/Bari, Laterza, 1984), p. 20.

[10] Ver Max Weber, *A ética protestante e o "espírito" do capitalismo* (São Paulo, Pioneira, 1999), p. 54 e seg.

[11] Cf. György Lukács, *Die Zerstörung der Vernunft*, cit., p. 31.

camponeses, não constituíam novidades e pipocavam por toda a Europa. Vinham de longe e, no medievo, expressaram radicalidades interpretativas da Bíblia, principalmente de passagens do Novo Testamento, em especial as leituras do *Sermão da montanha*, o que significa o apego aos fundamentos do chamado cristianismo "primitivo". Podemos dizer que, entre os vários movimentos das seitas, temos o importante grupo dos *patarini* – nome que, segundo o sacerdote católico e historiador italiano do século XVII, Ludovico Antonio Muratori (1672-1750), provém de *patée*, que no dialeto milanês significa "maltrapilhos" –, da Milão do século XI, formado por membros das classes mais humildes, que levavam uma vida estritamente religiosa e seguiam os preceitos do *Sermão da montanha*, que se mantinham afastados da *Doutrina da Graça* de Agostinho (na qual Deus predestina alguns poucos para alcançar sua sabedoria) e das concepções paulinas presentes na *Epístola aos romanos*, onde é exortado que se deve obedecer as autoridades instituídas, fundadas na máxima bíblica, atribuída a Cristo – "A Deus o que é de Deus; a Cesar o que é de Cesar" etc. –, e se praticava o ascetismo, tanto o sexual como o econômico, além de se recusarem a matar qualquer ser vivo e a comer a carne. Os *patarini* evitavam imagens em seus cultos, inclusive a cruz, e tudo indica que viviam em grupos comunitaristas (ou, como querem alguns, comunistas-cristãos), como diz Kofler: um comunismo resultante muito mais da consequência prática de seus ideais de pobreza que de uma construção ideológica[12]. Também havia os cátaros (do grego καθαρό/*katharó*, "puro"), no século XII, que praticavam o ascetismo e acreditavam que todo o visível e material era proveniente de Satanás. Ainda no século XII, havia o joaquinismo, fundado pelo abade Gioacchino di Fiore, em 1195, seita ascética que esperava uma nova era, a do Espírito Santo, prevista para 1260; esta repercutia tanto nos trabalhadores do campo como nas massas populares das cidades. As pregações escritas de Gioacchino di Fiore tiveram grande penetração popular, sendo que no ano previsto para a chegada do novo tempo houve tumultos, agitação e motins religiosos desde a Itália até a Áustria. Todos os adeptos e ou aqueles que, de um modo ou de outro, acreditaram nas pregações do abade esperavam que o mundo antigo se fundisse em um novo, onde os oprimidos seriam libertados e a Igreja simoníaca seria aniquilada. No século XII, com a emergência da *teologia dos pobres*, como já nos referimos, ganham dimensão os movimentos dos trapistas, particularmente o de Francisco de Assis, dedicado aos pobres, que desprezava a riqueza e, também ele, era ascético. Origina-se do contato dos pregadores com as

---

[12] Ver Leo Kofler, *Contribución a la história de la sociedad burguesa* (Buenos Aires, Amorrortu, 1971), p. 163 e seg.

classes populares e pauperizadas das cidades italianas, observando radicalmente os princípios bíblicos do Novo Testamento, como a proibição dos irmãos de possuir dinheiro e viver na completa pobreza, de aceitar somente produtos naturais e doados, que fazem se referenciar aos cátaros, ainda que depois da morte de Francisco verifique-se a debilidade dessa idealidade radical.

Na Alemanha, entre os séculos XIII e XIV, surgem diversas seitas referenciadas nas havidas em outras regiões da Europa ocidental, como as de Meister Eckhardt (1260-1327), Johann Tauler (1300-1361) e Henrich Seuse (1300-1366)[13]. Não há dúvida que os fundamentos ideorreligiosos das seitas contavam com um intrínseco elemento contestador e – por que não dizer? – revolucionário. De um lado, o coletivismo atávico dos camponeses, de antiga tradição; de outro, o surgimento de uma consciência de individualidade, presentes nos setores plebeus proletarizados e também nos setores burgueses e pequeno-burgueses, resultantes da emergência da sociabilidade baseada na produção de mercadorias e da própria forma-trabalho concernente àquele modo sociometabólico em desenvolvimento, sendo que estas dimensões diferenciadoras no plano da materialidade das relações de produção determinam o surgimento de diferentes rotas divergentes, o que, no limite, acaba isolando o movimento camponês em sua guerra contra a opressão, justamente porque não possibilita a organização de uma ação conjunta de plebeus/proletários contra os setores hegemônicos da sociedade. Com isso queremos dizer que as heresias continham fundamentos e ênfases diferenciadas. Em particular, as ações da burguesia e da pequena-burguesia se realizavam nas cidades e diretamente contra os padres e a hierarquia da Igreja, atacando suas riquezas e suas influências de poder, sendo que essa heresia tinha um núcleo crítico limitado, centrado na restauração do cristianismo "original", com uma estrutura eclesiástica mais simples e, inclusive, com a proposta de supressão do sacerdócio. Como acentua Engels, as cidades, mesmo que sob tutela dos príncipes, eram, em seu fundamento, republicanas e expressavam a forma de dominação burguesa – aliás, um tipo de manifestação anticlerical que estava presente nas diversas manifestações artísticas da burguesia

---

[13] Como sintetiza Kofler: "Para representarmos, uma vez mais, o contexto histórico geral, digamos que a época em que viveram esses homens coincide, aproximadamente, com a do escrito revolucionário de Marsílio de Padua, o *Defensor Pacis*; com o reinado de Luís de Baviera, o amigo das cidades; com a aparição de Cola di Rienzo, em Roma, e de Etienne Marcel, em Paris; por aquela época, atua também o grande nominalista Guilherme de Occam (1290-1349), e John Wycliffe – o reformador eclesiástico influenciado pelas seitas e professor de Hus – estuda (1344) matemática, ciência da natureza, teologia e direito canônico, em Oxford; Petrarca e Boccaccio viveram até 1374 e 1375, respectivamente"; ibidem, p. 173-4.

europeia, como podemos ver, por exemplo, nos escritos de Giovanni Boccacio (1313-1375) e sua crítica ao celibato e à moralidade dos padres, das freiras e do conjunto da hierarquia católica. No escopo das reivindicações universalizantes da burguesia, as críticas à hierarquia eclesiástica da Igreja caminhavam com mais firmeza e, nesse sentido, ganhavam uma *dimensão revolucionária*, com a instauração de um igualitarismo cristão entre os membros da comunidade e seu reconhecimento como norma para o conjunto da sociedade, que se consubstanciaria na "igualdade dos filhos de Deus traduzida como igualdade dos cidadãos e suas propriedades"[14], na qual a nobreza e o patriciado deveriam estar no mesmo nível dos burgueses e dos plebeus em geral, com a consequente supressão dos privilégios de raízes feudais, o que configurava um "partido" claramente definido como "heresia burguesa". Apesar dessas reivindicações universais, porém, os plebeus estavam efetivamente fora do projeto de sociedade proposto pela burguesia. Não pertenciam à sociedade feudal e não estavam integrados na perspectiva burguesa. Eram desprovidos de tudo, inclusive de "existência legal". Sua condição de marginalidade legal (e, em alguns casos, marginalidade em relação à vida econômica objetiva) não deixava alternativa senão buscar um projeto societal fundado no milenarismo, que aparecia como independente das classes dominantes. As doutrinas quiliásticas cristãs ofereciam uma referência, ainda que mística, pois questionavam a condição da propriedade privada e colocavam a perspectiva da comunidade de bens, assim como a reivindicação de poder diretamente dirigido pelo povo, o que Engels definiu como "antecipação do comunismo na imaginação"[15], mas que, de fato, conduzia à formação da sociedade burguesa. E, como lembra Kofler, essas rebeliões ocorrem sob a forma místico-religiosa porque era por meio da consciência religiosa que esses camponeses retiravam de suas *experiências* as propostas de justiça e de vida coletiva[16]. Nesse sentido, são movimentos defensivos que tinham como objetivo inicial a volta dos "bons tempos", no escopo de uma idealização de tempos passados, mas não tão bons e justos, como apareciam na imaginação mistificada dos camponeses, que, sem dúvida, viviam tempos muito mais sombrios, desencadeados pelas novas relações de produção emergentes, mas que no próprio processo do desenvolvimento da luta ganham outras proporções, com essa "antecipação forçada da história" (Engels).

Essa concepção místico-igualitarista ganha ampla dimensão e significado na sublevação revolucionário-milenarista de Thomas Münzer (1490-1525), camponês

---

[14] Ver Friedrich Engels, *La guerra de campesinos en Alemania*, cit., p. 36-7.

[15] Ibidem, p. 38.

[16] Cf. Leo Kofler, *Contribución a la historia de la sociedad burguesa*, cit., p. 182.

de Stolberg, filho de um pai enforcado pelo conde local e de uma mãe perseguida por sua pobreza; garoto que desde cedo conheceu a opressão e a injustiça. Como o definiu o filósofo Ernst Bloch,

> o sombrio jovem Münzer nasceu como filho único de gente pobre, em 1490, em Stolberg. Cedo perdeu o pai, sua mãe foi maltratada; tentaram expulsá-la da cidade, porque estava na miséria. O pai parece ter acabado na forca, vítima da arbitrarieda-de do conde [...]. Assim o menino experimentou, desde cedo, todas as amarguras da vergonha e da injustiça. Calou-se, fechou-se em si mesmo. Nada aceitava dos "outros", pois estava bastante decidido a sofrer com eles. A sentir a necessidade dos pobres, do povo em geral, que se aniquilava, despojado, embrutecido, sob coação. E outra coisa ainda vinha de encontro a seu coração vigilante. O fascinante tempo atraía, jovem em si mesmo, cheio de novas realidades; os campos estavam em vigília angustiada, enquanto vagavam, pelos arredores, emissários, arautos e pregadores. Nos vales da floresta do Harz, além disso, estavam ainda vivas as doutrinas dos flagelantes [...], tudo isso tocava alguém que não ouvia em torno de si senão o que nele próprio soava, nas sombras, nos murmúrios do que estava por vir.[17]

Vivenciando uma atmosfera de inconformismo e de revoltas camponesas, misturadas a aspirações utópico-milenaristas, sob profunda influência das ideias de Gioacchino di Fiore, Münzer absorveu toda a inquietação social e subjetiva de sua época.

Quando nomeado pregador em Allsted (1522), pregou a necessidade de ex-terminar os "sem Deus" pela espada. Se num primeiro momento, ingenuamente tentou se aproximar dos príncipes, em seguida, em reação à recusa deles em se aliar aos camponeses contra o clero e os burgueses, o teólogo *"rebelde in Chris-to"* (como diria Bloch) chama os plebeus para derrubar também os príncipes, universalizando, ampliando, aprofundando e especificando as reivindicações do igualitarismo genérico da burguesia. Münzer, com seu "comunismo antecipado", unifica e expressa as aspirações das frações plebeias proletarizadas e/ou deserdadas pelo processo de constituição do capitalismo. Não por acaso, na pregação por uma nova sociedade, encontra na cidade de Mühlhausen, onde a artesania têxtil estava bastante desenvolvida, um segmento proletário numeroso e, nas vizinhanças, um campesinato empobrecido que o apoia e para quem proclama:

---

[17] Ernst Bloch, *Thomas Münzer, teólogo da revolução* (Rio de Janeiro, Tempo Brasileiro, 1973), p. 9-10.

Todas as coisas são comuns a todos [...] e deveriam ser distribuídas conforme as exigências do momento, segundo as várias necessidades de todos. Qualquer príncipe, conde ou barão que, depois de lhe lembrarem severamente essa verdade, não quiser aceita-la deverá ser decapitado ou enforcado.[18]

Essa predicação radical, como prenúncio de um reino milenarista que conteria o juízo divino contra a corrupção do mundo, pavimentou a possibilidade de unificação com os anabatistas, ampliando o alcance de sua pregação. Esse tangenciamento para frações de classes plebeias e trabalhadoras implica também uma definição do *campo de classe* e do escopo ideorreligioso da luta proposta por Münzer, ainda que, no plano da imediaticidade, direcione sua crítica mais dura aos padres católicos; ao mesmo tempo, subentende-se aí a perspectiva das fundas rupturas, no chamamento para a insurreição armada, vista como única possibilidade para a interiorização, nos homens, do divino: "transmudar-nos em deuses através da humanização de Cristo" (Münzer). Como ressalta Bloch, para esses revolucionários milenaristas, Deus, ao tornar-se homem, com a vinda de Cristo, torna-se perceptível, o que permite ao homem, nessa medida, também ele numa "conexão" místico-dialética, tornar-se Deus, ao apreender intimamente seu semelhante[19], como um retorno ao primitivismo cristão proposto pela primeira patrística. Não nos enganemos: sem dúvida, essa formulação teológica representa a radicalização do elemento ético-bíblico, mas, contraditoriamente, na perspectiva de uma heresia plebeia ético-radical praticada por meio de uma ortodoxia carismática baseada nas formulações iniciais do cristianismo e, como definiu Bloch, reforçada pela noção de uma seita que se configura como "estrutura regular da vontade social de uma comunidade radicalmente cristã e muito mais velha que o mosteiro"[20], onde se está voluntariamente para reunir os que se dispersam e tendo Cristo – aquele que vem à terra disposto a imolar-se como cordeiro de Deus, para a redenção da humanidade – como modelo ético. O comunismo religioso de Münzer centra-se no fenômeno milenarista clássico e amplamente difuso entre os camponeses do medievo e do período da transição do feudalismo ao capitalismo, da *Parusia*, a volta de Cristo. Essa crença materializava-se por um ascetismo específico, de caráter

---

[18] Thomas Münzer, citado em Will Durant, *A história da civilização*, v. 6: *A Reforma: uma história da civilização europeia de Wyclif a Calvino, 1300-1564* (trad. Mamede de Souza Freitas, Rio de Janeiro, Record, 2002), p. 321.

[19] Cf. Ernst Bloch, *Thomas Münzer*, cit., p. 53 e seg.

[20] Ibidem, p. 171.

plebeu, que estabelece, para fazer frente às classes dominantes, o princípio de uma igualdade radical compreendida como necessária para a construção de uma etapa transitória, sem a qual esses plebeus e camponeses não poderiam marchar adiante em seus planos de igualitarismo cristão. No dizer de Engels,

> Para mover sua energia revolucionária, para ter consciência de sua posição hostil frente aos demais elementos da sociedade, para concentrar-se enquanto classe, devem [...] renunciar aos poucos prazeres que ainda fazem suportáveis suas vidas míseras [...]. Por sua forma fanática e violenta, assim como por seu conteúdo, esse *ascetismo plebeu e proletário* se distingue fundamentalmente do *ascetismo burguês*, tal como predicam a moral burguesa, luterana e a dos puritanos ingleses.[21]

Isso faz com que o Cristo apresentado pelas seitas e, em especial, o definido pela visão teológica de Münzer seja muito diferente do balizado pela Igreja e pela óptica reformista-conciliadora de Lutero; quer dizer, a partir de uma santificação institucionalizada por meio de sacramentos hierarquizados que, por pressuposto, reconhecem a autoridade institucional e que se aproximam do direito eclesiástico fundamentado em Agostinho, na crença dos dois reinos, o de Deus e dos homens[22]. Münzer, por sua vez, considerava insuficiente a visão luterana que concebia a Igreja como local em que se reunia uma comunidade limitada por aceitar a autoridade política institucional, que, portanto, fazia concessões ao laicato e, nesse sentido, não se diferenciava do Estado baseado na corrupção. O elemento de *contraposição* estava em conceber o fundamento do cristianismo na bondade originária, que se realizava rente ao direito natural, originário do Paraíso. É nessa perspectiva que podemos enfatizar a unidade metafísica da seita com a renovação permanente e com os mandamentos, por meio de uma *ação comunitária* dirigida aos irmãos, referenciada permanentemente na atividade comunitária do próprio Cristo, obviamente

---

[21] Friedrich Engels, *La guerra de campesinos en Alemania*, cit., p. 51-2.

[22] Vemos em Lutero: "Se não existissem [leis e governos] [...] o mundo [*Welt*] tornar-se-ia um deserto. E assim Deus instituiu os dois governos, o espiritual [*Reich*], que molda os verdadeiros cristãos e as pessoas justas por meio do Espírito Santo sob Cristo, e o governo secular [*weltlich*], que reprime os maus e os não cristãos e os obriga a conservarem-se exteriormente em paz e a permanecerem quietos, gostem ou não gostem disso. É nesse sentido que São Paulo considera a Espada secular quando diz em Romanos 13[3]: 'Ela [a Espada] não incute medo quando se faz o bem, mas quando se pratica o mal'"; Martinho Lutero, "Sobre a autoridade secular: até que ponto se estende a obediência devida a ela?", em Harro Höpfl (org.), *Lutero e Calvino: sobre a autoridade secular* (São Paulo, WMF Martins Fontes, 2005), p. 15.

212 Os portões do Éden

permeada por uma interpretação alegorizada e capaz de criar o vínculo entre Deus e os homens. Daí sua oposição radical a Lutero, que, segundo Münzer, deixara-se levar pelo conforto e pelo bem-estar burguês ao comodismo da autoridade[23]. O teólogo da revolução não aceita o que define como "salvação amável". Para ele, não basta ser pobre para ouvir as palavras doces de Deus, porque ninguém pode "dizer--se cristão se antes não se tornou, por sua cruz, apto a esperar a obra e a palavra de Deus, ele é cego em seu coração; e, se crê em um Cristo de madeira, se perde em si mesmo. Os carneiros são envenenados com erva daninha, mas alimentados pelo sal; quem renega o cristianismo amargo morrerá empanzinado no mel; no fundo da fé só existe o Cristo total"[24].

Com isso, Münzer define sua "doutrina do Cristo amargo", na qual as pessoas devem suportar medos e privações para alcançar a felicidade verdadeira, assumindo de boa vontade o sofrimento de Cristo na cruz; a dor como bebida amarga que se deve sorver para atingir a beleza e a perfeição divinas. Essa foi a perspectiva com que o Rebelde em Cristo acusou Lutero (e seu discípulo Melanchton) de tentar afogar o movimento na beataria e no pedantismo bíblico e acadêmico. Com essa denúncia, evidenciou-se que a perspectiva de Münzer era negar-se a realizar qualquer debate teológico e assumir sua opção pela luta direta e real contra os opressores. Acusou Lutero de apoiar a censura de seus escritos e reafirmou o nome pelo qual era chamado pelos camponeses e plebeus: Dr. Lügner (Dr. Mentiroso).

A reação de Lutero foi violenta e, em meados de maio de 1525, em carta dirigida aos príncipes da Saxônia – *Contra as hordas salteadoras e assassinas de camponeses* – declarou Münzer "instrumento de Satã", incitando os príncipes a reprimirem e a matarem os rebeldes, colocando-se clara e definitivamente ao lado dos príncipes e dos senhores ameaçados pelos camponeses em rebelião. Assim Lutero reage à revolta de Münzer, dos camponeses e dos plebeus:

> Entregaram-se à violência e roubaram, enfureceram-se e agiram como cães enraiveci-
> dos [...]. O que estão fazendo é obra do diabo e, em particular, é obra do arquidiabo
> [Münzer] que governa em Mühlhausen [...]. Devo principiar apresentando-lhes seus

---

[23] Uma radicalidade assim definida por Bloch: "A revolta, porém, é a ética por profissão do cristão quiliasta; por conseguinte, a luta revolucionária, a instauração da *serenitas* econômico-política, a preparação da fuga do Egito, do horizonte estatal livre para a Parusia e o Apocalipse, constituem o único compromisso que o purismo da seita assina com o mundo"; Ernst Bloch, *Thomas Münzer*, cit., p. 176.

[24] Thomas Münzer, citado em ibidem, p. 178.

pecados [...]. Em seguida devo ensinar aos governantes como agir nessas circunstâncias [...]. Qualquer homem contra o qual se possa provar sedição está fora da lei de Deus e do Império, de modo que o primeiro que puder matá-lo está agindo acertadamente e bem [...]. Pois a rebelião traz consigo uma terra cheia de assassínios e derramamento de sangue, faz viúvas e órfãos e põe tudo de cabeça para baixo [...]. *Portanto, todo aquele que puder elimine, mate e apunhale, secreta ou abertamente, lembrando-se de que nada pode ser mais venenoso, prejudicial ou diabólico que um rebelde.* É como quando se tem de matar um cão raivoso: se não o matarmos, ele nos matará, e um país inteiro conosco.[25]

E Lutero, em seu "manifesto de adesão à ordem dos príncipes e dos senhores", foi mais além. Aterrorizado com a perspectiva do comunismo-milenarista radical de Münzer e dos rebeldes afirmou:

O Evangelho não torna comuns os bens, exceto no caso daqueles que fizeram por espontânea vontade, o que apóstolos e discípulos fizeram nos Atos IV. Não pediram, como fazem nossos camponeses alucinados em sua fúria, que os bens dos outros – de um Pilatos ou de um Herodes – ficassem em comum, e sim seus próprios bens. Entretanto, nossos camponeses querem comunizar os bens dos outros homens, e que os seus próprios fiquem para eles. Que belos cristãos, esses! Acho que não sobrou nenhum diabo no inferno, transformaram-se todos em camponeses.[26]

Münzer tinha consciência do turbilhão em que tinha mergulhado e da tempestade que estava por se desencadear. Contudo, diferentemente de Lutero, que representava sua classe e aliava-se aos príncipes e aos grandes senhores *tout court*, buscou a sistematização das ideias e das reivindicações de sua classe de origem, camponeses e plebeus, pagando, assim, um alto preço por essa escolha.

Se Lutero tomou seu partido ao lado dos poderosos e contra os camponeses, os proletários e os plebeus, Münzer efetivamente se consolidou como "profeta da revolução" e incendiou seu ódio contra as classes opressoras; como acentuou Engels, se dirigiu às massas camponesas e plebeias com palavras inflamadas e com delírio religioso e nacional, que atribuía aos profetas do Antigo Testamento. Suas palavras e suas ações desencadearam a guerra dos camponeses[27]. Os senhores reagiram com

---

[25] Martinho Lutero, "Contra as hordas salteadoras e assassinas de camponeses", citado em Will Durant, *A história da civilização*, v. 6, cit., p. 326.

[26] Idem.

[27] Cf. Friedrich Engels, *La guerra de campesinos en Alemania*, cit., p. 96 e seg.

violência, esmagando as rebeliões de Fulda, Eisenach e Langensala e Mühlhausen, núcleo da rebelião. Diante das tropas adestradas, os camponeses eram amadores, indisciplinados e sem treinamento militar, inclusive o próprio Münzer não contava com conhecimento de táticas militares. Além do mais, agiram diante dos inimigos de classe com ingenuidade. Encurralados nas cercanias de Frankenhausen, juntamente com cerca de 8 mil homens providos de alguma artilharia, mas com pouca munição, recebem uma proposta de trégua dos senhores, que agiam com felonia diante de camponeses desesperados. Enquanto discutem e concluem uma pretensa trégua, suas tropas cercam o acampamento de Münzer. Atacam de repente, e, na primeira carga de artilharia, centenas de combatentes rebeldes são mortos. Outros combatentes, apavorados e pouco acostumados à guerra, fogem em direção à cidade, mas são perseguidos e massacrados pela cavalaria dos exércitos do duque João da Saxônia, de Felipe de Hesse, luterano de primeira hora e tido como o "Piedoso", e de Henrique de Brunswick. Dos 8 mil camponeses, 5 mil são mortos, e o restante se refugia na cidade de Frankenhausen, onde Münzer estava entrincheirado. Ferido na cabeça, foi capturado e entregue aos comandantes militares. Como relata Melanchthon: "Quando Münzer se apresentou diante dos príncipes, perguntaram-lhe por que arrastara e desvairara as pobres gentes. Respondeu, ainda insolente, que fizera bem, pois visara a punir os príncipes contrários ao Evangelho"[28]. Münzer logo foi levado ao castelo de Heldringen, onde foi barbaramente torturado, na presença dos príncipes, sem que dele nada de importante fosse arrancado, a não ser generalidades sobre sua vida. Na sequência, foi decapitado[29]. Como ressaltou Engels, Münzer "subiu ao cadafalso com a mesma coragem que havia demonstrado durante toda a vida. Tinha por volta de 48 anos quando morreu"[30]. Outros prisioneiros, uns trezentos, foram condenados à morte. Diante das súplicas de suas mulheres, que clamavam por misericórdia, porém, foi-lhes concedida sob a condição que as mulheres esfacelassem com bastões a cabeça de dois padres que também tinham fomentado revoltas – tudo isso sob a cínica assistência dos duques.

No cômputo geral, foram cerca de 130 mil mortos em combate ou por castigos[31]. O resultado trágico dessa guerra camponesa será superado somente pela

---

[28] Philipp Melanchthon, citado em Ernst Bloch, *Thomas Münzer*, cit., p. 73.

[29] Relato baseado nas informações de Friedrich Engels, *La guerra de campesinos en Alemania*, cit., p. 96 e seg.; Will Durant, *A história da civilização*, v. 6, cit., p. 327 e seg.; e Ernst Bloch, *Thomas Münzer*, cit., p. 72 e seg.

[30] Friedrich Engels, *La guerra de campesinos en Alemania*, cit., p. 97.

[31] Cf. Will Durant, *A história da civilização*, v. 6, cit., p. 328.

Guerra dos Trinta Anos. Na imediaticidade dos combates e da brutal repressão, milhares de camponeses ficaram sem teto, passando a se ocultar nos bosques das regiões envolvidas no conflito; centenas de aldeias foram abandonadas e destruídas; muitas mulheres ficaram viúvas e as crianças, órfãs. Inúmeros camponeses tiveram de passar à condição de servidão, porque também muitas das grandes áreas de terra comunitária tinham sido confiscadas. O clero foi quem mais perdeu em termos de propriedades, para a felicidade de príncipes, senhores, nobreza e burguesia. Objetivamente, a guerra camponesa acabou por laicizar e secularizar as propriedades eclesiásticas que, nas regiões protestantes, rapidamente se transferiram para mãos de príncipes e burgueses. Além do clero católico, a nobreza foi duramente golpeada, tendo seus castelos em cinzas e suas áreas de plantio destruídas. Ironicamente, a revolta camponesa derrotou a nobreza, que se tornava cada vez mais refém dos príncipes. Ao limite, a dominação dos senhores se afirmou novamente, ainda que com algumas novidades. No entanto, a posição dos cidadãos estava quebrada – e assim ficou por muito tempo, com a proeminência de um tipo de "patriciado aburguesado". Os príncipes, os únicos que tiraram vantagens desse conflito, variavam suas posições de acordo com as hegemonias locais e, desse modo, praticavam a "centralização dentro da divisão" (Engels), em que subsistiam, barões (arruinados), cidades republicanas e burgueses; uma nação fragmentada em diversas classes e frações de classe. Não nos esqueçamos de que as revoltas camponesas e a Reforma de Lutero acabam por estagnar, por pelo menos duzentos anos, a economia da Alemanha – e, como salientou Engels, os camponeses do nordeste que aderiram ao luteranismo logo se transformaram de homens livres em servos da gleba[32].

Como pudemos observar, o caráter do humanismo alemão configurou-se como uma oscilante conexão entre ciência e religião, determinado e condicionado pelo grau de desenvolvimento que adquiriram os modos das subsunções das formas produtivas e do trabalho ao capital no surgimento da economia de mercado, no âmbito da crise do feudalismo, em suas regiões autônomas, assim como a relação direta de suas condições no que se refere às velhas relações de produção em processo de consumpção. Observamos, também, que os graus de desenvolvimento e de complexificação das novas relações societais configuram a amplitude da articulação constitutiva do nexo e do espectro ideológico

---

[32] Friedrich Engels, *Do socialismo utópico ao socialismo científico* (Lisboa, Estampa, 1971), p. 24.

216 Os portões do Éden

renascentista, principalmente do humanismo como projeção ideossocietal do próprio Renascimento. Vimos, ainda, que, apesar da inserção de muitas cidades alemãs na dinâmica abrangente do desenvolvimento econômico e nos amplos processos dos diversos modos de *subsunções formais do trabalho ao capital em processo* – elemento histórico decisivo para a sedimentação das nascentes relações de produção capitalistas –, as condições econômicas do mercantilismo, em especial as novas rotas marítimas para as Índias e a descoberta da América e, principalmente, a queda de Constantinopla, conquistada pelos turcos otomanos em 1453, ocasionaram certo retrocesso no avanço das cidades teotônicas; por outro lado, findaram por estabilizá-las na direção de atendimento às necessidades de suprir as demandas das regiões setentrionais europeias. Essa processualidade incide nos concatenamentos históricos determinados pelo Renascimento e por sua consequência imediata, nas regiões em que essa forma sociometabólica se constituía de modo mais ou menos sincrética – *em seu amplo espectro articulado dialeticamente no âmbito objetivo/subjetivo* – e, ao mesmo tempo, apresentava-se determinada pela dinamicidade dialética das conexões dos "complexos de complexos", no escopo do desenvolvimento desigual e combinado, provenientes de bases históricas (materiais e culturais) diversas.

Nesse sentido, devemos abordar a Alemanha no quadro das diferentes manifestações do humanismo e suas complexidades, por meio das dimensões que se constituem como, nas formações sociais, complexos articulados entre universal e particularidades, justamente para daí acentuar a diferença – o particular – ou, se quisermos, a *concretude* dessas relações, a fim de não cairmos nas tentações simplistas e reducionistas (e, diga-se, muito empiricistas) de confundir a categoria filosófico-conceptual de *particularidade histórica* com "micro-história, como faz Burke, que, ao ignorar a categoria de formação social (e, consequentemente, a de modo de produção/forma sociometabólica), acaba definido a diversidade presente no humanismo como mera diversidade dos elementos culturais, deixando de lado suas determinações objetivas[33]; como se a cultura se manifestasse por meio de um miasma resultante das atividades cerebrais coletivas; como se fossem desprovidas de ossatura material posta pela práxis sócio-histórica. Exatamente para evitar uma abordagem fragmentadora, que não transcende a singularidade das "micro-histórias", que enfatiza o *fragmento singular* a partir de *pseudoconcreticidades* (Kosik) dissolvidas nas subjetividades individualizadas (singulares) e atomizadas

---

[33] Peter Burke, *Il Rinascimento europeo: centri e periferie* (Roma/Bari, Laterza, 2009), p. 18-9 e passim.

de uma apreensão polimórfica do real, em que não existem o centro histórico e os determinativos objetivos do sujeito e de sua consciência[34]. Uma abordagem integral e arremetida à totalidade concreta deve levar em conta justamente os elementos particulares constitutivos da configuração característica do humanismo e de seu caráter. Na perspectiva das conexões universal-particularidades concretas, podemos compreender os elementos específicos dos humanismos europeus, assinalados por suas complexidades específicas e suas processualidades histórico-objetivas. Como ressaltei em outro trabalho,

> a relação dialética entre o universal e o particular é a forma concreta de sua relação, caso a caso, em situações historicamente determinadas, com respeito a determinada relação de estrutura econômica, assim como descobrir o grau e em que direção as alterações históricas modificam essa dialética. Nessa perspectiva, podemos entender como se estabelece a relativização dialética do universal e do particular. Em determinados momentos históricos, eles aparecem integrados e articulados, concomitantemente; em outros, o universal se especifica ou ainda pode surgir como particular. Pode ocorrer, também, que o universal se dilate e anule a particularidade ou que uma particularidade anterior se desenvolva até a universalidade.[35]

Todas as formas que o humanismo assumiu estiveram, de um modo ou de outro, no espectro da busca de soluções de práxis, na processualidade da revolução burguesa, visando à compreensão dos decursos históricos e das crises societais intrínsecas a esses movimentos contraditórios em curso.

Assim, podemos distinguir os elementos objetivos que irão configurar as formas estéticas e político-filosóficas do humanismo em países como a Inglaterra ou nas regiões autônomas da Alemanha, que se consolidam a partir de notórias diferenciações em relação àquela clássica que nasce nas cidades italianas dos *Quatrocento*, como bem ressaltam Burke e Skinner – mesmo que ambos os autores situem reduzidamente essas diferenças no plano da dinâmica das culturas e das consequentes ações que entendem como "realizadas" pelo politicismo –, ou, ainda, como ocorre no Portugal quinhentista, em que as formas culturais centram nas reproduções, a partir dos contatos cosmopolitas internacionais, notadamente com as cidades ita-

---

[34] Ver François Dosse, *A história em migalhas: dos Annales à nova história* (São Paulo/Campinas, Ensaio/Editora da Unicamp, 1992), p. 183 e seg.; e Karel Kosik, *A dialética do concreto*, cit.

[35] Antonio Carlos Mazzeo, *Estado e burguesia no Brasil: origens da autocracia burguesa* (3. ed. rev. amp., São Paulo, Boitempo, 2015), p. 71.

218 Os portões do Éden

lianas e da "importação" de professores humanistas estrangeiros[36]. Nessa presença cosmopolita, encontra-se uma forte influência das ideias de Erasmo de Rotterdam – conhecido como "erasmismo" –, que tinha grande penetração em toda a Península Ibérica, entre uma crítica intelectualidade católica. Mesmo com a presença erasmiana e a preponderância de um direcionamento às pesquisas bíblicas, caráter de uma sociedade umbilicalmente vinculada ao comércio e à expansão marítima[37], vemos destacarem-se as crônicas históricas de Fernão Lopes (1385-1460) e o teatro incisivo e satírico de Gil Vicente (1465-1536), que inova ao levar para o palco cênico (também isso, uma novidade) personagens típicos da realidade e da vida cotidiana portuguesa, com sotaques e características regionais, o que expressava, no âmbito universal, as dramáticas mudanças que ocorriam no cenário de um feudalismo em crise. Em Portugal, como resultado de um feudalismo original, verificamos a existência de formas feudais que se articulavam com outras tantas, singularmente objetivadas fora das formas clássicas de uma economia de subsistência, como a grande produção de cereais e gado, além do crescimento de comunas, que solidificam uma forte burguesia mercantil, que fará a Revolução de Avis, em 1385, e constituirá o primeiro Estado nacional do mundo moderno. Ali a perspectiva foi o centro nas pesquisas náuticas e na produção de embarcações.

Já na Inglaterra, a Guerra dos Cem Anos e a Guerra (civil) das Rosas, no plano nacional, findaram com a ascensão da dinastia Tudor, em 1485, após a derrota e morte de Ricardo III (1452-1485), na Batalha de Bosworth. Henrique VII (1457--1509) centralizou a administração de seu reinado, tendo, inclusive, aumentado o poder econômico real, lançando as bases de uma política que se desenvolve a partir do Estado absolutista e que será consolidada por Henrique VIII (1491--1547). Esse processo configurou uma feição capitalista à economia inglesa, ao retirar da terra sua função social e militar, de origens feudais, assim como pôs fim às guerras privadas dos senhores, desenhando os elementos para uma economia

---

[36] Ver Peter Burke, *Il Rinascimento europeo*, cit., p. 235 e seg.; Quentin Skinner, *As fundações do pensamento político moderno* (São Paulo, Companhia das Letras, 1999), p. 212 e seg.; António Henrique de Oliveira Marques, *História de Portugal*, v. 1 (Lisboa, Palas, 1972), p. 284-5; e Joaquim Barradas de Carvalho, *O Renascimento português: em busca de sua especificidade* (Lisboa, Imprensa Nacional/Casa da Moeda, 1980), p. 10 e seg.

[37] Como ressalta Barradas de Carvalho: "Os descobrimentos são o fato essencial do Renascimento [...]. E Portugal não pode ser compreendido no que tem de específico sem os descobrimentos e, em consequência, sem seu Renascimento [...]. O Portugal de depois, da época moderna e contemporânea, é consequência dos descobrimentos marítimos, de seu Renascimento"; Joaquim Barradas de Carvalho, *O Renascimento português*, cit., p. 13.

moderna em que se introduz a renda e a comercialização da terra[38]; esse impulso econômico desencadeará, adiante, o processo de acumulação de capital ampliado e centrado historicamente na Inglaterra[39], que incidirá de forma decisiva no âmbito das *soluções de práxis*, a partir de Willian Grocyn (1446-1519) e Thomas Linacre (1460-1524) e, posteriormente, John Colet (1467-1519), rico e titulado (Lord Mayor) comerciante londrino, que viveu na Itália nos tempos de Savonarola e construiu uma visão de mundo humanista e fortemente austera. Quando retorna à Inglaterra, será responsável por estudos da Bíblia e dos padres da Igreja, especialmente Orígenes e Girolamo, entre outros. Muito influenciado por Orígenes, Colet centrará seus estudos bíblicos na figura do apóstolo Shaul/Paulo de Tarso, realçando e inserindo suas obras no tempo histórico determinado. Frequentava a casa de Morus e de Erasmo, quando este estava em Londres, o que o faz alinhado às ideias humanísticas mais eruditas. O próprio Morus expressou críticas às formas decadentes da Igreja, mas não demonstrou nenhuma simpatia por Lutero e, em carta ao reformador alemão, *Epístola ad Pomeranum*, atacou suas principais posições[40]. Contudo, o pragmatismo com tendências ao materialismo ganha força nas sistematizações filosóficas de Francis Bacon (1561-1626), para quem a ciência era, antes de tudo, a realização do domínio humano sobre a natureza, inaugurando o *materialismo inglês*. Objetivamente, a tendência que ganha o humanismo na Inglaterra, inclusive após a execução de Thomas Morus, em 1535 – por estar em oposição à própria lógica absolutista de Henrique VIII e, como vimos, à concepção mercantilista das relações sociais –, culmina com a prevalência religiosa do *new learning*, marcando, inicialmente, a presença de um luteranismo nacionalizado e adaptado às condições da Inglaterra[41]; depois, com a entronização de Elisabeth I,

---

[38] Barrington Moore Jr., *As origens sociais da ditadura e da democracia: senhores e camponeses na construção do mundo moderno* (São Paulo, Martins Fontes, 1978), p. 14 e seg. Ver também Perry Anderson, *Linhagens do Estado absolutista* (Porto, Afrontamento, 1984), p. 136 e seg.

[39] Como sintetizou Baron, "os cavaleiros ingleses foram os primeiros a perder seu *status* de casta militar armada. Ao longo do século XV, se uniram em uma pequena aristocracia que já não estava separada por um abismo do mundo mercantil da classe burguesa. Inclusive, celebravam matrimônios mistos e ambas as classes se mesclavam socialmente, em especial com as grandes famílias de comerciantes de Londres e, na Câmara dos Comuns, os *Knights of the Shire* se sentavam ao lado dos burgueses das cidades – sinal de igualdade social, inconcebível nas reuniões da maioria dos Estados europeus"; Hans Baron, *En busca del humanismo cívico florentino: ensayos sobre el cambio del pensamiento medieval al moderno* (Cidade do México, FCE, 1993), p. 252.

[40] Ver Bernard M. G. Reardon, *Il pensiero della Riforma*, cit., p. 26.

[41] Cf. ibidem, p. 293 e seg.

a Igreja anglicana inglesa será constituída de um protestantismo moderado (que reconheceu sua herança católica e apostólica), o que permite consolidar legalmente a partir da acomodação sincretista de uma ampla gama de posições teológicas, que desde então tem sido uma das características essenciais de uma Igreja de caráter nacional, cujos artigos de fé representavam uma articulação entre formulações católicas, luteranas e calvinistas, no escopo genérico do fundamento da ideia de retorno às escrituras. Ali prevalece um vezo racional-pragmatista que corresponde às necessidades do processo de acumulação capitalista, no qual a exigência de ampliar os processos produtivos enquadra as divagações reduzindo-as, gradativamente, até a eclosão do materialismo inglês.

No caso alemão, a região (e seus principados autônomos) "chega" ao Renascimento justamente no período em que diversos vizinhos começavam, relativamente, a perder força econômica – e ali seu deslanche situa-se na ampliação das rotas comerciais. Essas condições, que denotam o atraso de gestação dos elementos constitutivos das novas e diversas morfologias de *subsunção formal do trabalho e da produção ao capital*, incidirão, também, na construção ideossocietal que vai prevalecer dali em diante. Os entraves feudais constituíam o grande obstáculo para a transcendência das formas arcaicas e, não por outro caminho a não ser a *radicalidade* anticatólica e antipapista, poderiam estruturar um novo centro de construção de poder, por parte das classes emergentes, nos quadros das mudanças sócio-históricas e ideológicas da Alemanha. Isso é o que esclarece as necessidades e as razões para que a fração dos plebeus e a nascente burguesia busquem transcender a crítica formal do feudalismo. Nesse sentido, constroem, também, um corpo teórico muito afinado com as tendências do humanismo, as quais se apresentavam como "retorno" às fontes bíblicas – já como resultado do *esgotamento histórico* da *forma-ideologia-Igreja-feudal* e de sua *Weltanschauung* e, inclusive, de sua *Weltentstehung* (cosmogonia) – e tinham como referência *imediata e mediata* a transcendência divina do homem dinâmico e criativo. Nesse sentido, e a partir de especificidades históricas, percebemos a conexão da crise na Alemanha com a crise geral da *Weltentstehung* medieval; o conjunto ideorreligioso expresso pela forma-ideologia-Igreja-feudal.

Erasmo de Rotterdam: reformar e atualizar o cristianismo ocidental na perspectiva do livre-arbítrio

Precisamente no contexto de sua generalidade, é necessário ressaltar que a crise ideológica materializada na cosmogonia católica – a *forma-ideologia-Igreja-*

-feudal – era de profunda intensidade. As reações da burguesia europeia emergente eram visíveis e denotavam que o navio da velha forma cosmológico-cosmogônica fazia água por todos os lados. Num primeiro momento, aparece timidamente nas formulações inspiradas na antiga tradição cristã, principalmente pelas elaborações de cunho patrísticos, mormente a agostiniana e, depois, centrada numa crítica que é realizada a partir da "própria palavra" de Cristo, "revelada" pela Bíblia. Isto é, a busca do renascimento do homem, e a reconquista de seu sentido originário, ganha "realidade" apenas com a volta aos fundamentos bíblicos, deixando de lado as alegorias. Na contraposição às formulações agostinianas – para quem Deus dirigia-se somente aos homens doutos, revelando as verdades do universo –, a nova abordagem ampliava a palavra de Deus para todos os homens, já que neles estavam os elementos de imagens e de semelhanças divinas com o próprio criador[42]. Tal é o sentido das necessidades de se reconstituírem os embasamentos ideorreligiosos, postos pelo esgotamento da forma-ideologia-Igreja-feudal e de seus fundamentos cosmogônicos. Assim, podemos constatar que, no âmbito da crise geral das relações sociais do feudalismo e da emergência da forma sociometabólica baseada na produção de mercadorias, exatamente no plano de sua característica universal, a morfologia religiosa fundada na forma-ideologia-Igreja-feudal já não corresponde às *historische Notwendigkeit* (necessidades históricas) das novas relações sociais de produção em precipitação. Isso implica dizer que a necessidade de se criticar a velha ordem societal e suas formas ideológicas, incluindo os elementos constitutivos da cosmogonia tradicional medievo-cristã, adquire uma forma particular que atinge a dimensão de crítica religiosa que tende a se transformar em nova universalidade. Era preciso reformar amplamente o cristianismo e adequá-lo à nova forma sociometabólica emergente, em que rumava-se para a liberdade do homem individual – mesmo que situada no âmbito de uma liberdade formal e abstrata[43] – e ressaltava-se seu individualismo exacerbado pela mercantilização das

---

[42] Como bem ressaltou Abbagnano, "a palavra de Deus não é mais dirigida somente aos doutos, mas a todos os homens como tais; não se limita a querer reformar a doutrina, mas a vida. Um renovamento religioso, no espírito do Renascimento, deveria empenhar-se em fazer reviver diretamente a palavra de Deus na consciência dos homens, liberando-a das superestruturas tradicionais, restaurando-a em sua forma genuína e em sua potência salvadora. Tal foi a tarefa da reforma religiosa, à qual vincula-se necessariamente, assim como o próprio humanismo, um momento filológico: restaurar em sua pureza e em sua genuinidade o texto bíblico"; Nicola Abbagnano, *Storia della filosofia*, v. 3: *La filosofia del Rinascimento* (Milão, TEA, 1995), p. 96.

[43] Na síntese de Lukács, referindo-se à crise da transição do feudalismo ao capitalismo: "Já nos referimos várias vezes à grande crise da cultura ocidental que normalmente designa-se com os

relações sociais e já contaminado pela nascente sociedade da ampla produção de mercadorias, em que o lucro transmuta-se de pecado em virtude, muito valorizada e considerada "intrínseca e constitutiva" do espírito do homem dinâmico e criativo.

Ainda considerando o contexto da crítica universal à forma-ideologia-Igreja-feudal, no âmbito dos diversos pensadores humanistas, destacamos Erasmo de Rotterdam – filósofo holandês nascido Geer Geertz (1466-1536), mas que adotou o nome latino de Desiderius Erasmus –, grande expressão da crise em seu elemento cosmogônico, como diz Lukács, um humanista para quem as reformas na Igreja e na sociedade deveriam ser progressivas e discutidas a partir de uma "ilustração" pacífica. Erasmo age como representante do momento filológico do humanismo renascentista, no sentido plekhanoviano do indivíduo expressando seu momento histórico[44]. Agostiniano de origem que escreve sobre Gerolamo, Ilário, Ambrósio e Agostinho e, nesse sentido, também conhecido como o fundador da patrologia, estudo dos pais fundadores do cristianismo. Quando eclode a Reforma, Lutero pede seu apoio ao movimento de ruptura com a Igreja católica, mas Erasmo se recusa a aderir à rebelião, ainda que não tenha condenado publicamente o movimento reformista, nem mesmo quando travou a polêmica com Lutero sobre o livre-arbítrio[45], na perspectiva da contenda do cristianismo da Igreja e das necessidades postas pelas novas formas cosmogônicas renascentistas. Erasmo tinha como foco a recuperação

---

termos Reforma e Contrarreforma. A força decisiva que motivou a explosão dessa crise foi o desenvolvimento das tendências econômicas capitalistas que acabariam por enterrar o feudalismo; essas tendências impõem, em determinada fase, a reconstrução econômica e, portanto, também ideológica da estrutura da sociedade europeia. O fato de que essas forças não foram, no período que nos interessa, suficientemente robustas e que pudessem conseguir uma mudança completa no sentido capitalista acabou aprofundando, a princípio, a crise, porque rapidamente lhe deu o sotaque, muito eficaz subjetivamente, de uma angustiante falta de perspectiva; objetivamente, essas correlações de forças deram lugar à solução de compromisso que é a monarquia absoluta, através da qual conseguiu-se um equilíbrio provisório, que parecia estável, mas, em realidade, era muito lábil entre a burguesia em constante robustecimento e as classes feudais em decadência. O aspecto ideológico da crise é, naturalmente, o que mais nos interessa aqui [...]. A crise se aprofundou quando essas transformações capilares, por assim dizer, sofreram a mutação para uma nova qualidade [...]. Por outra parte, a prática política desenvolveu formas de relações humanas, dos comportamentos dos homens inseridos nelas e para com elas que, não com menor intensidade, rechaçou a imagem cristã do mundo"; György Lukács, *Estetica: la peculiaridad de lo estetico, cuestiones preliminares y de principio*, v. 1 (Barcelona, Grijalbo, 1966), v. 4, p. 403-4.

[44] Ver Gueorgui Plekhanov, *O papel do indivíduo na história* (São Paulo, Expressão Popluar, 2011).

[45] Ver Erasmo de Rotterdam e Martinho Lutero, *Libero arbitrio/Servo arbitrio* (org. Fiorella de Michelis Pintacuda, Turim, Claudiana, 2009).

dos valores iniciais do cristianismo "primitivo" e, no contexto do debate sobre a necessidade de alterar os rumos da Igreja, influencia, entre outros, o próprio Lutero, que o vê como mentor, pelo menos até 1521, além do reformador suíço Zuínglio (Ulrich Zwuingli, 1484-1531)[46]. A busca do retorno às fontes é que o move e dá significado a seu *Elogio da loucura* – escrito em 1509 e publicado em 1511 –, no qual ele enfoca a loucura como o impulso humano vital, a beata inconsciência, a ilusão, a ignorância satisfeita consigo mesma; em suma, a "mentira vital", porque, segundo sua visão, a vida humana se baseia na mentira, na ilusão ou na impostura. Essa compreensão da loucura como impulso humano fundamental é sua interpretação das Epístolas paulinas[47], mediadas pela óptica das exaltações realizadas pelos patrísticos Clemente e Orígenes, que nunca deixaram de manter o diálogo nem de polemizar com os pensadores pagãos – claro, todos eles devidamente "filtrados" pelo cristianismo. Ainda que consideremos a forte referência a Thomas Morus, quando graceja com a raiz grega de loucura, *morìa* – "teu nome de família, tão próximo do termo *morìa*, quanto você está longe da loucura"[48] –, o livro, ao se referir aos loucos, já se pronuncia condenando as debilidades, a corrupção e as indulgências da Igreja, a partir da paráfrase das Epístolas paulinas, em que condena fortemente as falhas e os ultrajes às fontes bíblicas. Ali, o fundamento do humanismo está em cristianizar tudo, inclusive a cultura clássica, o que fica evidente quando alude aos

> que, confiando em alguns alguns pequenos sinais exteriores de devoção, em alguns versos infantis, em algumas pequenas orações inventadas por algum impostor piedoso para sua diversão ou interesse, se sentem seguros de poder desfrutar da felicidade inalterável e de poder ocupar, com distinção, um lugar no Paraíso.[49]

---

[46] Cf. Bernard M. G. Reardon, *Il pensiero della Riforma*, cit., p. 37 e seg.

[47] Como vemos na *Primeira epístola aos corintos*: "A linguagem da cruz é loucura para os que se perdem, mas, para os que foram salvos, para nós, é uma força divina [...]. Está escrito: '*Destruirei a sabedoria dos sábios e anularei a prudência dos prudentes* [...]'. Onde está o sábio? Onde o erudito? Onde o argumentador deste mundo? Acaso não declarou Deus por loucura a sabedoria deste mundo? Já que o mundo, com sua sabedoria, não reconheceu a Deus na sabedoria divina, aprouve a Deus salvar os que creem na loucura de sua mensagem [...]. Pois a loucura de Deus é mais sábia que os homens, e a fraqueza de Deus é mais forte que os homens"; Shaul/Paulo de Tarso, "Epístola aos corintos I", 18, 19,20, 21 e 25, em *Bíblia sagrada*, cit.; grifos do original.

[48] Erasmo de Rotterdam, "Erasmo da Rotterdam al suo Tommaso Moro", em *Elogio della follia* (org. Eugenio Garin, Milão, Mondadori, 2012), p. 3 [ed. bras.: *Elogio da loucura*, trad. Elaine Sartorelli, São Paulo, Hedra, 2010].

[49] Ibidem, p. 40.

A crítica erasmiana ganha maior dimensão justamente quando (a loucura) atribui a Cristo a noção de que o filho de Deus havia prometido, em outros tempos, a herança do Pai *desde que observadas a caridade*, não a vontade dos que desejam ser mais santos que o próprio Cristo[50]. Nesse sentido, Erasmo exalta a fé e a caridade que aparecem como contraposições diretas ao papado. Assim verificamos também que todos os temas centrais polemizados pela Reforma estão escancarados em seu *Elogio da loucura*.

Em sua proposta de volta à essência do cristianismo, umas das cláusulas pétreas é tornar as escrituras nas referências mais imediatas, o que implicava que todos deviam ter acesso à Bíblia; assim, as pessoas poderiam ter condições de ler diretamente tantos os ensinamentos como os mistérios apontados nas escrituras. Essa condição constituía a base do *renovamento do homem; a restauração da natureza humana em sua autenticidade*. Pois ali estavam as condições que possibilitariam ao homem transcender os conhecimentos filosóficos e teológicos que, segundo Erasmo, nada mais eram que habilidades para ser utilizadas nas disputas teológicas, mas não para a aplicação da fé e da caridade. Daí todo o direcionamento de suas atividades de escritor e de filólogo aos padres da Igreja que, segundo Erasmo, escreviam e agiam de acordo com as escrituras, ao mesmo tempo que repudiavam as especulações escolásticas, centrando toda sua fundamentação na caridade, porque, segundo seu entendimento, seria dela que nasceria a paz. E na perspectiva de "cristianizar tudo" Erasmo direciona, também, suas discussões à política, onde vê a presença de vícios e de desordens. Daí a pretensão de que também o príncipe governe de acordo com os quesitos da virtude cristã. Assim, em 1516 escreve *A instituição do príncipe cristão*, para o futuro Carlos V, livro em que está presente forte postura clássica e pedagógica de cunho cristão, na perspectiva dos velhos patrísticos, em que enfatiza a necessidade de o governante cuidar e preservar uma "perfeição moral" da qual a felicidade pública é dependente. Erasmo enfatiza que não existem duas éticas, uma para os súditos e outra para os governantes. Todos devem seguir os preceitos do mestre comum, Jesus Cristo, que derramou seu sangue tanto para a remissão dos pequenos como dos grandes monarcas, de modo que o príncipe cristão tem o dever de seguir os princípios do mestre, qualquer que seja o calvário, pois essa é a marca de sua condição de ser eleito por Deus. Por isso afirma que o calvário do príncipe terá de se arrimar no que é útil aos cidadãos.

Vale dizer que essa *construção teológica* lança as bases teóricas para o movimento da Reforma e das outras reformas (inclusive a Contrarreforma católica) que se

---

[50] Ibidem, p. 54.

seguirão após as movimentações político-religiosas da Europa central e do norte. Em seus trabalhos, ficam realçadas tanto as referências às Escrituras como as alegorias com fundos parâmetros religiosos, com grande significado tropológico – quer dizer, moral –, além de um significado analógico, que implicava questões sobre o futuro da fé e da religião. Desse modo, Erasmo insistia que era fundamental compreender as Escrituras dentro do contexto histórico, ainda que interpretadas alegoricamente. Acentuamos, contudo, que o debate sobre a Igreja e o futuro do cristianismo, na óptica erasmiana, era centrar suas argumentações na Bíblia, em especial, no Novo Testamento, justamente na direção dos *fundamentos paulinos* de que a velha religião (e, consequentemente, a Torá/o Velho Testamento) não mais atendia às necessidades humanas; e foi por essa razão que Deus enviou Cristo ao mundo dos homens, justamente para transcender a lei (mosaica) pela fé em Cristo[51]. Daí a aguda observação de Reardon: "Com exceção de alguns salmos, ele evita a exegese do Antigo Testamento, sem dúvida porque muitos de seus livros pareciam estranhos ao espírito cristão"[52]. Isso evidencia (e também nos aclara) a posição de "neutralidade" de Erasmo diante da Reforma e da recusa em apoiar o movimento de Lutero, principalmente a recusa à forma luterana de se contrapor à estrutura da Igreja e ao cristianismo de então. A postura erasmiana era instituir,

---

[51] Como vemos em Gálatas, "sabei, pois: só os que tem fé e que são filhos de Abraão. [...] Prevendo a Escritura que Deus justificaria os povos pagãos pela fé, anunciou esta boa nova a Abraão: 'Em ti todos os povos serão abençoados [...]'. Todos os que se apoiam nas práticas legais estão sob um regime de maldição. Pois está escrito: 'Maldito aquele que não cumpre todas as prescrições do livro da lei [...]'. Ora, a lei não provém da fé, e sim do cumprimento: quem observar estes preceitos viverá por eles [...]. Cristo redmiu-nos da maldição, fazendo-se por nós maldição, pois está escrito: 'Maldito todo aquele que é suspenso no madeiro [...]'. Assim a benção de Abraão se estende aos gentios, em Cristo Jesus e pela fé recebemos o Espírito Santo prometido [...]. Então que é a lei? É um complemento ajuntado em vista das transgressões, até que viesse a descendência a quem fora feita a promessa [aqui, Shaul/Paulo refere-se à crença no messias hebreu que viria libertar aquele povo e que trazia a descendência dos ancestrais, profetas e santificados hebreus, principalmente a casa do rei Davi] [...]. Antes que viesse a fé, estávamos encerrados sob a vigilância de uma lei, esperando a revelação da fé [a vinda do messias hebreu] [...]. Assim, a lei se nos tornou pedagogo encarregado de levar-nos a Cristo para sermos justificados pela fé. [...] Depois que veio a fé, já não dependemos de pedagogo [...] porque todos sois filhos de Deus pela fé em Jesus Cristo [...]. Todos vós que fostes batizados em Cristo, vos revestistes [...]. Já não há judeu nem grego, nem escravo nem livre, nem homens nem mulher, pois todos vós sois um em Cristo Jesus"; Shaul/Paulo de Tarso, "Epístola aos Gálatas", II,7,8,9,10,12,13,14,19,23,24,25,2 6, 27 e 28, em *Bíblia sagrada*, cit.

[52] Cf. Bernard M. G. Reardon, *Il pensiero della Riforma*, cit., p. 45.

no âmbito ideorreligioso, com largo alcance cultural, uma renovação de costumes e de práticas religiosas, em que se dariam as condições para uma conexão entre cultura e cristianismo ou, como bem definiu a filósofa De Michelis Pintacuda, "uma nova síntese entre o Evangélio e a cultura clássica"[53], sem dúvida, por meio da construção filosófica cristã, a *Philosophia Christi*, esboçada já em 1503, em seu *Enchiridion militis christiani*[54] (Manual para o soldado cristão). Uma construção que trazia, também, o pensamento pagão para o centro do debate, com a introdução dos textos de Platão – exatamente a absoluta superioridade do espírito em relação à carne – em que a *philosophia Christi* se reveste de platonismo. Como bem acentua De Michelis,

> a *philosophia Christi* aparece explicitamente e é caracterizada como a que põe no centro das atenções todos os traços que justamente nos levam a considerar uma interpretação unificada de todo o trabalho de Erasmo. É evidente seu papel de síntese entre o Evangelho e a cultura clássica, que advém desde o diálogo *Antibarbari*: a *Paraclesis* o confirma com a máxima clareza e o conecta indissoluvelmente à ideia de restauração, devida ao sacrifício de Cristo, à natureza humana como foi criada e desejada por Deus antes do pecado de Adão.[55]

Assim, o conceito de *Philosofia Christi* constituirá o fundamento e a essência das outras obras de Erasmo. Mais que isso, um fundamento que levava intrinsecamente à necessidade de renovar ou de restaurar a Igreja católica, inserindo nela os valores que o próprio Renascimento proporcionava – inclusive a absorção da cultura clássica – e que, consequentemente, inovava na vida societária ocidental, no contexto dramático da consolidação e/ou formação dos Estados, das culturas e das línguas nacionais. A proposta de amplo respiro presente em Erasmo era, portanto, reequacionar o mundo burguês emergente, a partir do reordenamento da cultura ocidental, com uma forte preponderança (hegemonia) cristã. Assim Erasmo se constitui como impulsionador da modernização processual do catolicismo, uma das expressões eloquentes de um catolicismo *aggiornato* aos tempos modernos; hostil a qualquer tipo de dogmatismo e ortodoxia, ele mesmo um

---

[53] Fiorella de Michelis Pintacuda, "Introduzione", em Erasmo de Rotterdam e Martinho Lutero, *Libero arbitrio/Servo arbitrio*, cit., p. 7; grifos nossos.

[54] Erasmo de Rotterdam, "Enchiridion militis christiani", em *La formazione cristiana dell'uomo* (org. Edilia O. Traverso, Milão, Rusconi, 1989), p. 190 e seg.

[55] Fiorella de Michelis Pintacuda, "Introduzione", cit., p. 10.

homem de seu tempo, por isso mais tolerante e mais aberto à liberdade individual e ao livre-arbítrio. Em sua célebre polêmica com Lutero, expressa no texto *De libero arbitrio*, de 1524, Erasmo – nos preceitos da *Philosophia Christi*, em que estão presentes, de um lado, o reportar-se ao Novo Testamento e, de outro, a crítica contundente à escolástica e a seus silogismos – distingue as coisas de Deus e a dos homens, ressaltando a necessidade de compreender a clareza e a obscuridade das Escrituras, as interpretações e a liberdade de arbítrio, presente na razão humana, que tem por objetivo redimensionar as consequências do pecado original[56]. Ainda que afirme sua "neutralidade", Erasmo assume a possibilidade de uma reforma na Igreja realizada por dentro e finda por embrenhar-se na controvérsia doutrinal – mesmo sendo essa uma área estranha a sua "natureza" política e a suas práticas anteriores –, e um dos tópicos com que lidou foi a *liberdade da vontade*, ponto crucial. Em *De libero arbitrio*, analisa com inteligência e bom humor os exageros luteranos sobre as óbvias limitações da liberdade humana e apresenta ambos os lados da discussão. Sua posição foi de que o homem era obrigado a pecar, mas tinha o direito à misericórdia de Deus apenas se ele a procurasse pelos meios que lhe eram oferecidos pela própria Igreja. A *diatribe*[57] não encorajava qualquer ação definida. O livre-arbítrio devia existir, pois sem ele não haveria sentido o arrependimento e a punição do pecado seria injusta, no sentido que a razão traz a responsabilidade que somente a liberdade pode garantir. Essa concepção que realça a liberdade, a razão e a indivualidade humana institui-se eminentemente nas regiões em que o Renascimento aflora vinculado ao desenvolvimento das relações sociais da ordem capitalista emergente e possibilita, por exemplo, o surgimento do "grupo de Londres"[58], formado por pensadores e representantes da secularização do cristianismo, em que a teologia se transforma em filosofia secular – John Colet, Thomas Morus, Juan Vives e o próprio Erasmo de Rotterdam – que expressavam exatamente, no âmbito do *reflexo* do desenvolvimento desigual e combinado, os núcleos mais avançados da emergente sociabilidade capitalista, em que destaca-se a proposta de um "sistema filosófico racional", mas que, de fato, acaba por viabilizar "uma religião racional unitária para toda humanidade" (Heller). Erasmo, no âmbito *singular*, expressa o conjunto de uma obra que parte de uma conceitualidade que se

---

[56] Cf. Erasmo de Rotterdam, "Saggio o discussione sul libero arbitrio", em Erasmo de Rotterdam e Martinho Lutero, *Libero arbitrio/Servo arbitrio*, cit., p. 60.

[57] Escrito ou discurso violento e injurioso (que acusa ou critica).

[58] Cf. Agnes Heller, *L'uomo del Rinascimento: la rivoluzione umanista* (Florença, Nuova Italia, 1977), p. 108-9.

objetiva a partir da "volta" às Escrituras, notadamente as paulinas, e que representa a universalidade própria das cidades em ampla fermentação econômica e cultural[59]. No que se refere às alegorias, presentes de modo exuberante em *Elogio da loucura*, Erasmo as faz apontando para essa universalidade mesma e para a conexão entre o intrínseco elemento de materialidade e sua representação ideária (ou ideossocietal), resumidas com brilhantismo apaixonado por Garin: "Em realidade, atrás do *Elogio*, e além da ironia, existe uma profunda concepção de relação entre ilusão/verdade, conhecimento-sabedoria/insipiência-loucura [*saggezza-sapienza/insipienzia-follia*], que reflete uma singular inspiração platônica que parece tranfigurar uma vistosa imitação de Luciano"[60].

Lutero: a fé como a única "razão" aceitável

Voltemos, contudo, ao caso alemão. Numa breve síntese, recordamos que ali o humanismo possui força localizada em determinados espaços, notadamente as regiões mais urbanizadas. Nas áreas de produção (agrária) controlada pelos senhores feudais que expandem suas economias à custa da exploração do trabalho dos camponeses, reduzindo-as à condição de *trabalho-forçado*/escravidão, o humanismo atua com margens restritas e depara-se com contraposições das formas ideológicas mais tradicionais; nesse sentido, cede e é obrigado a fazer concessões, o que finda por transformá-lo em um tipo de "humanismo híbrido" que concilia e não dialoga com a filosofia, subsumindo-se à teologia. Esse humanismo – diferentemente do italiano, que desenvolve-se fora das universidades hegemonizadas pela escolástica – insere-se nas estruturas universitárias. Assim, como releva Kofler, podemos dizer que a transposição do "espírito italiano" para a Alemanha não encontra o individualismo pleno e transbordante que impulsiona a vida nas cidades e nos círculos intelectuais, que competem com as universidades[61]. Nesse sentido, a *morphosis* religiosa ideossocietal que hegemonizará a luta antifeudal não terá forças para se libertar da religiosidade, atingindo, inclusive, amplos setores da burguesia, como se evidencia no círculo de Erfurt, que se manifesta como sociedade de humanistas e de

---

[59] Ver Eugenio Garin, "Il filosofo e il mago", em Eugenio Garin (org.), *L'uomo del Rinascimento* (Roma/Bari, Laterza, 1988), p. 180.

[60] Eugenio Garin, "Introduzione", em Erasmo da Rotterdam, *Elogio della follia*, cit., p. xiii. Aqui, o autor refere-se a Luciano de Samósata, escritor satírico da tarda-Antiguidade, que irá influenciar muitos autores do Renascimento.

[61] Cf. Leo Kofler, *Contribución a la historia de la sociedad burguesa*, cit., p.198 e seg.

teólogos. Essa condição – refletindo o próprio aspecto intrínseco de formação social em que a passagem do feudalismo ao capitalismo se objetiva em lenta transição, onde encontra grandes entraves para sua inserção na forma sociometabólica emergente – impede que se desenvolva uma cultura renascentista clássica na Alemanha, e, desse modo, essa *particularidade histórica subsume* a noção de indivíduo ao filtro religioso e que finda por desembocar na Reforma. Daí, como ressaltam Baron e Kofler, a prevalência, na Alemanha, de um humanismo "muito insuficiente" que tropeça em limites tradicionais ainda fortes[62]. Assim, onde o velho é preponderante, o novo, para se consolidar, *pagará um enorme tributo ao velho*. Se Erasmo queria a volta ao Evangelho, mas, como pudemos ver, acrescentando nele as experiências da filosofia antiga – mormente, a de Platão –, Lutero, de sua parte, ao reconhecer e denunciar a crise da forma-ideologia-Igreja-feudal, *recusa* o debate com a filosofia; esse retorno pressupunha a afirmação da "palavra" de Cristo e, ao mesmo tempo, proclamava o repúdio à tradição eclesiástica e a qualquer perspectiva de conciliação com a tradição eclesiástica do Evangelho. Em seu embate com Enrique VIII da Inglaterra, essa contraposição fica evidente, inclusive em suas palavras: "Eu grito Evangelho, Evangelho! E eles uniformemente respondem: tradição, tradição! O acordo é impossível"[63]. Desse modo, eis o ponto central da reforma luterana, que também reafirma o centro renascentista da reforma do homem e o conhecimento originário das Escritutas – formulações teológicas das quais se desenvolvem todos os elementos doutrinários da Reforma, isto é, a justificativa pela fé e pelas construções teológicas paulinas. O que observamos nessas formulações luteranas é que, se de um lado existe o *novo* que se encontra, justamente, na afirmação da individualidade e do individualismo, principalmente a noção da comunicação de cada indivíduo com a divindade, sem a necessidade de um intermediário, quer dizer, exclui-se o sacerdote, de outro lado há em seu pensamento a *permanência do velho*, irracionalizado, exatamente quando nega a filosofia e afirma a fé como a única "razão" aceitável. Sem dúvida, essa postura está radicada nas construções teológicas de Guilherme de Ockham, que não somente recusou a filosofia como afirmou a irracionalidade e a inverificabilidade da fé e, no limite, pregou a servidão do homem agrilhoado ao deus, como foi reduzido Prometeu prisioneiro e acorrentado, após cometer seu "pecado original", o de "amar os homens como deuses" (Ésquilo). Na síntese de Abbagnano,

---

[62] Cf. Hans Baron, *En busca del humanismo cívico florentino*, cit., p. 270 e seg., e Leo Kofler, *Contribución a la historia de la sociedad burguesa*, cit., p. 198 e seg.

[63] Martinho Lutero, citado em Nicola Abbagnano, *Storia della filosofia*, v. 3., cit., p. 101.

a justiça divina significou, para ele, a *justiça passiva* com a qual Deus justifica o homem mediante a fé; analogamente, a obra de Deus significou o que Deus opera em nós, a sabedoria de Deus é o atributo por meio do qual nos faz sapientes. Desse modo Lutero condensa todo o significado da mensagem cristã na noção do total abandono do homem à iniciativa divina, por meio da qual o homem não possui nada de si, a não ser o que recebe de Deus como um dom gratuito [...]. A fé é para ele [Lutero] a confiança através da qual o homem crê que seus pecados lhe são perdoados gratuitamente por Cristo; e, desse modo, essa é a mesma justificativa direcionada da parte de Deus. O homem que tem a fé é o homem a quem os pecados foram perdoados, o hemem justificado, o homem salvo.[64]

De fato, essa formulação luterana expressa uma concepção de mundo na qual, apesar de rejeitar o movimento dos camponeses, fundamenta-se também ela, nas sectárias e antiquíssimas visões milenaristas típicas de uma sociedade rural como era a alemã. Essa visão ideocultural, como observou Skinner, levou o reformador alemão a recusar a ideia otimista de um homem em condições de intuir e seguir livremente as leis divinas[65] e, nesse sentido, a presença marcante do velho situa-se justamente no repúdio às possibilidades e à capacidade das virtudes humanas desenvolvidas pelo humanismo clássico e no retorno à concepção agostiniana do determinismo divino das leis naturais. O primeiro corolário da volta ao Evangelho é a nova doutrina dos sacramentos, como vemos em *De captivate babylonica ecclesiae*[66], em que reduz os sacramentos ao batismo, à penitência e à eucaristia, porque, em sua visão, no âmbito dos sacramentos esses, instituídos por Cristo, constituem os três símbolos de um único sacramento fundamental, o batismo, que nunca perde sua eficácia de salvação. Desse modo, os sacramentos, que renovam a confiança na salvação e na participação na vida de Cristo, constituem a expressão da relação homem-Deus.

Com isso, repudia qualquer interferência jurídica da Igreja na vida dos cristãos, já que a doutrina dos sacramentos retira e elimina qualquer função de intermediação entre o Deus e o homem, por meio do sacerdócio, colocando a possibilidade de relação direta com a divindade por meio de um ato de fé interior. Nesse sentido, para Lutero, fora da fé existe somente o pecado, já que a fé em si nunca

---

[64] Ibidem, p. 101-2.

[65] Cf. Quentin Skinner, *As fundações do pensamento moderno*, cit., p. 286.

[66] Cf. Martinho Lutero, *Do cativeiro babilônico da Igreja* (São Paulo, Martin Claret, 2006), p. 61 e seg.

é ociosa, e sim "operosa", pois é no comprometimento com ela que validam-se as boas ações. Segundo essa perspectiva, Lutero recupera a ideia da distição entre a carne e o espírito das formulações paulinas, isto é, a fé faz o homem nascer para a vida do espírito. Para que isso aconteça, contudo, a carne deve se submeter a uma vida coletiva, em que cada um (sapateiro, camponês, ferreiro etc.) preste serviço ao outro, em que a obra de vários corpos (e almas) beneficiem a vida total. Como ressalta Abbagnano[67], aqui revela-se outro corolário da doutrina luterana: a vida social é constituída pela tarefa que cada um realiza, como fé interior que se materializa não apenas como prática piedosa, mas também como exercício de dever civil, uma boa obra que se realiza como sinal da fé, da garantia da justificação divina; quer dizer, no exercício do dever civil manifesta-se e realiza-se a fé.

Dessa perspectiva, Lutero asserta a total dependência do homem diante de Deus. Recusa o livre-arbítrio, como já verificamos, e reivindica a predestinação, em conexão com sua concepção de fé que é, em última instância, a entrega total do homem aos desígnios divinos. Quer dizer, o homem não poderá jamais reivindicar, *per si*, liberdade, iniciativa ou mérito, pois todas são conceções que somente a onipotência de Deus pode oferecer. A *recusa ao livre-arbítrio* justifica-se pela corrupção humana, pelo *pecado original* cometido por Adão; e, desse modo, restou somente a graça da fé, a única que pode redimir a humanidade. Isso significa dizer que o homem está permanentemente sob a prova de Deus e de sua capacidade de ter fé na divindade. Portanto, como assevera Lutero, o homem

> desempenha um papel passivo; ele não faz nada; é o Espírito Santo que faz tudo. João fala em tornar-se filho de Deus graças ao poder que nos é dado por Deus, não graças à força inata do livre-arbítrio que estaria em nós [...]. Mas eis o que João quer dizer: com a vinda de Cristo ao mundo e com a pregação seu evangelho é que conta com a graça, já não é necessária qualquer obra do homem, mas os homens recebem este presente magnífico: o poder de se tornarem filhos de Deus, se eles quiserem acreditar.[68]

De qualquer modo, essas diretivas de Lutero acabaram se constituindo também como elemento de legitimação dos governantes e dos poderes seculares que, inclusive, passam a ter sua autoridade extendida sobre os nucleos dirigentes eclesiásticos; quer dizer, retira poderes da Igreja e propicia a organização de um

---

[67] Cf. Nicola Abbagnano, *Storia dela filosofia*, v. 3, cit., p. 103-4.

[68] Martinho Lutero, "Comento di Martin Lutero al saggio di Erasmo, *Tratto da il servo arbitrio*", em Erasmo de Rotterdam e Martinho Lutero, *Libero arbitrio/Servo arbitrio*, cit., p. 697-8.

sistema de igrejas (protestantes) autônomas, sob a autoridade do príncipe, que detém o direito de indicar e nomear sacerdotes e bispos, assim como de controlar as propriedades eclesiásticas.

Assim Lutero passa a apoiar os núcleos de poder, em especial os príncipes, asseverando que a autoridade provém do poder ou da atribuição divina, para ficarmos na coerência de sua doutrina sobre a predestinação, muito conectada às formulações paulinas, principalmente a Epístola aos romanos, conforme já nos referimos. Fundamenta essa atribuição a partir da visão agostiniana das duas cidades ou dos dois reinos: o de Deus e o dos homens, sendo que no primeiro localiza-se a Igreja e, no segundo, a autoridade secular. O primeiro, como o próprio conceito define, é governado por Deus; o segundo, ocorre no mundo dos homens, mas esse poder secular (a espada) só pode ser exercido como concessão divina para garantir a paz social[69]. Evidencia-se, também, sua adesão aos interesses dos detentores do poder, já em sua *Carta aberta à nobreza cristã da nação alemã sobre a Reforma do Estado cristão*, de 1520 – escrita em alemão e denotando fervor nacionalista, contrapondo--se a sua previsível excomunhão da Igreja –, aludindo à riqueza da Igreja católica alemã, que, segundo ele, era sistematicamente extorquida por Roma.

> Alguns calcularam que todos os anos mais de 300 mil florins encontram o caminho da Alemanha para a Itália [...]. Por que é que os alemães têm de suportar tal assalto e tal extorsão de suas propriedades para as mãos do papa? [...] Se com justiça enforcamos ladrões e decapitamos os salteadores, por que devemos deixar à solta a cupidez romana? [...] Antes de tudo, deveríamos expulsar das terras alemãs os legados papais com seus "poderes" – que eles nos vendem por grandes quantias de dinheiro – de legalizar lucros injustos, dissolver juramentos, votos e acordos, dizendo que o papa tem autoridade para fazer isso – embora seja pura velhacaria [...]. Se não houvesse outros subterfúgios para provar que o papa é o verdadeiro anticristo, esta única coisa bastaria para prová-lo [...]. Ó, Cristo, meu senhor, baixa teu olhar, que o dia de Teu julgamento desponte e destrua o ninho do diabo em Roma![70]

---

[69] Recorrendo a Shaul/Paulo de Tarso, em *Romanos*, Lutero afirma: "O poder é a ordenação de Deus [...]. Não é debalde que aqueles no poder trazem a espada. Pois o poder é a serva de Deus, seu vingador para teu bem contra aquele que faz o mal"; Shaul/Paulo de Tarso, "Romanos", 13, 1 e 3, citado em Martinho Lutero, "Sobre a autoridade secular", cit., p. 27, e em *Bíblia sagrada*, cit.

[70] Martinho Lutero, "Carta aberta à nobreza cristã da nação alemã sobre a Reforma do Estado cristão", citada em Will Durant, *A história da civilização*, v. 6, cit., p. 296-7.

O IGUALITARISMO DA(S) REFORMA(S) 233

Ressalte-se que nessa mesma carta Lutero assinala que nem todos os príncipes estavam aptos a governar de acordo com os preceitos do cristianismo e, desse modo, procura estabelecer uma delimitação aos governantes ímpios. Objetivamente, fica manifesta sua clara solicitação de que a intervenção dos governantes significa uma ruptura com a dependência à Roma e a seu poder e a asserção de uma Igreja independente e alemã. Sua pregação para que essas mudanças se realizassem sem violência se altera rapidamente com a eclosão das revoltas camponesas, capitaneadas por Thomaz Münzer, quando passa a pedir aos governantes, como vimos, a violenta repressão e a morte dos insurretos, inclusive de Münzer, todos considerados por Lutero "cães enraivecidos".

Essa disposição luterana de submissão aos príncipes e para além de sua própria condição de *persona* que protagoniza a Reforma expressa, no âmbito do reflexo societal, os componentes do próprio caráter estrutural da Reforma, isto é, seus contextos e suas determinações histórico-particulares. Como pudemos ver, as sublevações camponesas externaram revoltas defensivas contra a perda processual de seus direitos consuetudinários, resultantes do desenvolvimento das forças produtivas objetivadas pelas *novas formas de subsunção* do trabalho ao capital e que aprofundam as contradições de um velho e decadente império-feudal, incapacitado de realizar a própria unificação da Alemanha, com a consequente resolução das tendências fragmentadoras típicas dos resquícios feudais que ainda permaneciam tanto pela incompleta e insuficiente inserção na forma sociometabólica emergente como pela presença e pela permanência de um núcleo ideológico decrépito. Para responder ao particularismo fragentário *aggiornato* e adaptado às atividades crescentes de mercado, os príncipes estabilizaram uma Alemanha convertida em conglomerado de pequenos estados independentes uns dos outros, além de organizar o território após as guerras camponesas, à mercê de interesses de Estados nacionais consolidados, como Espanha, França e Inglaterra. Lukács ressalta o resultado dessa condição de atraso em relação às outras regiões economicamente mais desenvolvidas, evidenciando que no plano ideossocietal o luteranismo – e, adiante, o pietismo – reduziu ainda mais o âmbito da subjetividade alemã, subsumindo seu núcleo dirigente à condição de lacaios dos interesses internacionais, sendo que essa condição explica as razões do retardo da revolução burguesa na Alemanha[71].

---

[71] Cf. György Lukács, *Die Zerstörung der Vernunft*, cit., p. 32 e seg. Como sumariza Lukács, "burguesia e pequena burguesia, na Alemanha, dependem, mais que em qualquer outro país da Europa ocidental, economicamente das cortes, e essa condição faz com que germine nelas um servilismo, uma mesquinhez, uma baixeza e um caráter miserável que poderíamos encontrar somente na

No entanto essa condição do *ser-precisamente-assim* dos elementos histórico--particulares da Alemanha gera, como contraposição no âmbito de uma "consciência possível"[72], as rebeliões camponesas, que, como vimos, apesar de suas limitações objetivas e subjetivas, possibilitaram a esse movimento camponês estabelecer os parâmetros do caráter da luta que seria travada dali em diante na emblemática cidade de Mühlhausen, em que o núcleo patrício-burguês era destituído do poder por um conselho popular – o *Conselho Eterno* –, que assume o governo sob o comando de Thomas Münzer. Mesmo nas condições em que a consciência de classe ainda não esteja madura para implementar as medidas necessárias para a construção de um poder dos trabalhadores e das classes populares, o grau de tensão determinado pelos antagonismos/pela luta de classes e pelas condições objetivas da vida material e da forma de produção e de circulação das mercadorias possibilita a compreensão do "que fazer?" e dos caminhos para a ação revolucionária, a partir da apreensão de uma *forma-consciência imediata/intuitiva*, da realidade – ainda que possua em si elementos de estranhamento (*Entfremdung*), é, ao mesmo tempo, resultado de uma *práxis-mediativa* radicalizada pela ação política *revolucionário--imediata*, que possibilitou a transcendência de um inconformismo limitado à contestação do poder da Igreja e às inferências de Roma na vida religiosa alemã e de sua classe dirigente. Como pudemos verificar, as proposições dos camponeses em revolta inscreviam no real a necessidade de superação do arranjo proposto por Lutero e da própria acomodação econômica e de poder dos senhores feudais, que já buscavam construir alianças duradouras com as frações burguesas da Alemanha. As propostas camponesas partiam de uma *radicalidade revolucionária* e, mesmo sendo milenaristas, anunciavam o futuro das lutas sociais dali em diante, através de uma *Aufhebug* que tinha como perspectiva o poder sob bases de trabalhadores do campo e da cidade, em sua "antecipação do comunismo" (Engels). A superação da consciência mítica materializava-se, assim, por meio da consciência revolucionária, que estabelecia uma relação mediativo-dialética entre a consciência estranhada e

---

Europa daquele tempo [...] a paralisia do desenvolvimento econômico faz com que não cheguem a se desenvolver na Alemanha, ou apenas em um modo muito débil, aqueles setores plebeus que se localizam à margem da hierarquia feudal e estamental e que formam as forças propulsoras mais importantes nas revoluções da nascente época moderna"; ibidem, p. 33.

[72] Ver a formulação e o debate sobre esse conceito em György Lukács, "Prólogo a la presente edición", em *Historia y consciencia de clase* (Cidade do México, Grijalbo, 1969), p. xxiv e seg., e também o capítulo "Consciencia de clase", em especial p. 55 e seg.; do mesmo autor, ver *Roboquismo e dialética: uma resposta aos críticos de "História e consciência de classe"* (São Paulo, Boitempo, 2015), p. 40 e seg.

a consciência da condição de serem oprimidos e da superação dessa condição de opressão e de estranhamento. É nesse sentido que Lukács e Mészáros ressaltam a condição dinâmica que *transcende* a causalidade mecanicista, isto é, a superação da condição do estranhamento, dentro de um complexo processo de mediações interativas, na qual se realizam alterações estruturais no conjunto da práxis que permitem apontar a possibilidade de desintegração da estrutura fragmentária da sociabilidade alienada[73]. Assim, as revoltas camponesas puseram na ordem do dia a luta pela *democracia revolucionária-substantivada* – que *transcende* aquela formal por meio do controle social dos meios de produção – como elemento de particularidade ontológica do vir-a-ser (*Werden*) das lutas proletárias, parte integrante da luta emancipatória, quando objetiva-se a subsunção real do trabalho ao capital – quer dizer, no capitalismo completo, materializado pela Revolução Industrial –, como também já haviam enunciado os trabalhadores urbanos na Itália, especialmente na revolta dos *ciompi*. Assim, na Alemanha, a *particularidade* é também a luta contra a regressão que objetivamente recoloca a escravidão como forma econômica do mundo moderno, através da segunda servidão, agora não mais como reprodução de um sistema escravista fundado na produção de valores de uso/subsistência, como se estabeleceu na antiguidade clássica, mas como trabalho forçado (*escravidão/ trabalho-forçado*) a ser utilizado na produção ampliada de mercadorias visando ao nascente mercado mundial, como foi utilizado em larga escala nas produções coloniais da América[74].

---

[73] Cf. György Lukács, *Ontologia dell'essere sociale*, v. 2 (Roma, Editori Riuniti, 1976), p. 281 e seg. [ed. bras.: *Para uma ontologia do ser social*, v. 2, trad. Nélio Schneider, São Paulo, Boitempo, 2013, p. 307 – N. E.], e István Mészáros, *Marx: a teoria da alienação* (Rio de Janeiro, Zahar, 1981), p. 249 e seg.

[74] "A extinção da servidão na Europa ocidental, direcionada para atender ao crescimento da produção de mercadorias, determinará o recrudescimento do trabalho forçado, o que Engels chamou de 'segunda servidão', nas regiões que passam a produzir para atender às necessidades dos centros de produção no continente europeu. As guerras camponesas do século XVI refletem esse recrudescimento da servidão na Europa oriental [...]. Dessa forma, podemos entender que o surgimento do trabalho forçado constitui *uma imperiosidade do processo de acumulação de capital*. No bojo do recrudescimento da servidão na Europa oriental, temos também a implantação de trabalho forçado na região do Mediterrâneo, cujo objetivo é europeizar a produção açucareira, de grandes lucros comerciais [...]. Além do mais, é importante que se releve a situação histórica do trabalho no século XVI. A disponibilidade de força de trabalho livre resumia-se a um pequeno número de regiões da Europa ocidental, onde o processo de subsunção do trabalho ao capital caminharia para ter forma e conteúdo capitalistas – e, mesmo nessas regiões, esse era um processo incipiente. Esse quadro histórico-social determinará, então, a implementação do *trabalho forçado* nos locais

236 Os portões do Éden

No entanto, a transcendência realizada pelo movimento camponês encontra, por outro lado, condições objetivas que tornam o *que fazer?* irrealizável. Ficou evidente que o *conselho eterno* de Mühlhausen expressava um movimento que não estava maduro para realização, assim como o próprio Münzer, mesmo tendo assumido com firmeza e sem vacilação a representação das classes trabalhadoras e populares, encontrava-se com uma compreensão imprecisa do processo revolucionário que se havia desencadeado. Como bem resumiu Engels,

> a classe que representou acabava de nascer e não estava – muito menos – totalmente formada e capaz de subjugar e de transformar toda a sociedade [...]. Por outro lado, a estrutura social que [Münzer] havia imaginado não tinha o menor fundamento, nas circunstâncias materiais existentes, em que se gestava uma ordem social que seria exatamente contrária à ordem que tinha sonhado. No entanto, permaneceu vinculado a sua pregação anterior sobre igualdade cristã e a comunidade evangélica de bens; tinha de fazer, pelo menos, uma tentativa para sua aplicação. Assim, foi proclamada a comunidade dos bens, o trabalho obrigatório para todos e a supressão de toda a autoridade. Mas, em realidade, Mühlhausen seguia sendo uma cidade livre, republicana, com uma constituição um pouco mais democrática, com um senado eleito por sufrágio universal e controlado por uma assembleia e com uma organização de caridade, improvisada às pressas em casas particulares. Essa revolução social que tanto horrorizava os burgueses protestantes da época não passou, de fato, de um ensaio tímido e inconsciente para estabelecer prematuramente a atual sociedade burguesa.[75]

Se a assertiva engelsiana demonstra a temporaneidade do movimento, ela também indica que nem esse tímido espaço democrático era desejado pelo patriciado--burguês alemão, que dali em diante, e progressivamente, inicia o árduo e longo processo de construção da unidade alemã e, para tal, passa a impor a repressão permanente e a marginalização popular dos processos decisórios. O que se evidencia é que, para além das derrotas da nobreza, da Igreja e do clero feudais, as cidades pouco avançaram ou tiraram proveito das guerras camponesas. O velho patriciado-burguês retomará sua ações e sobreviverá até a eclosão das revoluções burguesas, e do alemão *par excellence*, processo da revolução "pelo alto", sem o povo e contra ele, em que ocorre a metamorfose dessa antiga nobreza aburguesada em burgueses completos,

---

· onde o desenvolvimento do capitalismo encontrava-se menos avançado"; Antonio Carlos Mazzeo, *Estado e burguesia no Brasil*, cit., p. 74-5 e 76.

[75] Friedrich Engels, *La guerra de campesinos en Alemania*, cit., p. 94-5.

mas não sem manter seus trejeitos aristocráticos. Sem dúvida, nessa direção, já no século XVI estruturam-se os fundamentos ideológicos para a constituição de uma cultura nacional, por meio da língua moderna, comum em toda a região.

Sem embargo, nesse contexto histórico o papel de Lutero no primeiro momento da Alemanha é consolidar as bases ideorreligiosas que fundamentarão a unidade alemã. Não por acaso, em sua *Autoridade secular* expressa a legitimação do poder temporal dos senhores e dos príncipes, por meio da providência divina. Nesse sentido, concordamos com Skinner, quando evidencia que Lutero trata o Novo Testamento e as injunções paulinas como autoridade final[76], mas relevamos também que o reformador alemão transforma e adapta a "razão" das Epístolas de Shaul/ Paulo de Tarso para que se constituam como norte das racionalidades temporais. Obviamente, a adaptação do direito natural esboçado por Shaul/Paulo e tratado por Agostinho é o escopo de suas fundamentações – e sua negação à filosofia e ao pensamento clássico o levam a dizer que os gregos e os romanos não teriam conhecido o autêntico direito natural, enquanto os povos bárbaros teriam respeitado e recebido esse direito[77]; ao mesmo tempo, nega a possibilidade de Münzer o ter utilizado em um impulso de justiça. Em Lutero, o direito de punir requer um Deus imperscrutável, colérico e implacável, legitimado pela Lei de Moisés, que, segundo ele, era igual à lei natural. Por outro lado, como destaca Bloch,

> Lutero tenta, com insistência – o papel de teólogo dos príncipes, até o amargo fim [...] – lançar pontes entre moral pública e moral privada [...]. Emerge também [...] uma suposta coincidência material do direito natural relativo, enquanto ao justo Estado repressivo, com direito natural absoluto, este próprio à origem primitiva, à situação paradisíaca. Porém, nenhuma vez se é boa coisa, subtraindo-se ao juiz e senhor, apenas crendo [...]. Porém, nas ordenações estatais a respeito do pecado não ocorre, pois, só a repressão contra o pecado, e sim existe também uma ordem originária que deve rebrilhar, consoladora através das meras medidas repressivas [...] – um mundo imóvel, pequeno-burguês, patriarcal legitimado por ácida angústia, porém de novo penetrado pela obediência e solicitude [...] o paradisíaco direito primitivo se mantém como reflexo, no direito natural do Estado, por mais que se encontre relativizado e só reagindo contra as condições da situação em pecado, quando por elas condicionado [...] para Lutero, trabalho e ordem existem desde as próprias origens.[78]

---

[76] Cf. Quentin Skinner, *As fundações do pensamento político moderno*, cit., p. 301.

[77] Cf. Ernst Bloch, *Thomas Münzer*, cit., p. 124.

[78] Ibidem, p. 126-7.

Lutero, então, sintetiza uma tendência presente no conjunto do reflexo societal, isto é, o próprio elemento ideológico *mediado* pelo aspecto religioso, conformador do componente ideossocietal intrínseco do processo conciliatório e transformista. No entanto, não como "vocação", como quer Weber[79], e sim como perspectiva histórica, como delineou Plekhanov, quando o indivíduo conta com condições objetivas para influir na sociedade, quer dizer, que os "talentos" surgem onde existem condições histórico-sociais que favorecem seu desenvolvimento, no sentido que todo "talento" se manifesta convertido numa força social resultante de relações sociais específicas[80]. Além do mais, como acentuou Leontiev, as concepções contemporâneas demonstram cientificamente que não existem "talentos" nem inclinações "inatas" nos homens, mas, ao contrário, essas "vocações" ou aptidões, expressam as condições histórico-objetivas vivenciadas pelo indivíduo em determinado momento histórico em seu processo de formação intelectual[81]. Vygotski, na mesma direção, ressalta que é no desenvolvimento psíquico de um indivíduo, a partir das conexões dialéticas entre os elementos biológicos do homem singular e sua práxis engendrada pela vida social, que se *concretizam* as determinações

---

[79] Cf. Max Weber, *A ética protestante e o "espírito" do capitalismo*, cit., p. 52 e seg.

[80] Cf. Gueorgui Plekhanov, *O papel do indivíduo na história*, cit., p. 142 e seg. Nas conclusões de Plekhanov: "Desse modo, as particularidades individuais das personalidades eminentes determinam o aspecto individual dos acontecimentos históricos, e o elemento causal, no sentido que indicamos, desempenha sempre certo papel no curso desses acontecimentos, cuja orientação é determinada, em última instância, pelas chamadas causas gerais, isto é, de fato, pelo desenvolvimento das forças produtivas e da relações mútuas entre os homens no processo econômico-social da produção, que aquele determina. Os fenômenos causais e as particularidades individuais das personalidades destacadas são incomparavelmente mais fáceis que as profundas causas gerais"; ibidem, p. 144.

[81] Como asseverou Leontiev, "cada geração começa, portanto, sua vida num mundo de objetos e de fenômenos criados pelas gerações precedentes. Ela se aprorpia das riquezas deste mundo participando do trabalho, da produção e das diversas formas de atividade social, desenvolvendo, assim, as aptidões humanas que se cristalizam, encarnam nesse mundo. Com efeito, mesmo a aptidão, para usar a linguagem articulada, só se forma, em cada geração, pela aprendizagem da língua que se desenvolve num processo histórico, em função das características objetivas dessa língua. O mesmo se passa com o desenvolvimento do pensamento ou da aquisição do saber. Está fora de questão que a experiência individual do homem, por mais rica que seja, baste para produzir a formação de um pensamento lógico ou matemático abstrato e sistema conceituais correspondentes. Seria preciso não uma vida, mas mil. De fato, o mesmo pensamento e o saber de uma geração se formam a partir da apropriação dos resultados da atividade cognitiva das gerações precedentes"; Alexis Leontiev, *O desenvolvimento do psiquismo* (São Paulo, Centauro, 2004), p. 284.

objetivas que constituem a consciência; isto é, para tomar consciência há de se ter consciência daquilo que deve ser submetido a nossa opinião. Nesse sentido, a consciência resulta do desenvolvimento de relações interfuncionais, *in limine*, produto da práxis social e de sua historicidade mesma, em sua articulação complexa. Isso significa que a consciência somente pode se manifestar enquanto consciência socialmente determinada[82].

Como sabemos, o conceito de vocação – *vocatio/Beruf* – tem por radical a formulação paulina em Corintos, que, por sua vez, reverbera um vezo estoico em que o mundo está integrado organicamente, por determinação de um *Lógos* cósmico – e, no caso de Shaul/Paulo de Tarso, esse *Lógos* é Deus; um "dom" dado a cada indivíduo, pela "manifestação do Espírito para proveito de todos", que, segundo a definição paulina, "o mesmo espírito distribui todos esses dons repartindo a cada um como lhe apraz" – sabedoria, ciência, "graça de curar as doenças", domínio de línguas etc.[83]. Weber, ao buscar uma definição "racional" e contemporânea para a utilização da ideia paulina de dom divino, a interpreta, no limite, como "atribuição de um significado religioso ao trabalho secular cotidiano" (*Weltlichen Alltagsarbeit*) e o vê como algo "absolutamente novo", ressaltando que a única maneira "aceitável para viver" estava centrada no cumprimento de tarefas do século, impostas ao indivíduo por sua posição no mundo[84]. Isso significa dizer que, para Weber, a vocação no capitalismo fundamenta-se em um tipo (ideal) de *ascese* capitalista que, no limite, potencializa a superação do *encanto* (carisma) e a constituição de formas racionais legais para a gestão do capitalismo. O sociólogo alemão centra essa vocação de tipo capitalista como a realização do dever ético (de radical protestante/puritano), devendo estar relacionada aos "mais elevados valores culturais[85]. De fato, esse *constructo* weberiano institui uma escatologia hodierna fundada em uma genérica ascese cristã, transmutada em "racionalismo ascético", com potencial para ser implementado pela política, também ela vocacionada por uma ética sóciopolítica (e obviamente, segundo Weber, "ontopositiva")[86]. O sociólogo alemão equivoca-se ao não identificar Lutero com o "espírito do capitalismo".

---

[82] Cf. Lev Semiónovich Vygotsky, "Pensamiento y lenguaje", em *L. S. Vygotsky: obras escogidas*, v. 2 (Madri, Antonio Machado, 2001), p. 210-1.

[83] Ver Shaul/Paulo de Tarso, "Corintos", em *Bíblia sagrada*, cit., 12, VII-1 a 30.

[84] Max Weber, *A ética protestante e o "espírito" do capitalismo*, cit., p. 53 e seg.

[85] Cf. ibidem, p. 130-1 e seg.

[86] Cf. ibidem, p. 131-2. Também de Weber, ver "A política como vocação", em Max Weber, *O político e o cientista* (Lisboa, Presença, 1979), passim.

240 OS PORTÕES DO ÉDEN

Apesar de diferenciá-lo corretamente das concepções do estadunidense Benjamin Franklin, sua visão arquetípico-tipológica não permitiu que ele entendesse Lutero como sintetizador de uma *Weltanschauung* necessária para o período de transição ao capitalismo – que já se identificava, no limite, com a nova forma sociometabólica emergente –, deixando os louros da constituição de uma verdadeira ética protestante para Calvino. Isso porque, ao contrapor-se ao materialismo dialético e ao que considerou "determinismo econômico", Weber findou por eclipsar o elemento ontológico da historicidade e o consequente processo de acumulação capitalista europeu, ignorando o largo período das subsunções das formas-trabalho e das formas superestruturais à *morphosis* sociometabólica emergente. Nessa perspectiva, o sociólogo alemão centra a construção da transição europeia do feudalismo ao capitalismo *não* na totalidade do processo histórico-material concreto, em seu conjunto dialético, mas na singularidade de seu desenvolvimento ético-religioso (fragmentando-o e contrapondo-o de forma pseudoconcreta às formas religiosas existentes no Oriente) e faz dessa "espiritualização" idealista, como acentua Lukács, o elemento fragmentário, em que a religião se

> apresenta como essência do capitalismo; a racionalização da vida econômico-social; a possibilidade racional de calcular todos os fenômenos. Max Weber esboça uma história universal das religiões para demonstrar que somente o protestantismo (e, dentro dele, principalmente as seitas) possuía a ideologia favorável a essa racionalização e a capacidade para estimulá-la, sendo que as demais religiões orientais, e também as antigas, criaram éticas econômicas que representavam um entorpecimento para a racionalização da vida cotidiana. Weber nega-se reiteradamente a ver nas éticas econômicas o resultado das estruturas da economia.[87]

Nesse sentido, Engels antecipou essa questão (e a própria crítica ao idealismo-tipológico weberiano) no prefácio à edição inglesa, de 1892, de seu *Do socialismo utópico ao socialismo científico*, em que ressaltou corretamente a condição histórica de Lutero de ter preparado a religião de que a monarquia absoluta necessitava; essa análise engelsiana também pontifica que o "dogma calvinista servia às necessidades da burguesia mais avançada da época"[88]. Desse modo, ao lançar as bases de uma forma-religião com fundamento na conciliação com os poderosos

---

[87] György Lukács, György Lukács, *Die Zerstörung der Vernunft*, cit., p. 489.

[88] Cf. Friedrich Engels, "Prefácio à edição inglesa de 1892", em *Do socialismo utópico ao socialismo científico*, cit., p. 24 e seg.

e na subsunção das massas trabalhadoras à ordem secular da burguesia, Lutero lança também os fundamentos ideológicos estruturais para a constituição que sedimentou a forma histórico-particular de objetivação do capitalismo alemão: a *via prussiana*.

À guisa de conclusão, é necessário fazer algumas considerações sobre o conjunto das ações reformistas no contexto europeu, para que tenhamos a exata compreensão de que as contraposições à forma-ideologia-Igreja-feudal expressavam justamente a nova ordem cosmológica que emergia com uma nova forma sociometabólica. Como observamos ao longo de nossas considerações sobre o processo desencadeador da Reforma, a crise se instala na cosmologia e, consequentemente, na cosmogonia medieval, justamente porque aquela velha forma ideológica já não correspondia à nova *historische Notwendigkeit*. Assim, devemos "olhar" os diversos processos reformistas ocorridos na Europa no âmbito da conexão dialética entre *universal-particular* e como adequação do cristianismo às demandas postas pela forma sociometabólica da mercadoria e da emergência das novas relações de trabalho – demandas que se realizam com especificidades em cada particularidade histórica. O núcleo desse grande movimento é a afirmação dos Estados nacionais e das formas ideossocietais concernentes; quer dizer, para atender às formas particulares de objetivação do nascente capitalismo. Se na Inglaterra e na Alemanha, por exemplo, essas adequações implicaram a ruptura com o grande poder feudal da Igreja e a nacionalização da religião, sendo que cada processo adquiriu feições e formas políticas particulares, como não poderia deixar de ser, e com intensas lutas religiosas e de classes, tanto na repressão aos setores expropriados de suas terras, depauperados, proletarizados e populares, quanto na ação violenta contra católicos, sacerdotes e a exprorpiação de suas riquezas e patrimônios, nos países de culturas latinas e neolatinas, de passado estreitamente vinculado à velha sociabilidade romana, essa ruptura se dá a partir de *descontinuidades dialéticas*, determinadas pela construção do povo-nação (Gramsci)[89] que se realiza ora por meio de graves conflitos sociais diretos, ora por meio de adequações e "arranjos" das classes dirigentes, que ganham os contornos históricos de transformismo conciliador.

Na Europa latina, as formas de adequação e modernização do crisitianismo ao capitalismo objetivaram-se no escopo de intensas e violentas lutas por hegemonia, como na França, com a perseguição implacável e o brutal trucidamento dos huguenotes, afogados em sangue no massacre da noite de São Bartolomeu,

---

[89] Ver Antonio Gramsci, "Gli intellettuali", em *Cuaderni del carcere* (org. Valentino Gerratana, Roma, Editori Riuniti/Istituto Gramsci, 1979), p. 24 e seg.

em 1572, quando foram assassinados milhares de protestantes, com apoio e regogizo explícito do papa Gregório XIII, que, inclusive, condecorou o rei francês, Carlos IX (1550-1574), com a Rosa de Ouro. Sem contar a perseguição sistemática e cruel por parte do tribunal do Santo Ofício, a tortura e os assassinatos nos calabouços reais dos ditos hereges e dos judeus, na Espanha e em Portugal. Além disso, há de se relevar a presença marcante do velho paganismo cristianizado, arraigado no coração e na mente dos povos impregnados, direta ou indiretamente – inclusive tendo como expressão o próprio *vulgar* –, pela cultura romana, em que as pessoas amavam os rituais antiquíssimos (que já resultavam de reformulações dos cultos pagãos do Império Romano) etc., sem contar as influências mútuas que se constituíam na Europa neolatina. O poder do papa no século XVI era, também, o poder de núcleos econômicos burgueses que se localizavam em diferentes países e em diversas regiões europeias. O eixo católico do cristianismo se movimenta para ajustar concepções e componentes dogmáticos, espelhando-se nos reformadores que se colocaram a favor de uma recomposição universal que não abandonasse a tradição eclesiástica de vezo romano. A Reforma católica (Contrarreforma) reafirma os valores tradicionais e, portanto, as doutrinas, os rituais e as cerimônias consagradas pela história cristã. Assim, para a Igreja, o retorno às Escrituras implicava a afirmação de seu processo histórico – em especial, revisitar a patrística, justamente o período em que o cristianismo ganha consistência, a partir do franco diálogo e da absorção da filosofia pagã em suas construções teológico-filosóficas e, ainda, nas formas organizativas eclesiásticas e das interpretações dos elementos fundantes da fé cristã. É a volta ao proselitismo e à capacidade difusiva dos tempos inciais, com a pretensão de uma magistratura universal na qual nenhum povo da Terra deve ser excluído. Nessa direção, o Concílio de Trento, 1545-1563, mesmo com todos os percalços e os tumultos, afimou a necessidade de recorrer a outras fontes de fé crisrã, contanto que a Igreja fosse responsável pela intrepretação autêntica dos textos sagrados e, principalmente, os bíblicos, além de confirmar a função mediadora da Igreja, a hierarquia, a validade dos sacramentos e dos ritos e de reforçar o papel da ação pastoral, por meio da reafirmação das ordens religiosas. Na conclusão de Abbagnano: "A seu modo, e em conformidade com sua natureza, a Igreja fazia seu o princípio, afirmado pelo Renascimento e pela Reforma, de que a religiosidade deve ocorrer no mundo a serviço dos homens"[90].

Como todo movimento de reconstrução do cristianismo da época das Reformas, a Igreja católica tembém teve seu executivo importante, o famigerado cardeal

---

[90] Nicola Abbagnano, *Storia dela filosofia*, v. 3, cit., p. 117.

Roberto Bellarmino – como vimos, responsável pela acusação e pela condeção à morte pela fogueira de Giordano Bruno e pela perseguição a Galileu Galilei –, que reafirmou a superioridade do papa na estrutura da instituição, sobre reis e príncipes do planeta, além, é claro, de sua "infalibilidade".

No entanto, um ponto central dessa reordenação do papel da Igreja, o retorno à tradição, implicou o retorno ao tomismo, que era considerado a mais "adequada junção" da fé com a razão, negada pela Reforma protestante. O responsável por esse retorno foi o espanhol Francisco Suarez (1548-1617), cuja principal obra é *Disputationes metaphysicae*, manual sistematizado da escolástica no qual estão os mais importantes baluartes do tomismo e que abre algumas conceções ao nominalismo de Ockham, concernente à individualidade do real, sem, no entanto, negar o real na universalidade – mas em conjunto a obra de Suarez não se distancia das formulações aquinianas[91]. Ainda é notável sua formulação política *De legibus*, de 1612: enquanto o poder eclesiástico deriva imediatamente de Deus, o poder temporal deriva apenas do povo. Todos os homens nascem livres, sendo que o corpo político é produto da livre reunião dos indivíduos que explicitamente reconhecem o dever de se dedicar ao bem comum – a soberania está somente no povo, que é superior ao rei, que pode ser destituído do poder se deixar de atender aos interesses comuns ou agir tiranicamente ou visando a seus próprios interesses –, formulação de inspiração claramente aquiniana[92]. Note-se que se a Reforma anglo-saxônica afirma o poder absoluto dos príncipes, negando o poder da Igreja; a Reforma católica afirma que o poder deriva diretamente de Deus e que, por outro lado – expressando ainda o grau e a intensidade e a própria forma da luta de classes, principalmente nas cidades italianas mais organizadas e em sintonia com o exercício da política –, o poder político e a vontade popular devem prevalecer. Obviamente, o poder político está aquém daquele emanado por Deus e representado pela Igreja. De qualquer modo, reaparece aqui a questão do livre-arbítrio, e teóricos da Igreja, como Luís Molina (1535-1600), conectam essa liberdade humana à graça, à previdência divina e à predestinação, sendo que, segundo Molina, a graça não elimina a liberdade humana; ela não somente a confirma como a *garante*, no sentido que a graça corrobora com o livre-arbítrio[93]. Outro aspecto é o da ciência. Deus é necessário para garantir a ordem natural, mas, ao mesmo tempo, Ele possibilita o surgimento de uma ciência humana. Outros, como Baldassarre Gracián, se inspiram em um realismo lúcido

---

[91] Idem.

[92] Ver Francisco Suárez, *De legibus* (Lisboa, Tribuna da História, 2010), passim.

[93] Cf. Nicola Abbagnano, *Storia dela filosofia*, v. 3, cit., p. 118.

que faz recordar as formulações de Guicciardini e de Machiavelli, justamente por exaltar a crença da perfeitabilidade do homem individual, que se desenvolve ao longo de sua prática social e sua formação cultural e religiosa:

> Não se nasce perfeito [...] o homem vai, todos os dias, se aperfeiçoando na persona e na prática da vida, até alcançar e realizar o exemplo, o complemento da virtude e do valor. Revela-se, em seguida, na fineza do gosto, na segurança criativa da mente, na maturidade do julgamento e na força de vontade.[94]

Uma formação que requer a arte do sucesso, o que significa firmeza de caráter, coragem e firmeza diante da vida; a capacidade de se esquivar da natural debilidade humana. Por isso, a arte de governar pressupõe a capacidade de conhecer as debilidades de cada um e, ainda, as paixões dominantes. Como se percebe, a obra de Gracián teve grande repercurssão na Europa não somente porque expressa uma tendência do espírito da época, como traz em si uma universalidade na concepção de um homem que já aparece como "protocidadão" burguês.

Mesmo que visões mais empedernidamente ideológicas tentem ver o movimento reformista como fenômeno eminentemente anglo-saxão, ou como uma Reforma protestante que teve, como contrapartida, a Contrarreforma católica, o que temos, de fato, no âmbito das relações sociais que se constituem com a emergência do capitalismo em sua fase mercantilista, é a expressão de um novo momento na organização societal humana. Ajustam-se as posições (e surgem novas contradições), principalmente, dentro da nova ordem cosmológica. Ajusta-se, ainda, a *nova gosmogonia*, agora pronta para ser e ter conteúdos adequados a sobreviver nos meandros competitivos da forma sociometabólica fundada na produção da mercadoria e na exploração do trabalho.

---

[94] Baldassarre Gracián, citado em Nicola Abbagnano, *Storia dela filosofia*, v. 3, cit., p. 119.

III. MACHIAVELLI: A *VIRTÙ* DA POLÍTICA E OS PRINCÍPIOS DA LIBERDADE IGUALITÁRIA COMO FUNDAMENTOS DO ESTADO ABSOLUTISTA

O desenvolvimento dos elementos fundantes do conceito de homem no Renascimento

Ariosto inicia *Orlando furioso*, com primeira edição em 1516, exaltando o humano na figura das mulheres e dos cavalheiros, das armas, dos amores, da cortesia e das façanhas contra inimigos audazes, em mares africanos e em terras europeias etc.[1], mas não como elementos componentes da fantasia projetada, como nas formas da subjetividade quase religiosa da beleza e das aventuras cavalheirescas idealizadas do mundo medieval, e sim como recondução mundana direcionada à esfera das situações humanas, na contraditória cosmologia capitalista nascente, que, além de expressar a igualdade entre os homens, revela a tendência que impulsiona e reforça a individualidade na esfera profana de um ser social que se afirma em uma nova forma sociometabólica e que exprime, no âmbito do *reflexo* estético, a cosmologia ideossocietal do mercantilismo. Os poetas renascentistas, como Dante, Boccacio, Ariosto, Cervantes e Camões, entre outros, além das formas estéticas revolucionárias emergentes e consubstanciadas na mundanidade e resultantes de configurações produzidas pela natureza das relações sociais[2], indicavam sua maior consequência, isto é, o afloramento da individualidade como elemento fundante da sociabilidade renascentista e que passa a permear todos os segmentos de um tecido

---

[1] "*Le donne, i cavallier, l'arme, gli amori,/ le cortesie, l'audaci imprese io canto,/ che furo al tempo che passaro i Mori/ d'Africa il mare, e in Francia nocquer tanto,/ seguendo l'ire e i giovenil furori/ d'Agramante lor re, che si diè vanto/ di vendicar la morte di Troiano/ sopra re Carlo imperator romano*"; Ludovico Ariosto, *Orlando furioso* (Milão, Mondadori, 1990), I, 1.

[2] Cf. György Lukács, *Estetica: la peculiaridad de lo estetico, cuestiones preliminares y de principio*, v. 1 (Barcelona, Grijalbo, 1966), v. 4, p. 371 e seg.

social em dramática mutação, em que o ritmo dali em diante será determinado pelo permanente desenvolvimento das forças produtivas, que amplia a dissolução das formas arcaico-feudais e determina o alargamento das pesquisas e, consequentemente, do conhecimento científico, quebrando o corporativismo e os segredos mantidos intramuros, nas corporações de ofício, dos magos e de seus segredos.

Pode-se dizer que, nos primeiros séculos do Renascimento, pelo menos até o XVI, no plano subjetivo, a noção da liberdade do indivíduo e do dever cívico foi disseminada e se tornou visível até nas perspectivas da construção do espaço público, como lembra Garin, referindo-se a um manuscrito de Leonardo da Vinci encontrado no Institut de France, em Grenoble; ele se deparou com *croquis* com minuciosos projetos arquitetônicos para uma cidade de amplos espaços, onde beleza e funcionalidade apareciam articuladas nesse novo conceito de urbanização, ainda que essa fosse uma concepção de classe, o que revela, também, o que está presente em todos os urbanistas italianos da época, isto é, uma cidade ideal construída na medida do homem burguês-fidalgo, expressando as aspirações reais das cidades-Estado italianas[3]. Constituídas na óptica de um Estado de pequenas dimensões, a comuna/pólis, essas concepções materializam não somente a ideia de liberdade genérica, posta pela noção de "homem dinâmico", mas a concepção universal-genérica que expressa a cosmologia burguesa, fato evidenciado nas formulações de Leonardo Bruni (1370-1444), célebre estudioso da história florentina e das instituições romanas, para quem a forma organizativa da pólis florentina deve ser necessariamente a dos gregos, evitando-se, assim, a extrema centralidade da experiência dos romanos e que tenha bons magistrados e leis que possibilitem aos cidadãos conhecerem mutuamente suas qualidades. Esses ecos platônicos e aristotélicos, que remontam à experiência ateniense, tendem à identificação com aspectos históricos e políticos vividos tanto na Antiguidade ateniense como na pólis florentina, justamente levando em conta os conflitos extremos, postos pela luta de classes, como a revolta dos *ciompi*, que deu a Florença um breve respiro de alargamento de espaços livres e democráticos. A evocada amplitude da liberdade, posta pela classe dirigente florentina, espelhava as pressões que possibilitavam o surgimento de campos democráticos, ampliados e radicalizados pelas revoltas dos trabalhadores florentinos e de outras cidades da Toscana e do norte da Itália que permaneceram na memória e nas consciências das cidades-Estado, como lembrança ameaçadora aos detentores do poder. O conceito de individualidade, centrado na

---

[3] Ver Eugenio Garin, *Ciência e vida civil no Renascimento italiano* (trad. Cecília Prada, São Paulo, Editora Unesp, 1996), p. 58 e seg.

ideia de glorificação mundanizada do homem, construiu a noção de dignidade, ambas imediatamente referenciadas na cultura clássica grega, em especial na tragédia, que louvava o homem, sua capacidade de criação e sua identificação com o sagrado – reelaborando a concepção de imagem e semelhança com Deus –, além do livre-arbítrio, que o capacita a conquistar a salvação divina por meio de sua própria obra entre seus iguais, desde que observadas as diretrizes emanadas por Deus e absorvidas pela razão; nesse sentido, diferentemente do que ocorre na Europa central, com a prevalência do protestantismo, prepondera a noção de livre-arbítrio que, adiante, será definida por Erasmo de Rotterdam, em 1524[4].

Há de se ressaltar, porém, que, na senda da dignificação do homem singular, concebida entre os séculos XIV e XV e em inícios do XVI, ainda reverberava a presença de um indivíduo arremetido à coletividade, exatamente porque determinada pela *generalização* da noção de individualidade. Dizendo de outro modo, ainda se apresentava no conceito de igualdade a *visão generalista* de um igualitarismo determinado pelo conceito de "homem dinâmico" e, como já nos referimos, essa concepção não distinguia o caráter da inserção do indivíduo no elemento concreto do processo produtivo. Assim, se podemos afirmar que no Renascimento as relações sentimentais e subjetivas são mais restritas em relação às que se colocarão a partir do século XVII, como os desejos e as necessidades de liberdade, ainda que as artes tenham ganhado um voo particular, que popularizou e valorizou seus artistas, por outro lado, já expressando uma nova dinâmica da noção de individualidade, o sentido dado pelos intérpretes da época, por humanistas como o neoplatônico Bartolomeo Facio (1400-1457), mesmo que pleno de sensos religiosos, dimensiona o homem no âmbito da *dignidade* como a excelência humana, inclusive a possibilidade de o homem compreender e utilizar a natureza em seu benefício – deixando esta de ser uma sagrada deidade para contemplação[5]. No entanto, mais substancial e importante abordagem sobre a dignidade do homem são as formulações de Giannozzo Manetti (1396-1459), que, apesar de não questionar as doutrinas teológicas do pecado, da salvação do homem e mesmo a noção do homem como imagem e semelhança de Deus, em seu tratado sobre a dignidade do homem elogia este, antes de tudo, por sua razão, por suas artes e seus ofícios, por sua condição natural e por seu conhecimento secular; isto é, põe em dimensão a capacidade humana de criar e transformar a natureza, realizando suas tarefas sob a égide do agir e compreender (*agire et*

---

4   Ver, neste volume, o capítulo 2 da parte II, p. 227 e seg.

5   Cf. Eugenio Garin, *Medievo e Rinascimento* (Roma/Bari, Laterza, 2005), p. 192-3.

intelligire) através do trabalho e de uma embrionária noção de práxis; quer dizer, capacidade de saber e poder governar e reger o mundo feito pelo homem, sendo que esse conhecimento é o de uma dignidade que se consubstancia, ao mesmo tempo, em uma missão de domínio que o homem deve exercer no mundo; um *regnum hominis* no sentido baconiano – quer dizer, na contingência de uma "antecipação" das concepções de Francis Bacon (1561-1626), para quem a ciência da natureza é a verdadeira ciência, na medida em que a experiência nada mais é que a aplicação de um método racional. Essas reflexões encontrarão continuidades e detalhamentos em Marsilio Ficino (1433-1499), outro pensador platônico, mas com um amplo espectro de ecletismo, influenciado por várias e diversas fontes. Fundador da Academia Florentina, datada de 1462, incorpora reflexões de textos místicos zoroastristas, orfistas e pitagóricos, além de escritos atribuídos a Hermes Trimegisto, conformadores do hermetismo (traduzidos para o latim e publicados em 1471)[6], e vê a capacidade humana situada em um posto elevado na hierarquia celeste, pois, segundo o filósofo, "localiza-se" debaixo de Deus e dos anjos e por cima das qualidades e dos corpos, sendo que a mente humana apresenta-se como universalidade cuja condição intrínseca resulta numa afinidade fundamental desta com Deus[7]. Evidencia-se, nessas formulações, além de suas óbvias identidades com a teoria da alma de Platão, o reprocessamento do mito de Prometeu; isto é, por ter doado aos homens o segredo roubado dos deuses (a *techné* e a *enérgheia*), deu-os o poder divino da criação. Pico della Mirandola (1463-1494), na senda de Ficino, aprofunda a noção dignidade do homem, focando na questão da liberdade, partindo da ideia de que o homem é um milagre divino, sendo que também adiciona a essa concepção a visão platônica presente em *Protágoras*, do mito de Prometeu etc.[8]. Como ressaltou Kristeller, essa condição humana não é celeste nem terrestre, tampouco mortal ou imortal; ao contrário, pode ser qualquer uma dessas coisas mediante sua vontade – ou seja, segundo suas potencialidades –,

---

[6] Ver Paul Oskar Kristeller, *Ocho filósofos del Renascimiento italiano* (Cidade do Méxio, FCE, 1996), p. 58-9.

[7] Idem, *El pensamiento renacentista y sus fuentes* (Cidade do México, FCE, 1982), p. 235. Demonstrando a identidade da formulação ficiniana com os preceitos platônicos da alma, Kristeller conclui que, para Ficino, "a alma tende a conhecer toda a verdade e a lograr toda a bondade; trata de converter-se em todas as coisas e é capaz de viver a vida de todos os seres, sejam os superiores, sejam os inferiores. Desta maneira, a alma tenta se transformar em Deus, e nisso está situada sua divindade"; idem.

[8] Platão, "Protagora", em *Platone: tutte le opere*, v. 3 (Roma, Newton Compton, 1997), 320d-321d.

porque o homem possui dentro de si todas as possibilidades[9], o que abre a ideia de um homem divinizado em suas potencialidades e fundamentalmente livre e, ainda, situando-se no âmbito do platonismo, demonstra que essas virtudes dadas ao homem por Deus mantêm suas formas divinas.

No entanto, na tradição do desenvolvimento da individualidade, temos ainda, como vimos, a presença de aristotélicos ecléticos como Pietro Pomponazzi e seu enfoque estoico-epicurista, que representa uma guinada sobre as concepções neo-platônicas. Se Pico della Mirandola aprofunda suas críticas a aspectos místicos do conhecimento, como sua crítica radical à astrologia, contrapondo-a à astronomia e à medicina, ao afirmar que a primeira mede a grandeza e o movimento das estrelas através de um método matemático e a segunda é

> liberada da teoria dos dias críticos e da influência dos signos zodiacais e reconduzida ao método de Hipócrates, que procura no "exame das urinas" e não nos astros, no "pulsar das veias" e não no movimento das esferas, os sinais do futuro desenvolvimento da doença; a *meteorologia*; a *doutrina das marés*, que exclui o recurso a uma força oculta ligada ao movimento e à luz da lua; de outro lado, toda uma série de *superstições*, de *cultos* e de *cerimônias*.[10]

Pomponazzi, por sua vez, tem por objetivo identificar e explicar a ordem racional do mundo, mas realça o caráter coletivo da ação humana e da nobreza intrínseca da vida em sociedade, e, desse modo, a excelência está na escolha do bem e em evitar o mal, sendo que isso envolve intrinsecamente a comunidade, uma vez que encontram-se a virtude e a liberdade; por isso, para este filósofo, a necessidade de ordenamento jurídico expressa comunidades com pouca excelência, sem contar, ainda, aqueles que necessitam da exigência religiosa, o que, segundo Pomponazzi, "é a marca dos que são débeis humana e moralmente"[11], lembrando que é necessário levar em conta que esses indivíduos expressavam a própria comunidade. Nesse debate[12] sobre os fundamentos ontodivinos da dignidade humana e

---

[9]   Ver Paul Oskar Kristeller, *El pensamiento renacentista y sus fuentes*, cit., p. 237 e seg.

[10] Pico della Mirandola, citado em Paolo Rossi, *A ciência e a filosofia dos modernos* (São Paulo, Editora Unesp, 1992), p. 38-9.

[11] Cf. Agnes Heller, *L'uomo del Rinascimento: la rivoluzione umanista* (Florença, Nuova Italia, 1977), p 160.

[12] Ver, entre outros, ibidem, p. 230 e seg.; Nicola Abbaganano, *Storia della filosofia*, v. 3, cit., p. 87 e seg.; Paul Oskar Kristeller, *Ocho filósofos del Renacimiento italiano*, cit., p. 99 e seg., e

250 Os portões do Éden

de suas potencialidades, o problema da presciência e da predestinação divina, que não podem ser negadas sem se negarem também os elementos constitutivos da religião – e atormentado com a possibilidades de respostas indesejáveis –, acaba-se por argumentar que a presciência divina (e sua predestinação intrínseca) não elimina a liberdade humana; ao contrário, aparece como "dupla relação" entre a consciência divina e a ação humana; quer dizer, Deus prevê os fundamentos da ação humana e sabe que o homem pode agir de um modo ou de outro e pode ou não cumprir determinada ação, por ser conhecedor da natureza humana, no limite, conhece a ação futura do homem, mas essa predestinação *in principum* não retira a liberdade humana, pois Deus é onipresente e conhece e compreende todos os tempos.

Nesse sentido, projeta-se intrinsecamente, no plano filosófico, a necessidade de se mediatizarem as experiências desenvolvidas na cotidianidade que objetivam-se indiferenciadamente e, por sua vez, trazem em suas características dialéticas potencialidades de grande fôlego, expressando o que Lukács definiu como manifestações das *articulações dos complexos de complexos*, próprias das continuidades-descontínuas postas pela imediaticidade do cotidiano e, como consequência, por seus saltos ontológicos imanentes[13]. Em outras palavras, exprime-se uma nova forma de divisão entre cotidianidade e conhecimentos científicos, e, mesmo que ocorram de maneira fragmentada, esses novos elementos mediativos, enquanto métodos de compreensão da realidade (e justamente por terem essa característica), trazem consigo novos parâmetros, em geral fundamentados na experiência de uma práxis que se abre para novas dinâmicas, novos cenários e novos influxos societais. Nessa exigência determinada pelo real, Pomponazzi – partindo dos supostos aristotélicos, *phrónesis* ("mente prática", em que são inerentes *techné* e *enérgheia*), *epistéme* (inteligência científica) e a *sophia* (conhecimento) – transforma esses conteúdos e o sentido dessas subdivisões, pois desenvolve um conceito de intelecto que se apresenta dividido em três partes: a teórica, a prática e a produtiva[14]. Essa divisão

---

El pensamiento renacentista y sus fuentes, cit., p. 241 e seg.; e John Addington Symonds, *El Renacimiento en Italia*, v. 2 (Cidade do México, FCE, 1987), p. 479 e seg.

[13] Cf. György Lukács, *Estetica*, cit., v. 1, p. 33 e seg.

[14] Na definição de Heller: "Ao intelecto teórico pertence todo o tipo de conhecimento científico – então, o que conta é o tipo de pensamento, não seu objeto: o conhecimento pertence a essa categoria tanto quanto a atividade científica. Ao mesmo tempo, o intelecto divide a *phrónesis* em duas: O 'intelecto prático' da ética permanece prático ou operativo. Mas a *téchne*, a atitude em direção à atividade operativa particular, já é um tipo diverso de intelecto: o assim chamado 'intelecto produtivo'"; Agnes Heller, *L'uomo del Rinascimento*, cit., p. 231. Ver também Paul Oskar Kristeller, *Ochos filósofos del Renacimiento*, cit., p. 117 e seg.

aparece porque Pomponazzi não considera a existência de uma diferenciação entre capacidade intelectiva como disposição natural definitiva; quer dizer, não há diferenças entre as capacidades intelectivas como ordenamentos naturais e absolutos. O que diferencia as capacidades intelectivas é, em seu entendimento, o resultado da divisão social do trabalho. Essa compreensão possibilita que se impulsione uma concepção de homem numa perspectiva multifacetária capaz de considerar as relações sociais em que está inserido, com os respectivos resultados concretos da produção e da reprodução da vida material. Fica evidenciado que Pomponazzi refere-se a um tipo particular de trabalho que prescinde daquele determinado por uma hierarquia social de cunho medieval e, por isso mesmo, mais adequado ao que atende à forma capitalista de produção de mercadorias, mesmo que dentro da processualidade da *subsunção formal do trabalho ao capital* e, consequentemente, no contexto de uma concepção plasticamente moldada pela noção do "homem dinâmico", produtor de bens universais, proposto idealisticamente pela pólis renascentista, na qual cada indivíduo singular, com sua sabedoria, realiza e produz o que é necessário para uma vida feliz e distante das necessidades mundanas.

A possibilidade objetiva dessa felicidade – ao alcance de qualquer homem hábil, em conformidade com a própria natureza humana – realiza-se na relação da totalidade da vida cotidiana e na especialização posta pela divisão do trabalho, conexão que representa efetivamente a força de uma ação moral exequível para a maioria das pessoas; e é nesse ponto que se materializa a virtude humana e também é nesse sentido que, para alcançar o bem comum, o homem deve utilizar os três elementos constitutivos do intelecto: o especulativo, o operativo e o ativo. Essa abordagem, que parte da visão aristotélica do conhecimento da verdade e de suas causas[15], pressupõe que o homem – por meio da percepção de Deus e de suas potencialidades, que o faz perceber e conhecer o mundo – apresente sua *techné* e sua *enérgheia* e as materialize enquanto formas de conhecimento científico direcionado à vida social, com a perspectiva de intervir e atuar nelas. Assim, Pomponazzi enfatiza que as técnicas lavorativas servem para o sustento e o desenvolvimento da sociedade e, consequentemente, que o homem realiza um trabalho universal. Entretanto, o filósofo mantovano realça que, apesar de a criatividade, o conhecimento e o trabalho serem elementos intrínsecos aos seres humanos, presentes no cotidiano de todos, a relevância específica e qualitativa, em forma evolutiva e perfeita, aparece apenas na vida dos que se ocupam da ciência. O intelecto operativo está presente em todo homem, consequentemente a moral é um fenômeno social, o que define

---

[15] Cf. Aristóteles, *Metafísica* (Milão, Bompiani, 2000), II, 1.

252 Os portões do Éden

uma igualdade intrínseca nos homens[16]. Se com essas definições pomponazianas podemos depreender uma manifestação elogiosa em relação ao gênero humano, por outro lado conclui-se que em cada homem existia uma versatilidade que só podia se consubstanciar por meio da divisão do trabalho. Para além da óbvia conclusão de que essas reflexões pomponazianas abrem a perspectiva da definição do homem moderno, em consonância com sua condição de estar inserido em uma sociabilidade na qual emergem a individualidade plena e o individualismo resultante das relações sociais do capitalismo mercantil, evidencia-se a complexização da compreensão do homem, de suas características contraditórias e determinadas, no limite, por sua inserção no âmbito da vida social; quer dizer, na vida produtiva mesma, nas relações sociais de produção.

O Renascimento configura-se como momento da eclosão das personalidades multifacetárias, como acentua Batkin, que dá aos indivíduos papéis funcionais que os transforma em homens de ação[17] que se abrem para o mundo e com ele interagem, como afirma Burckhardt, no diagnóstico correto sobre a fundamental contribuição do Renascimento para o longo processo do desenvolvimento da individualidade. Ampliam-se os espaços de criatividade sem limites para o mérito, mas também para o burlesco e o blasfemo espirituoso, mesmo que, de certa forma, como adverte Heller, essa individualidade ainda encontre, em relação ao desejo de liberdade, elementos que a arremetem à velha forma, como nas relações sentimentais, que são menos individuais que as que se apresentam já no século XVII[18]. No período renascentista eram necessários homens de grandes atributos intelectuais e práticos, porque, de fato, coloca-se a necessidade da busca de *solução de práxis*; quer dizer, o pensamento racional é chamado para responder às *historische Notwendigkeit*. Daí a entusiasmada definição engelsiana, para quem essa época desencadeou

---

[16] Na síntese de Heller: "Das relações sociais de seu tempo, Pomponazzi extrai a conclusão que a universalidade como tal é uma característica única do gênero humano: os indivíduos podem ser universais somente em sentido ético. Para Pomponazzi, a universalidade é sempre uma categoria teleológica; ela trata do objetivo do homem singular em relação ao objetivo do gênero humano. O homem singular participa do objetivo da humanidade, mas somente quando age com sucesso dentro da sua própria parcialidade relativa"; Agnes Heller, *L'uomo del Rinascimento*, cit., p. 236.

[17] Ver Leonid M. Batkin, *L'idea di individualità nel Rinascimento italiano* (Roma/Bari, Laterza, 1992), p. 276 e seg.

[18] Cf. Jacob Burckhardt, *A cultura do Renascimento na Itália: um ensaio* (trad. Sergio Tellaroli, São Paulo, Companhia das Letras, 2009), p. 125 e seg.; e Agnes Heller, *L'uomo del Rinascimento*, cit., p. 289 e seg.

a maior revolução progressista que a humanidade havia vivido até então, uma época que precisava de gigantes e, de fato, engendrou-os: gigantes em poder de pensamento, paixão, caráter, multilateralidade e sabedoria. Os homens que estabeleceram o moderno domínio da burguesia eram em quase nada limitados pelo espírito burguês. Muito pelo contrário, o caráter aventureiro dessa época neles refletiu em certa dose. Não existia, então, quase nenhum homem de certa importância que não tivesse feito extensas viagens; que não falasse quatro ou cinco idiomas; que não se projetasse em várias atividades. Leonardo da Vinci era não só pintor, mas também um grande matemático, mecânico e engenheiro, a quem os mais variados ramos da física devem importantes realizações [...]. Maquiavel era estadista, historiador, poeta e, ao mesmo tempo, o primeiro escritor militar digno de menção nos tempos modernos. Lutero não só limpou os estábulos das augias da Igreja, como também o do idioma alemão: criou a prosa alemã moderna.[19]

Esses "gigantes" que procuraram atender às necessidades de seu tempo, cujas ideias e sentimentos resultam de um momento e de um meio histórico determinado, executaram tarefas que se materializaram através de *soluções de práxis*, as quais adquiriram a dimensão de ações e de fatos sociais. Isso significa que a nova forma sociometabólica dissolve os resquícios comunitários, dando lugar ao indivíduo que concorre com outro indivíduo, afirmando-se nesse processo e fazendo emergir sua síntese o personalismo e o egoísmo[20] – e suas correlatas, a inveja e o ciúme. No entanto, a liberdade da individualidade relativiza também a moralidade; quer dizer, no limite, como descreveu Giorgio Vasari (1511-1574), alinhando-se às conclusões de Machiavelli e Hobbes, a inveja, o arrivismo e o egoísmo são características "naturais" humanas, que não podem ser desconsideradas ou desprezadas. Obviamente perpassam aqui os elementos ideossocietais mercantilistas, bem distinguidos por Heckscher, em seu clássico

---

[19] Friedrich Engels, "Prefácio", *A dialética da natureza* (São Paulo, Paz e Terra, 1979), p. 16.

[20] Como ilustração do personalismo renascentista, citemos um fragmento do diário de Pigafetta (1491-1534), o italiano de Vicenza que participou da expedição do navegador português Fernão de Magalhães (1470-1521): "Pelos livros que havia lido e pelas conversações que tive com os sábios que frequentavam a casa do prelado, soube que navegando pelo oceano se viam coisas maravilhoas. Assim, determinei-me a assegurar por meus próprios olhos a veracidade de tudo que contavam para, por minha vez, contar a outros minhas viagens, tanto para entretê-los e ser-lhes útil como para tornar-me um homem que passasse para a posteridade"; Antonio Pigafetta, "Prefácio", em *A primeira viagem ao redor do mundo: o diário da expedição de Fernão de Magalhães* (trad. Jurandir Soares dos Santos, Porto Alegre, L&PM, 1985), p. 49-50.

254 Os portões do Éden

livro sobre o mercantilismo[21], no qual a obra e o indivíduo se identificavam na perspectiva de um "egoísmo criativo" que formava uma unidade orgânica, em que a construção ética em movimento demonstra, dialeticamente, uma unicidade entre o bem e o mal objetivada pela noção de que a obra seria o próprio escopo do indivíduo; havia uma consciência de que a criação individual significava não somente a afirmação do eu individual, mas também a afirmação de servir sua cidade-Estado – portanto, a própria humanidade, em sentido generalizante. Assim, a forma sociometabólica em precipitação engendrou, como bem observou Le Goff, desde a crise do medievo, um indivíduo como o mercador, que dá livre curso a seu gênio; seus objetivos são a glória, os negócios e o dinheiro[22]. E, potencializado pela *Weltanschauung* resultante do mercantilismo, o mundo passa a ser visto como um grande campo de comércio. Vida e negócios aparecem como unos e constituem para o homem renascentista uma grande aventura, como a concebeu, no âmbito do *reflexo* estético, o poema épico burguês, da prosa em versos. Por isso, oposto à epopeia, que situava o homem como mero jogo do destino engendrado pelos deuses – da *Ilíada* e na tardia epopeia judaica presente na Torá[23] e mesmo na já embrionária individualidade humana de Ulisses/Odisseu, presente na *Odisseia*, em que, contraditoriamente, o herói desafia os deuses e opta pelo humano ao recusar todas as ofertas de imortalidade, quando abandona o amor presumido da deusa Calipso, pelo amor real e mortal de sua Penélope[24]. Se, como salienta Lukács, o herói da epopeia nunca é a rigor um indivíduo ou seu destino pessoal, mas o de uma comunidade[25], também a aventura burguesa

---

[21] Cf. Eli F. Heckscher, *La época mercantilista: historia de la organización y las ideas económicas desde el final de la Edad Media hasta la sociedad liberal* (Cidade do México, FCE, 1983), p. 715 e seg.

[22] Jacques Le Goff, *Mercadores e banqueiros da Idade Média* (São Paulo, Martins Fontes, 1991), p. 84 e seg.

[23] Tardia, se relevarmos que esse livro sagrado é uma coletânea composta por textos antigos e oriundos de várias culturas do Oriente Médio, escritos na crise da Idade do Bronze, que variam entre os séculos X a V a.C. – observando-se, ainda, que sua redação final, em sua forma clássica, localiza-se entre os séculos VI e V a.C.; depois, houve a *Septuaginta* – tradução grega da Torá –, realizada entre os séculos III e I a.C., pelos judeus da diáspora. Ver, entre outros, os trabalhos de Mario Liverani, *Antico Oriente: storia, società, economia* (Roma/Bari, Laterza, 2000), p. 661 e seg.; e Jose Pablo Martín, "Introducción general", em *Filón de Alejandría: obras completas*, v. 1 (Madri, Trotta, 2009), p. 10 e seg.

[24] Homero, *Odissea* (Roma, Newton Compton, 1993), V, 190-290 [ed. bras.: *Odisseia*, ed. bilíngue, trad. Trajano Vieira, São Paulo, Editora 34, 2011].

[25] Ver György Lukács, *A teoria do romance* (São Paulo, Duas Cidades, 2000), p. 67 e seg.

se coloca como epopeia coletiva; agora, de um herói que expressa não somente uma comunidade, mas o conjunto de um povo-nação, ou de um herói que a represente. Assim, as narrativas dos poetas épicos burgueses entrecruzam o fantástico e a realidade, de modo que, no plano imediato, poderíamos comparar suas obras com a epopeia de Homero, *Odisseia*, em que o herói Ulisses/Odisseu também convive entre o fantástico e o real, conforme nos demonstra Jaeger; a trama poética desliza permanentemente entre fatos reais da vida cotidiana do mundo antigo, com os relatos míticos característicos de uma religião em construção – a religião greco-clássica propriamente dita. No entanto, no âmbito de uma mediaticidade engendrada pelo longo processo de secularização, partindo da laicização da teologia e do conhecimento – que se processa já no século XIII[26], a teologia, como nos referimos, enquanto disciplina autônoma das nascentes universidades –, na épica burguesa, o entrelaçamento do real com o fantástico aparece como *elemento alegórico do real*, dos perigos diante de um desconhecido a ser desvelado e dos riscos de um comércio de competição violenta, feito com o ferro e com o fogo dos canhões, alegorias que aparecem nos castelos enfeitiçados, ou nos gigantes, anões, fadas e seres fantásticos de *Orlando furioso*, de Ariosto[27], ou na determinação dos portugueses (os argonautas do mundo moderno) diante da aliança de Netuno e Baco contra uma viagem que representava a afronta dos homens aos deuses, de *Os lusíadas*, de Camões, em que o Mouro, instruído por esses deuses, tenta ludibriar os lusitanos[28].

Em uma breve síntese: no contexto do Renascimento, põem-se à discussão crítica, seja no âmbito político-filosófico, seja no da economia, os elementos básicos do arcabouço ideossocietal que mantinha e referendava o poder no medievo e, como pudemos verificar, o crescimento e o fortalecimento das cidades, que resultam da

---

[26] Ver Amos Funkenstein, "Introduzione", em *Teologia e immaginazione scientifica dal Medioevo al Seicento* (Turim, Einaudi, 1996), p. 4 e seg.

[27] Ludovico Ariosto, *Orlando furioso*, cit., em especial VI, 38, 43; X, 73, e passim e XXXIII, 128. Como vemos na seguinte estrofe: "*Come sì presso è l'ippogrifo a terra,/ ch'esser ne può men periglioso il salto,/ Ruggier con fretta de l'arcion si sferra,/ e si ritrova in su l'erboso smalto;/ tuttavia in man le redine si serra,/ che non vuol che'l destrier più vada in alto:/ poi legga nel margine marino/ a un verde mirto in mezzo un lauro e un pino*"; ibidem, VI, 23.

[28] Como vemos em Camões: "Mas o Mouro, instruído nos enganos/ Que o malévolo Baco lhe ensinara,/ De morte ou cativeiro novos danos,/ Antes que a Índia chegue, lhe prepara./ Dando razão dos portos indianos,/ Também tudo o que pode lhe declara,/ Que, havendo por verdade o que dizia,/ De nada a forte gente se temia"; Luís Vaz de Camões, *Os lusíadas* (São Paulo, Nova Cultural, 2000), I, 97.

expansão do comércio e que proporcionaram aos chamados "príncipes laicos" apoiar as atividades comerciais e manufatureiras, assim como a buscar apoio político na burguesia mercantil. Como ficou evidenciado, o mundo que se desdobra da crise do feudalismo possibilita pôr em questão a centralidade dos poderes espiritual e temporal do papado. Desse modo, o processo de desagregação do feudalismo impôs a necessidade de uma estrutura de poder centralizada, e a construção da *teoria do direito natural* implicou a crítica do direito particular – como privilégio divino dos eleitos para o poder – e a discussão de um direito universal, no qual encontrava-se intrinsecamente a racionalidade divina que apontava uma igualdade universalizada a todos os homens. É nesse contexto histórico que a ideia de uma *Kosmópolis* centrada na Igreja e no papado entra em colapso. Assim, põe-se no âmbito histórico a necessidade de se responder filosoficamente à questão "o que é o homem?", que *per si* apresenta-se como *problema ontológico*, na perspectiva da subjetividade e na concepção da mundanização da alma humana. No entanto, no âmbito do conceito de sociedade propriamente dita, esse constitui-se como um fenômeno tardio, isto é, resultante do desenvolvimento das relações sociais capitalistas, na medida em que os conceitos de Estado e de sociedade ainda se apresentam fragmentados. Como na concepção antiga, os acontecimentos sociais são considerados acontecimentos políticos, mesmo que os elementos presentes nas relações sociais sejam já considerados mais amplamente, como a luta de classes, que passa a ser reconhecida como a luta permanente dos ricos contra os pobres. De certo modo, as novas contradições que emergem no período mercantilista e assumem a forma da política ganharão resolução, como já acentuamos, somente com o surgimento da economia política, que vai tornar óbvio o caráter fundamental dos fatos econômicos e, ao mesmo tempo, provocar a quebra da integralidade do homem para transformá-lo de burguês, proletário etc. em cidadão, invertendo a tradição milenar da identidade entre Estado e sociedade. As novas relações sociais recriam ou reorganizam as tradicionais, como a relação com a Igreja, em bases subjetivo-individuais. Objetivamente, abre-se a tendência progressiva para que a religião se transforme em uma forma de convenção social e, o mais importante, uma *questão de foro privado*, no sentido *storico-complessivo*. Essa condição, em certa medida, coloca para a sociedade renascentista a base ontológica para um *ateísmo prático*, e essa visão contribui para um dimensionamento dos nexos da vida individual, no sentido de que a providência divina deixa de ser necessidade. Nem mesmo Dante reconhece providência individual. Agora, a providência é deixada no plano da universalidade juntamente com a escolha do indivíduo. Melhor dizendo, deixava-se a universalidade para o plano da abstração religiosa – sob o governo supremo de Deus[29]. E é nessa perspectiva que Dante Alighieri expressa essa dualidade, afirmando a necessidade de um imperador que possa conviver e dialogar com o poder espiritual do papa, na visão aristotélica de uma universalidade que se articule em nova relação entre o universal e o particular, mediada pelos "dois mestres" – um espiritual, outro temporal[30].

Assim, o elemento constitutivo da recuperação da tradição clássica é exatamente a possibilidade de se efetuar uma crítica demolidora à escolástica e à teologia. E isso nos leva a concluir que o "resgate" do mundo antigo se fazia dentro de contingências que apontavam a necessidade de transcender o próprio escopo da cultura clássica.

A história resolvida pela *virtù* da política

Vimos que a cultura renascentista aparece como uma *Weltanschauung* peculiar e específica, determinada pelo ser-precisamente-assim da sociedade do Renascimento, o que significa que o contato com a Antiguidade não passou da forma socialmente construída para a consolidação de uma ideologia universal-particular que respondesse às necessidades da burguesia mercantil e manufatureira emergente. Efetivamente, constitui-se um novo sincretismo em que prevalece a noção de nacionalidade – no caso italiano, centrado na cidade-Estado –, conceito que finda por efetivar afinidades sócio-históricas advindas das aproximações culturais e identitárias de populações e se desenvolvem *pari passu* com a necessidade da demarcação de territórios, nos quais se praticavam atividades econômicas em larga escala, resultantes da expansão das atividades mercantis e produtivas de novas características históricas. Obviamente, conforme tratamos no capítulo 1 desta parte II, esse é um processo de construções conturbadas, de lutas intestinas, de guerras entre núcleos econômicos e de poder e que tem seu ápice na formação dos Estados-nação; nesse âmbito, destacamos pioneiramente Portugal, com a Revolução de Avis de 1383-1385. Desenvolvem-se, ainda, teorias e interpretações filosóficas sobre a universalidade e sobre a proeminência da intervenção do homem no processo

---

[29] Ver Dante Alighieri, "De monarchia", em *Dante: tutte le opere* (Roma, Newton Compton, 2005), III e seg.

[30] Como vemos em Dante Alighieri: "*Est ergo temporalis Monarchia, quam dicunt 'Imperium' unicus principatus et super omnes in tempore vel in hiis et super hiis que tempore mensurantur*" [A Monarquia temporal, que se chama Império, é um principado único que se estende sobre todos os seres que vivem no tempo, sobre todas as coisas que são medidas pelo tempo]; ibidem, II.

histórico, assim como a reflexão crítica sobre as próprias formas da natureza, física e humana, além de seu produto mais genuíno: a política.

Assim, no âmbito ideossocietal, no escopo desse contexto de acelerados sincretismos, altera-se também o tradicional conceito cristão de homem. Quer dizer, na forma sociometabólica feudal, prevalecia a noção de pertencimento a um extrato social e de ser universalmente cristão, conformando uma ideia *dual* da condição humana, ao mesmo tempo idealizada, da comunidade em que estavam inseridas as frágeis individualidades, em que o cristianismo oferecia as alternativas de uma comunidade abstrata e da "cidadania do céu" (Paulo/Shaul de Tarso). No Renascimento, realiza-se a *ruptura* dessa lógica determinada por uma sociedade estática, em que a cidade estava subordinada ao campo, o que altera, em seu fundamento, a base ideossocietal da forma-ideologia-Igreja-feudal. Constróem-se outras concepções de cristianismo, aquelas que vão se consolidar nas Reformas e/ou se objetivam nos diferentes Estados nacionais emergentes, inclusive no próprio Estado teocrático-absolutista do Vaticano, em que as relações sociais se definem a partir das relações de classes. Desse modo, se temos estruturada a condição objetiva de um tipo de mutação germinado a partir do conceito de libertação individual do nexo cristão-medieval de homem e de sua ideia de igualdade abstrata, temos, por outro lado, a restruturação do conceito de *igualitarismo*, que, em si, se mantém no âmbito abstrato universalizante, acrescido agora pelo elemento histórico da alienação determinada pelas novas relações de produção, em que aflora do conceito de "homem dinâmico" abstrato, generalizado e estranhado de si, como já assinalamos. No contexto de novas contradições, a nova "dualidade" alcança o homem em seus extremos: o de nulidade diante do Universo infinito (Giordano Bruno) e a magnitude humana na conquista da realidade, como na definição pictórica de Michelangelo, na qual é ressaltado um homem grandioso e, ao mesmo tempo, pequeno, em seu juízo universal, diante de Deus.

O Renascimento é o momento em que avançam timidamente os elementos *desantropomorfizadores* do conhecimento, mesmo com a vigência de um destacado desenvolvimento das forças produtivas e das relações sociais de produção, porque ainda são precários os recursos científicos que possibilitam a compreensão e o domínio da realidade objetiva. De qualquer modo, a configuração de uma divisão social do trabalho que se distancia daquela prevalente no medievo proporciona, também, alguns pontos altos no que se refere ao entendimento da natureza. Aliás, a redimensionalização do científico em relação à filosofia constitui elemento central e possibilita a construção de desenvolvimentos *conceituais* em relação à reinterpretação da dinâmica do Universo e da sociedade. Desde o século XIII –

e, não por acaso, se considerarmos o grande progresso econômico e tecnológico determinado pelo impulso societal de nova característica histórica do período –, temos o convencimento de que, para a ciência, era necessário criar uma linguagem específica e precisa, uma "revolução nominalísitca"[31], como denominou Funkenstein, proposta de início por Guilherme de Ockham (1285-1347) e reafirmada enfaticamente por Duns Scot (*c.* 1265-1308)[32]. O Renascimento recoloca o papel da sociedade em relação às concepções igualitárias arremetidas a Deus e ao pecado original, o que transforma e localiza a igualdade no homem e em sua capacidade criadora infinita. A concepção aquiniana de que Deus é *notum per se ipsum* (é dado a conhecer através de si mesmo) – conceito que "vale para Ele" e não para os homens – ganhava dissidentes desde Anselmo d'Aosta (1033-1109), que viveu entre meados do século XI e inícios do século XII e que se amplia nas reflexões de Ockham e Scot, "findando" na ampla questão kantiana da incognoscibilidade da coisa-em-si (*Ding an sich*), em sua *Crítica da razão pura*, texto em que Kant enfatiza que o conhecimento humano é o conhecimento dos fenômenos, não da *coisa-em-si*, e somente iniciada a sua superação com as formulações de Hegel, para quem a razão *possibilita* a cognoscência de *Ding an sich*[33].

Assim, a nascente filosofia da Idade Moderna abre uma situação de *nova qualidade* no trato das *soluções de práxis*, determinada pelos imperativos históricos da

---

[31] Amos Funkenstein, *Teologia e immaginazione scientifica dal Medioevo al Seicento*, cit., p. 31 e seg.

[32] Ver John Duns Scot, "Opus oxoniense", I d.3, parte 1, q. 4, em *Tomás de Aquino, Dante, Duns Scot, Ockham* (São Paulo, Abril Cultural, 1979, col. Os Pensadores, v. 9).

[33] Como podemos ver na definição kantiana, "se os fenômenos fossem coisas em si, ninguém poderia explicar, pela sucessão das representações do que tem de diverso como essa diversidade está enlaçada no objeto. Porque nós outros só temos de ver com as nossas representações; e está fora da esfera de nossos conhecimentos o saber que podem ser as coisas em si (independentemente consideradas das representações com que nos afeta)"; Emmanuel Kant, *Crítica da razão pura* (Rio de Janeiro, Ediouro, s/d), p. 177. Como fica evidenciado na crítica mordaz de Hegel a Kant: "A filosofia kantiana é teoricamente a Ilustração elevada ao plano metodológico, baseada na tese de que o homem não pode conhecer nenhuma verdade que não somente os fenômenos; [esse conhecimento] possibilita que [se] penetre na ciência e na consciência de si, mas se aferra a esse ponto de vista; quer dizer, como um conhecer subjetivo e finito. Mesmo que se chegue a tocar a ideia infinita e expresse suas determinações formais, atingindo o postulado concreto delas, volta a rechaçá-las como verdades para transformá-la em algo puramente subjetivo, desde o momento em que aceita o conhecimento finito como ponto de vista fixo e último"; G. W. F. Hegel, *Lecciones sobre la historia de la filosofía*, v. 1 (Cidade do México, FCE, 1995), v. 3, p. 420. Ver também a análise sobre o desenvolvimento do conceito de *coisa-em-si* e a crítica lukacsiana do pensamento kantiano, em György Lukács, *Estética*, cit., v. 3, cap. 13, p. 277 e seg.

nova forma sociometabólica em precipitação. Daí a necessidade permanente de se buscarem as fundamentações teóricas nos resultados científicos, desdobrados das experiências naturais, em especial aquelas utilizáveis na prática imediata. Até chegarmos às formulações de Kepler e Copérnico, o árduo caminho teve um *fundamental* pavimentador, o cardeal Nicolau de Cusa (1401-1464), definido por Cassirer como pensador dos *Quattrocento* que satisfez a tese hegeliana de que a filosofia de uma época representa seu foco natural, no qual se concentram os mais variados raios abrangentes[34]. Cusa realiza a renovação do platonismo, tendo como ponto de partida a necessidade de se precisar a natureza da consciência dentro do princípio do equilíbrio entre o *ignoto* e o *noto* (o desconhecido e o conhecido), quer dizer, somente podemos julgar o que ainda não é conhecido em relação àquilo que já é conhecido, sendo que isso é possível se o que não é conhecido tem certa proporcionalidade, isto é, uma homogeneidade com o que se conhece. Isso significa que o conhecimento se torna mais fácil se o que desconhecemos está perto das coisas conhecidas. Seu ponto inicial, portanto, é a qualificação do que não é sabido, o saber do não saber – se quisermos, a ampliação da reflexão inicial platônica "então eu não sei; nem mesmo penso que sei"[35]. E, ao reconhecer a ignorância, Cusa *sincretiza* um conjunto de pensamentos da Antiguidade (Pitágoras, Sócrates e Aristóteles) ao conhecimento bíblico de Salomão – é o que ele chama de *dotta ignoranza* e se qualifica como antecipador das teorias de Kepler, Copérnico e Galileu. Disso podemos depreender que, ao procurar entender o que é desconhecido, não encontramos nenhum parâmetro com o que é conhecido para estudá-lo comparativamente, escapam todas as possibilidades de conhecer a coisa, conhece-se o que está posto na realidade e a partir das possibilidades objetivas (no limite, históricas) que temos para o conhecimento[36]. No entanto, a grande inovação de Cusa é a construção da ideia do *Deus absoluto*, em que se aplica o princípio da contradição inclusive ao campo divino, que justamente por isso unifica os opostos, na perspectiva de que "um círculo de diâmetro é também uma linha" (Cusa). Dos estoicos, Cusa retira o entendimento de incluir nas essências a atração e a repulsão ou o conceito de "unidade dos contrários" – em que o centro do quente é o Sol e o centro do frio

---

[34] Cf. Ernst Cassirer, *Individuo y cosmos en la filosofia del Renacimiento* (Buenos Aires, Emecé, 1951), p. 21.

[35] Na tradução ao italiano: "*Poi che non so, non penso nemmeno di sapere*"; Platão, "Apologia di Socrate", 21d, em *Platone: tutte le opere*, cit., v. 1.

[36] Ver Nicola Abbgnano, *Storia della filosofia*, v. 3, cit., p. 58; e Amos Funkenstein, *Teologia e immaginazione scientifica dal Medioevo al Seicento*, cit., p. 75 e seg.

é a Terra –, de clara inspiração na filosofia jônica da natureza, particularmente na estrutura do *Universo baseado na contradição* (teoria do equilíbrio pelo quente e frio etc.) de Empédocles, que sintetizou, em sua teoria do princípio dos seres, as teorias de Parmênides, do ser imóvel, e as de Heráclito, do ser em perpétua transformação, acrescentando, ainda, o elemento de *unidade e pluralidade* dos seres particulares[37]. Para Cusa, essas forças agem sobre uma matéria única, homogênea e real, ainda que passiva. Cada corpo representa um equilíbrio dessas forças, que procuram reter uma a outra porque possuem um instinto de autoconservação[38]. O princípio referencial de Cusa não parte do empirismo, como Ockham, mas de uma metafísica de inspiração platônica, como a incomensurabilidade entre o ser e o conhecimento; quer dizer, a transcendência absoluta do ser que mantém uma norma ideal, mas que não pode ser concebida nem possuída pelo homem. O apelo a Platão é a clara demonstração da necessidade de dar à noção de movimento uma nova característica, justamente *recolocando no pensamento platônico um elemento de superação*, ou seja, deslocando sua doutrina do movimento do mero paradigma, como bem observou Cassirer[39], do exemplo imperfeito e abstrato fundado na matemática para um valor próprio que se converte na meta da direção do que tende a chamada "matemática pura"; uma processualidade que vai de Leonardo a Galileu, assim definida por Cassirer:

> De acordo com Leonardo, a mecânica é o "paraíso das ciências matemáticas", porque apenas nela se alcançam os *frutos da matemática*. Galileu representa a fase final desse processo; ao identificar o próprio movimento com a ideia, dá a ele sua expressão metodológica mais clara. O movimento não pertence mais a esse mundo de sombras do devir, a γένεσις de Platão; elevou-se na direção do ser puro, posto que passa a responder a

---

[37] Como podemos ver nos fragmentos de Empédocles, organizados por José Cavalcante de Souza a partir das referências e citações de Aristóteles (*Metafísica*, I,3.984 a 8) e Simplício (*Física*, 25.21): "Aristóteles – Empédocles conta, como elementos, os quatro [corpos simples], ajuntando um quarto, a terra, àqueles que acabamos de falar [a saber, água, ar e fogo]. Esses elementos subsistem sempre e não são gerados, salvo no que tange ao aumento ou à diminuição, unindo-se para [formar] uma unidade ou dividindo-se a partir dessa unidade; Simplício – este [Empédocles] estabelece quatro elementos corporais, fogo, ar, água e terra, que são eternos e que mudam aumentando e diminuindo mediante mistura e separação", em *Pré-socráticos* (São Paulo, Nova Cultural, 1999, col. Os Pensadores, v. 1), p. 164.

[38] Cf. Amos Funkenstein, *Teologia e immaginazione scientifica dal Medioevo al Seicento*, cit., p. 79, em que o autor define como um conceito estoico (ver nota 137).

[39] Cf. Ernst Cassirer, *Individuo y cosmos en la filosofía del Renacimiento*, cit., p. 216-7.

uma legalidade rigorosa que lhe é necessária à constância e à necessidade essenciais. O movimento, além disso, é a mesma massa material tomada como objeto de ciência; possui idealidade, uma vez que em ambos é possível demonstrar certas determinações imutáveis que sempre se comportam da mesma maneira, isto é, é possível demonstrar leis genuínas e essencialmente matemáticas. Somente por essa circunstância, esta foi a maior experiência elevada para a categoria de conhecimento rigoroso e, como disse Galileu, ao iniciar o exame decisivo do movimento local que expõe nos *Discorsi*, criou-se "uma ciência absolutamente nova de um objeto muito antigo".[40]

Assim, nesse percurso de síntese que vai de Leonardo a Galileu, Nicolau de Cusa joga um papel decisivo ao deslocar as fórmulas preestabelecidas e ao superar os limites do geocentrismo, justamente ao recolocar o problema do movimento na conexão da "unidade dos contrários", entre o centro quente e seu ponto frio (Sol e Terra); questões que ganham dimensionalidade concreta a partir da demolição gradativa dos fundamentos da física aristotélica, realizada em seu livro *Dotta ignoranza*, no qual ele admite subordinar a doutrina da medida – cosmografia e cosmologia matemáticas – à relação essencial do sujeito e do objeto, o que constitui condição fundamental, especialmente para a mensuração local e temporal; além disso, assume a existência de determinados pontos fixos e imutáveis não como elementos absolutos e ontológicos, mas como determinação ideal e hipotética que releva a liberdade (igualitária) do espírito, porque nenhum lugar físico tem, por natureza, prioridade sobre outro. O que está sendo observado pode estar em movimento e ser percebido a partir de um ponto de vista distinto, e vice-versa. Com isso estabelece-se um movimento que, apesar de contraditório, encontra seu equilíbrio válido não somente no âmbito "natural", como também no aspecto da ética e da política. A matéria não é considerada mera potencialidade, pois é distinta do espaço e do tempo, seus receptáculos absolutos. Como resume Funkenstein, o Cusano propõe uma síntese original entre várias tradições do pensamento: a teologia negativa, a doutrina da *analogia entis*; o entusiasmo da tarda-escolástica pelos infinitos reais e pelos argumentos matemáticos na teologia. O Cusano sustenta com maestria – como, mais tarde, Leibnitz – que o *homogêneo na natureza é a necessária imprecisão presente nela mesma*[41]. Ao mesmo tempo que verificamos avanços na compreensão da realidade, saltos de superação que debilitam o elemento antropomórfico da interpretação do mundo, ainda enfrentam-se dificuldades em relação à

---

[40] Ibidem, p. 217.

[41] Cf. Amos Funkenstein, *Teologia e immaginazione scientifica dal Medioevo al Seicento*, cit., p. 78-9.

concepção do movimento, como pudemos ver, em especial na generalização desse conceito, que, apesar de todas as mediações, é concebido pela ciência renascentista como resultante da mesma massa material e que tem um modelo conceptivo que possibilita, tanto na própria realidade como na formulação teórico-abstrata dela, "demonstrar" certas *determinações imutáveis* que sempre se comportam da mesma maneira, isto é, é possível demonstrar leis genuínas e essencialmente matemáticas *que aparecem relacionadas a uma noção analógica ao organismo* – concepção que, na análise social, *mutatis mutandis*, chega aos séculos XIX e XX com o positivismo comteano e as concepções funcionalistas. O movimento da sociedade é entendido como um organismo vivo e, a cada crise ou decadência de uma sociedade, advém outra, compreendendo, assim, um *movimento circular e perpétuo*, numa contínua renovação circular; no caso das sociedades, as ações dos indivíduos têm um papel central na recuperação das crises. Machiavelli é um dos que estão na linha de frente dessas formulações, e essas concepções constituem o escopo de sua noção de história e de "soluções" de crises, como veremos.

Niccolò Machiavelli nasceu em Florença, em 3 de maio de 1469, em uma antiga família toscana ligada ao partido guelfo, que participou intensamente da vida política da cidade-Estado. Filho de Bernardo Machiavelli, jurisconsulto e tesoureiro, e Bartolommea de' Nelli, também proveniente de uma antiga e ilustre família florentina. Niccolò foi, em 1494, copista de Marcello Virgilio Ariani, professor de literatura grega e latina e secretário da República florentina; aos 29 anos, foi nomeado chanceler (na segunda chancelaria da República) e, mais tarde, atuou como secretário dos Dez Magistrados da Liberdade e da Paz, ofício que constituía o governo da República de Florença. Vale dizer que foi também responsável por missões diplomáticas no exterior: uma de suas missões mais importantes foi a representação diplomática junto a Cesar Borgia (1502)[42].

Inicialmente, é importante enfatizar que há uma estreita identidade das concepções machiavelianas com a ideia de uma história "reconduzida" quando é posta em seus "alicerces originais fundantes"; quer dizer, uma história "universal-circular" permanente, independentemente de seus elementos empíricos, mas

---

[42] Cf. Lívio Xavier, "Notícia biográfica", em Niccolò Machiavelli, *O príncipe* (trad., prefácio e notas de Lívio Xavier, Rio de Janeiro, Edições de Ouro, 1960), p. 23-5; ver também Alessandro Capata, "Nota bibliográfica", em *Machiavelli: tutte le opere storiche, politiche e letterarie* (Roma, Newton Compton, 2011), p. xxx-xxxii.

264 OS PORTÕES DO ÉDEN

que se reconstitui em conformidade com a "natureza das coisas" e, também, pela intervenção da *virtù*, "através dos homens tornados sensatos pelo castigo e pelo sofrimento"[43], como vemos em sua definição de "ordem virtuosa":

> Costumam as províncias, as mais das vezes, nas mudanças a que são submetidas, da ordem vir à desordem e novamente, depois, passar da desordem à ordem: porque, não estando na natureza das coisas deste mundo o deter-se, quando chegam à sua máxima perfeição, não mais podendo-se elevar, convém que precipitem; e de igual maneira, uma vez caídas e pelas desordens chegadas à máxima baixeza, necessariamente não podendo mais cair, convém que se elevem: assim, sempre do bem se cai ao mal e do mal eleva-se ao bem. Porque a *virtù* gera tranquilidade, a tranquilidade, ócio, o ócio, desordem, a desordem, ruína; e igualmente, da ruína nasce a ordem, da ordem a *virtù*, e desta, a glória e a prosperidade.[44]

Isso significa que, para Machiavelli, o *movimento circular* da história tem uma dimensão válida para todos os tempos e requer a constante intervenção do humano para reconduzir as sociedades a suas origens[45]. E mais: caso não se realize essa intervenção, pela ausência de um *indivíduo virtuoso*, é possível que esse "retorno às origens" não se verifique, e, então, toda uma sociedade (*formação social*) pode desaparecer. Há na concepção machiaveliana, ainda, a possibilidade de outro processo, no qual a organização e a construção de outra sociedade podem se iniciar, dando uma volta por cima do processo anterior, variando sempre entre as más e as boas sociedades, assim como as alternativas escolhidas e determinadas pela *virtù* e pela *Fortuna* dos homens para administrá-las[46]. Desse modo, as evidentes identidades de Machiavelli com os teóricos renascentistas, formadores do conjunto cosmológico (*Weltanschauung*/κοσμολογία) renascentista, isto é, o do *primeiro período* do largo

---

[43] Cf. Niccolò Machiavelli, "Istorie fiorentine", em *Machiavelli: tutte le opere storiche, politiche e letterarie* (Roma, Newton Compton, 2011), L. V, I.

[44] Idem.

[45] Como acentua Villari: "Nós sabemos, de fato, quão esquemática é a concepção da história em Maquiavel, considerando o mundo eterno em sua repetição e os elementos componentes da história; os homens, imutáveis ao longo do tempo porque são imutáveis os sentimentos e as paixões que os governam"; Lucio Villari, "Introduzione", em *Niccolò Machiavelli: storia di un intellettuale "italiano" in un'Italia dilaniata e divisa* (Casale Monferrato, Piemme, 2003), p. 53.

[46] Ver Niccolò Machiavelli, "Discorsi", em *Machiavelli: tutte le opere storiche, politiche e letterarie*, cit., L. II.

processo de *acumulação originária do capital*, serão determinantes na configuração dos alicerces de suas construções teóricas. Essa conexão permanente com os referenciais teórico-filosóficos de seu tempo está evidente em sua conhecida carta a Francesco Vettori, de 10 dezembro de 1513, na qual o florentino destaca suas "conversas" com os "grandes homens do passado", que o acolhem amavelmente e, ao mesmo tempo, "respondem humanamente" a perguntas sobre suas razões.

> Chegando à noite, de volta à casa, entro em meu escritório; na porta dispo minhas roupas cotidianas, sujas de barro e de lodo, e visto minhas roupas cerimoniais ou de corte e, vestido decentemente, entro na antiga convivência dos grandes homens do passado; lá sou recebido por eles amavelmente, nutro-me daquele alimento que é o único que me é apropriado e para o qual nasci. Não me envergonho de falar com eles e de perguntar-lhes da razão de suas ações, e eles humanamente me respondem; e não sinto, durante quatro horas, aborrecimento algum, esqueço todos os desgostos, não temo a pobreza, não me perturba a morte. E, como disse Dante, não pode haver ciência sem que se recorde aquilo que se compreendeu; anotei as coisas que transformei em cabedal, durante aquelas conversas que tive com eles e compus um opúsculo, *De principatibus*, em que me aprofundo quanto posso nas cogitações deste tema, debatendo o significado do principado, de que espécies são, como se conquistam, como eles se mantêm, porque eles se perdem; e se vos agradou alguma fantasia minha, esta não vos deveria desagradar; e um príncipe *et máxime* um príncipe novo, deveria recebê-lo com prazer; portanto, eu o dedico à magnificência de Juliano.[47]

Ora, o que nos salta aos olhos, no trecho destacado, é não somente o arremetimento de Machiavelli às formulações dos pensadores que influenciam e moldam diretamente o pensamento de sua contemporaneidade, caracterizando, de um lado, sua *busca de fundamentação* científica e filosófica – o *cabedal para suas especulações* sobre o movimento da história, o caráter das sociedades, das formas de governo e das conclusões e dos modos de atender às demandas para a construção dos alicerces de um Estado nacional italiano – e, de outro, as fundamentações para a composição e a redação do que chamou "opúsculo", o livro *De principatibus*, em que irá sistematizar o que entende ser relevante e essencial para o *condottiero* governar com eficiência um principado e articular a possibilidade de ir além, a partir da compreensão de uma *vontade geral* que desemboque em um Estado unificado,

---

[47] Carta de Niccolò Machiavelli a Francesco Vettori, 10 dez. 1513, incluída em *Machiavelli: tutte le opere storiche, politiche e letterarie*, cit., p. 923.

266 OS PORTÕES DO ÉDEN

além, é claro, de sua concepção de relação entre o governante, o príncipe e o povo, intrinsecamente uma noção específica de *popolo*[48].

Faço essas observações para que possamos delimitar, preliminarmente, alguns elementos centrais que devem demarcar nossa abordagem sobre as concepções machiavelianas. Tratando-se de um autor estudado por diversos pesquisadores e intelectuais, a partir de diferentes (e, muitas vezes, contraditórios entre si) instrumentais teórico-metodológicos, explicitamos que, pelo escopo definido pelo objetivo do nosso trabalho – isto é, apreender ontologicamente o processo de construção dos conceitos de política, igualitarismo e democracia no mundo moderno –, centraremos nossas considerações analíticas fundamentalmente na apreensão imanente dos elementos constitutivos dos conceitos de história e de política, que aparecem articulados na conceitualidade machiaveliana – e, consequentemente, no próprio projeto de construção de um Estado nacional italiano –, para que, no âmbito de sua ossatura histórica, possamos definir suas referências conceituais.

O que podemos delinear, de saída, é que, juntamente com o instrumental teórico-conceitual dos filósofos do primeiro período do Renascimento, evidencia-se a preocupação de Machiavelli em unir o conhecimento filosófico à ação política, que, em sua elaboração, assume uma característica que vai muito além da mera formulação concebida no plano de uma abstração especulativa – ainda que em suas reflexões apareçam referenciais "típico-ideais" à guisa de reportação histórico-teórica –, porque também nela estão presentes líderes que existem ou existiram na vida real e tiveram protagonismo no processo histórico de cidades verdadeiras, onde vivenciaram-se, além das paixões, dramáticos acontecimentos, determinantes para o futuro da Europa e a conformação de uma forma sociometabólica em precipitação. Nesse sentido, Villari sublinha acertadamente que Machiavelli, mais que um observador testemunhal de um mundo em literal revolução, é um partícipe, um "profeta desarmado" de um devir e de uma forma nova de Estado[49].

---

[48] Como verificamos em sua dedicatória do livro a Lorenzo de Medici: "Desejando eu oferecer à Vossa magnificência algum testemunho de minha devoção [*servitù*], não achei entre meus cabedais coisa que me seja mais cara ou que tanto estime quanto o conhecimento das ações dos grandes homens apreendido por mim através de uma longa experiência das coisas modernas e uma contínua lição das antigas; as quais, tendo eu, grande diligência, longamente cogitado, examinando-as, agora, mando à Vossa Magnificência, em um pequeno volume"; Niccolò Machiavelli, "Nicolaus Maclavellus Magnifico Laurentio Medici iuniori salutem", em "Il príncipe", cit., p. 6. [Lembrando que a dedicatória original era destinada a Giuliano de Medici, filho de Lorenzo, morto em 1516.]

[49] Cf. Lucio Villari, "Premessa", em *Niccolò Machiavelli*, cit., p. 8.

Daí a consciência da necessidade de encontrar *soluções de práxis* que respondessem às questões postas por uma realidade imediata que instigava e angustiava seu espírito crítico, justamente aquela de uma Itália dilaniada no cenário de uma Europa que celeremente consolidava os Estados nacionais. Em particular, sua Florença, intrinsecamente imersa nas mais fundas contradições sociais postas pelas emergentes relações sociais, engendradas, por sua vez, pelo impactante processo de *subsunção formal do trabalho ao capital*, que se constituía no cenário para que ponderasse uma possibilidade de futuro e de unidade italiana. Por isso, suas reflexões não se apresentam como a de um cronista conservador, como foram as de seu contemporâneo Guicciardini, mas na condição de um intelectual que buscava compreender a devastação de toda uma região que potencialmente despontava como possibilidade de constituir uma nação, como vemos em suas observações sobre a Itália de meados do século XV:

E como nos falta tratar, na maior parte, não importa, a não ser as guerras realizadas por florentinos e venezianos contra Filippo, duque de Milão [...] eu não desejo ir adiante. Vou me limitar a recordar, brevemente, em que condições aqueles príncipes e aquelas armas se encontravam na Itália dos tempos a que chegamos escrevendo. No que se refere aos estados principescos, a rainha Giovanna possuía o reino de Nápoles; parte do patrimônio da Romanha e da Marca obedeciam à Igreja, a outra estava ocupada por seus vicários ou tiranos; assim eram Ferrara, Modena e Reggio [...]. Quanto a Lombardia, parte obedecia ao duque Filippo, e outra, aos venezianos [...] os florentinos eram senhores da maior parte da Toscana: somente Lucca e Siena viviam sob as próprias leis [...]. Os genoveses eram livres e servos, ora dos reis da França, ora dos Visconti [...]. Estavam, pois, as armas da Itália em mãos de príncipes menores, ou de homens sem estado, porque os príncipes menores as usavam não movidos por desejos de glória, mas para viver mais ricos ou mais seguros.[50]

Assim, a emergência do capitalismo e de suas relações sociais particulares, conformadoras das novas *exigências históricas*, eram compreendidas por Machiavelli não somente como características específicas e inerentes aos Estados nacionais em formação, mas também, e fundamentalmente, como ameaças e obstáculos para a autonomia da Itália e para a consolidação de um Estado unificado, em um meio desagregado, em que estruturas estatais débeis poderiam sucumbir a qualquer momento, diante de inimigos cada vez mais poderosos, como já se fazia entrever,

---

[50] Niccolò Machiavelli, "Istorie fiorentini", cit., L I, XXXIX.

na segunda década dos *Cinquecento*, em suas referências às cidades italianas de Nápoles e Milão, assim como a situação de Florença, reduzida à condição de Estado subsumido ao papado de Leão.

Esse contexto histórico vai influenciar decisivamente o rumo das reflexões e das buscas de *soluções de práxis*, por parte de Machiavelli, exatamente no sentido da organização de um Estado, a partir de elementos delineadores *pragmáticos*, inclusive *utilitários*, como veremos adiante. Isso o faz, sem sombra de dúvida, pioneiro da reflexão sobre a problemática do poder e do Estado ou, em outras palavras, Machiavelli, em suas elaborações, é um precursor dos estudos da política ou, como querem alguns, das "ciências" políticas enquanto disciplina autônoma, separada da moral e da religião[51]. Alguns autores relativizam essa condição de pioneiro, inclusive como aquele que vai denunciar a corrupção como núcleo central da desestruturação de uma sociedade, já que Leonardo Bruni (1370-1444), antes de Machiavelli, teceu considerações sobre o antagonismo dos interesses gerais dos cidadãos em relação aos interesses específicos de cidadãos particulares. Apesar disso, Machiavelli irá a fundo na discussão do cidadão, das questões de governo, da corrupção da sociedade e da corrupção do príncipe, precisamente ao buscar na história italiana (e na de Roma) especialmente os modelos e as lições sobre a constituição de um principado/reino e suas condições de crise de governança.

Machiavelli conhecia e se movimentava bem entre os intelectuais do presente, como Guicciardini, e do passado florentino, como Leonardo, Ariosto, Petrarca, Dante e Boccaccio – os clássicos, como os nomina em suas *Istorie fiorentine*. Além desses óbvios autores renascentistas, referia-se ainda a Bruni, Filippo Brunelleschi (1377-1446) – considerado um dos primeiros e significativos arquitetos do Renascimento, que projetou e construiu, entre outras, a cúpula da igreja Santa Maria del Fiore, utilizando técnicas modernas – e o historiador Poggio Bracciolini (1380--1459), entre outros. Diferenciava-se deles, no entanto, pela abordagem e pelo trato das questões históricas, fugindo especialmente da tendenciosidade na análise das especificidades florentinas. Sua observação arguta o possibilita compreender o espaço em que a nascente política moderna deve necessariamente estar inserida, e essa era uma percepção afinada com os acontecimentos contemporâneos, que, no entanto, não se constituíam, para o florentino, meras considerações intelectuais. Ao contrário, como fica evidente, seu "senso" histórico era visceralmente ligado

---

[51] Ver o pequeno compêndio de Luciano Gruppi, *Tudo começou com Maquiavel: as concepções de Estado em Marx, Engels, Lênin e Gramsci* (Porto Alegre, L&PM, 1980), p. 10 e seg., em que o autor, de saída, caracteriza o florentino como teórico da política e da formação do Estado moderno.

às necessidades práticas, constatadas em várias observações, inclusive nas *Istorie fiorentine*. E é nesse âmbito que a política ganha, em Machiavelli, sua dimensão inovadora, desmistificadora por um lado, mas, ao mesmo tempo, adquire, em seu *elemento pragmático*, a metalinguagem que explica a si mesma, isto é, que escancara as "dimensões possíveis" (aceitáveis ou não, no plano da ética e da moralidade) que passam a ser "justificadas" como fundamento do exercício do poder. As manobras e as artimanhas utilizadas cotidianamente nos antros do poder econômico e social, exercidas, em diversos momentos históricos, desde o advento da propriedade privada[52], por determinadas classes socialmente privilegiadas e exploradoras do trabalho alheio, passam a ser incorporadas no (falso) escopo "arte do possível" (Aristóteles interpretado distorcidamente e fora de seu contexto histórico pelos intelectuais burgueses do século XVI). O elemento histórico da referência imediata machiaveliana é o complexo quadro socioeconômico italiano, entre os séculos XV e XVI, quando, a partir de 1494, a Itália é invadida pela França e vive um quadro de guerras permanentes até meados de 1559, quando os franceses abandonam seu sonho de conquista da Itália e cedem em concessões no tratado de Cateau-Cambrésis.

No entanto, as guerras, que acabaram envolvendo também a Espanha e os germânicos, dilaceraram os territórios e os setores produtivos de diversas e significativas regiões da península. Centros de manufaturas importantes, como Bolonha, Brescia, Milão e Como, foram arruinados, inclusive com declínio populacional, como em Pavia, que de 16 mil passou a ter 6 mil habitantes – isso durante as três primeiras décadas do século XVI. Havia, consequentemente, uma fuga permanente (por causa das guerras e da peste) da população das zonas beligerantes em direção a outras áreas menos atingidas pelos conflitos bélicos, como Veneza, que se mantinha produtiva, abastecida de provisões e de matérias-primas por ter uma grande esquadra marítima. É relevante a diversificação nas atividades econômicas e produtivas venezianas, a partir da queda de Constantinopla (1453) – justamente para compensar as perdas comerciais, em função das restrições da circulação de navios venezianos, resultantes da expansão turca no Mediterrâneo oriental, além das descobertas de novas rotas marítimas alternativas, no comércio das especiarias e de produtos orientais –, em que verificamos, ao longo do século XVI, um acentuado crescimento da produção têxtil: seda e lã; vidro e espelhos, em Murano; além de outras atividades manufatureiras, como saboaria, cortumes e confecções de produtos

---

[52] Conforme Friedrich Engels, *A origem da família, da propriedade privada e do Estado* (Rio de Janeiro, Civilização Brasileira, 1987).

270 OS PORTÕES DO ÉDEN

de couro, velas de cera e ourivesaria. Nessa diversidade produtiva, destaca-se ainda a produção naval veneziana – que adquire uma dimensão notável exatamente após a queda de Constantinopla e a expansão otomana –, na qual estavam alocados mais de 3 mil trabalhadores, divididos entre marceneiros, metalúrgicos, ferreiros, tecelões etc. Com a retomada das atividades econômicas nas regiões do norte e da Toscana e com o término das hostilidades, porém, a concorrência acaba por diminuir o ritmo produtivo veneziano, com o desenvolvimento das economias centro-setentrionais italianas, a exemplo de Bergamo e de Florença[53]. Como se pode perceber, essa retomada da produção não compensou o que foi destruído com as guerras contra franceses, espanhóis e germânicos, quando, na definição de Cipolla, a Itália foi assolada pelos "cavaleiros do Apocalipse". Assim, entre o otimismo de Miskimin e o pessimismo de Cipolla, o que verificamos é que essa recuperação econômica das regiões centro-setentrionais italianas não será permeada do mesmo modo pelas inovações produtivas que as caracterizaram, antes de fins dos *Cinquecento*. Quer dizer, Cipolla ressalta, com razão, que a retomada do ritmo econômico realiza-se na perspectiva das velhas e tradicionais diretrizes e estruturas tecno-produtivas. Esse elemento crucial de recuperação das formas de produção – enquanto aspecto histórico-particular da vida socioeconômica italiana – incidiu negativamente sobre a competitividade das manufaturas e dos serviços, sobre os mercados internacionais[54] e sobre o próprio processo estrutural do desenvolvimento das relações de produção capitalistas na Itália.

Neste contexto sócio-histórico – e levando em conta que morre em 1527, 32 anos antes de se chegar à paz e aos armistícios –, Machiavelli vivia o presente olhando para o futuro. Comparando posturas, diferentemente de seu contemporâneo Guicciardini, não se aferra ao passado e, com seus escritos, incide sobre a realidade presente, com forte dose de pragmatismo. Há, no entanto, os que, deixando-se entusiasmar pelo vezo historicista, pragmático e utilitarista de Machiavelli, chegarão ao exagero de defini-lo como um pensador "sem véus idealistas" ou, ainda, um escritor que "intervém no concreto da história e, sempre que possível, a modifica"[55], como faz Dotti, para quem "suas reflexões [de Machiavelli] sobre a natureza do homem

---

[53] Ver Harry A. Miskimin, *A economia do Renascimento europeu: 1300-1600* (Lisboa, Estampa 1998), p. 316-7; e Carlo Maria Cipolla, *Storia economia dell'Europa pre-industriale* (Bolonha, Il Mulino, 1990), p. 288 e seg.

[54] Carlo Maria Cipolla, *Storia economica dell'Europa pre-industriale*, cit., p. 291.

[55] Cf. Ugo Dotti, *Storia degli intelletuali in Italia: crisi e liberazione da Machiavelli a Galilei* (Roma, Editori Riuniti, 1998), p. 125.

vinham oferecidas pelas lições das coisas antigas e modernas, sem fingimentos, sem ilusões, sem vícios idealistas"[56]. Obviamente, esse tipo de entendimento da obra machiaveliana é *descontextualizado de seu tempo histórico*. Como vimos, o mundo de Machiavelli era permeado por um conjunto de pensamentos filosófico-idealistas, de corte materialista-metafísico, que entendia o indivíduo a partir do conceito do *homem dinâmico*, fundado em uma "natureza humana" mesquinha, egoística e invejosa, no âmbito da clássica compreensão vigente no período renascentista. Além disso, na época renascentista, como já observamos, ainda não havia nascido a economia política, o que impossibilitava *tout court* uma apreensão do real a partir das determinações objetivas postas pelas relações sociais capitalistas plenas e, por conseguinte, impedia o desenvolvimento de uma ciência baseada nas dimensões analíticas fundadas na dinâmica dialético-materialista e na abstração de um real conectado a uma totalidade composta pela dinâmica antitética dos nexos entre o *singular*, o *particular* e o *universal*, conforme apontaram, inicialmente, Hegel e, depois, já no âmbito da objetividade do materialismo dialético, Marx. Para além dessa distorção idealista e rudimentar das ideias, dos princípios e das posições políticas de Machiavelli e, claro, do intrínseco *solipsismo histórico* em relação a sua base filosófico--metodológica, é fundamental relevar a firme posição machiaveliana no âmbito do empirismo pragmático e historicista. E não seria de todo descabido dizer que essa junção entre a especulação teórica e a necessidade de intervenção política vigorosa, presente em Machiavelli, está diretamente inspirada na noção pomponaziana da *mente prática*, que, como vimos, articula as noções de *techné* e *enérgheia*, *epistéme* e *sophia* – os elementos constitutivos da teoria, da prática e da produtividade que expressam plenamente o conceito do "homem dinâmico" renascentista. Villari é preciso ao diagnosticar que, em Machiavelli, sua teoria da história, no contexto da *imutabilidade do mundo*, baseia-se na possibilidade da intervenção humana, por meio da política, com o favor da *fortuna* e da *virtù*[57]. Isso significa que a observação da história e a ação pragmática do *condottiero* abrem a possibilidade de superação do fatalismo determinado pela teoria da "circularidade" da história e do movimento universal, por meio da *virtù*, que possibilita ao líder, no momento preciso, romper e transcender o movimento repetitivo com ajuda da *fortuna*.

Se nos remontarmos à citada carta enviada a Francesco Vettori, em 10 de dezembro de 1513, percebemos que, em seu escritório em San Casciano, Machiavelli deparava-se com maiores problemas que os relatados ao amigo e que iam para além

---

[56] Ibidem, p. 127.

[57] Lucio Villari, *Niccolò Machiavelli*, cit., p. 53 e seg.

272 OS PORTÕES DO ÉDEN

dos prazeres da leitura e do "diálogo" com os clássicos, quer dizer, incidiam de fato sobre suas reflexões em relação às questões candentes de uma situação política instável e incerta da Itália. Reverberavam nele, entre outras coisas, as notícias da possibilidade de o papa Leão X criar um Estado para seu sobrinho, Lorenzo de Medici, o que abria a possibilidade de se cogitar a organização de um núcleo estatal em que fossem vigentes elementos criteriosos e "submetidos à razão", que auxiliassem a transcendência da situação degradante em que estava mergulhada a península. Ali, pode-se dizer, esboçam-se os elementos fundantes não somente de seu opúsculo *De principatibus*, mas também as bases de suas considerações ético-morais dos *Discorsi*. Em seu opúsculo, evidencia-se um sentimento que se alastrava pela Europa, isto é, o das identidades históricas "nacionais" e étnico-culturais. No caso machiaveliano, é a paixão por um processo histórico vivido ou mitológico – ou, ainda, uma processualidade em que convergem essas duas condições. Nesse sentido, é importante ressaltar que, na tradição clássica, seguida pelos autores renascentistas, encontramos constantemente o elemento ideológico que reinterpreta o passado com os determinantes do presente. O Renascimento ainda se movia entre as discussões sobre fatos históricos, presentes nos grandes historiadores gregos, como Heródoto e Tucídides, mas levando em conta a tradição da historiografia romana, inaugurada por Tito Lívio, que não desprezava o cultural-vivido, nem os mitológicos, atribuindo a esses elementos míticos novos significados, inspirados na velha tradição. Heródoto (484-430 a.C.) escreveu para que não se perdesse com o tempo a memória de grandes homens e suas obras; Tucídides (460-395 a.C.) declarou explicitamente sua preocupação com atrelar-se rigorosamente à "verdade dos fatos e das informações", de acordo com a escola filosófica jônica e Tito Lívio (59 a.C.-17 d.C.); a partir da amplitude da narrativa e do empenho sincero em narrar o "realmente acontecido", ressalta sua abertura para o relato da tradição e dos costumes, isto é, em sua abordagem consuetudinária insere a subjetividade no relato histórico[58]. O fato é que ainda se reproduz, no Renascimento, o que

---

[58] Nas palavras de Heródoto: "Expõe aqui, Heródoto de Alicarnasso, as suas pesquisas, para que a memória das coisas acontecidas e feitas pelos homens não se perca com o tempo; nem as obras grandes e maravilhosas realizadas, seja pelos helenos, seja pelos bárbaros; a glória será eclipsada; e ele irá narrar, entre outras coisas, as causas que os levaram a combater"; Heródoto, *Storie* (Roma, Newton Compton, 1997), L. I. Como afirma Tucídides: "E quanto aos discursos que um e outro realizaram, ambos estavam prestes a fazer guerra, e para mim era difícil lembrar as palavras desses discursos, tanto no caso de as ter ouvido pessoalmente como no caso daqueles que falavam de outro lugar; mas, independentemente do modo da narrativa mais apropriada a cada um, em suas sucessivas situações, então, será dito que vou assegurar em meu trabalho que a narrativa seja a mais

MACHIAVELLI 273

é realçado pelo historiador Moses Finley em seu fundamental ensaio *O mundo de Odisseu*, a saber, na Antiguidade, a partir da tradição dos bardos e dos aedos, reinterpretavam-se histórias e estórias a partir da "atualização da narrativa", em que mesclavam-se mito e realidade, como determinação da forma de ver o mundo do período arcaico[59] – é quando temos o início da superação do mito pela visão da realidade, com a *Odisseia* (Jaeger e Lukács). Não por acaso, Burckhardt chama atenção para o "culto dos homens famosos da Antiguidade"[60], de ancestral tradição greco-romana, que tem origem no culto da casa em que nasceram e seus túmulos – os santos domésticos romanos, como destaca De Coulanges[61] –, e, como salienta o clássico historiador suíço, era admirável observar a seriedade com que os florentinos, já no século XV, almejavam alçar sua catedral na condição de um Panteão, no sentido da reprodução do templo existente em Roma.

Ora, esse louvor e essa imitação do mundo antigo por parte dos cientistas da Renascença expressavam, na abordagem histórica – em que intrinsecamente o mito, muitas vezes, era absorvido como componente "objetivo" e/ou alegórico para legitimar a narrativa –, um problema recorrente na ciência da época; quer dizer, o afrontamento da verdade no período renascentista se dá muito mais no âmbito de uma socialidade que vivia permanentemente em amplos processos de *brainstorms*, mais frequentes que as sínteses propriamente ditas[62]. Machiavelli não estava fora

---

próxima possível do pensamento geral dos discursos verdadeiramente pronunciados"; Tucídides, Ιστοριαι: *la Guerra del Peloponneso* (ed. bilíngue, Milão, Rizzoli, 1998), L. I, 22. Também na visão mais alargada de Tito Lívio, que leva em conta o elemento consuetudinário da tradição e da oralidade histórica: "A meu ver, o que é preciso estudar com toda a atenção é a vida e os costumes de outrora, é a obra dos homens que na paz e na guerra ajudaram a construir e engrandecer o Império. Em seguida, observar como o paulatino enfraquecimento da disciplina acarretou, por assim dizer, o relaxamento dos costumes e como sua decadência cada vez mais acentuada levou--os à queda brusca de nossos dias, quando a corrupção tanto quanto seus remédios nos parecem insuportáveis. O que é, sobremodo, salutar e producente, no conhecimento da história, são os exemplos instrutivos de toda espécie que se descobrem à luz da obra"; Tito Lívio, "Prefácio", em *Ab urbe condita libri* (São Paulo, Paumapé, 1982), p. 18.

[59] Ver Moses I. Finley, *El mundo de Odiseo* (Cidade do México, FCE, 1996), p. 27 e seg.

[60] Cf. Jacob Burckhardt, *A cultura do Renascimento na Itália*, cit., p. 121 e seg.

[61] Cf. Fustel de Coulanges, *La ciudad antigua* [1864] (Barcelona, Iberia, 1983), p. 61 e seg. [ed. bras.: *A cidade antiga*, São Paulo, Martin Claret, 2009].

[62] Kristeller enfatiza que "o pensamento dos séculos XV e XVI pulula de variadas intenções para reinstalar posições antigas ou medievais específicas ou para chegar a combinações novas ou a soluções originais. A variedade de novas fontes, opiniões e posições antigas e modernas fez com que

274 Os portões do Éden

desse escopo cultural e científico do século XVI, e sua concepção de uma "história circular" o impelia a buscar soluções morais e éticas universais e generalizantes, como resultantes da *virtù* presente nas leis, na determinação de um povo e na força espiritual de um líder, como verificamos em diversas passagens nos *Discorsi* e nas *Istorie fiorentine*, ainda que o autor florentino, no mesmo livro, tenha tido o cuidado de advertir, em modo de censura, a falta de criticidade de autores como Poggio e Lionardo d'Arezzo em relação aos grupos políticos e às famílias da cidade. Referindo-se ao tempo de Cosimo e Giovanni de Medici, ele afirma:

> Eu acreditava que *messer* Lionardo d'Arezzo e *messer* Poggio, dois excelentíssimos historiadores, tivessem narrado em particular todas as coisas acontecidas antes daquela época [...]. No entanto, tendo depois diligentemente lido seus escritos [...], encontrei que foram diligentíssimos na descrição das guerras pelos florentinos contra os príncipes e os povos forasteiros, porém das discórdias civis e das intrínsecas inimizades, e das consequências que delas nasceram, tendo totalmente calado uma parte e outra brevemente descrito [...]. Coisa que creio ter sido feita ou porque aquelas ações lhes pareciam tão débeis que as julgaram indignas de serem remetidas à memória das letras, ou porque temessem ofender os descendentes daqueles que, por tais relatos, fossem caluniados. Ambos os motivos me parecem de todo indignos de grandes homens.[63]

Nesse sentido, podemos verificar que, mesmo louvando os homens do passado e procurando resgatar no tempo pretérito, o "espírito real da história", assim como a substância e a magnitude da República romana, que entre uma "massa" de coisas boas (bem) e outra feita de coisas más (mal), "sempre teve a imposição do bem", por meio da *virtù* de uma cidade e/ou de um *condottiero*, usando indistintamente como exemplo líderes míticos e reais, como, entre outros, Moisés, que, segundo a Torá/o Velho Testamento, recebeu, no monte Sinai, os *Dez mandamentos* de Yahveh, que aparece a ele sob a forma do *Lógos* divino; o legislador e político ateniense Sólon e a emblemática figura do legislador espartano Licurgo, que teria vivido no século VIII a.C. e sido considerado por Tucídides, em *Histórias* (livro escrito

---

muitos pensadores se colocassem a questão de como dar unidade a essa diversidade de verdades possíveis. Ao enfrentar tal problema, os pensadores renascentistas recorreram a uma variedade de precedentes antigos e medievais, que procuraram adaptar a problemas e ideias"; Paul Oskar Kristeller, *El pensamiento renacentista y sus fuentes*, cit., p. 264-5.

[63] Niccolò Machiavelli, "Proemi", em *Istorie fiorentine*, cit., p. 468.

aproximadamente entre 440 a.C. e 429 a.C.), um "antiquíssimo legislador, a cuja figura semilendária está associada a configuração institucional da cidade" e que teria recebido, no Oráculo de Delfos – mais importante santuário da Antiguidade e pelo qual passaram grandes homens do mundo antigo, como Sócrates e Alexandre Magno –, das mãos da Pitonisa, os fundamentos da Constituição espartana[64], que, segundo o florentino, conformaram as leis virtuosas para a cidade e seu povo e que as manteve ativa e sem as corromper por mais de oitocentos anos[65]. Assim, é explícito, em Machiavelli, que deve-se tirar da história – seja ela mítica ou não, vivida ou interpretada – as lições que possibilitam enfrentar situações adversas, isto é, quando o mal supera o bem; exatamente quando a corrupção ataca os princípios da lei e da Constituição. Daí necessidade da intervenção da razão e do restabelecimento da ordem virtuosa. Com isso, podemos dizer que esses elementos vão configurar seus núcleos imediatos de reflexão e de formulação da política.

Podemos dizer, então, que os *abbozzi* (esboços) de 1513, de seu estúdio de San Casciano, delineiam um compêndio em que são desenvolvidas reflexões humanísticas sobre a moral e a ética, a partir da discussão das leis e da moral, os *Discorsi*; por outro lado, na direção das conclusões de Gramsci, entendemos que *De principatibus* constitui um opúsculo que se apresenta como um "manual geral" para a orientação do príncipe. Nesse sentido, mesmo que se afigure utilizando a noção do *condottiero* mítico, o esforço machiaveliano é o de elaborar um *constructo*, em molde típico-ideal, do líder-condutor político e intelectual da unificação e da construção do Estado nacional italiano, modelo que incorpora (enquanto tentativa de síntese) os líderes que vivenciaram situações reais e que, de certo modo, atenderam, ao menos em parte, aos anseios e às necessidades que seus tempos históricos impunham. Gramsci é preciso ao demonstrar concretamente que o dramático apelo machiaveliano pelo *condottiero* ideal está condicionado à presença de um líder realmente existente. Não por acaso, Gramsci realça que Machiavelli "se faz povo e se confunde com o povo", com o qual o florentino está visceralmente identificado. Mais ainda, esse *condottiero* deve orientar e liderar o povo na construção de um novo Estado, a ser conduzido com rigor lógico e relevo científico – e é esse o âmbito histórico em que o *condottiero* deve representar e/ou encarnar a vontade coletiva[66]. Nessas considerações provisórias, situamos, então, um ponto referencial aproximativo,

---

[64] Cf. Heródoto, *Storie*, cit., 65, 2,3,4.

[65] Niccolò Machiavelli, "Discorsi", cit., L. I, 2, p. 61.

[66] Cf. Antonio Gramsci, "Note sul Machiavelli", em *Cuaderni del carcere* (org. Valentino Gerratana, Roma, Riuniti/Istituto Gramsci, 1979), p. 4 e seg.

276 Os portões do Éden

ainda que *proêmio*, daquele que Gramsci define como síntese vinculada ao caráter mesmo de *Il principe* machiaveliano, isto é, a seu elemento intrínseco representado pelo *condottiero*. Como explicita Gramsci,

> entre a utopia e o tratado escolástico, as formas por meio das quais se configurava a ciência política até Machiavelli, este deu sua concepção à forma fantástica e artística pela qual o elemento doutrinal e racional incorpora-se em um *condottiero*, que representa plástica e "antropomorficamente" o símbolo da "vontade coletiva". O processo de formação de determinada vontade coletiva, visando a determinado fim político, é representado não por meio de disquisições e classificações pedantes de princípios e critérios de um método de ação, mas como qualidade, traços característicos, deveres, necessidades de uma pessoa concreta, tudo o que faz operar a fantasia artística de quem quer se convencer e dar a forma mais concreta às paixões políticas [...]. Também o epílogo de *O príncipe* está ligado a esse caráter "mítico" do livro: depois de ter representado o *condottiero* ideal, Machiavelli, com uma passagem de grande eficácia artística, avoca o *condottiero* real que historicamente o personifique: essa invocação apaixonada se reflete no conjunto do livro, conferindo-lhe, precisamente, um caráter dramático.[67]

Além disso, sua noção de líder de "novo tipo" é acompanhada de uma original concepção de povo. Se nos remontamos ao tipo ideal de *condottiero* de Machiavelli, desdobra-se também um conceito ideal de *popolo*/povo, que adquire uma dimensão particular que se universaliza somente em parte e uma universalidade generalizante e estática. Dizendo de outro modo, sua noção de povo, em seu plano mais amplo, incorporava em sua essencialidade a ideia de "homem dinâmico"; quer dizer, o indivíduo genérico e idealizado do Renascimento, que teria a força de criar, também, um novo conjunto de ideais societais. Mais ainda, esse modelo machiaveliano de *popolo* apresentava determinado caráter não limitado à estrutura meramente formal da cidade. Machiavelli sustenta uma posição *particular e de classe* – ao referir-se à luta entre *popolo* e *altolocali* (a velha classe dirigente oligárquico-feudal) – quando aconselha ao príncipe apoiar-se sempre no *popolo*. Este povo, compreendido como sujeito genérico, insere-se, por isso mesmo, no âmbito da concepção moderna e burguesa de povo. Obviamente, pelas características desse trabalho, aqui não é o local para discutirmos a visão gramsciana de Machiavelli. Ainda assim, é necessário registrar, mesmo *en passant*, em sumaríssimas notas, que, ao tentar definir o que chamou de "povo com o qual Machiavelli se identifica", Gramsci incorpora em

---

[67] Ibidem, p. 3-4.

sua definição conceitual a generalidade do entendimento machiaveliano de *popolo/* povo. Na definição gramsciana,

> Machiavelli trata de como deve ser o príncipe para conduzir o povo à formação de um novo Estado, e essa ação é conduzida com rigor lógico, com relevo científico: na conclusão, o próprio Machiavelli se faz povo e confunde-se com o povo, mas não um povo "genericamente" entendido, e sim um povo que Machiavelli convenceu com seus argumentos anteriores, do qual ele se torna e se sente consciência e expressão, com o qual ele se identifica.[68]

É evidente que, para Machiavelli, dados os limites teóricos e analíticos de seu tempo, já devidamente enunciados, a construção de uma noção ampliada e generalizada de *popolo/*povo constituía um avanço conceitual, no plano de uma opção histórico-política, pois o direcionamento machiaveliano da vontade coletiva visa aos *popoli/*povos *grasso* e *minuto*, ganhando, assim, particularidade histórico-social. Por outro lado, a formulação gramsciana – mesmo ressalvando que o *popolo* machiaveliano "não se constitui como povo genérico" – não o explicita, porém, no âmbito das classes sociais, principalmente no contexto socioeconômico em que temos os *popoli/*povos *grasso*, *minuto* e *magro*, cujas próprias definições delimitam suas formas de inserção no processo produtivo, em que *popolo grasso* e *popolo minuto*, desde inícios do século XV, constituem a base econômica dos grupos de hegemonia econômico-política, sendo o primeiro os componentes do extrato de classe da burguesia manufatureira, comercial e financeira; o segundo, a pequena-burguesia vinculada à administração e à pequena circulação da mercadoria; e o terceiro, o *popolo magro*, o conjunto de um proletariado extremamente diversificado e múltiplo em sua inserção em uma base produtiva, tão variada, multiforme e dinâmica, determinada pelo modo da subsunção formal do trabalho ao capital, como é esta classe superexplorada[69]. *In limine*, centrando sua visão de povo em seu universalismo genérico, Gramsci finda por sucumbir ao idealismo politicista. Infelizmente, pelo escopo mesmo deste trabalho, esse é um debate que teremos de deixar para outra ocasião.

---

[68] Ibidem, p. 4.

[69] Ver, entre outros, Richard A. Goldthwaite, *L'economia della Firenze rinascimentale* (Bolonha, Il Mulino, 2013), p. 660 e seg.; e Jorge Renard, *Historia del trabajo en Florencia* (Buenos Aires, Heliasta, 1980), p. 239 e seg. Também, como visão ampliada do processo, Carlo Maria Cipolla, *Storia economica dell'Europa pre-industriale*, cit., p. 235 e seg.

278 OS PORTÕES DO ÉDEN

Voltando a Machiavelli, devemos partir de algumas referências teórico-históricas e de classe que vigiam na sociedade florentina do século XVI, que nos possibilitam localizar o "centro nervoso" em que Machiavelli acreditava estar a *vontade coletiva*. Seu *constructo* de *popolo*/povo define uma explícita, específica e positiva posição no âmbito da luta de classes florentina, reforçando os setores mais claramente burgueses e na óptica do ordenamento da forma sociometabólica em precipitação. O florentino tinha claro que, no contexto da nova configuração socioeconômica emergente, o núcleo produtivo em expansão teria a hegemonia do poder e nele estaria a nova forma "dinâmica dos homens". Na lógica da "história circular" e, por conseguinte, da possibilidade da destruição de uma formação social, entrava em cena o *popolo* como *sujeito histórico ativo*, destinado a ser aliado do *condottiero* na consolidação do Estado italiano. Mais que isso, esse aliado portador dos intrínsecos elementos componentes do homem dinâmico – e, por isso mesmo, portador de aspectos virtuosos, inclusive com refinada formação intelectual e conhecimento sistematizado (escolaridade), dado imprescindível para a educação e para a afirmação da "nacionalidade", o que somente poderia suceder nas frações mais abastadas da burguesia – seria o garantidor do florescimento de uma inteira civilização e de uma cultura. Essa postura denota a superação parcial machiaveliana do fatalismo do "moto perpétuo cíclico" presente na concepção de história renascentista[70] e apresenta-se como inovadora e de alta coerência em sua articulação com a ideia de vontade geral, que se constitui na sociedade porque há nela o claro elemento da possibilidade de razão construída – de fora, através das leis e por uma teleologia política – que seja assumida pelo *popolo cittadino* e, consequentemente, afirmando-se como um "tipo" de *virtù* popular com potencialidade positiva induzida, que, apesar de refletir, de certo modo, a velha noção da pólis-cidadã, representa agora uma descontinuidade na continuidade. A descontinuidade é justamente a presença do povo, nas figuras dos *popoli grasso* e *minuto*, o que denota, também, a

---

[70] Burckhardt nos fornece uma admirável descrição das relações e das condições das classes sociais na sociedade renascentista e demonstra que, naquela sociedade, "não mais existem diferenças de castas, mas, sim, de uma camada culta, no sentido moderno da expressão, sobre a qual nascimento e origem só exercem influência quando aliados à riqueza herdada e à ociosidade garantida"; Jacob Burckhardt, *A cultura do Renascimento na Itália*, cit., p. 261. Para além da postura exageradamente "clássica" de Burckhardt, no que se refere à conexão (absolutamente real, no período) entre cultura e riqueza, o que fica evidente é o desaparecimento de qualquer requisito nobiliárquico para a participação de cargos dirigentes, por parte de uma nascente burguesia, o que denota, ainda, a progressiva fusão da antiga classe feudal com burguesia emergente – o caso clássico do transformismo italiano, delineado por Gramsci, a base da constituição do *popolo grasso*.

perspectiva de uma *equalità* (igualdade) genérica (e miticizada) dos direitos civis[71] – enquanto resultado das relações sociais imperantes que expressa a alienação efetiva da sociedade consigo mesma ou, definindo sob a óptica marxiana, uma forma de exteriorização do que é a sociedade real, cuja essência social é sua forma viva. Mais ainda, essa *virtù* como potencialidade positiva induzida configura-se como principal alicerce para construção de uma vontade geral[72]. O povo, portanto, é aquele culto e refinado, potencialmente passível de ser "adestrado" e induzido pelas leis.

Desse modo, para Machiavelli, a *virtù* do príncipe/*condottiero* é a argamassa para a consolidação da governança. Os dois últimos capítulos de *O príncipe* são fulcrais para esse entendimento. No capítulo XXV, Machiavelli discorre sobre a *fortuna*[73], rejeitando o conformismo de ser governado por desígnios considerados incontroláveis e "sem remédio algum". Comparando-a a um rio impetuoso de fortes correntezas, cujo poder não encontra obstáculo, quando a "*virtù* não é chamada a intervir", Machiavelli ressalta que a resistência organizada garante que o livre-arbítrio seja exercido ao menos por parte das ações humanas; afirma apontado para a necessidade da intervenção do *condottiero* e, por consequência, da *virtù*:

> Quando um príncipe se apoia totalmente na fortuna, arruína-se segundo as variações daquela. Creio, também, que é feliz aquele que combina seu modo de proceder com

---

[71] Ver Niccoló Machiavelli, "Discorsi", cit., I,55.

[72] Skinner faz um bom resumo do debate renascentista sobre a concepção de *virtù*, destacando a própria evolução do conceito, a partir das formulações do estoico Cícero, já revisando a antiga noção grega de αρετή, que, posteriormente, será revisitada por Petrarca, Alberti, Manetti e Pico della Mirandola, entre outros. O cientista político conflui com a definição de Garin, para quem a doutrina da *virtù* é "o motivo que melhor distingue a Renascença: a convicção de que os homens podem utilizar sua *virtù* de modo a triunfar dos poderes da fortuna". Ver Eugenio Garin, *Ciência e vida civil no Renascimento italiano*, cit., e Quentin Skinner, *As fundações do pensamento político moderno* (São Paulo, Companhia das Letras, 1999), p. 119. Já Alessandro Capata, em seu "Glossario concettuale" para a já citada obra completa de Machiavelli, põe a *virtù* como recurso cuja função é conter os poderes excessivos da fortuna (*fortù*). Para Capata, o político virtuoso revela seus dotes em situações de necessidade com honra e dignidade diante de qualquer condição posta pela fortuna e demonstra a capacidade política. No entanto, segundo o autor, a "*virtù* não traz consigo qualquer projeto, científico e racional, de domínio da história"; ver verbete "*virtù*", em *Machiavelli: tutte le opere*, cit., p. 1.021.

[73] *Fortù*/fortuna: para além daquela individual, natural do próprio comportamento humano e de fácil governabilidade, temos a que representa os acontecimentos externos, incontroláveis, porque *fortuito*; como o próprio nome indica, irracionais e sem controle e que pode ser, ao menos em parte, controlado pela *virtù*.

as especificidades dos tempos e infeliz o que faz discordar dos tempos a sua maneira de proceder. Em relação aos caminhos que os levam à finalidade que procuram, quer dizer, glória e riquezas, costumam os homens proceder de modos diversos: um com circunspecção, outro com impetuosidade; um pela violência, outro pela arte [*astuzia*]; um com paciência, outro com a qualidade contrária, e cada um por estes diversos modos pode alcançar aqueles objetivos. Vê-se que, de dois indivíduos cautelosos, um chega a seu desígnio e outro não [...] dois modos diversos de agir [...] um circunspecto e outro impetuoso, o que resulta apenas da natureza específica [*qualità*] da época, e com a qual se conforma ou não seu procedimento [...]. Concluo, portanto, por dizer que, variando a fortuna e mantendo os homens, obstinadamente, seu modo de agir, são felizes enquanto esse modo de agir e as especificidades dos tempos concordarem. Não concordando, são infelizes. Estou convencido de que é melhor ser impetuoso que circunspecto, porque a sorte é mulher e, para dominá-la, é preciso bater-se e contrariá-la.[74]

Nesse trecho evidenciam-se a necessidade e o papel da *virtù* na mediação da *fortù* – as agruras e as vicissitudes próprias da vida. Machiavelli ressalta que, sem a intervenção virtuosa, a sociedade/formação social ficará à deriva e ao sabor das correntes do acaso e, consequentemente, sucumbirá. Um elemento fundamental nessa reflexão machiaveliana é a presença forte da *noção de história*, que de uma ontologia humana genérica, no Renascimento, inicia a correr em direção aos *dibujos* de uma proto-ontologia da sociedade. Vemos também que, ao referir-se à fortuna, imediatamente o florentino pondera que qualquer afrontamento com ela não será positivo e vitorioso sem a intervenção vigorosa da *virtù*. E como ele define a *virtù*? Vimos que autores como Skinner a situam no âmbito clássico, isto é, da capacidade virtuosa de conservar valores morais, talento criativo, dignidade e requinte, quase adotando a definição do renascentista Alberti[75]; por sua vez, Capata, em seu *Glossário*, argumenta que a *virtù* se constitui como "meta-histórica" e, como pudemos observar, "não possui nenhum projeto racional, científico e histórico", sendo que "sua força consiste na capacidade de insinuar-se, de quando em quando, entre as 'urdiduras' da 'fortuna', buscando condicionar suas tessituras a seu próprio favor"[76].

No entanto, deixamos explícitas nossas discordâncias em relação a essas definições. É evidente que Machiavelli entende *virtù* partindo do clássico conceito grego

---

[74] Niccolò Machiavelli, "Il principe", cit., cap. 25, p. 52-3.

[75] Quentin Skinner, *As fundações do pensamento político moderno*, cit., p. 119 e seg.

[76] Alessandro Capata, "Glossario concettuale", cit., verbete "virtù", p. 1.021.

de ἀρετή, no qual se destacam a capacidade e a potência moral humana, incorporando tanto as formulações de Epicuro, que a define como infinita capacidade de prognose ou de sabedoria, como os delineamentos de Telésio, isto é, a faculdade de precisar as dimensões dos sentimentos (paixões) e os dimensionamentos racionais das ações humanas. Aliás, se me permitem dizer, essa é uma discrepância explícita na própria formulação machiaveliana. Antes de tudo, suas conclusões estão dirigidas à Itália, em que se apresenta a possibilidade de um "príncipe novo", prudente e valoroso, com "a oportunidade de introduzir uma nova ordem, que lhe trouxesse honra e prosperidade [*bene*] à universalidade dos homens, pareceu-me que há tantas coisas favoráveis a um príncipe novo que não sei de época mais propícia para a realização daqueles propósitos"[77]. E, adiante, o florentino acentua:

> E, como disse ter sido necessário, para que se conhecesse a virtude de Moisés, que o povo de Israel estivesse escravizado no Egito; para que se conhecesse a grandeza de alma de Ciro, que os persas estivessem oprimidos pelos medas; e para que se conhecesse o valor de Teseu, que os atenienses estivessem dispersos – assim, presentemente, querendo-se conhecer o valor de um príncipe italiano, seria necessário que a Itália chegasse ao ponto em que se encontra agora.[78]

Nessa passagem do capítulo conclusivo de seu opúsculo, Machiavelli é incisivo. Mais que isso, demonstra que a *virtù* é a condição *sine qua non* para a ação vitoriosa de um líder. Ora, o que se escancara é a condição propositiva e determinativa desses profetas e líderes para a realização de seus intentos. Nesse sentido, não há projeto exequível se o programa que está explícito nos escritos de Machiavelli, mormente em *Discorsi* e em *O príncipe*, não for posto em execução. Desse modo, o conceito machiaveliano de *virtù* é mais amplo que o *revival* dos moldes clássicos, *aggiornati* com as formulações francesas, como quer Skinner, ou, no limite, apenas uma "força virtuosa", como quer Capata. Evidencia-se, portanto, a *virtù* como ação racional. Se nos remontarmos ao trecho citado do capítulo 25 de *O príncipe*, destaca-se sua preocupação com a compreensão do momento histórico. Machiavelli não tergiversa sobre essa questão: a *virtù* deve ser chamada a intervir. Indo além, o florentino adverte que o príncipe/*condottiero* deve proceder de acordo com as especificidades do tempo, pois, quando não o faz, encontra a infelicidade. Mais ainda: com essa capacidade de compreensão do tempo – definição que se

---

[77] Niccolò Machiavelli, "Il principe", cit., cap. 25, p. 52.

[78] Ibidem, p. 53.

282 OS PORTÕES DO ÉDEN

aproxima, embrionariamente, da apreensão *peculiar da história*, no limite, de sua *particularidade*, que somente com Hegel ganha a dimensão analítica necessária, na *Ciência da lógica* –, Machiavelli prioriza exatamente a dinâmica da sociedade, em seu "movimento circular", sendo que a regularidade desse movimento, em sentido positivo, dependerá da intervenção dos homens, em especial a sobreposição da regra/lei, que deve atuar como escopo objetivo da sociedade, prevalecendo sobre os interesses individuais[79]. Essa postura de Machiavelli releva a objetividade imanente do processo histórico e a possibilidade, também ela imanente, da ação subjetiva individual – a liberdade do indivíduo.

Indubitavelmente o apelo à *astúcia* e à *virtù* releva sua postura identitária com os filósofos renascentistas que vinham se batendo pela primazia da razão, notoriamente Cusa, Ficino e della Mirandola[80]. Especialmente Cusa, que distingue a relação discursiva (o *dià-noia* platônico) e o *intellectus* intuitivo (o platônico *nous*), o único a compreender a verdade divina; Pomponazzi chega a conclusões semelhantes, relevando o papel da razão no ordenamento universal – todos pensadores fundamentais para a grande síntese do pensamento moderno posta, adiante, pela filosofia de Descartes, em que o *cogito*, que vai na direção desantropomórfica da ciência, apresenta a instituição da dúvida como elemento central do conhecimento. Portanto a questão da *intervenção da razão* não se apresentava como novidade para Machiavelli, conhecedor e caudatário desses eminentes pensadores renascentistas. Assim, na formulação machiaveliana, a intervenção da razão é a possibilidade de regular as inerentes ambições humanas e, ao mesmo tempo, a condição para tornar civil e ordenada essa ânsia, por meio das leis, que devem, necessariamente, levar em

---

[79] Como ressalta Machiavelli: "Porque a autoridade dada à multidão não temperada por qualquer travagem nunca fez bem: e que os escândalos são fáceis de se mover, mas para restringi-los é mais difícil"; Machiavelli, *Istorie fiorentine*, cit., L. II, p. 498.

[80] Destaca Lukács: "Os filósofos aparecem sempre, no fundo – consciente ou inconscientemente, querendo ou sem querer –, vinculados a suas sociedades, a determinada classe, a suas aspirações progressivas ou regressivas [...]. Quanto mais autêntico e importante é um pensador, com mais força se revela como filho fiel de seu tempo, de seu país e de sua classe. Os problemas, se suas questões forem realmente filosóficas, fecundas – ainda que as ambições do filósofo sejam tão grandes que nos apresente uma *sub specie aeternitatis* [sob uma forma eterna] –, se põem sempre de modo concreto, quer dizer, aparecem, por seus conteúdos e por suas formas, determinados pelas angústias e pelas aspirações sociais, científicas, artísticas etc. de seu tempo [...], sempre dentro das tendências concretas que aqui se manifestam"; György Lukács, *Die Zerstörung der Vernunft. Der Weg des Irrationalismus von Schelling zu Hitler* (Berlim, Aufbau, 1953), p. 80-1 [ed. esp.: *El asalto a la razón: la trayectoria del irracionalismo desde Schelling hasta Hitler*, Barcelona/Cidade do México, Grijalbo, 1972 – N. E.].

conta a vontade geral. O *condottiero* deve sintetizar as necessidades dos homens, e pode-se dizer que há, aqui, nessa formulação de Machiavelli, uma analogia com o papel de Psístrato (608-527 a.C.) em Atenas.

Desse modo, fica evidente que Machiavelli não concebe a história sem a intervenção da razão em seu processo. Vimos a constituição da noção de homem dinâmico, que tudo pode e que tem em seu potencial o divino, como se apresenta na dignidade como excelência do humano (Facio), por meio de suas capacidades das artes e dos ofícios, que o permitem transformar a natureza, sob a égide do *agire et intelligire* (Manetti) – tendo como suposto o trabalho e uma inerente noção de práxis (Ficino), que possibilita ao homem adentrar inteligivelmente na ordem racional do Universo, a partir de uma *práxis social* (as dimensões da mente humana, articuladas e direcionadas para a ação social – Pomponazzi). É nessa *articulação ativa* com o melhor do pensamento clássico renascentista, inclusive com a noção do movimento circular perpétuo (Cusa), como já nos referimos *ad nauseam*, que a intervenção racional – por meio da *virtù* – constitui não somente o momento de compreensão das contradições internas de uma sociedade (formação social), no âmbito do "movimento circular"[81], mas, sobretudo, a possibilidade de interromper essa circularidade com a intervenção racional dos homens – o que o faz ir adiante, em relação ao *Panta Rhei* eraclitiano ou à noção platônica de movimento, que se sucede sempre no mesmo plano (Platão, Cratilo)[82], desenvolvendo uma noção moderna da ação teleológica, no âmbito de uma práxis situada na esfera da luta de classes – a luta do *popolo* contra os *altolocati*.

No limite, Machiavelli sintetiza, para além do sentido hegeliano e já no espectro da óptica plekhanoviana, a necessidade da consolidação de uma nova era, de um vir-a-ser (*Werden*) – não por acaso, Hegel o definia como o "ideólogo desesperado

---

[81]   Como ressalta Heller: "Basta-nos recordar a concepção de gênio político de Machiavelli, que o vê em função de sua capacidade para "apreender o momento", para encontrar os meios adequados; o gênio de um político e, do mesmo modo, sua personalidade podem ser avaliados pelos resultados, pelas consequências. Podemos recordar, a propósito, que, segundo Machiavelli, o gênio político "completo" não existe de fato. Sua genialidade é limitada a uma situação particular, em uma situação definida e apenas como resposta a algum desafio, e o aparecimento do gênio político é sempre o resultado da coincidência momentânea de *duas possibilidades*, uma objetiva e outra subjetiva. Uma grande subjetividade está, portanto, ligada a sua época e só pode ser grande em sua objetivação"; Agnes Heller, *L'uomo del Rinascimento*, cit., p. 599.

[82]   Ver no livro *Cratilo* a interpretação platônica sobre o movimento em Heráclito, em *Platone: tutte le opere*, v. 1 (org. Enrico V. Maltese, Roma, Newton Compton, 1997), 402 a, b, c.

da unidade da Itália"[83]. Por esse motivo, insistimos, a *Weltanschauung* renascentista se fazia plena nas reflexões e nas concepções machiavelianas. O desenvolvimento do capitalismo, como acentuou Marx, dissolveu o que restava da comunidade feudal; ele, juntamente com Engels, assinalou que essa nova complexidade superestrutural, que se colocava no âmbito do reflexo de uma objetivação societal, também ela sem freios, já em seu processo de acumulação primitiva do capital, destruiu as relações feudais, patriarcais e idílicas e não deixou outro laço, em sua nova ordem, senão um vínculo mediado pelo interesse nu; quer dizer, o implacável pagamento em dinheiro, que transformou a dignidade pessoal em valor de troca[84]. Nesse sentido, a busca por transcender as insuficiências até então existentes tem por base material essa nova relação sociometabólica, sendo que a emergente política se transforma no *elemento ideo-operativo* do impulso societal de nova característica histórica, que em seu aspecto subjetivo apresentará um pragmatismo que se consolidará como utilitarismo, com características "totalizantes". Com isso queremos dizer que, desde sua origem, a sociabilidade burguesa dá como elemento intrínseco a *utilidade*, centrada na teoria do egoísmo; como salientou Heller, "uma tentativa de reconduzir todas as manifestações da realidade – e os fatos éticos em primeiro plano – para a *utilidade*"[85], na qual se basearam, posteriormente, Bodin, Hobbes, Mandeville, Espinosa, Rousseau, Helvétius, Diderot etc. (ainda que através de abordagens diversas), o que contribuiu objetivamente para que se construísse uma *ideologia consensual* explicativa que tivesse como causa central das questões humanas e de todas as esferas do conhecimento, o egoísmo, o lucro etc. Recorramos mais uma vez à observação incisiva de Heller:

---

[83] Como informa Lukács, "Hegel contempla Maquiavel como um ideólogo desesperado da unidade da Itália, perdida e que deve ser restabelecida, como um revolucionário nacional que se esforça por conseguir esse objetivo mediante os instrumentos existentes, quaisquer sejam eles"; György Lukács, *El joven Hegel y los problemas de la sociedad capitalista* (Barcelona, Grijalbo, 1972), p. 307.

[84] Cf. Karl Marx e Friedrich Engels, *Manifesto Comunista* (São Paulo, Boitempo, 1998), p. 84. Como sintetizaram: "A burguesia moderna é ela própria o produto de um longo curso de desenvolvimento, de uma série de profundas transformações no modo de produção e de intercâmbio. Cada uma dessas etapas de desenvolvimento da burguesia foi acompanhada de um correspondente progresso político. Estado [ou ordem social – *Stand*] oprimido sob o domínio dos senhores feudais, associação armada e autoadministrada na comuna, aqui cidade-república independente, além de um terceiro-estado da monarquia [...]. A burguesia desempenhou na história um papel altamente revolucionário"; ibidem, p. 83-4.

[85] Agnes Heller, *L'uomo del Rinascimento*, cit., p. 366; grifos nossos.

Pensavam, por exemplo – e é esta a questão mais importante –, que o caráter dominante do egoísmo na atividade moral dos homens comuns na vida cotidiana traria como consequência a ideia de que a ética decorre da utilidade. Naturalmente, resulta claro, desse modo, a impossibilidade objetiva de explicar qualquer tipo de princípio ou de práxis moral que não seja motivado pela utilidade (desde as normas abstratas até o sacrifício de si próprio); devia-se recorrer aos mais variados artifícios para os forçar a permanecer no leito do Procrustes da utilidade.[86]

Dessa forma, no Renascimento, distinguia-se o "egoísmo razoável" do "não razoável", ou o "utilitarismo "verdadeiro" do "não verdadeiro". De fato, a filosofia burguesa não se preocupou em contestar as oposições a seus valores[87] – nem mesmo os que negavam o universalismo das relações utilitárias, ao menos até a primeira abordagem realizada por Rousseau. De qualquer modo, a crise da pólis florentina (a pólis burguesa) possibilitou ao *utilitarismo* sua consolidação como aspecto fundante da *Weltanschauung* burguesa, em que também há a noção do papel de *impulsionador da razão*, que está na personalidade que a encarna, no sentido de uma *virtù* individual que a potencialize.

Como foi dito, esse fundamento já está presente em pensadores como Ficino e Pico della Mirandola, entre outros. Assim, Machiavelli não poderia, por sua condição histórica objetiva, transcender o reflexo no contexto de uma condição superestrutural em confronto radical com as elaborações oriundas do mundo feudal. Além do mais, o individualismo emergente, mesmo com mediatizações de maior complexidade, ganhará dimensão societal no âmbito do pensamento burguês[88]. *In*

---

[86] Idem.

[87] Ibidem, p. 367.

[88] Não por acaso, Marx e Engels polemizam com Max Stirner, exatamente sobre a questão do que o idealista alemão entendia como "verdadeiro egoísmo"; em outras palavras, tanto seu ponto de partida como o de chegada, centrados no eu, apontam a necessidade de se considerar o pensamento como resultado de uma ação coletiva, quando ironicamente comentam que "nosso santo [São Max] descobre na história, com desagrado de sua parte, que os dois lados que nela se manifestam, o interesse privado dos indivíduos e o chamado interesse geral, acompanham um ao outro"; Karl Marx e Friedrich Engels, *La ideologia alemana*, cit., p. 284 e seg. [ed. bras.: *A ideologia alemã*, cit., p. 239-40 – N. E.]. Ver Max Stirner, *L'unico e sua proprietà* (trad. Ettore Zoccoli, Milão, Fratelli Bocca, 1944), p. 138 e seg. Como define Löwith, "seu ponto de partida [Stirner] não é nem o espírito nem o homem, mas antes exclusivamente ele mesmo [...] o 'eu' de Stirner cria seu mundo a partir do nada. E mostra que o homem não tem em geral nenhuma 'determinação' e tarefa"; Karl Löwith, *De Hegel a Nietzsche: a ruptura revolucionária do século XIX – Marx e Kierkegaard*

limine, nunca é demais reafirmar: o pensamento não se objetiva fora do ser social; quer dizer, a soberania dos pensamentos se realiza a partir de uma cadeia de ações humanas, cujo pensamento é determinado coletiva e historicamente e só pode ser reflexão objetivada através dessa contínua e incessante práxis humana.

O sentido do utilitarismo e do pragmatismo na política

Detenhamo-nos um pouco na problemática do *utilitarismo* em seu berço renascentista, situando-o, mesmo que em rápidas pinceladas, no contexto teórico--histórico a influenciar diretamente as formulações machiavelianas: a partir da reinterpretação do conceito de medida enquanto parâmetro da *virtù*, utilizado como relação homogeneizante, juntamente com os conceitos de *moderação* e de *ideal de beleza* – sinônimos de autonomia e liberdade –, transforma-se em balizador da sociabilidade renascentista. Machiavelli cinde os conceitos de bom, de belo e de útil e aproxima-se do utilitarismo, que, segundo sua visão, é gerido por leis próprias. Como lembra Heller, o Renascimento "já não tinha uma escala de valores única, inequívoca e de validade universal. Em qualquer momento dado, o sistema de valores era sempre pluralista, simultaneamente estava em constante transformação"[89] e, como consequência, era passível de diversidades e diferenças em suas interpretações, inclusive no âmbito da ética. Como materialização de um emergente capitalismo que expressava uma *sociabilidade de transição e de consolidação* de um novo modo de produção, havia, no escopo do *reflexo* (Engels/Lênin e, em especial, Lukács – *Abbildtheorie der Erkenntnis*), uma dinâmica com grande volatilidade e de caráter multifacetado, na medida em que tudo subordinava-se ao utilitário. Obviamente, essa sociabilidade de transição da feudalidade para as relações sociometabólicas do capital gera respostas no âmbito filosófico que não somente destroçam o conjunto do pensamento comunitarista da experiência da pólis burguesa renascentista como determina a separação entre ética e valores.

Traçando um rápido paralelo: na Antiguidade, na Grécia clássica, o desenvolvimento das relações escravistas (modo de produção escravista) e a dissolução da ordem igualitarista do *cidadão isonômico* (πολίτοι ισοι), criam uma nova forma moral e de relações sociais, como a situação do conhecimento, que antes era

---

(trad. Luiz Fernando Barrére Martin e Flamarion Caldeira Ramos, São Paulo, Editora Unesp, 2014), p. 126.

[89] Cf. Agnes Heller, *L'uomo del Rinascimento*, cit., p. 416.

compreendido como resultado de uma produção coletiva da pólis, enquanto uma Paideia afirmativa da comunidade igualitária e, por isso mesmo, de largo acesso à comunidade, que passa a ser vendido por professores e filósofos profissionais, em geral estrangeiros, que em nada se identificavam com as póleis em que atuavam, ensinando os filhos dos mais abastados – razão do embate de Sócrates com os sofistas. Em Florença, por sua vez, o aumento da produção de mercadorias contribui decisivamente para a dissolução da pólis renascentista e, ao mesmo tempo, solidifica sua condição de cidade-Estado de caráter manufatureira, mercantil e financeira. Essa condição incide diretamente sobre a elaboração do conceito de homem que de Florença se expande pelo mundo moderno, constituindo-se uma particularidade universalizada de ampla dimensão. A própria dinâmica da forma sociometabólica em precipitação reforça o que de mais importante havia surgido nessa ruptura histórica; a saber, a extrema valorização do indivíduo, do corpo e a divinização da personalidade humana, como exemplifica um dos aspectos mais notáveis desse processo, que é a mutação da ideia de nobreza de nascimento, transformada (e laicizada) em *nobreza de personalidade*, que reprocessa e recompõe o velho conceito grego de άρετεή dando-lhe a forma moderna da *virtù*. Desse modo, a construção de uma nova legitimidade passava necessariamente por um arcabouço teórico que implicava secularizar e racionalizar a concepção do mundo. Essa exaltação das virtudes ou, mais corretamente, de uma *virtù* intrínseca ao gênero humano já aparece vigorosamente nas formulações de Leonardo, exatamente como elemento central da hominidade: "Não se pode chamar de riqueza algo que pode ser perdido. A virtude é nosso bem verdadeiro e o prêmio mais valioso que se pode possuir. Não se pode perdê-la; ela não nos abandona, a menos que se perca também a vida"[90].

Nesse período de dissolução das velhas formas societais e de surgimento da protoforma societal burguesa, inicia-se também a decomposição/recomposição do pensamento religioso, o que implica a readaptação da própria Igreja frente à nova forma societal – ao menos no que se refere às adequações em relação aos valores burgueses, expressos, como vimos, no escopo do conjunto das Reformas. Os elementos históricos engendrados pelas novas formas societais criam condições para que o pensamento se desenvolva independentemente e ao largo da religião. De fato, o racionalismo, cuja propagação era avassaladora, acaba incorporado pela própria fé. A fé para além dos milagres se transformou, também ela, num sistema moral e racionalista com elementos de validade absolutamente terrena, ainda

---

[90] Leonardo da Vinci, *Obras literárias, filosóficas e morais* (ed. bilíngue, São Paulo, Hucitec, 1997), p. 52-3.

288 Os portões do Éden

que conservasse o conceito de Deus como *lumen naturale*[91], mediadamente mais amplo, civil e mundano.

Pico della Mirandola dá o tom dessa nova condição da subjetividade ao ressaltar que, para a comunidade, o que conta como ético não é mais tanto o bom; agora, o bom é aquilo por que somos perseguidos, o que fazemos em oposição ao mundo. Para Pico, os hábitos dos homens são maus e suas opiniões são falsas opiniões, "pois eles não sabem o que fazem, mas se deixam ser arrastados pela potência dos maus hábitos, tal como o são pela força da corrente que os empurra"[92]. No limite, é a moralidade humana que se contrapõe à moralidade genérica do mundo; quer dizer, dali em diante, o homem é a única referência e o suporte de si mesmo – a moralidade individual, contraposta à ética vigente no mundo. Para Pico della Mirandola, a diretriz que possibilita ao homem se apossar da "moralidade pura" é o Evangelho, "pois, se o Evangelho tem razão ao dizer que é muito difícil ao rico entrar no reino dos céus, porque lutamos para acumular tesouros? E, se é verdade que devemos procurar a glória que vem de Deus e não dos homens, porque estamos sempre preocupados com o juízo dos homens?"[93]. Ora, a assertiva de Pico evidencia a mudança subjetiva que se processa no interior de relações de mercado crescente e que se contrapõe à formulação feudalizante do mundo, no âmbito da religião. Machiavelli estará impregnado dessa negativa do mundo "antigo" que acentuou Pico della Mirandola, sendo que essa recusa da subjetividade feudal se transformou em um programa (Heller); ou seja, na opção que apontava para a construção da unidade italiana, em direção à monarquia absoluta.

É necessário, ainda como preâmbulo, mediar alguns dos fundamentos machiavelianos para a construção da política como *práxis utilitarista*, baseados justamente nessa opção de assumir a negação da velha sociabilidade e, ao mesmo tempo, em sua tentativa de construir e afirmar caminhos para a consolidação de seu programa. Nosso pressuposto, diferentemente do de autores como Heller, Wood e Chasin – que veem Machiavelli com o "último pensador da república antiga e o primeiro do absolutismo"[94] –, é que o florentino representa o primeiro pensador robusto da

---

[91] Leo Kofler, *Contribución a la história de la sociedad burguesa* (Buenos Aires, Amorrortu, 1971), p. 138.

[92] Pico della Mirandola, citado em Agnes Heller, *L'uomo del Rinascimento*, cit., p. 468.

[93] Ibidem, p. 469.

[94] Agnes Heller, *L'uomo del Rinascimento*, cit., passim; José Chasin, "O futuro ausente: para a crítica da política e o resgate da emancipação humana" (1993), *Ensaios Ad Hominem*, Santo André, n. 1, t. 3: *Política*, 2000, p. 202; e Ellen M. Wood, *Liberty and Property: A Social History of Western Political*

nascente burguesia, trazendo as marcas indeléveis das originais e típicas formulações realizadas a partir das experiências vividas na pólis-burguesa e das reflexões de seus filósofos. Sem embargo e na direção das confluências com Chasin, devemos reafirmar – conforme definimos no primeiro capítulo desta parte II – que a política como construção burguesa *par excellence* universaliza seu elemento fundante, *permanentemente universal-particularizado e de classe,* que é a afirmação da condição de poder burguês exercido sobre outras classes sociais, situadas na base produtiva de uma sociedade assentada na exploração e na expropriação do trabalho, no processo da produção de mercadorias e no monopólio da propriedade dos meios de produção – no limite, fundada em relações socialmente alienadas. Assim, por esse fundamento intrínseco, a política apresenta componentes estruturais insuperavelmente ontonegativos, conforme argumentamos detalhadamente no referido capítulo.

Contudo, há de se levar em conta que a burguesia surge e se afirma no âmbito de uma luta de classes que adquire caráter revolucionário e que desencadeará uma disputa cosmológica, na perspectiva da construção de *soluções de práxis* que, ao impor vitórias da racionalidade sobre os entraves ao conhecimento produzidos pela filosofia feudal, criará, simultaneamente, contraposições antitéticas entre a potencialidade de se desenvolverem as condições para uma apreensão ontológica da sociedade, a partir de uma limitante ontologia de caráter religioso e escatológico, onde temos a prioridade do gnosiológico que fraciona a práxis e submete o primado ontológico ao mundo dos espírito-ideias, a partir de um universo pseudoconcreto, de claro-escuro e de verdade e engano, ainda muito arremetido à prática utilitária subsumida ao fenomênico. Ao mesmo tempo, essa é uma luta pela hegemonia de uma nova *Weltanschauung* (cosmologia) e de outra *Weltentstehung* (cosmogonia) – exatamente por se tratar da disputa entre dois projetos societais antagônicos, com suas respectivas e particulares cosmologias/*Kosmologien,* em que uma, a burguesia, assume a tarefa histórica de pôr a outra, as relações sociais feudais, abaixo – isso implica, de imediato, uma disputa no âmbito do conhecimento e do domínio das ciências da natureza, além de abrir a perspectiva do embate pela construção de uma ontologia da sociedade.

Para melhor situarmos nossa análise sobre a luta da burguesia pelo primado da razão e a consequente construção de sua *Weltanschauung,* retomemos os pontos

---

Thought from Renaissance to Enlightenment (Londres, Verso, 2012), p. 45, em que a historiadora acentua que há muito mais de pré-moderno nas teorias de Machiavelli, principalmente em sua visão de Estado, que seria muito fundada na honra e no poder pessoal do príncipe, ignorando o núcleo conceitual renascentista de *virtù.*

290 Os portões do Éden

principais de nossa linha argumentativa utilizada no primeiro capítulo desta parte II: 1) a burguesia renascentista, em que pese seus esforços para desmontar a velha *Weltanschauung*, tinha, diante de si, enormes obstáculos objetivos (e subjetivos) para transcender os limites de sua época, sendo que os determinantes eram exatamente as incipientes pesquisas científicas desenvolvidas no processo de *acumulação primitiva do capital*. De qualquer modo, como já foi evidenciado, o processo de desagregação do feudalismo implicou um formidável desenvolvimento da agricultura, já nos inícios do século XIII (na contradição da expansão das fronteiras agrícolas, que gera profunda crise nas relações de produção feudais), o que, antiteticamente, propicia o desenvolvimento de tecnologias agrícolas mais sofisticadas, inclusive a ampliação de formas de trabalho assalariado e a desintegração processual da servidão na Europa meridional; 2) o desenvolvimento das manufaturas, cuja produção atendia às demandas dos mercados e das regiões em que a produção de subsistência tinha se metamorfoseado em produção de consumo, inclusive as regiões ligadas ao comércio marítimo em expansão – quer dizer, os inícios da indústria manufatureira[95]. Apesar desse processo produtivo ainda não requerer alto grau de sofisticação técnica em seu plano imediato, como nos indica Marx, é manifesto em que se processa um acelerado desenvolvimento de forças produtivas, cujo respaldo objetivo advém das pesquisas e do avanço do conhecimento científico que se processa no período renascentista[96], que, ao limite, as integra; 3) naquele momento, a ciência

---

[95] Como ressalta Marx, "as formas históricas originárias, nas quais o capital aparece, inicialmente de forma local ou esporádica, juntamente com os antigos modos de produção, mas os destruindo cada vez mais e por todas as partes, incluem, por um lado, a verdadeira manufatura (mas ainda não as fábricas), que surgem onde existe a produção em massa para a exportação para o mercado externo, ou seja, sobre *a base do grande comércio marítimo e terrestre*, nestes empórios, tais como as cidades italianas, Constantinopla, as cidades de Flandres, as holandesas, algumas espanholas, como Barcelona etc. […] a manufatura, não somente a chamada *indústria urbana*, mas também a *indústria camponesa complementar* [*acessória*], a fiação, os tecidos, trabalhos que requerem, em menor grau, habilidades artesanais e corporativas, formação artístico-artesanais"; Karl Marx, *Elementos fundamentales para a critica de la economia política (Grundrisse)* (Cidade do México, FCE, 1986), p. 473-4; grifos do original [ed. bras.: *Grundrisse: manuscritos econômicos de 1857--1858 – esboços da crítica da economia política*, trad. Mario Duayer et al., São Paulo, Boitempo, 2011, p. 420-1 e seg. – N. E.].

[96] Cf. Guy Fourquin, *História econômica do Ocidente medieval* (Lisboa, Edições 70, 2000), p. 377 e seg. Na observação de Engels, "paralelamente ao desenvolvimento da burguesia, surgia também o grande crescimento da ciência. De novo, voltara-se ao estudo de astronomia, mecânica, física e fisiologia. A burguesia tinha necessidade, para o desenvolvimento de sua produção industrial [manufatureira], de uma ciência que investigasse as propriedades físicas dos corpos e o

renascentista enfrentava entraves difíceis, fundamentalmente os determinados pela impossibilidade de se estabelecerem parâmetros analíticos em relação à dinâmica da natureza, os quais começarão a ser superados somente a partir das formulações cartesianas[97] e darão as bases para o formidável impulso do século XVIII, com Kant e Fichte, mas que, no entanto, não alcançam a potencialidade de pôr em discussão a possibilidade de se explicar a coisa-em-si (*Ding an sich*), que só começa a ser resolvida, e ainda que de forma incipiente, pela filosofia de Hegel; 4) Engels demonstrou que a liberdade do homem diante da incompletude da subordinação do trabalho, no processo de *subsunção formal do trabalho ao capital*, vigente no Renascimento, possibilitou a individualização e a racionalização da consciência, o que, juntamente com o desenvolvimento das atividades mercantis e de produção artesanal, permitiu o deslanche espiritual rumo à emancipação da dependência da natureza e à orientação desantropomorfizadora do mundo. Por outro lado, Engels observou agudamente que a *Weltanschauung* burguesa, justamente pela incipiência da própria forma do processo de trabalho no período renascentista, impossibilitava a compreensão do valor-trabalho, incidindo, assim, em uma concepção de igualdade sem substância – a reificação de uma prática real e material, que é tomada como única medida do processo do trabalho e "explicada" pela interpretação alienada da politicidade, a qual efetiva uma forma igualitária-desigual porque "supera" a propriedade privada apenas no plano da abstração e, ao mesmo tempo, solipsiza a inserção objetiva dos cidadãos (da pólis capitalista) no processo produtivo e nas relações de propriedade dos meios de produção.

Daí a miscelânea nos enfoques analíticos, nos quais, simultaneamente, apareciam visões empirocientíficas e místicas do mundo. Nesse sentido, as determinações históricas objetivam uma razão condicionada pelos limites de uma generalização em que a concreção do mundo não se verifica, porque determinados pela ausência do elemento filosófico-analítico da categoria da particularidade, na mediação concreta entre a universalidade e a singularidade. No claro-escuro da pseudoconcreticidade, a política aparece como elemento em que a mediação se manifesta distorcida, determinada por um materialismo empiricizado que se produz na relação imediata do *reflexo da realidade*. Lukács faz uma ressalva, no entanto, de que o pensamento desantropomorfizador do reflexo científico amplia e põe, diante da cotidianidade

---

funcionamento das forças naturais"; Friedrich Engels, *Do socialismo utópico ao socialismo científico* (Lisboa, Estampa, 1971), p. 22.

[97] Ver Leo Kofler, *História e dialética: estudos sobre a metodologia da dialética marxista* (Rio de Janeiro, Editora UFRJ, 2010), p. 13-4.

das ciências e das relações humanas, novas exigências, buscando justamente adequar e homogeneizar "fenômenos de determinada qualidade, arrancando-os do complexo imediato e aparentemente ordenado da realidade dada", a fim de aclarar suas conexões para poder estudá-las objetivamente. Mesmo que se chegue a resultados de homogeneização incorretos, estes não alteram em nada essencial a inevitabilidade e a fecundidade desse procedimento, pois é fundamental a esse *salto* certa "des-subjetivação", ainda que esta não suprima as propriedades e as qualidades decisivas do homem inteiro que realiza esse salto (*ontológico*), a não ser na medida em que obstaculize a reprodução do meio homogêneo pelo sujeito. A intervenção vigorosa nos conflitos e nas contradições sociais pode facilitar os descobrimentos de conexões completamente novas e sua exposição objetiva, veraz e desantropomorfizadora, como fez Machiavelli[98].

Em outras palavras, essas conexões possibilitam *saltos ontológicos* configuradores do pensamento cotidiano – engendrados numa permanente vinculação entre teoria e prática – e *superações relativas* da imediaticidade, quando buscam adequações (muitas vezes dramáticas) e respostas do ser social às *historische Notwendigkeit* (necessidades históricas) e proporcionaram avanços significativos da consciência imediata, já que a autoconsciência pressupõe determinada complexização das formas de entendimento da realidade objetiva. Um universo mergulhado numa práxis *utilitário-imediata*, por sua característica essencial, somente cria respostas a suas *necessidades* no escopo de seus inerentes condicionantes históricos, que acabam por inserir as superações do mundo pseudoconcreto em novas e reelaboradas imediaticidades. Como acentuei em outro lugar:

> Dentro de um universo altamente complexo, essa tendência materializa-se numa dualidade contraditória. Se, de um lado, a captação empírico-imediata do real impõe grandes dificuldades para a ruptura com a práxis-utilitário-manipulatória posta pela cotidianidade, de outro, abre caminho para uma ulterior conquista da realidade, no sentido de uma compreensão *mediatizada* do mundo objetivo. Isso se torna possível na medida em que essas conquistas se convertem em *possessões óbvias*, e os esforços necessários para aquelas conquistas a*cabam entrando em contradição com práticas consagradas pelos costumes e pela tradição.* Mesmo que determinados por uma práxis imediata, esses choques que se estabelecem com a realidade objetiva ainda não aclarada – com instituições vigentes, representações e conceitos subjetivos presentes nas formas societais –, dado o grau de intensidade das inovações

---

[98] Cf. György Lukács, *Estetica*, v. 1, cit., p. 193-4.

apresentadas, em geral contribuem para elevar o teor das contradições a níveis cada vez mais altos, estimulando o descobrimento de conexões e de legalidades até aquele momento desconhecidas.[99]

Nesse sentido, e para aclarar as condições de surgimento e permanência do formalismo igualitário na *Weltanschauung* burguesa, assim como de seu contrário, enquanto negação, é pertinente retomar essa reflexão, por meio das conexões realizadas, no âmbito ontológico do *ir-sendo* da processualidade da objetivação (*Objektivierung*) do capitalismo, ressaltada por Engels ao argumentar contra as teses de Dühring, remontando ao capítulo 24 da seção 7 de *O capital* de Marx[100].

Ali o parceiro de Marx demonstra os nexos histórico-ontológicos que determinaram o surgimento da propriedade privada dos meios de produção, assim como suas consequências imediatas, objetivas e subjetivas, isto é, a estruturação da propriedade concentrada nas mãos dos capitalistas e a expropriação em massa dos meios de produção dos trabalhadores, necessariamente o processo de universalização das relações de produção em que se objetivam o estranhamento (*Entfremdung*) do homem em relação a sua condição inerente consigo mesmo e a alienação (*Entäußerung*) do trabalho, que tem sua materialidade na expropriação do sobretrabalho, que materializa a determinação externa do indivíduo (*äußerliche Bestimmung des Individuums*) e que é regulada, pelo Estado, em seu plano jurídico-institucional, que, por sua vez, opera a condição de separação do homem de seu ser objetivo, isto é, de si mesmo (*Sie trennt das gegenständliche des Menschen von ihm*). Esse foi um largo processo (salto) ontológico, que implicou a depauperização dos trabalhadores, que, antiteticamente, ao serem expropriados dos meios de produção e obrigados a vender sua força de trabalho, se qualificaram historicamente para sua *futura emancipação*[101]. Como verificamos na detalhada explicação de Marx,

---

[99]   Antonio Carlos Mazzeo, *O voo de Minerva: a construção da política, do igualitarismo e da democracia no Ocidente Antigo* (São Paulo, Boitempo/Oficina Universitária Unesp, 2009), p. 24; grifos do original.

[100]   Friedrich Engels, *El anti-Dühring* (Buenos Aires, Clardidad, 1972), p. 145-6 [ed. bras.: *Anti-Dühring*, São Paulo, Boitempo, 2015 – N. E.]; ver também Karl Marx, *El capital: crítica de la economia política*, Livro I (Cidade do México, FCE, 1973), sec. 7, cap. 24, p. 637 e seg. [ed. bras.: *O capital: crítica da economia política*, Livro I: *O processo de produção do capital*, trad. Rubens Enderle, São Paulo, Boitempo, 2013, p. 785 e seg. – N. E.].

[101]   Ver István Mészáros, *Marx: a teoria da alienação* (Rio de Janeiro, Zahar, 1981), p. 66 e seg.

tão logo esse processo de transformação tenha decomposto suficientemente, em profundidade e extensão, a velha sociedade; tão logo os trabalhadores se tenham convertido em proletários, e suas condições de trabalho em capital; tão logo o modo de produção capitalista tenha condições de caminhar com suas próprias pernas, a socialização ulterior do trabalho e a transformação ulterior da terra e de outros meios de produção socialmente explorados – e, por conseguinte, em meios de produção coletivos –, assim como a expropriação ulterior dos proprietários privados assumem uma nova forma. Essa expropriação se consuma por meio do jogo das leis imanentes da própria produção capitalista, por meio da centralização dos capitais [...]. O modo de produção capitalista, que deriva do modo de produção capitalista, ou seja, a propriedade privada capitalista, é a primeira negação da propriedade privada individual, fundada no trabalho próprio. Todavia, a produção capitalista produz, com a mesma necessidade de um processo natural, sua própria negação. É a negação da negação [...]. A transformação da propriedade privada fragmentária, baseada no trabalho próprio dos indivíduos, em propriedade capitalista, é, naturalmente, um processo incomparavelmente mais prolongado, duro e dificultoso do que a transformação da propriedade capitalista – já fundada, de fato, na organização social da produção – em propriedade social. Lá, tratava-se da expropriação da massa do povo por poucos usurpadores; aqui trata-se da expropriação de poucos usurpadores pela massa do povo.[102]

Essa longa, mas necessária, passagem de *O capital* nos possibilita delinear, no plano ontológico, a trajetória da conexão entre a sedimentação da economia burguesa e a construção das condições objetivas-subjetivas da politicidade em sua completude, no âmbito do capitalismo plenamente desenvolvido, evidenciando-se que uma não pode existir sem a outra.

Interessa aqui, no escopo dessa processualidade, ressaltar que a política moderna (re)nasce com alma e corpo novos, trazendo, no entanto, a marca indelével dos elementos "atávicos" da forma política do mundo antigo; quer dizer, seu núcleo de dominação e manipulação do poder, por meio do igualitarismo-desigual, intrinsecamente ligado, como evidenciamos, a seu elemento essencial, isto é, o igualitarismo genérico – agora, potencializado pela forma sociometabólica do capital –, que "abole" a propriedade privada apenas no plano da idealidade. Assim, em sua gênese, tanto o igualitarismo como sua essência-operativa, a política, constituem, enquanto aspectos emergentes, um processo de rupturas e descontinuidades em que

---

[102] Karl Marx, *El capital*, cit., p. 648-9; tradução cotejada com a edição brasileira de *O capital*, cit., p. 832-3.

o novo – a descontinuidade – é exacerbado porque deve necessariamente destruir as velhas relações sociometabólicas do feudalismo.

Ressalte-se, desde já, que o elemento de negação efetuado pela política é *incompleto* ou, melhor dizendo, é uma negação que se objetiva como lado positivo da contradição. Isso significa que o mundo burguês emergente inscreve *antiteticamente* no real, suas potencialidades e seus entraves. Como bem assinalou Engels, a cada passo dado pela burguesia, esse vem sendo seguido pelas *ações de práxis* proletárias que o transcendem e põem no horizonte a ruptura com os limites da forma sociometabólica do capital (o salto ontológico) a partir da construção e da consolidação da sociedade dos produtores associados. O "jovem" Marx, em seu texto *Sobre a questão judia*[103], acentua que a emancipação política enquanto elemento morfológico que expressa as relações sociometabólicas do capital e possibilita que o homem se liberte de um grilhão sem que se liberte de toda corrente que o manieta e sufoca – mesmo que represente um inequívoco progresso no conjunto da história da humanidade, porque *não* constitui a forma mais elevada de emancipação. Com isso, queremos dizer que o homem se emancipa da religião (e, no caso, dos grilhões dos poderes titulados e nobiliárquicos das senhorias feudais etc.) e se transforma em *ser genérico*, em comunidade com outros homens na sociedade, em que surge uma "nova religião", o "espírito" da *bürgerliche Gesellschaft*, na qual se consolida o cidadão fragmentado e cindido em cidadão de vida pública e burguês, pequeno-burguês, proletário, camponês ou lumpemproletário de vida privada, isto é, em sua posição socialmente determinada, em que se esfuma o igualitarismo abstrato burguês, tão logo se delimite a posição do cidadão no processo produtivo.

A forma prático-utilitária possibilita que a política chegue à condição de práxis relativizada (no sentido de unidade entre teoria e prática) ao realizar a construção de uma nova forma societal, mesmo que por meio de uma práxis arremetida à operatividade de *transcendência parcial*, por meio de *pseudoconcreticidades*, postas por seus inerentes limites históricos. Indubitavelmente, o Renascimento constrói elementos de rupturas fundas com o pensamento teológico-feudal, que, por outro lado, pagam enorme tributo ao idealismo, como aliás ocorre no conjunto estrutural do pensamento burguês, pelas razões já enunciadas. O fato é que na objetivação de uma *nova* práxis, a tendência que vai constituir o racionalismo burguês estará permanentemente contrapondo a possibilidade de apreensão ontológica dos avanços do conhecimento – como produto de conquistas dos homens, fundadas

---

[103] Idem, "Sobre la question judía", em *Marx – Escritos de juventud* (Cidade do México, FCE, 1987), p. 474 e seg.

sobre a ciência – à visão gnosiológica que fraciona a práxis e finda por submeter o primado ontológico ao mundo da empiricidade, dos espíritos e da religiosidade; um prisma que conhecerá a *Aufhebung* dessa limitação apenas com a emergência da teoria social de Marx[104]. É essa condição histórico-ontológica de sua conformação que nos permite enunciar a política moderna, já em sua fase inicial, apresentando--se intrínseca e contraditoriamente por uma afirmação negativa; justamente na inversão da negação da negação (a afirmação de outra sociabilidade) realizada pelo proletariado no âmbito de um processo de acirrada luta de classes.

A burguesia, ainda que lance os elementos iniciais para a superação de formas societais anteriores – inclusive emancipando o trabalhador por meio da compra e da venda da força de trabalho –, não pôde incrementar a forma societal capitalista, a não ser por exploração, desfrute e alienação do trabalho alheio, através uma *nova e sem precedentes* forma sociometabólica, que se objetiva mantendo o núcleo do que Marx chamou de "pré-história da humanidade". Isto é, o desenvolvimento de suas forças produtivas e a construção da totalidade dos conhecimentos para seu amplo incremento, no âmbito de uma *contradição-antagônica*, realizam-se por meio da expropriação individual do trabalho por parte da burguesia (a expropriação do mais-valor relativo e absoluto), no contexto de uma produção socialmente objetivada. Desse modo, essa *negativa invertida* nada mais é que a *afirmação* de uma forma societal que, em seu processo de objetivação, obrigatoriamente se vê na condição da dilatação de uma particularidade que se congela e se desconecta de sua relação dinâmico-dialética com o universal e o singular, na medida em que transforma a particularidade de uma classe, a burguesia, e de seus interesses específicos, em universalidade pseudoconcreta, justamente porque materializada na perspectiva de perpetuação da propriedade privada e da expropriação, também ela privada, do excedente de trabalho. Esse é o escopo em que a propriedade privada encontra a satisfação de si mesma, constituindo, assim, o lado positivo da contradição. Nessa direção, Engels sintetiza:

---

[104] "Efetivamente, a *Aufhebung* decisiva, em relação ao idealismo, será construída pela *solução de práxis contida na teoria social desenvolvida por* Marx e Engels [...]. Nessa ruptura com a concepção metafísica e contemplativa, *o núcleo da práxis situa-se no próprio homem como o realizador de si e de sua história* [...]. Essa interpretação, que releva a *materialidade inerente e constitutiva do ser social*, conforma-se como uma *compreensão radicalmente nova*, em relação à tradição intelectual e de práxis do Ocidente"; Antonio Carlos Mazzeo, "Possibilidades lenineanas para uma Paideia comunista", em Anderson Deo, Antonio Carlos Mazzeo e Marcos Del Roio (orgs.), *Lênin: teoria e prática revolucionária* (Marília/São Paulo, Oficina Universitária da Unesp/Capes/Cultura Acadêmica, 2015), p. 38-9.

A classe dominante e a classe proletária representam a mesma alienação humana. No entanto, a primeira se sente à vontade nessa alienação; ela aí encontra uma confirmação, ela reconhece nesta alienação seu *próprio poder*, possuindo nela a aparência de uma existência humana; a segunda se sente destruída nesta alienação, vendo aí sua impotência e a realidade de uma existência desumana. Empregando uma expressão de Hegel, ela é, no aviltamento, a *revolta* contra este aviltamento, revolta para a qual é levada necessariamente pela contradição que opõe sua *natureza* humana a sua situação na vida, que constitui a negação franca, total desta natureza. No seio desta contradição, o proprietário privado é, pois, a parte *conservadora*, o proletariado, a parte *destruidora*. Do primeiro emana a ação que mantém a contradição, do segundo, a ação que a aniquila. É verdade que, em seu movimento econômico, a propriedade privada se encaminha por si mesma para sua própria dissolução [...]. O proletariado executa a sentença que a propriedade privada pronuncia contra si mesma ao engendrar o proletariado, assim como executa a sentença que o trabalho assalariado pronuncia contra si mesmo ao engendrar a riqueza de outrem e sua própria miséria.[105]

Essa síntese, além de expor os entraves ontológicos abertos pelo processo da revolução burguesa, remonta à reflexão marxiana feita no conhecido *Prefácio* de 1859, isto é, de que a entificação do capitalismo afirma o desenvolvimento de travas antitéticas intrínsecas que, por sua vez, se transformarão em contradições-antagônicas que impedirão sua própria existência[106]. No caso da visão ideossocietal que se desdobra do processo de entificação da revolução burguesa, constrói-se um "complexo de práxis mediada" que busca, na relação com o mundo imediato, universalizar o elemento essencial-particular que define a universalização genérica inerente a sua *Weltanschauung*; no limite, como afirma Chasin, a efetivação de uma idealidade como suposto território da racionali-

---

[105] Friedrich Engels, em Karl Marx e Friedrich Engels, *A sagrada família* (Lisboa, Presença, 1974), p. 53-4 [ed. bras.: *A sagrada família*, trad. Marcelo Backes, São Paulo, Boitempo, 2003, p. 48-9 – N. E.].

[106] Nas considerações do famoso "Prefácio" da *Contribuição à crítica*, de 1859: "Em certa etapa de seu desenvolvimento, as forças produtivas materiais da sociedade entram em contradição com as relações de produção existentes ou, o que nada mais é que sua expressão jurídica, com a propriedade dentro das quais aquelas até então se moviam. De formas de desenvolvimento das forças produtivas estas relações se transformam em grilhões. Sobrevém, então, uma época de revolução social"; Karl Marx, *Contribuición a la critica de la economia política*, cit., p. 9.

dade política, "ou, em termos positivos, alçado à nova crítica e à determinação ontonegativa da politicidade"[107].

Assim, a teleologia política da burguesia determinou-se pelas necessidades dinâmicas da luta de classes e da economia, como objetivamente representou o processo de produção de mercadorias, já no período das manufaturas, em que a práxis política posta requeria um conteúdo ideopolítico que projetasse o futuro, mesmo que formalmente parecesse querer restaurar o passado. Por isso ela se materializa como resposta de um universal *subsumido* ao *particularismo congelado*, no contexto das necessidades do momento de ascensão da burguesia. A construção da política vinha, portanto, responder à operacionalização do projeto ideológico, por sucessivas e simultâneas ações combinadas de revolução e transições pactuadas e "transformistas", dependendo da região europeia. No cômputo geral, em seu conjunto de dilatação de uma particularidade que se consolidava em universalidade – isto é, as formas sociometabólicas do capitalismo –, processava-se a fase inicial da revolução burguesa, em que, nesse processo, amplia-se a possibilidade de uma ontologia da sociedade, mesmo que em dimensões embrionárias, na medida em que começa a entrar, também, nas análises racionais, a historicidade.

Voltando a Machiavelli e seu tempo, podemos dizer que a particularidade italiana é emblemática, exatamente por desencadear uma processualidade que não alcançará sua completude. As cidades setentrionais e nortistas atingem formas organizativas altamente diferenciadas, na medida em que passam a encarnar a *morphosys* da subsunção formal do trabalho ao capital e indo além da mera circulação de mercadorias, já que tinham potentes manufaturas e amplas formas de trabalho assalariado, contrastando com as outras regiões da Península Itálica, em que encontramos estruturas econômicas mais retardatárias e/ou estagnadas, no contexto de um feudalismo em desagregação, no qual encontramos simultaneamente o que Chasin denomina um percurso simultâneo precoce e retardatário[108],

---

[107] Cf. José Chasin, *Marx: estatuto ontológico e resolução metodológica* (São Paulo, Boitempo, 2009), p. 85 e seg.; grifos do original.

[108] José Chasin, "O futuro ausente", cit., p. 203 e seg. Nas conclusões: "Há de se atentar para a enervação e o movimento do capital mercantil, as pulsações vitais do novo mercador por um novo mercado, não descuidando de reconhecer, independentemente de seus limites e restrições à época, inviabilizadores, no caso italiano, de seu desenvolvimento subsequente, que esse novo mercador, contraditória e particularmente o peninsular, já era uma figura complexa e diversificada. Já não bastava o comércio local nem o conjunto restrito de poucas mercadorias que circulassem por rotas fixas para desaguar em portos e praças monopolizadas [...]. O próprio sistema produtivo mais utilizado, o trabalho doméstico domiciliar, colocava o mercador em posição dominante em

uma diversidade social – principados, repúblicas, formas arcaico-feudais etc., todas resultantes das radicais mudanças que ocorriam na base de um modo de produção em estado de consumpção. Nesse contexto, devemos considerar, ainda, que nas regiões italianas produtoras de tecidos, como já evidenciamos, os mercadores estavam interligados umbilicalmente aos produtores, por meio das *arti* que tinham participação ativa nas manufaturas. No sentido da "articulação dos complexos de complexos" enunciada por Lukács, insere-se na realidade das cidades-Estado italianas esse elemento de grande contradição e que, apesar de se apresentar no plano fenomênico, por meio da politicidade, galgava e escancarava elementos que atingiam a contradição econômica, como uma essência não explicitada.

Machiavelli intui esse momento por meio da percepção da crise que se avizinha sobre as regiões produtivas italianas, entre as quais Florença. Desse modo, o florentino não titubeia em buscar solução de práxis através das leis reguladoras. Sua noção "circular" da história, mesmo com suas intrínsecas limitações, o alerta para o perigo de uma estagnação que pode "dissolver as virtudes", essenciais para a energia ativa do homem dinâmico. Para Machiavelli, o sintoma imediato dessa paralisia é a ausência de uma grande política que respondesse às vicissitudes da sua península. À *virtù*, naquele momento, sobrepunha-se a "naturalidade" da política; quer dizer, os assassinatos, que serviam para atingir fins de manutenção de poderes. Assim, fazia-se necessária a imediata *intervenção* da razão, por meio da ação virtuosa de um *condottiero*. No entanto, a razão invocada apresentava-se reduzida à razão da negação-afirmativa, que expressava uma perspectiva ideológica centrada numa universalização genérica, em que a particularidade subsume-se aos interesses particular-singulares de uma classe, apresentados no âmbito pseudoconcreto, como objetivação de uma relação entre universal e particular, na qual, como evidenciamos, a particularidade congelada subsume o universal, que deixa de realizar sua conexão dialética com a singularidade. Aliás, essa é a forma com que a política se torna uma evidente operadora dos interesses de classe, em que a particularidade prevalece sobre os interesses gerais, apresentando-se como falsa generalidade. É nesse escopo que Machiavelli não vê problema em considerar Cesare Borgia, o *enfant terrible* bastardo do papa Borgia, Alexandre VI – no dizer de Villari, "astuto e fraudulento personagem do inferno dantesco"[109] –, um príncipe totalmente virtuoso e melhor que outros tantos parecidos da política. Esse personagem sem

---

face do artesão [...], de maneira que o estímulo econômico e os capitais provinham da esfera da troca que dominava a produção"; ibidem, p. 205 e seg.

[109] Lucio Villari, *Niccolò Machiavelli*, cit., p. 171.

300 Os portões do Éden

freios morais, assassino do próprio irmão, por ser um operador político-militar pragmático, poderia se transformar em vigoroso normatizador, por meio da força. Um igual-desigual, porque um sicário que serve a determinadas ordem e causa e, além disso, com livre trânsito no Vaticano, em principados e repúblicas italianas, que transita entre poderosos, entre os quais Luís XII, da França. Machiavelli via a burguesia vacilando diante das tarefas e das potências emergentes, que ameaçavam gravemente uma Itália desagregada, onde tudo se transformava em negócios, até a guerra. Daí a necessidade da intervenção da *virtù*, operada por um *condottiero*. No limite, Machiavelli desenvolve e põe em evidência o resultado sócio-histórico da primeira lufada resultante do largo processo de subsunção formal do trabalho ao capital – em que, desde seu nascedouro, a sociabilidade burguesa constrói os novos meandros ideológicos dos jogos de poder, nos quais a política tem papel central, como *instrumentalizadora* da razão que efetiva e consolida uma universalidade enrijecida por uma particularidade dilatada, hegemônica e *incompletamente* universal.

A politicidade prevalece e enquadra a moral, o que constitui um laivo que preludia a ampliação das funções do Estado e de seus fundamentos absolutistas, dos quais Machiavelli é o principal preceptor – a política como instrumento da moral flexibilizada e utilizada de forma oportuna. Essa condição faz do florentino não o fundador das assim chamadas "ciências políticas", mas o mentor da arte moderna de governar. Kofler o vê como republicano que lança as bases do absolutismo, presentes, articuladamente, tanto em *O príncipe* como nos *Discorsi*[110]. O filósofo alemão de origem austro-húngara ressalta que ninguém que esteja, de um modo ou outro, familiarizado com o Renascimento irá estranhar as identidades de autores, além do próprio Machiavelli, como Marsilio e Bodin, entre outros, com as ideias absolutistas – inclusive pensadores como Wycliffe e Morus, ainda que estes fossem mais permeados pelo espírito intelectual das seitas urbanas. Sem contar Erasmo, grande humanista que exige dos príncipes que exerçam com força sua dominação e a suavizem com sabedoria[111]. Ora, o que podemos discernir dessa condição é a necessidade de orde-

---

[110] Cf. Leo Kofler, *Contribución a la historia de la sociedad burguesa*, cit., p. 145.

[111] Kofler demonstra que muitos dos intelectuais renascentistas abraçavam a ideia de um Estado forte, governado por um soberano enérgico e eficiente: "Uma confirmação especialmente interessante, em nosso modo de ver, se encontra em Claude de Seyssel [*c.* 1450-1520], em sua obra *A grande monarquia na França* escrita em 1519, e desenvolve, ao mesmo tempo, uma concepção completamente absolutista e outra democrática [...]. Poderíamos considerá-lo um Leibniz político, pois expressa a ideia de que as instituições do Estado francês são as melhores que poderiam existir. No entanto, é característico o que ele considera louvável e o que recomenda aos governos. A soberania real deve ser absoluta; sem embargo, em seu proceder, deve estar determinada por três

MACHIAVELLI 301

namento de uma *sociedade dinâmica*, amplamente permeada por uma dura luta de classes, com tendência de alargamento, na qual, a partir da noção genérica de povo, constrói-se uma dominação tirânica do príncipe sobre a maioria – e vemos mais claramente essa tendência em Bodin, a partir de sua teoria da soberania do Estado.

Todas essas inovações, esses reprocessamentos e essas adequações do passado aos momentos presentes expressavam uma ascensão implacável que sedimentava a libertação de uma classe e a emergência de sua forma sociometabólica, sendo que essa é a liberdade de uma classe que não defende outra coisa senão seus interesses particulares. Um dos resultados imediatos dessa escalada inexorável é o desenvolvimento de uma teoria do Estado que se apresenta por meio da construção normativo-individualista, da subsunção da moral aos interesses do Estado e do príncipe absoluto. De qualquer modo, essa processualidade expressa, sem dúvidas, um largo período revolucionário, que se consolida de maneiras diversas, conforme as particularidades de cada região onde se objetiva. Em alguns lugares, a burguesia será a vanguarda e impulsionará o desenvolvimento das forças produtivas necessárias para a afirmação da sociabilidade capitalista. Em outros, ela se apresentará como intermediadora entre o capital comercial, o capital usurário, o latifúndio e as manufaturas, em regiões onde o processo de acumulação de capital aparece incompleto ou tardiamente[112]. Assim, a afirmação do mundo burguês e de seu conceito de liberdade, como acentua Kofler,

> é uma liberdade que, no fundo, pensa em manter as condições dadas e só considera a emancipação do indivíduo de suas correntes unilateralmente. Enquanto indivíduo, para quem a atividade racional significa tudo, o burguês do Renascimento é intransigente [...]. Em outras palavras, o âmbito de sua vida individual é revolucionário e desagarra-se de todos os vínculos que o unem ao conceito medieval de mundo e da vida; por outro lado, socialmente, se propõe deixar intacta a ordem estabelecida. Esta última circunstância é um dos fatores decisivos para que os humanistas jamais tenham tentado fundar uma teoria objetiva da sociedade [uma *ontologia da sociedade*].[113]

---

forças: pela religião, da qual o rei deve ser devoto, ao menos em aparência; pela justiça; e pelas leis, que o mesmo rei promulgue, mas que devem ser ratificadas pelo parlamento e pelos Estados Gerais. Também é dever do rei proteger o povo da opressão"; ibidem, p. 146.

[112] Ver Karl Marx, *El capital*, Livro Tercero, cit., sec. 4, cap. 19, p. 306 e seg. [ed. bras.: *O capital*, Livro III, cit., p. 359 e seg. – N. E.].

[113] Leo Kofler, *Contribución a la historia de la sociedad burguesa*, cit., p. 135-6.

302 Os portões do Éden

Indubitavelmente, como ficou demonstrado, desencadeia-se um processo revolucionário avassalador, que significou embates ciclópicos com o mundo feudal e sua hegemonia escolástica. Uma autêntica revolução que pôs abaixo a velha ordem, que fez emergir novas forças produtivas e relações sociais de produção, as quais reverberam no âmbito estético e religioso, que destruiu o velho ou subsumiu suas formas arcaicas à ordem da produção de mercadorias; nisso até mesmo nos processos de conciliação, a forma do novo, mesmo pagando pesados tributos ao velho (pensemos no processo de objetivação do capitalismo na Alemanha e, de certo modo, em regiões da própria Itália), os elementos do capitalismo, em tendência crescente, ganham assento no espaço histórico que se descortina, após a eclosão da centelha: o processo de subsunção formal do trabalho ao capital, a acumulação originária de capital. A burguesia objetivou sua revolução. Em seu ápice revolucionário original, não a realizou por meio de uma "ressurreição de mortos" nem de protagonistas de revoluções passadas – como bem assinalou Marx, ao criticar a burguesia, que já exercia o controle absoluto de sua forma societal e golpeava os trabalhadores e a democracia para se manter hegemônica no poder, entre 1848 e 1851[114], momento histórico em que essa classe esgota seu potencial revolucionário[115] – ou no mero arremedo do passado clássico, mas sim liderando o encadeamento de um grande salto ontológico da história humana, na medida em que era *conditio sine qua non* para a consolidação da forma societal burguesa a destruição da velha ordem, inclusive em sua esfera superestrutural, o que determinava, no plano ideológico, a construção de uma ordenação explicativa que desse o fundamento para sua afirmação social. Ora, no âmbito filosófico e científico, a burguesia vinha travando batalhas decisivas e demolidoras contra a visão de mudo do feudalismo a partir de formulações científicas e filosóficas de fundamental importância, como pudemos observar, mesmo que em rápidas pinceladas.

À guisa de organizar uma sumária e provisória conclusão, podemos dizer que, no plano da edificação da hegemonia, a burguesia constrói a política como instrumento de consolidação e manutenção de poder, compreendida em sua essencialidade quando arremetida à condição de razão que elabora idealmente a realidade e que serve para tornar capaz e consciente uma *práxis* social dos homens. Como ressaltou

---

[114] Karl Marx, *O 18 de brumário de Luís Bonaparte* (São Paulo, Boitempo, 2011), p. 330.

[115] Ver, entre outros, Eric J. Hobsbawm, *Las revoluciones burguesas: Europa, 1789-1848* (Madri, Guadarrama, 1964), p. 353 e seg. [ed. bras.: *A era das revoluções: 1798-1848*, trad. Maria L. Teixeira e Marcos Penchel, Rio de Janeiro, Paz e Terra, 2012]; e Karl Marx e Friedrich Engels, *Sobre la Revolución de 1848-1849: articulos de Neue Rheinische Zeitung* (Moscou, Progreso, 1981).

Lukács, é desse cenário sócio-histórico que derivam a necessidade e a universalidade de concepções para atender aos conflitos inerentes do ser social[116]. Objetivamente, a política age como operadora ideológica da organização e do controle societal e, principalmente, do comando das formas de propriedade e das relações de produção, operando, ainda, a consolidação ideológica das formas jurídicas e do uso legal da força, para enquadrar o conjunto da sociedade – cada vez mais genericamente igualitarista e materialmente desigual, no escopo da inserção do *popolo* nas relações sociais de produção –, em especial para regular a expropriação do *sobretrabalho* dos trabalhadores, diretamente responsáveis pela produção das mercadorias e pela geração de mais-valor. Chasin nos fornece os argumentos de que Machiavelli representa uma autenticidade *sui generis*, um pensador que procurava responder a novas necessidades históricas ou, como salienta, às "peculiaridades de um tempo"[117]. Em seguida, ressalta que os conteúdos do opúsculo *De principatibus*, que tinha como modelo inspirador o *condottiero* Cesare Borgia, induzem à conclusão inicial de que o texto "personifica o protótipo da conduta oportunista", mesmo que haja uma profundidade em que é constatada uma "função norteadora de convicções permanentes" e princípios políticos delineados, "jamais abandonados", nem mesmo a dissociação entre conduta e discurso. Considerados esses aspectos de coerência, Chasin reafirma que essas atitudes não dissipam

> dado ar de *oportunismo* que atravessa, todavia, *o todo* maquiaveliano, mas precisamente o eleva de nível, indicando que ele não situa nas franjas da ação, mas em lugar bem mais central e decisivo. De fato, e aqui só pode ser traçado um simples indicativo, há no cerne do pensamento maquiaveliano, enquanto abordagem do *homem* – formada por traços altamente negativos, cujo perfil e significado angulares virão à tona mais à frente –, uma inerente dimensão oportunista.[118]

Confluindo parcialmente com o filósofo paulista, evidenciamos, no âmbito da imediaticidade, que Machiavelli é a expressão de um tempo que se materializa com "ares oportunistas". Relevamos, ainda, que o Renascimento é parte integrante, enquanto totalidade, do mercantilismo e, por isso mesmo, expressa

---

[116] Cf. György Lukács, *Ontologia dell'essere sociale*, v. 2 (Roma, Editori Riuniti, 1976), p. 446 [ed. bras.: *Para uma ontologia do ser social*, v. 2, trad. Nélio Schneider, São Paulo, Boitempo, 2013, p. 465 – N. E.].

[117] José Chasin, "O futuro ausente", cit., p. 200.

[118] Ibidem, p. 201.

304 Os portões do Éden

uma superestrutura intrínseca ao ser social que o determina, resultante e em consonância com essa forma sociometabólica, em que temos – nunca é demais lembrar – uma furiosa *acumulação de capital*, da qual a violência é parte integrante. Como ressaltou Marx, o processo do qual saíram os operários teve como ponto de partida a escravização dos trabalhadores[119], uma processualidade que não somente objetiva-se por um transcurso de *longue durée* (de subsunção formal do trabalho ao capital), como, e fundamentalmente, consubstancia novas formas ideológicas de poder; no limite, o Estado moderno e a forma-política burguesa, como foi evidenciado.

Ora, desde a primeira experiência de consolidação do Estado nacional, a partir do processo histórico ocorrido em Portugal, nos fins do século XIV, com a Revolução de Avis, de 1383-1385, o príncipe – ali, na figura de Dom João, o Mestre de Avis – foi o *núcleo político* pelo qual se constitui o *bloco histórico*, para usarmos o conceito de Gramsci, expressando aqui a aliança da burguesia com o rei e com setores de uma nobreza transformista, para a consolidação da ordem socieometabólica moderna. A realidade que nasce dessa forma de transição/objetivação do capitalismo está materializada nas sangrentas guerras e na agressividade das conquistas dos mercados. No entanto, como bem assinala Perry Anderson, a guerra comercial não constituía a única atividade externa dos Estados absolutistas, ao evidenciar que também se utilizava da diplomacia como esforço permanente, no sentido de mediar os contenciosos econômico-políticos. Aliás, o historiador inglês realça que essa foi "uma das grandes invenções institucionais da época, inaugurada na área miniatural da Itália do século XV" e adotada por outros Estados e principados europeus e, com ela, um "nervo indelével do Estado renascentista"; surge um sistema político de regulação das relações internacionais[120]. O aspecto a ser destacado é a diplomacia como "invenção" das cidades-Estado italianas, o que não é surpresa, dada a condição de potências econômicas da época serem constituídas em pequenos territórios.

Machiavelli, além de conhecedor da história europeia e de seus Estados recém-instituídos, deseja um príncipe que lidere a unificação italiana, de modo que, para

---

[119] Karl Marx, *El capital*, Livro I, cit., sec. 7, cap. 24, p. 609 [ed. bras.: *O capital*, Livro I, cit., p. 787 – N. E.]. Em suas conclusões: "O processo de que saíram os trabalhadores assalariados e o capitalista teve como ponto de partida a escravização do trabalhador. Nas etapas sucessivas, essa escravização não fez mais que mudar de forma: a exploração se converteu em exploração capitalista"; idem.

[120] Cf. Perry Anderson, *Linhagens do Estado absolutista* (Porto, Afrontamento, 1984), p. 39 e seg.

o florentino, na lógica da concepção de poder da época, a lei deve estar subsumida aos desígnios de um líder que encarna uma vontade geral genérica, e não propriamente de uma maioria – o que significa, como já delineamos, a opção por uma parcela do *popolo*, na tradição das construções das alianças de classes daquele período histórico. Como sabemos, na sociedade renascentista criou-se toda uma cultura do modo-de-ser do nascente e ascendente *bourgeois gentilhomme*, ou a expressão da "etiqueta" comportamental da fidalguia, como bem acentuou Tenenti, prefaciando o livro de Huppert[121]. Seguramente, esse modo-de-ser expressava e encarnava-se numa fração da classe burguesa, incidindo no conceito e na configuração do ideal de *popolo*. Para melhor compreender a concepção machiaveliana de *popolo*, façamos a conexão do modo-de-ser renascentista com a definição machiaveliana de "povos incorruptos" e "povos corruptos". Os povos incorruptos, segundo Machiavelli, trazem uma moral "limpa"; são homens prontos a defender a pátria, a atender às leis, como foi o povo romano, pelo menos até a implantação do Império, em que existiam hábitos sãos que se revelam nas comunidades republicanas: quando "a grande massa do povo é sã, as perturbações e tumultos não produzem sérios danos; quando a corrupção penetrou no povo, as melhores leis de nada serviram"[122], sendo que as causas da corrupção são as desigualdades na distribuição das riquezas, independentemente da existência de boas leis, mas que, diante da condição de uma inflexível desigualdade, não conseguem manter a moralidade[123], e nessas sociedades não mais se governa à "maneira antiga", e aí a *política* e a ética devem intervir competentemente; caso contrário, a sociedade se arruinará. Sem dúvida, essa formulação machiaveliana baseia-se na concepção, com alguma correção histórica, de que nas sociedades da Antiguidade clássica havia uma distribuição relativamente igualitária tanto das riquezas como do poder, o que objetivamente

---

[121] Alberto Tenenti, "Introduzione all'edizione italiana", em George Huppert, *Il borghese-gentiluomo* (Bolonha, Il Mulino, 1978), p. 11 e seg. Como salienta Tenenti, "o *bourgeois gentilhomme* afunda suas raízes nos últimos séculos da Idade Média, mas atinge a maturidade entre os *Cinquecento* e os *Seiscento*, para depois projetar muitos de seus personagens peculiares não apenas no século XVIII, mas até mesmo nos dias hoje"; ibidem, p. 12. A respeito do comportamento no Renascimento, ver os comentários sobre a obra do escritor renascentista Baldasare Castiglione, *Il cortegiano*, em Peter Burke, *As fortunas d'O cortesão: a recepção europeia ao cortesão de Castiglione* (trad. Álvaro Luiz Hattnher, São Paulo, Editora Unesp, 1997), p. 31 e seg., apesar de apresentar alguns reducionismos esquemáticos e caricatos, em suas considerações sobre a complexa cultura italiana do século XVI.

[122] Niccolò Machiavelli, "Discorsi", cit., L. I, 17.

[123] Ibidem, 2 e 3.

306 OS PORTÕES DO ÉDEN

ocorreu com alguma relatividade em Atenas, até a dissolução da pólis igualitária e o advento pleno do modo de produção escravista, que tem seu auge no período de Péricles (494-429 a.C.)[124] e em determinados momentos da civilização romana, como já verificamos.

Contudo, a busca de referenciais históricos para compreender as causas da degradação das sociedades não impediu Machiavelli de ver na condição humana, a partir da construção ideológica hegemônica de seu tempo, o pressuposto de que não havia dúvida sobre a "natureza corrupta do povo". Ao contrário, os exemplos históricos utilizados pelo florentino – míticos ou não – só reforçaram a ideia de que os rudimentos de virtude que habitavam a alma dos homens eram insuficientes e só seriam assegurados por leis rígidas, administradas com a mão forte de um *condottiero* que o coloca, na perspectiva ontológica, como precursor e mentor imediato de Hobbes. E, como bem chama atenção Heller, o caráter de incorruptibilidade refere-se a determinado "ciclo histórico" de um povo[125]. É certo que Machiavelli tem uma noção histórica da humanidade e define, de saída, como uma história possível porque regida por leis[126]. No entanto,

> no começo do mundo, quando os habitantes eram escassos, viveram um tempo dispersos em semelhança dos animais; então, multiplicando a geração [aumentando a população], juntaram-se para poderem se defender melhor, começaram a examinar o que era mais forte e de maior coração e, assim, o transformaram em chefe e passaram a obedecê-lo. Deste modo, nasceu a cognição [conhecimento] de coisas honestas e boas, diferentes das coisas perniciosas e delituosas [*ree*], porque, vendo que, se alguém pudesse prejudicar seu benfeitor, provocavam-se o ódio e a compaixão entre os homens, culpando os ingratos e honrando aqueles que estavam agradecidos, e ainda pensando que esses mesmos insultos poderiam ser feitos para eles, para escapar de tal

---

[124] No caso ateniense, como afirmei em meu citado *O voo de Minerva*, ao abordar o problema da dissolução da *morphosys* societal conformadora da pólis igualitária: "Para que se construísse uma divisão social do trabalho mais complexa e uma superestrutura urbana – pressupostos para a emergência da pólis ateniense do século V a.C. e da δεημοκρατία –, foi necessária a generalização do trabalho excedente escravo para emancipar o extrato dirigente e, ao mesmo tempo, possibilitar o erguimento de um novo mundo cívico e intelectual"; Antonio Carlos Mazzeo, *O voo de Minerva*, cit., p. 133. Sobre o caso de Roma, ver, entre outros, Antonieta Dosi, *Lotte politiche e giochi di potere nella Repubblica romana* (Milão, Mursia, 1999), p. 91 e seg.; e Norbert Rouland, *Roma, democracia impossível?*, cit., p. 59 e seg.

[125] Agnes Heller, *L'uomo del Rinascimento*, cit., p. 471.

[126] Niccolò Machiavelli, "Discorsi", cit., L.I, 2.

maldade, se limitavam a fazer leis e ordenar punições para aqueles que as infringiam, de onde vem o conhecimento da justiça.[127]

Assim, segundo Machiavelli, materializam-se as condições para o surgimento da vida em sociedade e do ordenamento da moralidade, que se iniciam com o chefe/príncipe, por meio de eleições, da tirania ou da hereditariedade, e se sedimentam com o domínio dos nobres e, posteriormente, com o domínio do povo, que é sucedido, em um nível mais elevado ou não, pela autoridade do príncipe – e essa é a "fórmula" machiaveliana que explica o "destino" de todas as repúblicas[128]. Esse pressuposto reafirma sua convicção de que todos os homens são maus e que "só atuam corretamente *sob coação*; mas, a partir do momento em que podem optar e têm liberdade para cometer erros impunemente, *nunca deixam de levar a confusão e a desordem a todo o lado*[129].

Em suma, o desenvolvimento de novas relações sociais centradas na produção de mercadorias (e que permeia a sociabilidade pela mercadoria) agudiza a condição de descontrole e brutalidade crônica existente no feudalismo, gerando a anarquia feudal – quando o poder estava pulverizado nas mãos de senhores e de seus exércitos privados, ou, ainda, amplas regiões controladas por bandidos e quadrilhas de ladrões e mesmo ladrões e senhores coexistindo e, em algumas vezes, atuando juntos –, porque, segundo o florentino, entra na conformação das subjetividades dos homens renascentistas o individualismo egoísta da competição e da disputa por riquezas sem freios morais e éticos, porque subsumidos à utilidade.

Ao construir seu conceito de ética, Machiavelli segue a perspectiva da "natureza humana", que expressava, no âmbito do reflexo, uma vida cotidiana na qual manifestava-se, em sua imediaticidade, toda a brutalidade da sociedade renascentista, que põe na ordem do dia a *vendeta*, os roubos, os assassinatos por encomenda, os enforcamentos, os envenenamentos e o bandoleirismo. Como ressalta Burckhardt, nas sociedades renascentistas os limites são escassos e "cada indivíduo, mesmo o mais humilde, sente-se interiormente acima da ação da polícia e de um Estado ilegítimo e fundado ele próprio na violência; e a descrença na lei é já generalizada"[130]. Obviamente, não podemos cair no engodo

---

[127] Idem.

[128] Idem.

[129] Ibidem, 3; grifos nossos.

[130] Jacob Burckhardt, *A cultura do Renascimento na Itália*, cit., p. 323. Nesse sentido, Burckhardt salienta que "um indício pior que o bandoleirismo, no que se refere à moral da época, é a frequência

308 OS PORTÕES DO ÉDEN

de atribuir todas essas manifestações de violência estrutural à prevalência do individualismo, como ocorre em Burckhardt. O culto à individualidade é um *epifenômeno* resultante das relações de um violento processo de *subsunção formal do trabalho ao capital*, na qual a aglutinação de braços e de forças de trabalho constroem diversas e simultâneas formas produtivas subordinadas ao capital, em que o trabalho continuamente intensificado e prolongado e atuando sobre a base produtiva anterior possibilita a extração de sobretrabalho, sob a forma de mais-valor absoluto[131]. Essa condição objetiva e específica de violência constitui o elemento de essência profunda, na dimensão de um homem estruturalmente vinculado às condições materiais de sua existência objetiva, transpassado por uma alienação indelével; coisificação radical e promíscua com a miserabilidade material e espiritual, de um humanismo absorvido pelas franjas em uma sociedade já bastante elitizada, inclusive no acesso ao conhecimento; na situação de indigência presente na pobreza crônica dessas regiões ricas, de manufaturas e de comércios, mas compostas de contingentes de rebotalhos humanos vagantes, camponeses expropriados de suas terras, que vendiam sua força de trabalho e, muitas vezes, sua dignidade por um prato de comida, garantidor da sobrevivência por mais um dia, como assinalou, na época da "peste negra" (ocorrida na metade do século XIV), o hospital de Santa Maria Nuova[132], que detectou a situação crítica dos diaristas agrícolas, dos jardineiros e dos operários da construção. Mollat ressalta, exemplificando, que a transposição de seus salários nominais em calorias nos possibilita verificar "uma situação no limite da sobrevivência para os diaristas chefes de família; seu salário diário equivalia a menos de mil calorias, longe das 3.500 necessárias para uma existência normal"[133].

---

dos crimes pagos, cometidos por terceiros. Nessa modalidade, Nápoles é, reconhecidamente, a pioneira dentre todas as cidades italianas [...]. Outras regiões, porém, exibem também uma série terrível de crimes desse gênero"; ibidem, p. 325.

[131] Karl Marx, *El capital, Libro I: capítulo VI (inédito)* (Buenos Aires, Siglo XXI, 1974), p. 56.

[132] Michel Mollat, *Os pobres na Idade Média* (trad. Heloísa Jahn, Rio de Janeiro, Campus, 1989), p. 159.

[133] Como salienta Mollat: "Esses dados do exemplo florentino, excepcionalmente precisos, ilustram o desenvolvimento de uma nova categoria de pobres [...] eis que aparece um grupo numeroso de pessoas exercendo um ofício regular, mas insuficiente para permitir-lhes (e a sua família, quando a têm) uma vida decente. Esses pobres fazem parte da sociedade urbana; participam de suas festas, de suas lutas e de suas desgraças. Com certeza, eles não se beneficiam equitativamente das prerrogativas e dos direitos dos cidadãos; manifesta-se certa tendência à segregação no hábitat"; idem.

Como fica evidente, a ética machiaveliana não estava desconectada das interpretações filosóficas e, inclusive, de senso comum de seu tempo. Seu conceito de "natureza humana" havia sido constituído pela elaboração ampliada do estoico--epicurismo de cada um viver de acordo com sua natureza – a elevação espiritual de cada indivíduo que leva em conta sua própria natureza sem deixar de lado os valores tradicionais da sociedade. Com isso, Machiavelli cria a "natureza do outro" ou a "multidão interminável de outros, que não são interessados em objetivos éticos" (Heller) – posição moral construída a partir das formulações de Pico della Mirandola (e de Savonarola), mas, ao mesmo tempo, atenuadas pela proposta machiaveliana de encontrar balizamentos para direcionar boas ações que diminuíssem ou relativizassem a "natureza má" dos homens. Segundo Machiavelli, essa maldade não significa uma busca permanente da vilania; ao contrário, ela é resultado dos "insaciáveis desejos humanos, porque, tendo por natureza, o poder e o querer desejar tudo e os limites [fortuna, na construção clássica de Machiavelli] [humanos] de ter pouco, resulta um constante descontentamento nos espíritos humanos e um desconforto com as coisas que possuem"[134]. Desse modo, a impossibilidade de se desenvolver uma ontologia da sociedade se apresenta no âmbito epifenomênico como "falta de objetivos morais, de ideais e de um verdadeiro impulso ao bem"; disso se pode depreender que, nesse contexto, a maioria do povo quer a liberdade, uma minoria, para exercer o poder e a maioria para poder viver com segurança[135], no contexto de falta de segurança para a maioria da população. *No entanto, reafirme-se, para o florentino, os homens não são majoritariamente bons; ao contrário,*

> os homens geralmente são ingratos, volúveis, simuladores, covardes e ambiciosos de dinheiro e, enquanto lhes fizeres bem, todos estão contigo, oferecem-te sangue, bens e vida, filhos [...] desde que a necessidade esteja longe de ti. Mas, quando ela se avizinha, voltam-se para outra parte [...] os homens hesitam menos em ofender aos que se fazem amar que aos que se fazem temer, porque o amor é mantido por um vínculo de obrigação, o qual, devido a serem os homens pérfidos, é rompido sempre que lhes aprouver, ao passo que o temor que se infunde é alimentado pelo receio de castigo.[136]

Daí a necessidade do *condottiero* e da política, justamente para regular interesses pessoais.

---

[134] Niccolò Machiavelli, "Discorsi", cit., L.II, introdução.

[135] Cf. ibidem, L.I, 16.

[136] Niccolò Machiavelli, "Il principe", cit., XVII.

Ora, Machiavelli praticamente expressou com suas palavras as dimensões e o lugar da moral e da ética em sua obra. O *utilitarismo* constitui o elemento de compreensão imediata de se ter, inclusive, uma visão negativa do homem. Com isso, concluímos que Machiavelli agrega ao utilitarismo novos elementos definidores, os quais até mesmo "atenuaram" a noção de negatividade do homem, porque vinculada à ambição e à exacerbação da liberdade humana – um traço que será marcante em Bodin e principalmente em Hobbes. Efetivamente, Machiavelli *subsume* seu conceito de política à noção renascentista de organizar e civilizar a "natureza humana". Mais que isso, a política – e aí resulta sua condição positiva, no âmbito de sua dualidade dialética ao ser o positivo da negatividade, no período do Renascimento – aparece como elemento possível da intervenção da razão. Se há uma "inerente dimensão oportunista" em Machiavelli, essa também se expressa como epifenômeno politicista, mas, no caso, com elementos de contradição. Com isso queremos dizer que, reconhecendo o conceito renascentista da condição de "essência de uma inata esperteza e maldade" do homem, Machiavelli desesperadamente busca uma *solução de práxis* para o problema, adaptando, por analogia, a noção do rei-filósofo platônico para o príncipe *condottiero* consciente, que encarna os desejos do povo e expressa a vontade geral, o príncipe-político-virtuoso, portador da razão pragmática através da *virtù*; saída política para tratar de uma degenerescência dada pela ética da sociedade da mercadoria e da ética do comprar e vender mercadorias. Daí sua noção de um homem motivado por interesses, que pode se transformar em um interessado em superar a condição de egoísmo extremado, já que, segundo o florentino, a moral pode exercer papel de motivação para as boas ações. Por isso, a virtuosidade de alguns povos pode ser dimensionada pelos hábitos, obviamente, conduzidos por "boas leis". Assim, o *oportunismo* é resultante epifenomênico das relações sociais objetivas e, por assim dizer, *não constitui* uma intenção nem uma concepção individual de Machiavelli. Pelo contrário, o elemento civilizatório fundado na razão *reside* nas leis organizadoras, que devem ser criadas justamente para atenuar o egoísmo e a maldade – o oportunismo considerado intrínseco ao homem. Objetivamente, o oportunismo é o elemento intrínseco da subjetividade renascentista dado pelas furiosas relações sociais engendradas pela acumulação originária do capital. No entanto, não o oportunismo no sentido meramente individualista ou moral – ainda que incida sobre a moralidade e intrinsecamente se consubstancie no individualismo. Como vimos, o individualismo e o egoísmo são traços renascentistas marcantes, uma vez que são resultado de uma processualidade constituinte de uma primeira e violenta manifestação da mercantilização da vida. Se tudo era mercadoria, inclusive seres humanos escravizados e transformados em mercadorias vivas, desprovidas de autonomia, o oportunismo era, também e por conseguinte, o *elemento ideossocial* por meio do qual se exercia a luta por "levar vantagem em tudo".

Nesse sentido, deve-se ter cuidado em analisar os homens do Renascimento, em especial os dos séculos XIV, XV, XVI e de início do XVII, para não ignorarmos os escopos temporais em que viveram e não cairmos na tentação de atribuir a eles "intenções e gestos" absolutamente deslocados do que foi produto de um processo de *longue durée* que desembocou no momento histórico por eles vividos. Aliás, como afirmamos anteriormente, ao longo da história, foi muito comum aos homens ver e reinterpretar o passado com os olhos de seu presente, impelidos por formas societais que engendraram *formas-consciência* imersas no pensamento pragmático e em pseudoconcreticidades, resultantes da imediaticidade do cotidiano. O pensamento mediativo não é parte imanente da cotidianidade, em que, diga-se, objetivamos nossa vida diariamente e, inclusive, projetamos os processos vividos para que, no âmbito manipulatório, possamos utilitaristicamente usar o passado para referendar o presente. Ao contrário, ele é resultado da construção permanente e qualitativa das superações necessárias em que

> as *formas-práxis* (históricas) do *ser social* procuraram responder aos problemas advindos dos próprios processos de objetivação de si, quer dizer, o processo de trabalho social produziu modos cognoscitivos que possibilitaram, principalmente no plano prático, o conhecimento, ainda que depois esse próprio conhecimento tenha propiciado um distanciamento de si. Objetivamente, os grandes saltos qualitativos que a humanidade deu no plano da reflexão sobre seu próprio mundo cotidiano – sua imediaticidade – tiveram de certo modo uma preocupação, *in limine*, de cunho pedagógico, se entendermos a educação como prática de autoconhecimento social e de superação – aqui, no sentido da *Aufhebung*.[137]

Aliás, é com essa advertência que Marx inicia seu *18 de brumário*, fazendo a crítica da veneração supersticiosa do passado ou, o que é mais nocivo, ressuscitando o velho e o travestindo de novo, na exemplificação baseada diretamente no sobrinho de Napoleão Bonaparte, Luís Bonaparte – *Le Petit*, como o apelidou Victor Hugo –, "personagem medíocre e grotesca" engendrada pelas lutas de classes na França, que o possibilitaram desempenhar um papel de falso herói[138].

---

[137] Antonio Carlos Mazzeo, "Possibilidades lenineanas para uma paideia comunista", cit., p. 32-3.

[138] Cf. Karl Marx, "Prefácio", em *O 18 de brumário de Luís Bonaparte*, cit., p. 325 e seg.

312 OS PORTÕES DO ÉDEN

O processo mediativo objetivador do que Hegel considerou passagem da quantidade à qualidade[139], apresentada por Engels em seu escopo dialético-materialista e precisada por Lukács, como fundamento para que se criem as condições materiais da *Aufhebung* (transcendência) da imediaticidade, nos possibilita estabelecer os parâmetros diferenciadores entre o passado e o presente, por meio de uma óptica ontológica, para que, no movimento de objetivação do ser social, estabeleçam-se os elementos do passado conformadores do presente. Essa atribuição de processo presente a uma processualidade pretérita nos leva a equívocos graves e erros na avaliação histórica. Assim se equivoca, por exemplo Tzvetan Todorov, em *A conquista da América*, em que, de saída, analisa a dramática história da colonização da América tendo como ponto de partida "a descoberta que o *eu* faz do *outro*", levando em consideração que "cada um dos outros é um *eu* também, sujeito como eu"[140]. Todorov, homem do século XX, quando as mediações e as racionalizações da ciência da história deram as condições para entender que se deve analisar a história em seu escopo processual mesmo, *ignora* esse preceito fundamental das ciências hodiernas. Ao contrário, opta por exigir de Cristóvão Colombo aquilo que ele não pôde nem poderá nos dar. Todorov reclama de Colombo uma moral que está situada fora de seu âmbito histórico. Pior, *solipsiza* a moral renascentista e o contexto da acumulação originária do capital[141]. Mais ainda, *ignora* o conjunto da produção filosófica da época, centrada não somente no individualismo exacerbado, mas em um *ocidentecentrismo* que se contrapõe, de um lado, ao velho ocidentalismo feudal e, de outro, às sociabilidades árabes e do Extremo Oriente, que disputavam com os europeus ocidentais a hegemonia das rotas e dos espaços comerciais vitais. O ocidentecentrismo constituía, objetivamente, como bem definiu Le Goff, a *Weltanschauung* europeia, incluindo-se o próprio cristianismo[142]. Ora, o *eu* ocidental era cristão e, em sua "verdade", o cristianismo representava o "melhor" que a civilidade poderia ter gerado, até porque tinha o "aval divino", assim como tinham "avais divinos" os muçulmanos, através dos desígnios de Alá, e os próprios nativos americanos, como os astecas, cujo senhor maior do panteão

---

[139] G. W. F. Hegel, "Segundo capítulo – Quantum", *Ciência da lógica*, v.1 (Petrópolis/Bragança Paulista, Vozes/Editora Universitária São Francisco, 2016), p. 215 e seg.

[140] Cf. Tzvetan Todorov, *A conquista da América: a questão do outro* (trad. Beatriz Perrone-Moisés, São Paulo, WMF Martins Fontes, 2011, p. 4 e seg.

[141] Cf. ibidem, p. 19 e seg.

[142] Ver Jacques Le Goff, *Il cielo sceso in Terra: le radici medievalli dell'Europa* (Roma/Bari, Laterza, 2004).

dos deuses era Uizilopochtli, o Sol do Meio-Dia. Todorov requer uma ontologia da sociedade – que, diga-se, ele mesmo se recusa a fazer – antes mesmo de serem lançados os laivos dessa abordagem, pelo iluminismo francês, pelo idealismo alemão e pela economia política.

Voltando a Machiavelli e a sua noção específica de classe, genericamente denominada de *popolo*, retomemos, em sumaríssima síntese, a situação da força de trabalho na Florença renascentista, que, a exemplo de outras cidades setentrionais e nortistas italianas, constituiu uma sociedade urbana em que se estruturou um "pequeno modo de produção" a se expandir gradativamente, sendo que, nessas regiões, os camponeses aos poucos se transformam em trabalhadores assalariados, conformando o embrião do que seria o capitalismo (Marx/Dobb). Em Florença, as manufaturas têxteis – as de lã ou as de seda – estruturavam-se nas atividades das *botteghe* (pequenas oficinas) e em suas relações de trabalho. Conforme acentuamos, essa força de trabalho era *estruturalmente fragmentada*. Os trabalhadores, que não eram proprietários dos tecidos, tampouco dos meios de produção, vendiam sua força de trabalho e estavam submetidos a intermediários que mediavam os contratos, sendo pagos por peça produzida. Os salários eram definidos de acordo com a variedade, o nível de competência e a condição de gênero. Desse modo, havia salários diferentes e divididos entre os mais e os menos especializados, ressaltando-se, ainda, que a maioria dos trabalhadores da lã era composta por mulheres. Nessa gama variada de formas de trabalho, no âmbito da subsunção formal do trabalho ao capital, verificamos que esses tipos de ampla exploração do trabalho não obedeciam a nenhuma regra. A esse desfrute estavam sujeitos os trabalhadores braçais e assalariados. Em Florença, a cidadania não se objetivava genericamente, ainda que aparecesse morfologicamente como *popolo*. Como já nos referimos, o *popolo*, objetivamente, estava subdividido em classes sociais. Os membros das *Arti maggiori* – comerciantes e proprietários de manufaturas ou de bancos – conformavam o *popolo grasso*. A pequena-burguesia, do pequeno comércio e do apoio à circulação de mercadorias, estalajadeiros, os membros das *Arti minori* etc., engrossavam o contingente do *popolo minuto*, e os proletários, vendedores de sua força de trabalho, o *popolo magro*.

Obviamente o *popolo* a que Machiavelli se refere é a burguesia manufatureira e mercantil e alguns extratos da pequena-burguesia; quer dizer, o *popolo grasso* e *o popolo minuto*. No entanto, se havia em Machiavelli, como pensou Gramsci, uma intenção (antecipada) de organização da vontade popular, esta carecia de bases materiais e históricas para sua efetivação, em que as forças burguesas, componentes do *popolo grasso*, encontraram obstáculos para ampliar as condições objetivas para a formação de um Estado nacional[143]. O maior deles foi a condição do desenvolvimento desigual e combinado das relações capitalistas na Península Italiana. Não nos equivoquemos: nas regiões setentrionais e no norte da Itália não estavam em movimento somente relações de mercado. Afinal, no enorme mercado dessas regiões circulavam mercadorias produzidas em manufaturas e oficinas têxteis. As regiões em que prevaleciam relações de produção feudais – em que o processo de desagregação das formas feudalizantes desenvolvia-se lentamente ou, ainda, que se encontrava estagnado – não davam as condições para a centralização econômica e política que possibilitasse a formação de um Estado absolutista. Gramsci menciona os jogos políticos da Igreja, aliando-se aos grupos feudais de outras regiões europeias e a empedernidos senhores peninsulares, em que está presente, ainda, um segmento de uma burguesia rural de base transformista, que se restringe ao atendimento de demandas internas. Objetivamente, a fragmentação econômica e política impede o surgimento de uma facção nacional, e é nesse sentido que Gramsci chama atenção para como Machiavelli via a necessidade de se reformarem as milícias florentinas a fim de garantir a ordem institucional, no âmbito de um "jacobinismo precoce"[144]. Assim, vemos que a noção do *condottiero* é, também, a do legislador que encarna e expressa a vontade geral e, fundamentalmente, a necessidade de um líder que provoque impulso articulado e coordenado para romper os entraves à construção de um projeto nacional italiano.

As classes *grasso* e *minuto*, portanto, são as que potencialmente vão constituir a base de sedimentação para a construção de um Estado também ele virtuoso, com a liderança e o obséquio da *virtù* do *condottiero*. O indício emblemático para que se compreenda o papel dessas duas classes é o famoso "manual de civilidade", escrito ou compilado pelo florentino Giovanni della Casa, no século XVI, intitulado *Il galateo*[145], um complexo de regras para o comportamento e para a "dignidade nos relacionamentos sociais". Como bem adverte Burckhardt, não são apenas recomendações sobre asseio e *buone maniere* ou *étiquette*, "escrito com beleza e inteligência". Como ressalta o historiador suíço, o manual é a expressão de refinamento de poder de uma classe, que, juntamente com a língua "nacional" culta[146], oferecia os contornos de um refinamento a expressar o poder de uma classe

---

[143] Antonio Gramsci, "Note sul Machiavelli", cit., p. 6-7.

[144] Ibidem, p. 8; ver também Ellen Meiksens Wood, *Liberty and Property*, cit., p. 46 e seg.

[145] Giovanni della Casa, *Il galateo* (Milão, Rizzoli, 2009).

[146] Machiavelli, diferentemente de Dante, que desejava o toscano como língua hegemônica, foi defensor da utilização da "língua viva" e da criação de um idioma "nacional" que levasse em

dirigente[147] ou, melhor dizendo, o poder de uma classe em busca da estruturação de uma nacionalidade viva, direcionada à unificação do território peninsular.

Ressalte-se, em primeiro lugar, que o elemento novo nesse projeto de construção é a possibilidade de se ampliarem a virtuosidade humana e, consequentemente, a reordenação e a relativização da escala de valores e das virtudes, em que os indivíduos de uma classe devem assumir a responsabilidade de construir coletivamente, numa relação dinâmica e recíproca das responsabilidades, no campo de ação moral, proporcionando, assim, uma lufada de frescor à concepção da natureza do homem, na potencialização otimista da noção de liberdade e de seu poder de criatividade, *aggiornando* a condição da Antiguidade clássica da τέχνη (*techné*). Mesmo considerando o moto contínuo da "história circular imutável", Machiavelli confia na força da *virtù* do *condottiero* e do *popolo* para manter o equilíbrio de uma moralidade sempre ameaçada pela vida real. Em sua visão contraditória – quer dizer, que expressa a própria transição das compreensões da dinâmica do mundo, no período da acumulação originária do capital –, Machiavelli dá um passo importante não somente pela constatação e pelo reconhecimento da luta de classes, como por vislumbrar a possibilidade de quebrar, por meio da ação humana, a determinação perpétua de uma circularidade impositiva na história da natureza e dos homens, por meio da ação dos "homens ricos e cultos" (a burguesia) de Florença, vista por Machiavelli ainda como a pólis referencial, sendo que "a base da estratificação social de Machiavelli é a organização econômica da sociedade burguesa"[148], lembrando que Machiavelli entende ("o seu") povo como *sujeito político*. Não por acaso, nos *Discorsi*, ele chama atenção para o fato de que a plebe, quando atua junta, é galharda; individualmente, é débil; na sequência, ele indica que a multidão é mais constante e mais sábia que um príncipe[149]. O homem político machiaveliano, portanto, é portador de uma *virtù*, captada e repassada pelo *condottiero* e que se consubstancia coletivamente pelo *popolo*, que se objetiva por meio da ação política, corretamente definida por Heller como *techné* política. Desse modo, a ação positiva dos homens em sociedade – aí a referência indiscutível à pólis – pressupõe que homens públicos impulsionem a política não como "movimento autônomo", como quer Heller, mas como *ação induzida* pela

---

consideração o que era falado no conjunto das regiões mais importantes da Itália. Ver Niccolò Machiavelli, "Scritti letterari in prosa i versi", em *Machiavelli: tutte le opere*, cit., p. 800 e seg.

[147] Jacob Burckhardt, *A cultura do Renascimento na Itália*, cit., p. 270-2 e seg.

[148] Agnes Heller, *L'uomo del Rinascimento*, cit., p. 496.

[149] Cf. Niccolò Machiavelli, "Discorsi", cit., L.II, 57, 58, p. 134-5.

316 Os portões do Éden

virtù/razão de uma classe social e de seu projeto particular de sociedade. Mais que uma "ciência", a política consolida-se como *elemento operativo* de uma classe e de instituição de uma ordem social, incidindo, ainda, nas estruturas ideojurídicas da sociabilidade burguesa dali em diante. Por outro lado, Heller acerta em dizer que a política como *techné* se desenvolve a partir de vários elementos, ainda que atuando unitariamente: conhecimento político, manipulação política, práxis e ética[150]. O conhecimento e a práxis estão direcionados ao objetivo como um todo – sempre determinados pelos elementos dados pelo momento. Já a manipulação e a ética políticas referem-se à totalidade dos meios direcionados à implementação prática do conhecimento político.

Se a *virtù* machiaveliana é a possibilidade de intervenção da razão pragmático-utilitarista, qual é o papel da manipulação e da violência na política? Antes de tudo, é necessário ressaltar que manipulação e violência, como vimos, expressam as formas machiavelianas de práxis política, uma forma de manter o controle de uma sociedade em permanente crise – ainda que em seus *Discorsi*[151] ele fale de tolerância do príncipe, das leis e das instituições para com os conflitos inerentes às sociedades –, na qual o elemento mais importante do *condottiero*, como acentuado em *O príncipe*, é a integridade, não a astúcia[152]. No entanto, o *condottiero* íntegro deve saber que a astúcia é um instrumento central para a ação de governo. Daí, conhecer as duas formas de combater é fundamental: uma por meio das leis, próprias dos homens, e outra pela força dos animais:

> Como, porém, muitas vezes, a primeira não é suficiente, é preciso recorrer à segunda. Ao príncipe torna-se necessário, porém, empregar convenientemente o animal e o homem.[153]

Com esse trecho, Machiavelli enfatiza o que está presente na sociedade renascentista: a violência intrínseca a sua forma ideossocietal. É nesse sentido que Machiavelli recorre à fábula do centauro Quíron, tutor de Aquiles, que alguns, afoitamente, atribuem ao florentino como a lógica da força pura e simplesmente. Acontece que, na mitologia greco-romana, o centauro Quíron, filho de Kronos (Saturno, para os romanos), deus do tempo, e de Filira, oceânide (filha de Oceano),

---

[150] Agnes Heller, *L'uomo del Rinascimento*, cit., p. 510 e seg.

[151] Niccolò Machiavelli, "Discorsi", cit., L I, 2.

[152] Idem, "Il principe", cit., cap. 18, p. 37.

[153] Idem.

era um sábio, educado nas florestas pela deusa Ártemis (Diana, para os romanos), conhecedor de botânica e astronomia, medicina e cirurgia. Teve como discípulos, entre tantos heróis, Esculápio, Nestor, Peleu, Teseu, Ulisses, Jasão, Cástor, Fênix e Aquiles, além de Hércules, que foi um aplicado aluno de medicina, de música e de justiça[154]. Quíron ensinou também a clareza mental, as escolhas sensatas que aquietam o coração e curam feridas da alma. Ele possibilitou a Aquiles utilizar equilibradamente a força da besta, ser, proporcionalmente raposa e leão, e propiciou o equilíbrio para o uso da força. Essa alegoria demonstra, na visão machiaveliana, que o *condottiero* deve "servir-se da natureza da besta, deve tirar dela as qualidades da raposa e do leão, pois este não tem defesa contra as armadilhas e a raposa não as têm contra os lobos. Precisa, pois, conhecer as armadilhas do leão para aterrorizar os lobos"[155]. Posta dessa forma, a violência apresenta-se como "mal necessário" para implementação da civilidade e do Estado. A legitimidade do uso da violência nunca foi tergiversada pelo florentino, inclusive, se necessário, havia intimidação do povo, operando com medo e interesses. Ainda assim, como ressalta Heller, a manipulação é mais ampla que a violência – utilizada como meio de dissuasão – porque a hipocrisia constitui, para ele, um problema universal[156]; no limite, o príncipe é um homem político que não deve mentir a si mesmo, mas obrigatoriamente necessita da capacidade de se movimentar no espectro das manipulações, das ciladas e dos embustes, próprios das relações políticas e econômicas da sociedade fundada na produção e na circulação das mercadorias.

Vivia-se, portanto, a era da formação dos Estados nacionais, em que a força era a convergência centrípeta para as unificações territoriais. Para tanto, era fundamental a consolidação do poder da burguesia, o que significa, também, derrotar seus inimigos ou cooptá-los para seu projeto, tendo o pressuposto de ações contundentes, que exigiam a força e, em muitos casos, a violência. Machiavelli sabia que, no caso italiano, em que prevaleciam os micro-Estados, a hegemonia do Vaticano e do papado, seria imprescindível a mão forte do *condottiero* e a elaboração de leis que garantissem tanto o poder do príncipe como a ordem institucional, assim como a presença do "*popolo* adequado" à realização dessa gigantesca tarefa. Gramsci ressalta esse elemento fulcral, salientando Machiavelli como expressão

---

[154] Ver Homero, *Iliade*, cit., XII, 21, "o melhor dos centauros"; 22, "instrutor de matérias farmacêuticas"; 23, "educador que tem muitos alunos". Ver também P. Commelin, *Mitologia grega e romana* (São Paulo, WMF Martins Fontes, 2000), p. 269 e seg.

[155] Niccolò Machiavelli, "Il príncipe", cit., p. 38.

[156] Agnes Heller, *L'uomo del Rinascimento*, cit., p. 514.

necessária e estreitamente vinculada às exigências de seu tempo, que resultam 1) das lutas internas da república florentina e de sua estrutura particular de Estado, que não conseguiu desvencilhar-se dos resíduos comunais e feudais; 2) das lutas entre os Estados italianos que não alcançavam um equilíbrio nacional, em função da existência do papado; 3) das lutas dos Estados italianos mais ou menos solidários por um equilíbrio europeu, ou seja, da luta pela hegemonia na Europa. Gramsci ressalta que Machiavelli, impactado pelas situações da França e da Espanha, vê necessidade de se organizar uma monarquia absolutista italiana, forma política que facilitaria o desenvolvimento das forças produtivas burguesas[157]. Desse modo, o elemento intrínseco da violência reside justamente na necessidade de se destruírem os entraves feudais, isto é, com a pulverização da economia e do poder político, configuradores de uma anarquia feudal[158]. Para além da visão um tanto idealista, já que Machiavelli mirava o *popolo grasso* e parte do *popolo minuto*, Gramsci indica com precisão o *núcleo duro* das elaborações machiavelianas; quer dizer, a construção do polo político de apoio para o desenvolvimento do Estado absolutista-burguês, muito distante da concepção de "reação feudal" sugerida por Perry Anderson. Ao contrário, Machiavelli não somente vê a necessidade da constituição de Estados com a força soberana do príncipe, como acena, também, para a necessidade de um contrato social fundado no *popolo colto* (povo culto) e afeito à civilidade e ao cumprimento das leis virtuosas.

Para efetivar a aglutinação em torno de seu programa e do projeto de Estado, Machiavelli vê como formação ideal o *governo misto*. Nessa forma de governo, que não é proposta por acaso, o florentino assenta sua noção de equilíbrio, que vai além da mera junção das outras formas governativas por ele elencadas (monárquico, popular e aristocrático), tomando as "boas proposituras de todos". Na direção de Chasin, pensamos que essa "é a coparticipação dos demais vetores, cuja presença engendra e universaliza, pela pressão de uns contra os outros, as medidas da convivência", o que, na definição machiaveliana, significa a *contraposição unificadora* – um conflito subsumido ao télos da união e harmonia

---

[157] Ver Antonio Gramsci, "Note sul Machiavelli", cit., p. 16-7.

[158] Gramsci chama atenção para o fato de que, exatamente em razão da predominância dessa anarquia, é necessário um chefe de caráter militar-ditatorial que, por um período, comande a fundação e a consolidação de um novo poder, "a indicação de classe contida na *Arte da guerra* deve ser entendida também para a estrutura do Estado em geral: se as classes urbanas pretendem terminar com a desordem interna e a anarquia externa, devem apoiar-se nos camponeses como massa, constituindo uma força armada segura e fiel"; ibidem, p. 17.

entre as partes[159] – isso evidencia suas referências à velha pólis florentina. Desse modo, a dissensão é vista por Machiavelli como positiva, acentuando, assim, o papel de sujeito do que define como "seu" *popolo*, a grande burguesia e setores da pequena-burguesia, reunidos em torno de leis civilizadoras – e garantidoras – do funcionamento do Estado e do *condottiero* dirigente. Essa convivência não é garantida apenas pela vontade ou pela *virtù*. O elemento virtuoso é um condimento fundante, mas deve-se atentar para o fato de que o desdobramento prático e utilitário da política requer instrumentos direcionados para a consolidação de um *contrato*, que pode ser materializado por meio de um direito consubstancioso e fundado na ideia de *vontade geral*, que aponta para a constituição de instrumentos de controle social e político que, se de um lado absorvem os contrários, de outro *não* assimilam a contradição[160].

Esse aspecto imediatamente constatável, dados os limites da compreensão contraditórios pela ausência de uma ontologia da sociedade, requer soluções que, *et pour cause*, resolvam o conflito, eliminando os conflitantes. Isso pressupõe o que vai se constituir como elemento basilar da noção de *contrato*: de um lado, o conceito renascentista do homem egoísta e individualista, que age movido por seus interesses e impulsos; de outro, a construção mediativa de cunho particularizante, quer dizer, a elaboração de leis que adaptem o egoísmo a uma convivência social, em que a liberdade passa a ser controlada com a justificativa de que o espaço de liberdade existente deve ser garantido. Chasin realça com propriedade esse momento, que podemos discernir como *elemento nodal* da formulação machiaveliana da política, em que a convivência em sociedade, que aparece como reminiscência atávica da pólis burguesa, configura-se, no entanto, enquanto comunidade desprovida do primeiro impulso coletivista e permeada por determinações resultantes das relações sociais regidas pelas leis competitivas e que regulam uma sociabilidade subsumida à dinâmica da produção e da circulação de mercadorias[161]. No entanto,

---

[159] José Chasin, "O futuro ausente", cit., p. 225-6.

[160] Idem.

[161] Ibidem, p. 230-1. Na síntese de Chasin, "a liberdade na condição maquiaveliana de subproduto positivamente funcionalizados evoca e remete prospectivamente à indefectível liberdade restrita de base limitada da ordem societária do capital maturado, na qual cada indivíduo é tolhido multiplamente pelas individualidades dos outros, em que a liberdade de cada um é aviltada pela fronteira mesquinha da liberdade do outro; onde a implicação da má infinitude das exclusões mútuas ou permutadas, redundando dessa troca de proscrições a adstringência da liberdade àquilo que possa restar em solidão, desterrada dos outros e abandonada a si mesma, quando o indivíduo

320 OS PORTÕES DO ÉDEN

há de se dizer que essa não se configura como intencionalidade machiaveliana (ou "maquiavélica"), mas como uma determinação subjetiva da sociabilidade em que o florentino elabora sua teoria do Estado e da relação da sociedade para com ele. Tanto é verdade que Chasin forçosamente concorda que sua elaboração é mais flexível em relação às que virão depois, se pensarmos em Bodin e Hobbes, exatamente expressões de um momento mais incisivo e mais cruel da acumulação originária do capital. O que o filósofo paulista chama de "atavismo do referencial comunitário" em Machiavelli é, de fato, o aspecto convivente da experiência da pólis burguesa, que vai se dissolvendo e dando alugar à ferocidade das relações do capital.

Aqui, nada mais evidente que a noção hegemônica na sociabilidade renascentista, subsumida à "circularidade da história", em que os homens egoístas, em sua liberdade natural, são perversos, mas passíveis de serem "corrigidos" e enquadrados pela intervenção virtuosa de um *condottiero* ou pela virtude de uma ordem institucional (leis)[162]. Daí o discurso político, pensado somente na óptica de uma sociedade em que se deve regular a convivência de homens naturalmente livres e egoístas, por meio de leis virtuosas – *in limine*, formas civilizatórias já experimentadas com êxito em outros momentos da história, por meio de lideranças que encarnaram vontades e *programas* no sentido da consolidação de virtudes que levaram suas sociedades a destinos grandiosos, em que imperaram virtudes que possibilitaram vidas humanas harmoniosas.

Assim, Machiavelli lança as bases do absolutismo a partir da *teoria renascentista da negatividade humana*, em que a prevalência do político significa também a preeminência do controle da liberdade e a organização da violência como incumbência exclusiva do Estado/príncipe, onde os Estados nacionais emergentes vão encontrar arrimo e substâncias para suas dinâmicas. Como acentuou Chasin, nessa nova ordenação saem os homens, como instância decisória da vida e da liberdade, e entram a política e o Estado, como elementos constitutivos da desominidade coisificada, manipulatória e autocrática[163]. Jean Bodin fará a ampliação no âmbito material dos elementos conceituais delineados pelo florentino, no processo de consolidação do Estado nacional francês. Em *A República*, de 1576, no âmbito de buscar as legitimidades da estrutura estatal e, consequentemente institucional, vai além de Machiavelli, a quem chamará de "cortesão que jamais investigou os

---

real, prático, só pode ser paronizado pela ferocidade do isolamento e, no limite, a liberdade é dissolvida em má subjetividade, em interioridade impotente".

[162] Niccolò Machiavelli, "Discorsi", L.III, 1.

[163] Cf. José Chasin, "O futuro ausente", cit., p. 204 e seg.

segredos das ciências políticas e o direito público". Nesse "ir além", o laicismo machiaveliano é substituído pelos desígnios divinos, em que é retomado o direito natural, evidenciando uma tendência que buscava sua legitimação não mais na sociedade organizada pela política, mas, sim, por meio da política divinizada.

Na Inglaterra, Hobbes, filósofo materialista, se incumbirá de solidificar os preceitos do absolutismo clássico, por meio da teoria da sociedade dos "homens singulares", livres e egoístas. Em Hobbes, a radicalidade do individualismo ganha dimensão com a visão dos "indivíduos-máquinas" plenos de desejos e sensações. A isso acrescenta-se a reintrodução do direito natural por meio do qual o homem exerce sua própria naturalidade. Ao conjunto filosófico dos séculos XV e XVI, Hobbes insere, em suas reflexões, o racionalismo, que passa a se constituir a pedra de toque; quer dizer, o *empirismo*, como expressão dos avanços do pensamento mediativo efetuados no século XVII. Obviamente, não nos referimos a suas polêmicas com Descartes, nas quais revelam-se profundas divergências entre a questão do cógito, em que, ao preceito cartesiano do *cogito ergo sun*, Hobbes dirá que, para que haja um pensamento, é necessário que "exista uma coisa que pense, a ciência sem uma coisa que saiba e o passeio sem uma coisa que passeie. De onde se segue que uma coisa que pensa é alguma coisa de corporal"[164]. Apesar de polemizar com Bacon, podemos dizer que Hobbes o sistematiza no fundamental, pela noção de que o mundo é composto por um conjunto de corpos e que nada que existe é incorpóreo, de modo que não se pode separar o pensamento da matéria. Avanço fundamental, que define a vida do homem a partir de sensações, expressões objetivas de processos subjetivos. No entanto, esse avanço não retira o núcleo divino de sua filosofia materialista, que convive com a noção de Deus e das leis divinas, fundamentadas no Velho Testamento[165].

No entanto, o que nos interessa evidenciar, nestas breves observações conclusivas, é o aprofundamento da noção de *homem natural*, egoísta e livre, formulada nos séculos XV e XVI, mediada pelo materialismo miticizado, seja pela relação indireta com as reminiscências atávicas da "vida paradisíaca" que havia antes da "queda do Éden", da liberdade e do estado de natureza, seja pela "exemplificação" dessa condição, "verificada" na forma de vida dos povos do Novo Mundo. Ali, "constata-se inexistência" de qualquer condição de civilidade, a não ser uma forma de convivência regulada pela lei natural. Essa retomada das formulações medievais,

---

[164] Thomas Hobbes, citado em João Paulo Nogueira, "Hobbes, vida e obra", em *Hobbes* (São Paulo, Abril Cultural, 1983, col. Os Pensadores, v. 22), p. xi.

[165] Cf. Thomas Hobbes, *Do cidadão* (São Paulo, Martins, 2002), p. 53 e seg.

de Agostinho e Aquinas, aparecia, no entanto, como ordenamento presente na própria natureza, em que presenciamos, então, um forte elemento escatológico eclipsado. Nesse sentido, a *virtù*, que em Machiavelli apresenta-se por meio da capacidade do *condottiero* de compreender o momento histórico e as aspirações do povo, pela assimilação da *vontade geral*, aqui é transferida para a capacidade de se absorverem os fundamentos da lei natural, ela mesma impregnada de virtude, o que significa levar às leis e ao direito esses elementos "presentes na lei natural", antecipando-se aos iluministas do século seguinte. Por outro lado, o que permanece das formulações renascentistas e, em especial, das machiavelianas é a ideia de que, para controlar a excessiva ambição "natural" dos homens, que os faz ser lobos de si mesmos – na velha frase, atribuída ao teatrólogo latino Plauto, "*homo homini lúpus*" (o homem é o lobo do próprio homem) – por sua *natureza igualitária* e, ao mesmo tempo, indisciplinada, fora de qualquer *arquia*, mas que é plena de virtuosidades, como as faculdades do espírito, uma igualdade que favorece a "concepção vaidosa da própria sabedoria, a qual quase todos os homens supõem ter em maior grau que o vulgo; quer dizer, em maior grau que todos menos eles próprios"[166]. Como afirma adiante: "Desta igualdade quanto à capacidade deriva a igualdade quanto a esperança de atingirmos nossos fins. Portanto, se dois homens desejam a mesma coisa e é impossível ela ser gozada por ambos, eles tornam-se inimigos. Então, no caminho para seu fim (que é principalmente sua própria conservação e às vezes apenas seu deleite), esforçam-se por se destruir ou subjugar um ao outro"[167]. Daí ser necessária a coação, como elaborou com sofisticação Machiavelli em seus *Discorsi*.

Se para o florentino suas formulações requeriam que a *virtù* estivesse no *condottiero*, como presunção da construção de um aparelho estatal, inclusive para a construção das condições da civilidade, para Hobbes essa possibilidade se materializa no "poder terrível" do Estado, cujo pressuposto também é o pacto. Machiavelli objetivava sua ideia de pacto pela aliança do príncipe com o *popolo*, o qual receberia, também, as condições virtuosas presentes nas formulações e nas ações do *condottiero*, numa coalizão pactuada na qual se pressupunha, em construção eminentemente política, a assimilação das aspirações e dos desejos coletivos dessa fração de classe, chamada genericamente de *popolo*. Hobbes vai mais longe e aprofunda os fundamentos machiavelianos, o que, de forma objetiva, constitui também os elementos instauradores do Estado moderno e da ficção liberal de que o homem, "para ser livre, deve ceder um pouco de sua liberdade a fim de poder

---

[166] Idem, *Leviathan* (Oxford, Oxford University Press, 2008), L.I, XII, 2.

[167] Ibidem, 3.

viver em sociedade", como se a vida nessa sociedade não fosse resultante das relações postas pelo ser social. De qualquer modo, Hobbes assevera que o homem, para sair do "estado de selvageria" em que um é absoluto de si mesmo, deve construir um *pacto artificial*, um poder comum que mantenha os homens em condição de respeito e que dirija suas ações no sentido do benefício comum.

> A única maneira de instituir tal poder comum, capaz de defendê-lo das invasões dos estrangeiros e das injúrias uns dos outros [...], é conferir toda sua força e seu poder a um homem, ou a uma assembleia de homens, que possa reduzir suas diversas vontades, por pluralidade de votos, a uma só vontade [...]. Isto é mais que consentimento, ou concórdia, é uma verdadeira unidade de todos eles [homens] numa só e mesma pessoa, realizada por um pacto de cada homem com todos os homens [...]. *Cedo e transfiro meu direito de governar-me a mim mesmo a este homem, ou a esta assembleia de homens, com a condição de transferires a ele teu direito, autorizando de maneira semelhante todas as suas ações.* Feito isso, a multidão assim unida numa só pessoa se chama *Estado*, em latim, *civitas*. É esta a geração daquele grande Leviatã.[168]

Um produto da arte e do artifício humano, no qual a soberania é artificial, em que o individualismo é transferido à mediação de um corpo legal e por um rei, já que sua forma de governo ideal é a monarquia. Desse modo, as identidades entre esses dois autores vão além, o que requereria um longo e específico estudo para analisar onde um avançou no que o outro parou – o que não cabe no escopo deste trabalho –, pelas condições próprias do desenvolvimento do conhecimento realizado entre o século XVI e inícios do XVII, ressalvando-se que Machiavelli falece em 1527. Uma identidade muitas vezes incorretamente menosprezada.

O filósofo alemão radicado nos Estados Unidos Leo Strauss chama atenção, no prefácio para a edição estadunidense de *A filosofia política de Hobbes*, que, ao longo de suas reflexões e nas preparações para a publicação de seu livro naquele país, percebeu que havia lido os *Discorsi* machiavelianos equivocadamente. Ao revisitá-los, deu-se conta de que o referido livro constituía o *magnum opus* de Machiavelli[169], porque ali estavam os elementos centrais de sua formulação sobre o poder e sobre o Estado. Assim, na senda das conclusões de José Chasin, entendemos que Machiavelli não pode ser compreendido como retórico periférico na construção

---

[168] Ibidem, L.II, 8, 9 e 10; grifos do original.

[169] Leo Strauss, "Prefácio a la edición estadunidense de 1952", em *La filosofia política de Hobbes: su fundamento y su génesis* (Cidade do México, FCE, 2006), p. 20.

da teoria do Estado moderno. Ao contrário, ele ocupa o espaço fundante desse alicerce, sem o qual Hobbes não teria desenvolvido sua teoria do individualismo possessivo. Hobbes ampliou o *condottiero*, transformando-o em "máquina artificial" de comando e de opressão, no "poder terrível" do monstro burguês, o Leviatá.

Fato é que a visão do igualitarismo-desigual desenvolvido por Machiavelli, a partir dos preceitos dos filósofos renascentistas, lançou as bases não somente da ideia burguesa do homem "eternamente egoísta" e fragmentado nas diversas frações de classe em que se dividia concretamente o *popolo*, onde parte dele contava com "as condições para o avanço civilizatório" e para a consolidação de uma sociabilidade unificada em torno dos interesses da burguesia – o *popolo* fundante dos reprodutores e aliados do príncipe *condottiero* e do Estado nacional italiano, que em seu fundamento, já aparecia como universalidade posta pelo processo de subsunção formal do trabalho ao capital, gêmeo xifópago da acumulação originária.

Ali, nessa universalidade congelada pela particularidade burguesa, gestaram-se os fundamentos para a alienação opressiva do que viria ser o Estado burguês, em sua plenitude.

POSFÁCIO

*Anderson Deo**

Não é preciso pronunciar um chamado ou tocar uma sineta, nem mesmo acionar uma aldrava, para que *Os portões do Éden* se abram diante do leitor. No entanto, aqueles que tiverem o prazer de caminhar pelas alamedas deste denso e belo jardim devem estar cientes de que as questões apresentadas por Antonio Carlos Mazzeo provocam intensas inquietações. Com elevado grau de erudição e uma vasta e fundamentada bibliografia sobre os assuntos tratados, Mazzeo nos oferece uma reflexão sobre questões candentes sobre a temática abordada e também sobre o tempo presente, muitas das quais abrem-se para polêmicas discussões, que instigam sua investigação e seu aprofundamento, como todo texto de qualidade deve fazer. O que apresento nos parágrafos a seguir é um pequeno esforço de uma sintética sistematização de questões que considero relevantes, cuja finalidade única é apresentar possíveis questões ao debate proposto.

Comecemos, pois, por identificar duas questões de fundo que, se não são propriamente "originais" do ponto de vista estritamente acadêmico, apresentam originalidade – forma e conteúdo – em seu tratamento, imprimindo ao texto um caráter incontornavelmente atual. Refiro-me ao debate sobre o *caráter da democracia burguesa* e as controvérsias que envolvem o que poderíamos identificar como uma *teoria da transição*.

Não é preciso um grande esforço intelectual para identificarmos que vivemos um processo de ampliação e de aprofundamento da crise do capital. Mais do que

---

* Doutor em ciências sociais, docente do Departamento de Ciências Políticas e Econômicas e do Programa de Pós-Graduação em Ciências Sociais da Unesp, *campus* de Marília (SP). Lidera o Grupo de Pesquisa Núcleo de Estudos de Ontologia Marxiana: Trabalho, Sociabilidade e Emancipação Humana (Neom/CNPq). (N. E.)

uma crise cíclica, esta explicita todas as contradições próprias desse modo de reprodução sociometabólico, cuja expressão sintomaticamente cruel pode ser observada no avanço da barbárie cotidiana. Nesse processo, a crise na qual está mergulhado o Estado burguês e seus mecanismos político-institucionais de funcionamento e dominação expressa uma de suas singularidades. O pouco interesse pela política – ou mesmo o desprezo –, evidenciado no comportamento de grande parte da população das assim chamadas democracias ocidentais, seja em momentos de discussões cotidianas, seja nas disputas eleitorais recentes, evidencia muito mais do que a insatisfação com o universo da política em si e seus representantes institucionais. Isso porque a democracia, em seu conteúdo societal burguês, responde cada vez menos aos anseios e interesses da grande maioria das sociedades, ao mesmo tempo que explicita, em uma dinâmica inversamente proporcional, seu conteúdo de classe, fundamentalmente autocrático – seja em sua forma clássica/bonapartista, seja em sua forma institucional – e que reproduz, portanto, uma forma política de dominação.

A democracia em seu conteúdo societal burguês é, cada vez mais, incapaz de "oferecer respostas" à reprodução social sem explicitar e reproduzir, de algum modo, a barbárie da vida cotidiana[1]. Os fundamentos da *igualdade* e da *liberdade* são subsumidos à *propriedade privada*, absorvendo e reproduzindo radicalmente seu conteúdo de relações "genéricas e abstratas", tal como Karl Marx já identificava em sua *Crítica da filosofia do direito de Hegel**, de 1844.

Ao nos apresentar uma criteriosa e fundamentada leitura sobre as origens do igualitarismo burguês, Mazzeo aponta para duas questões fundamentais: a primeira diz respeito ao processo de constituição da – então nova – forma ideossocietal burguesa, seus elementos compósitos, as formulações de síntese que são expostas em seu movimento de absorção/crítica/superação (*Aufhebung*) e como estas são necessariamente vinculadas – são produtos e ao mesmo tempo reproduzem – às transformações e às contradições históricas daquele período, isto é, da transição do medievo à modernidade; a segunda questão deriva diretamente da primeira, qual seja, os limites societais do igualitarismo e da política, enquanto expressões burguesas de genericidades abstratas. Sem, contudo, incorrer no erro do anacronismo e orientado pela busca da compreensão dos complexos sociais em suas múltiplas

---

[1] Um dos efeitos desse processo é o ressurgimento, ou a revitalização, de formulações políticas e sociais de caráter reacionário. A história nos demonstrou vários desses exemplos durante o século XX, a começar pela decadência burguesa expressa na ascensão do fascismo e do nazismo e, mais recentemente, nas diversas formas ideológicas reacionárias que ganham força social, principalmente no Ocidente.

* São Paulo, Boitempo, 2013. (N. E.)

determinações, o autor nos oferece um quadro analítico, bem como sua reprodução ao nível subjetivo, ideológico, das transformações históricas que possibilitaram o evolver da sociedade burguesa.

Desse quadro de questões deriva o segundo grande tema abordado no livro e que, como apontado anteriormente, remete às discussões do que genericamente identificamos como o *debate sobre a transição*. Mazzeo nos demonstra que os processos de transformações históricas que deram origem ao igualitarismo burguês resultaram de profundos movimentos de *continuidade-ruptura* ao longo de séculos e que, a partir do Renascimento, se conformaram em um novo patamar histórico. A dinâmica interna, captada e reproduzida pelo autor, identifica como as lutas de classes produziram tais transformações e como o *historicamente novo* absorveu, criticou e superou o *historicamente velho*. Portanto, a máxima marxiana de que "os homens fazem sua própria história; contudo, não a fazem de livre e espontânea vontade, pois não são eles quem escolhem as circunstâncias sob as quais ela é feita, mas estas lhes foram transmitidas assim como se encontram"*, é aqui verificada e perseguida como fundamento ontológico, demonstrando que os fenômenos sociais e suas possíveis transformações resultam da ação humana organizada para determinados fins, a partir da realidade concreta em que estão inseridos. Captar e dilucidar o momento da transição histórica que resultaria no mundo burguês me parece fundamental, tanto mais pelo que nos abre de possibilidades futuras. Ao nos permitir identificar as singularidades em suas relações particulares daquele processo histórico, fundamentado numa análise que aponta para o esforço de captura no plano intelectivo do movimento conceitual que o filósofo György Lukács identificou como *o ser-precisamente-assim* dos fenômenos sociais, o texto oferecido ao leitor impõe a urgente necessidade de reflexão/construção sobre as possibilidades da transição do futuro. Para o autor destas modestas linhas finais, esse processo histórico só pode ser factível se colocado no horizonte da transição socialista.

Passemos agora à discussão de alguns temas e reflexões presentes em *Os portões do Éden*.

O tema do igualitarismo vem sendo discutido por Antonio Carlos Mazzeo já há algum tempo. Em seu livro *O voo de Minerva: a construção da política, do igualitarismo e da democracia no Ocidente antigo* (Boitempo, 2009), o autor analisa as formas societais que se reproduzem na Ática (tal como era denominada a região da Grécia na Antiguidade) e como estas, a partir de um processo de crise societal –

---

* *O 18 de brumário de Luís Bonaparte*, trad. Nélio Schneider, São Paulo, Boitempo, 2011. (N. E.)

"crise da pólis" –, deram origem a formas filosófico-mediativas que se reproduziram politicamente através do igualitarismo e da democracia.

Mais do que uma continuidade, *Os portões do Éden* busca compreender e discutir como o igualitarismo que nasce no mundo antigo foi *reprocessado historicamente*, num constante movimento de recomposição, recolocação e avanço, no sentido da absorção de *novos* elementos históricos, superação de *antigos* pressupostos e criação de um outro patamar de sociabilidade, dando origem aos fundamentos ideossocietais burgueses, ao mesmo tempo que é reflexo destes. O *aggiornamento* – utilizando a expressão do nosso autor – do igualitarismo deve ser entendido não como mera continuidade de processos históricos anteriores, mas como um constante processo que absorve e supera novas formulações, resultantes de transformações no modo de produção. Da mesma forma, não podemos incorrer no equívoco de que o autor proponha uma tal linearidade. Pelo contrário, Mazzeo procura demonstrar como os processos de crises societais – na passagem do escravismo ao feudalismo e, mais tarde, na transição do feudalismo ao capitalismo – produziram *soluções de práxis* que resultaram em novas elaborações sobre o igualitarismo e a política no pensamento ocidental moderno.

Assim, o autor propõe que a Paideia grega, a formação do homem da/para a pólis, não é mera ou automaticamente dissolvida com o advento do cristianismo. Antes, é recolocada, reestruturando-se e incorporando elementos culturais do Oriente. O elemento historicamente novo se encontra no fato de que o cristianismo pressupõe uma organização do conhecimento, a organização em função de uma ética orientada por uma leitura cosmológica e metafísica que "se revela" ao homem: a religião cristã. Portanto, o núcleo do argumento aponta que o cristianismo representa o mundo grego "recolocado". Nesse processo, seria decisivo o papel desempenhado pelos filósofos estoicos, sobretudo pela fundamentação que desenvolvem ao debaterem a igualdade e a liberdade da alma como princípios indissolúveis e vinculados à forma de ser dos homens, ou seja, a igualdade e a liberdade como elementos naturais, pertencentes à essência humana. Assim, o cristianismo é entendido por Mazzeo como a resposta ideológica ao movimento de crise do mundo antigo e de síntese do mundo feudal, que reproduz o igualitarismo, mas agora como "*Lógos* divino", que se universaliza por meio da "essencialidade da alma" e do fundamento de uma "salvação universal".

Importante notar que o igualitarismo com conteúdo histórico-social burguês que viria a se consolidar a partir do século XVI guarda relações importantes com uma visão cosmológica teológica do mundo, ao propor o fundamento dos direitos naturais como princípio ordenador das relações políticas, cuja origem, em última instância, encontra-se na figura de um deus universal. No entanto, é preciso compreender que essa relação de "aderência filosófica" entre formulações ideossocietais de contextos históricos distintos não pode ser transposta automaticamente. Dito de outra maneira, não podemos incorrer no erro de identificar na síntese produzida pelo cristianismo no medievo uma identidade direta com o conceito de igualitarismo burguês. Este último resultou de uma série de transformações históricas importantes, que também se refletiram subjetivamente. Da mesma forma, não podemos ignorar o processo de construção desses conceitos, na medida em que expressam sínteses de transformações sociais relevantes.

É o que podemos observar quando o autor discute o papel da patrística nas formulações cristãs. Os patrísticos partiam da argumentação de que a lei natural era um reflexo da lei eterna de deus e que, portanto, as leis humanas, as leis temporais, só seriam justas se orientadas a partir das leis naturais. Com todas as possíveis diferenças de formulações entre os autores que fundamentam sua análise no contrato social, o argumento de fundo passa exatamente pela ideia exposta até aqui, assim como o argumento de que há um *igualitarismo inato* como condição primordial da humanidade, também apontado pela filosofia patrística. Parece-nos que a elaboração de Santo Agostinho, presente em sua *Cidade de Deus*, reforça o argumento aqui apontado.

A partir do século XII, podemos observar um processo de grandes transformações históricas que, como tais, devem ser entendidas em seu conjunto constitutivo, ou seja, em sua totalidade. Apoiando-se em Jacques Le Goff e Fernand Braudel, sobretudo no conceito desenvolvido por este último, de transformações sociais de *longue durée*, Mazzeo aponta que o mesmo processo que possibilita a consolidação do modo de produção feudal produz as contradições que viriam a se constituir como o elemento primígeno de sua crise estrutural. A elevação da renda da terra, a retomada do desenvolvimento comercial e a ampliação da utilização de moedas nas (também ampliadas) trocas comerciais, bem como os desdobramentos desse processo, produziram contradições insolúveis ao modo de produção vigente no Ocidente, pois as relações sociais de produção passam a se desenvolver tanto com uma dinâmica quanto com um conteúdo econômico-político antagônicos ao desenvolvimento das forças produtivas. Longe está das intenções deste posfácio discutir todos os aspectos desse processo de transição. A obra de Mazzeo o analisa de forma contundente. Chamo atenção, apenas, à polêmica questão do caráter da renda da terra, produzida no feudalismo.

Apoiando-se em Marx, Mazzeo afirma que podemos observar a produção de mais-valor por meio da exploração da renda da terra em formações sociais anteriores ao capitalismo. Indica que nestas, no entanto, não predominava o valor de troca, mas sim o valor de uso do produto e, portanto, a produção desse mais-valor se manifesta como a forma "de subproduto social". A renda da terra no mundo feudal seria uma expressão dessa caracterização, ao materializar e mediatizar "diretamente o produto excedente". Essa mesma renda da terra teria sido um dos elementos fundantes da crise feudal, quando, entre os séculos IX e XII, se ampliou devido à expansão da fronteira agrícola e às novas técnicas de produção na Europa ocidental – sem se esquecer dos *enclosures* –, produzindo o antagonismo entre as relações sociais de produção e o desenvolvimento das forças produtivas vigentes, como apontado antes. Mesmo estando de acordo com tal formulação, é preciso ressaltar que a temática é motivo de grandes e controversas polêmicas entre as leituras marxistas, sobretudo entre as análises que sobrevalorizam os aspectos políticos-jurídicos de uma formação social, indicando que a transformação destes – e de seu elemento ideológico – seriam determinantes, devido à autonomia relativa que tais complexos societais possuem em relação à totalidade[2].

Retomando o núcleo da argumentação do nosso autor, a caracterização da transição feudalismo/capitalismo como um *impulso societal de nova característica histórica* permite-nos identificar a totalidade histórica como processo em constante movimento, cuja dinâmica contraditória produz constantemente elementos de assimilação do passado e explicitam seus antagonismos, por sua vez mediados por ações humanas que permitem sua superação. O conceito desenvolvido por Mazzeo, da forma como o entendo, pode se constituir como um importante instrumental de conteúdo marxista para compreendermos processos de transição históricas de longa duração; dito de outro modo, processos de crise e superação de um modo de produção. Tal como afirmado no início deste escrito, essa me parece uma questão fundamental para o tempo presente, e poderíamos formulá-la sinteticamente da seguinte forma: seria possível afirmar que o modo de produção capitalista produz na contemporaneidade uma contradição insolúvel entre as relações sociais de produção e o desenvolvimento das forças produtivas, criando a possibilidade histórica para um *impulso societal de nova característica histórica* que aponte para sua superação? Da reflexão e das respostas (sobretudo coletivas) que a humanidade vai nos oferecer depende o nosso futuro.

Um dos elementos fundamentais desse *impulso societal de nova caracterização histórica* foi o resgate da obra de Aristóteles a partir do século XIII. A "nova" esco-

---

[2] Voltaremos à questão quando tratarmos da caracterização apresentada por Mazzeo sobre as monarquias absolutistas europeias.

lástica, em oposição antagônica à "antiga" escolástica, possibilita à escola filosófica nominalista a condição de oposição à teologia, lançando, assim, as bases de uma nova concepção de mundo e de natureza humana. Diante da crise de sociabilidade do mundo feudal, as *soluções de práxis* formuladas e apresentadas por esses filósofos apontam para a necessidade de caracterização/diferenciação entre os elementos *universais* – ou aquilo que é geral – daquilo que é particular – ou específico. O elemento totalmente novo que dinamiza tais formulações é a valorização do racional, no sentido de verificação da validade do argumento quando cotejado com a realidade, com o mundo real. Assim, as experiências vividas, o mundo das "coisas reais" propriamente ditas, sejam as "coisas da natureza", as atividades econômicas ou as formas culturais emergentes, passam a figurar como objetos de maior preocupação no debate filosófico. Pensadores como Porfírio, Duns Scott e, principalmente, Tomás de Aquino passaram a formular que o caráter natural das formações sociais é passível de conhecimento, por meio da utilização de instrumentos racionais/científicos de análise, extrapolando, portanto, as explicações de caráter mítico e teológico. Mazzeo argumenta que tal proposição foi possível a partir da retomada do conceito de *animal político* de Aristóteles. No entanto, esse resgate do filósofo macedônio expressou as preocupações de Tomás de Aquino em seu tempo histórico, quando as mudanças teológico-filosóficas refletiam as transformações do mundo feudal que ingressara numa profunda crise, também refletida no cristianismo. Assim, o tomismo, ao mesmo tempo que expurga os intérpretes árabes da obra aristotélica, promove uma adaptação às exigências dogmáticas de um sistema teológico em crise.

É no trato da questão da dinâmica do *ser* e de sua *essência* que a reinterpretação tomista de Aristóteles apresentará novos elementos. Segundo as formulações aristotélicas, o ser e sua essência são determinados pelo mundo material, onde se manifesta a diferença entre aquilo que é natural (ou da natureza das coisas) e aquilo que é produto da ação humana, ou seja, do trabalho. Aquino aponta para o fato de existirem no universo "várias naturezas" – vários seres –, e que cada uma dessas "naturezas" possui uma forma singular expressa em seus corpos materiais. O universal nelas contido, portanto, se estrutura em suas respectivas formas. O esforço de conhecer a "natureza das coisas" corresponde ao ato de extrair delas o universal que contêm. É através do "intelecto humano" que podemos alcançar o conhecimento mensurado sobre as coisas. Mas cabe ao "intelecto divino" mensurar as coisas e determinar sua existência e suas dimensões, seu ritmo e sua cadência, e, ao propugnar que deus é "a verdade suprema e medida de todas as coisas" e "artífice de todo conhecimento", Aquino nos apresenta os elementos fundamentais daquilo

332 OS PORTÕES DO ÉDEN

que viria a se constituir como núcleo argumentativo das teorias jusnaturalistas, ao ordenar os preceitos jurídicos da Igreja católica diante da crise do século XIII, recompondo a teoria do direito e oferecendo respostas ideo-operativas, capazes de refletir as transformações urbanas geradas no mesmo processo de crise. O autor d'*Os portões do Éden* argumenta que podemos encontrar nesse processo os elementos embrionários de uma politicidade burguesa.

Tomás de Aquino recupera os fundamentos do direito natural dos estoicos e passa a sustentar o próprio direito canônico a partir de tais preceitos. Assim, propõe que a lei que governa todo o universo é a mente de deus; portanto, uma Lei Natural e eterna que se manifesta nos homens. A Lei Natural se caracteriza como a regra primeira da razão, base de todas as leis humanas, e indica o caminho e orienta os homens para sua tendência natural de vida em sociedade, esta o *lócus* de suas atuações e realizações na terra. Reafirma, então, a premissa aristotélica da natureza política intrínseca ao homem, agora recolocada em um novo contexto histórico-social e que, ao mesmo tempo, indica um distanciamento entre as formulações dos dois autores, pois, se as formulações do filósofo de Estagira expressavam as preocupações com uma ordem societal comunitária em decadência, Aquino identifica a necessidade de reordenamento jurídico a partir de interesses individuais que passam a se manifestar no processo de crise da sociabilidade feudal, interesses materiais próprios de uma politicidade burguesa embrionária, tal como afirmado anteriormente.

Ao analisar o processo de constituição da *pólis renascentista*, sobretudo das cidades-Estado italianas, Mazzeo busca compreender o *ser-precisamente-assim* do processo sociometabólico originado da crise do século XIII em seus elementos constitutivos, sejam as *soluções de práxis* apresentadas no plano ideo-operativo, sejam as transformações históricas que compuseram aquele complexo de complexos societal. Assim, percorrendo a argumentação de um longo e importante debate no campo marxista sobre o caráter da transição feudal, a análise apresentada identifica que o núcleo da crise de sociabilidade naquele momento se assentava na dinamização das relações comerciais – o processo de acumulação originária do capital, tal como formulou Marx – e no correspondente processo de transformações político-sociais desencadeado e a este relacionado. Evidencia as transformações das relações sociais de produção a emergência de uma nova classe social, a burguesia, cuja atuação política e ideológica passa a impulsionar transformações fundamentais, num longo processo (*longue durée*) que transformaria radicalmente as relações sociais de produção feudais. Entre estas, destaco o processo de formação das monarquias nacionais que originaram os Estado absolutistas. Tal como é proposto por Mazzeo, a forma política que então "vai se constituindo" absorve e reproduz um conteúdo burguês,

POSFÁCIO   333

sobretudo pela dinamização das relações sociais de produção impulsionadas pelo comércio, produzindo uma *subsunção formal do trabalho ao capital* (Marx). Portanto, ao capturar a autodeterminação/autorrelação entre os complexos sociometabólicos que compuseram a dinamicidade histórica do período que se convencionou denominar Idade Moderna, o autor aponta para uma característica fundamental do período, qual seja, a constituição de uma hegemonia burguesa imbricada na expansão mercantil, na forma política do Absolutismo e na correspondente resposta ideo-operativa do igualitarismo *aggiornato*, a partir do individualismo burguês. Não há uma forma política autônoma, desvinculada da totalidade dos complexos sociais, mesmo que relativamente. O fato de a antiga nobreza feudal compor os núcleos diretivos do Estado Moderno, segundo o autor, deve ser dimensionado a partir de sua função e de suas dinâmicas sociais, coadunados a partir de então pela lógica de reprodução social burguesa. É, portanto, uma nobreza que vai se aburguesando, num processo de transformação histórico-social de seu conteúdo de classe. Autonomizar o conteúdo político-jurídico e ideológico dos Estados absolutistas, de modo a caracterizá-lo como uma forma política de "reação feudal" representa, segundo Mazzeo, uma sobrevalorização politicista na análise da totalidade histórica do período, que não captura de forma reflexa o movimento do real em suas múltiplas determinações, argumento com o qual tenho acordo.

Chamo atenção para um elemento fundamental à compreensão da luta de classes no período e que Mazzeo captura com exemplar nitidez no debate proposto. A hegemonia burguesa em construção, ao mesmo tempo que transforma o "historicamente velho" – o feudalismo –, enfrenta e combate todas as forças sociais que podem ser identificadas como núcleos originários de um protoproletariado. Assim, o igualitarismo burguês e, consequentemente, a política moderna resultam, também, das contradições históricas próprias do processo que poderíamos identificar como o embrião da luta de classes entre a burguesia (em processo de consolidação) e os núcleos primígenos do proletariado, que passam a se desenvolver entre os séculos XIV e XV. É o que podemos identificar quando o autor trata de uma série de revoltas impulsionadas por trabalhadores com baixa qualificação técnica, ocorridas durante esse período em Florença, por exemplo. Tais revoltas, no entanto, também se manifestam no campo, e, ao resgatar o debate que Engels propõe sobre a Revolta de Thomas Münzer, no primeiro quartel do século XVI, a análise oferecida nos aponta como, já em suas origens revolucionárias, o igualitarismo burguês expressa seus limites históricos, próprios dessa forma ideo-operativa de dominação da classe burguesa. A crítica ao catolicismo realizada por Münzer expressava, por meio de uma concepção milenarista, a única "saída possível" à

334 Os portões do Éden

condição de miserabilidade dos camponeses: a constituição de uma "comunidade de bens". Tal como apontado por Engels, o líder camponês expressava, assim, uma forma de "antecipação do comunismo" no plano ideal, "na imaginação". Não por acaso, como bem nos aponta Mazzeo, Thomas Münzer foi condenado não só pela Igreja católica, reminiscente do período feudal, mas também por Matinho Lutero. A Reforma Protestante por este capitaneada, tal como compreendo, é a expressão religiosa da recomposição e da reposição do igualitarismo, sob bases históricas ideo-societais burguesas.

No plano dos complexos materiais, mais propriamente econômicos, faz-se mister apontar para uma questão central que *Os portões do Éden* analisa. Trata-se do caráter genérico-abstrato do igualitarismo burguês expresso em sua forma material--econômica fundante, a mercadoria, assim como o *lócus* social de sua realização, o mercado. A composição de uma hegemonia burguesa, fundada na concepção de indivíduo inaugurada pelo Renascimento, apresenta o mercado como *lócus* social da realização da igualdade humana. É no espaço das trocas mercantis que os indivíduos realizam sua igualdade natural. Nas elaborações da economia política, os indivíduos se relacionam igualmente, a partir de suas aptidões naturais, de forma a alcançarem – através da troca mercantil, nunca é demais afirmar – o máximo de benefício, despendendo o mínimo de esforço. De qualquer maneira, tal concepção aponta para o caráter "evolutivo" do mercado, na medida em que a livre concorrência impulsionaria os indivíduos ao desenvolvimento de suas aptidões e potencialidades. Ao apontar seu conteúdo histórico-social, Mazzeo identifica que tais elaborações possuem um conteúdo universalista, porém fundamentalmente abstrato, posto que não expressam as reais relações materiais entre as classes sociais daquele momento histórico. Afirma, contudo, que tais abstrações generalizantes são próprias de uma nova forma ideo-societal em construção, cuja temática incide sobre o igualitarismo burguês então em desenvolvimento. O autor fundamenta toda sua argumentação na análise das transformações introduzidas a partir do Renascimento, nas particularidades italiana e alemã, demonstrando a consolidação de uma ideologia universal-particular fundamentada numa concepção de igualdade que agora responde às necessidades da burguesia mercantil e, portanto, encontra um novo sincretismo na concepção de indivíduo que daí se desenvolve, bem como em seu desdobramento político – as cidades-Estado e a noção de nacionalidade.

Assim, os pensadores do Renascimento teriam retomado a questão do "papel da sociedade", agora contrapondo-a à noção de indivíduo. Ao criticar as concepções aquinianas de deus, o pensamento renascentista localiza a igualdade no homem e em sua capacidade criadora infinita, "retirando" o igualitarismo remetido a deus e ao pecado original. Portanto, a filosofia da Idade Moderna aponta para uma nova qualidade no trato das soluções de práxis, determinada pelos imperativos históricos da nova forma sociometabólica em precipitação. Entre os pensadores do período que melhor captaram e expressaram esse novo processo está, sem dúvida, Nicolau Maquiavel.

Fundamentado em sua "visão circular da história", Maquiavel promove uma verdadeira revolução na forma de pensar e propor o mundo ao colocar a razão humana – a *virtù* – como instrumento de compreensão e mediação dos processos sociais – a *fortuna*. Portanto, é na relação entre *virtù* e *fortuna*, cuja força dinâmica se localiza na capacidade humana de apreender os fenômenos sociais em seu conteúdo histórico e de apontar os caminhos possíveis à construção do futuro, que o pensador florentino oferece *soluções de práxis* em seu contexto histórico, marcado pela fragmentação da Península Itálica, no mesmo contexto em que os Estados absolutos se constituem no continente e exercem constante agressão militar aos territórios italianos. Daí deriva sua proposição que apontava a necessária unificação dos reinos italianos em torno de um governo centralizado, amparado na concepção de igualitarismo e que deveria tomar as relações sociais burguesas – o povo, para Maquiavel – como referência de sua organização. Em sua constante busca pela elucidação da dinâmica que "move o mundo" das relações de poder, sempre se remetendo a exemplos históricos, seja de personagens reais ou míticos, Maquiavel depura, por assim dizer, a política de seus fundamentos teórico-filosóficos teológicos, autonomizando-a em relação ao controle religioso, ou, ainda, identificando tal controle como um elemento a mais a ser considerado nas relações e disputas pelo poder político historicamente reproduzidas.

Ao retomar com precisão o "papel" de Maquiavel na história e na constituição do pensamento renascentista, especificamente em seu complexo político, Antonio Carlos Mazzeo aponta para um debate de extrema relevância, tal como entendo, à atualidade, qual seja, o caráter da *politicidade* no mundo burguês. Se Maquiavel pode ser caracterizado como o responsável por "retirar das mãos de deus" os fundamentos e o controle da política na modernidade, também é verdade que a política em sua genericidade abstrata, ou na *universalização* de sua *particularidade*, reproduzida pelo mundo burguês, explicita seu caráter *ontonegativo*. Mazzeo é preciso ao apontar que somente em Marx essa negatividade da politicidade se explicita de forma sistematizada, quando o pensador alemão formula que a política é uma forma de mediação/dominação reproduzida em sociedades fundadas na luta de classes e, portanto, reproduz um conteúdo societal que nega o pleno desenvolvimento – a emancipação – da humanidade. Longe de ser consenso, inclusive dentro do pensamento marxista, a tese da ontonegatividade da política aponta, mais uma vez, à necessidade da discussão do caráter da transição socialista como *solução de práxis urgentemente atual.*

Em seu fundamental escrito *O processo de democratização* (1968), György Lukács se dedica à caracterização do *ser-precisamente-assim* da democracia burguesa, diferenciando-a da democracia na Grécia antiga. Segundo o filósofo magiar, tal diferenciação é fundamental à compreensão das distintas totalidades históricas e seus respectivos complexos sociais constitutivos. Assim, Lukács discorre sobre o caráter comunitário da pólis grega e demonstra como a democracia naquele contexto se articulava à forma de reprodução social fundamentada no modo de produção escravista para, em seguida, diferenciá-la da forma histórica burguesa, cuja fundamentação se encontra na cisão entre indivíduo e sociedade civil, na realização dos interesses individuais por meio do mercado e na exploração do trabalho assalariado.

A análise proposta refuta a tese – também burguesa – de que a democracia possui um conteúdo teórico-filosófico puro, a-histórico, universal, e que deva ser reproduzida a partir da genérica abstração dos princípios da "liberdade e igualdade". Demonstra, ainda, como a democracia reproduzida em seu conteúdo histórico burguês representa a forma mais bem-acabada de dominação política que essa classe desenvolveu. Tal argumentação fundamenta uma das teses propostas pelo autor húngaro no referido texto, qual seja, a de que a democracia nos processos de transição socialista deva ser construída a partir do princípio leniniano da democracia como elemento cotidiano, que penetre em todas as relações sociais e aponte para um novo conteúdo societal, substancialmente diverso daquele da democracia em sua forma burguesa.

Da forma como entendo, Antonio Carlos Mazzeo, ao propor a análise sobre as origens do igualitarismo burguês, percorre a senda aberta por Lukács. Ao se debruçar sobre a *forma de ser* das origens histórico-sociais da dominação política burguesa, o autor d'*Os portões do Éden* reafirma a necessidade histórica do debate da transição futura, do devir a ser construído, organizado coletivamente a partir de um novo conteúdo societal democratizante e que possibilite o pleno desenvolvimento das potencialidades da humanidade. Assim, *Os portões do Éden* nos são abertos como proposição de um debate necessário à construção do futuro referenciado na plena emancipação humana, ou seja, na sociedade comunista.

Marília, primavera de 2018.

BIBLIOGRAFIA

Fontes

ABELARDO. Ethique ou connais-toi toi-même. In: *Œuvres choisies d'Abélard*. Paris, Montaigne, 1945.

AGOSTINHO DE HIPONA. *A Cidade de Deus*. Bragança Paulista, Universitária São Francisco, 2007.

_____. *Comentário ao Gênesis*. São Paulo, Paulus, 2012.

_____. *Confissões*. São Paulo, Folha de S.Paulo, 2010. (Coleção Livros que Mudaram o Mundo, v. 12.)

_____. *Sobre o sermão do Senhor na montanha/De sermone Domini in monte*. Ed. bilíngue, São Paulo, Filocaia, 2016.

ALICARNASSO, Dionísio de. *Le Antichità romane*. Turim, Einaudi, 2010.

ALIGHIERI, Dante. De monarchia. In: *Dante*. Tutte le opere. Roma, Newton Compton, 2005.

_____. De vulgari eloquentia. In: *Dante*. Tutte le opere. Roma, Newton Compton, 2005.

_____. *La divina comedia*. Milão, Gherardo Casini, 1987.

AQUINO, Tomás de. Do reino ou do governo dos príncipes ao rei de Chipre (De regno). In: *Escritos políticos de santo Tomás de Aquino*. Trad. Francisco Benjamin de Souza Neto. Petrópolis, Vozes, 1995.

_____. *Suma teológica*. São Paulo, Loyola, 2001-2006. 9 v.

ARIOSTO, Ludovico. *Orlando furioso*. Milão, Mondadori, 1990.

ARISTÓTELES. *Etica Nicomachea*. Bari, Laterza, 1999.

_____. *Metafisica*. Milão, Bompiani, 2000.

AURÉLIO, Marco. Meditações. In: *Epicuro, Lucrécio, Cícero, Sêneca, Marco Aurélio*. São Paulo, Abril Cultural, 1973. (Coleção Os Pensadores, v. 5.)

BASÍLIO [de Cesareia]. *Homilia sobre Lucas/Homilias sobre a origem do homem/Tratado sobre o Espírito Santo*. São Paulo, Paulus, 2005. (Coleção Patrística, v. 14.)

338 Os portões do Éden

BÍBLIA SAGRADA. São Paulo, Ave Maria, 1998.

BRUNO, Giordano. Sobre o infinito, o Universo e os mundos. In: *Giordano Bruno, Galileu Galilei, Tommaso di Campanella*. São Paulo, Abril Cultural, 1973. (Coleção Os Pensadores.)

CAMÕES, Luís Vaz de. *Os lusíadas*. São Paulo, Nova Cultural, 2002.

CLEMENTE [de Alexandria]. *Protréptico*. Madri, Gredos, 1994.

DA VINCI, Leonardo. *Obras literárias, filosóficas e morais*. Ed. bilíngue, São Paulo, Hucitec, 1997.

DE NISSA, Gregório. Imitar a Cristo. In: *A criação do homem/A alma e a ressurreição/A grande catequese*. São Paulo, Paulus, 2011.

DELLA CASA, Giovanni. *Il galateo*. Milão, Rizzoli, 2009.

DELLA MIRANDOLA, Giovanni Pico. *Discurso sobre a dignidade do homem*. São Paulo, Edições 70 Brasil, 2006.

DUNS SCOT, John. Opus oxoniense. In: *Tomás de Aquino, Dante, Duns Scot, Ockham*. São Paulo, Abril Cultural, 1979. (Coleção Os Pensadores, v. 9.)

EMPÉDOCLES. *Pré-socráticos*. São Paulo, Nova Cultural, 1999. (Coleção Os Pensadores, v. 1.)

EPICURO. *Opere*. Org. Margherita Isnardi Parente. Milão, TEA, 1993.

ÉSQUILO. Edipo a Colono. In: *Esquilo*. Tutte le tragedie. Org. e trad. Leone Traverso, Enzo Mandruzzato e Manara Valgimigli. Roma, Newton Compton, 2000.

_____. Prometeo incatenato. In: *Esquilo*. Tutte le tragedie. Org. e trad. Leone Traverso, Enzo Mandruzzato e Manara Valgimigli. Roma, Newton Compton, 2000.

EVANGELHO DE JOÃO. In: *Bíblia sagrada*. São Paulo, Ave Maria, 1998.

EVANGELHO DE MATEUS. In: *Bíblia sagrada*. São Paulo, Ave Maria, 1998.

FÍLON DE ALEXANDRIA. Alegorias de las leyes. In: *Fílon de Alejandría – obras completas*, v. 1. Org. José Pablo Martín, trad. José Pablo Martín, Francisco Lisi e Marta Alesso. Madri, Trotta, 2009.

_____. La creación del mundo según Moisés. In: *Fílon de Alejandría* – obras completas, v. 1. Org. José Pablo Martín, trad. José Pablo Martín, Francisco Lisi e Marta Alesso. Madri, Trotta, 2009.

_____. Vida de Moisés. In: *Fílon de Alejandría* – obras completas, v. 5. Org. José Pablo Martín, trad. José Pablo Martín, Francisco Lisi e Marta Alesso. Madri, Trotta, 2009.

HERÓDOTO. *Storie*. Org. Livio Rossetti, trad. Piero Sgroj. Roma, Newton Compton, 1997.

HESÍODO. *Teogonia/Θεογονία*. A origem dos deuses. Org. e trad. Jaa Torrano. Ed. bilíngue, São Paulo, Iluminuras, 1995.

HOBBES, Thomas. *Do cidadão* [1642]. Trad., apresentação e notas Renato Janine Ribeiro. São Paulo, Martins, 2002.

_____. *Leviathan* [1651]. Org. John Charles Addison Gaskin. Oxford, Oxford University Press, 2008.

HOMERO. *Iliade/Odissea*. Org. Mario Giammarco. Ed. bilíngue, Roma, Newton Compton, 1993.

JOSEFO, Flavio. *Storia dei giudei*: da Alessandro Magno a Nerone [*c*. 94 d.C.]. Ed. bilíngue, Milão, Mondadori, 2010.

BIBLIOGRAFIA 339

JUSTINO DE ROMA. *I e II apologias/Diálogo com Trifão*. São Paulo, Paulus, 2013.

LENTINI, Giacomo. *Poesie di Giacomo Lentini*. Org. Roberto Antonelli. Roma, Bulzoni, 1979.

LUCRÉCIO. Da natureza. In: *Epicuro, Lucrécio, Cícero, Sêneca, Marco Aurélio*. Trad. Agostinho Silva. São Paulo, Abril Cultural, 1973. (Coleção Os Pensadores, v. 5.)

LUTERO, Martinho. Comento di Martin Lutero al saggio di Erasmo, "Tratto da il servo arbitrio". In: ROTTERDAM, Erasmo; LUTERO, Martinho. *Libero arbitrio/Servo arbitrio*. Org. Fiorella de Michelis Pintacuda. Turim, Claudiana, 2009.

_____. *Do cativeiro babilônico da Igreja*. São Paulo, Martin Claret, 2006.

_____. Sobre a autoridade secular: até que ponto se estende a obediência devida a ela? In: HÖPFL, Harro (org.). *Lutero e Calvino*: sobre a autoridade secular. São Paulo, Martins Fontes, 2005.

MACHIAVELLI, Niccolò. [Carta de Niccolò Machiavelli a Francesco Vettori, 10 dez. 1513.] In: *Tutte le opere storiche, politiche e letterarie*. Org. Alessandro Capata e Nino Borsellino. Roma, Newton Compton, 2011.

_____. Discorsi sopra la prima deca di Tito Livio. In: *Tutte le opere storiche, politiche e letterarie*. Org. Alessandro Capata e Nino Borsellino. Roma, Newton Compton, 2011.

_____. Il principe. In: *Tutte le opere storiche, politiche e letterarie*. Org. Alessandro Capata e Nino Borsellino. Roma, Newton Compton, 2011.

_____. Istorie fiorentine. In: *Tutte le opere storiche, politiche e letterarie*. Org. Alessandro Capata e Nino Borsellino. Roma, Newton Compton, 2011.

_____. Scritti letterari in prosa e in versi. In: *Tutte le opere storiche, politiche e letterarie*. Org. Alessandro Capata e Nino Borsellino. Roma, Newton Compton, 2011.

_____. *O príncipe*. Rio de Janeiro, Edições de Ouro, s/d.

MACROBIO. *Commento al sogno di Scipione/Commentarium in ciceronis somnium Scipionis*. Milão, Bompiani, 2007.

MORUS, Thomas. *A utopia* [1516]. Rio de Janeiro, Edições de Ouro, s/d.

ORÍGENES. *Contra Celso*. São Paulo, Paulus, 2004. (Coleção Patrística, v. 20.)

PETRARCA, Francesco. *Invective contra medicum*: invectiva contra quendam magni status hominem sed nullius scientie aut virtutis. Org. Francesco Bausi. Ed. bilíngue, Florença, Le Lettere, 2005.

PETRÔNIO. *Satyricon*. Org. e trad. Gian Antonio Cibotto. Roma, Newton Compton, 2012.

PIGAFETTA, Antonio. *A primeira viagem ao redor do mundo*: o diário da expedição de Fernão de Magalhães. Trad. Jurandir Soares de Souza. Porto Alegre, L&PM, 1985.

PLATÃO. Alcibiade. In: *Platone*. Tutte le opere. Org. Enrico V. Maltese. Ed. bilíngue, Roma, Newton Compton, 1997.

_____. Apologia di Socrate. In: *Platone*. Tutte le opere. Org. Enrico V. Maltese. Ed. bilíngue, Roma, Newton Compton, 1997.

_____. Cratilo. In: *Platone*. Tutte le opere. Org. Enrico V. Maltese. Ed. bilíngue, Roma, Newton Compton, 1997.

_____. Fedone. In: *Platone*. Tutte le opere. Org. Enrico V. Maltese. Ed. bilíngue, Roma, Newton Compton, 1997.

340 Os portões do Éden

_____. Gorgia. In: *Platone.* Tutte le opere. Org. Enrico V. Maltese. Ed. bilíngue, Roma, Newton Compton, 1997.

_____. Leggi. In: *Platone.* Tutte le opere. Org. Enrico V. Maltese. Ed. bilíngue, Roma, Newton Compton, 1997.

_____. Lettere [Platão a Hérnias, Erasto e Corisco]. In: *Platone.* Tutte le opere. Org. Enrico V. Maltese. Ed. bilíngue, Roma, Newton Compton, 1997.

_____. Repubblica. In: *Platone.* Tutte le opere. Org. Enrico V. Maltese. Ed. bilíngue, Roma, Newton Compton, 1997.

_____. Timeo. In: *Platone.* Tutte le opere. Org. Enrico V. Maltese. Ed. bilíngue, Roma, Newton Compton, 1997.

PLUTARCO. *Vite parallele*: Alessandro e Cesare/Βιοι Παραλληαιοι: Αλεξαδροσ και Καισαρ. Org. Mario Scaffidi Abbate. Ed. bilíngue, Milão, Rizzoli, 1999.

POMPONAZZI, Pietro. *Trattato sull'immortalità dell'anima.* Roma, Bompiani, 2013.

ROTTERDAM, Erasmo. *Elogio della follia.* Org. Eugenio Garin. Milão, Mondadori, 2012.

_____. Enchiridion militis christiani. In: *La formazione cristiana dell'uomo.* Org. Edilia O. Traverso. Ed. bilíngue, Milão, Rusconi, 1989.

_____. Erasmo da Rotterdam al suo Tommaso Moro. In: *Elogio della follia.* Org. Eugenio Garin. Milão, Mondadori, 2012.

_____. Saggio o discussione sul libero arbitrio. In: ROTTERDAM, Erasmo; LUTERO, Martinho. *Libero arbitrio/Servo arbitrio.* Org. Fiorella de Michelis Pintacuda. Turim, Claudiana, 2009.

SÊNECA. *Lettres à Lucilius.* Paris, Belles-Lettres, 1962.

SÓFOCLES. Prometo incatenato. In: *Sofocle.* Tutte le tragedie. Ed. bilíngue, Roma, Newton Compton, 2000.

SUAREZ, Francisco. *De Legibus.* Lisboa, Tribuna da História, 2010.

TARSO, Shaul/Paulo de. Atos dos apóstolos. In: *Bíblia sagrada.* São Paulo, Ave Maria, 1998.

_____. Coríntos, hebreus, romanos, gálatas e filipenses. In: *Bíblia sagrada.* São Paulo, Ave Maria, 1998.

TAVEIRÓS, Paio Soares de. Cantiga da Garvaia. In: INSTITUTO CAMÕES. *Origens da literatura portuguesa.* Lisboa, Centro Virtual Camões, maio 2011; disponível online, acesso em: 5 fev. 2019.

TITO LÍVIO. *Ab urbe condita libri.* São Paulo, Paumapé, 1982.

TUCÍDIDES. *La guerra del Peloponneso.* Trad. Franco Ferrari. Ed. bilíngue, Milão, Rizzoli, 1998.

Livros e artigos

ABBAGNANO, Nicola. *Storia della filosofia.* Milão, TEA, 2010. 3 v.

AGAMBEN, Giorgio. *Altíssima pobreza*: regras monásticas e forma de vida. Trad. Selvino J. Assmann, São Paulo, Boitempo, 2014. (Coleção Estado de Sítio.)

ALTHUSSER, Louis. *Machiavelli e noi.* Roma, Manifesto Libri, 1999.

BIBLIOGRAFIA 341

_____. *Política e história*. De Maquiavel a Marx. São Paulo, WMF Martins Fontes, 2007.

ANDERSON, Perry. *Linhagens do Estado absolutista*. Porto, Afrontamento, 1984.

_____. *Passagens da Antiguidade ao feudalismo*. Porto, Afrontamento, 1982.

ANDRADA E SILVA, Antônio Carlos de. *A constituição da produção capitalista e o trabalho forçado nas colônias*. São Paulo, Pontifícia Universidade Católica, 1982. (Dissertação de Mestrado, mimeo.)

ARENDT, Hannah: *O conceito de amor em Santo Agostinho* [1929]. Lisboa, Instituto Piaget, 1997.

ASMANN, José Selvino. Estoicismo e helenização do cristianismo. *Revista de Ciências Humanas*. Florianópolis, UFSC, v. 44, n. 2, out. 2012.

ASTON, Trevor H.; Philpin, Charles H. E. (orgs.) *The Brenner Debate*: Agrarian Class Structure and Economic Development in Pre-Industrial Europe. Cambridge, Cambridge University Press, 1985.

AYMARD, André; AUBOYER, Jeannine. *L'Orient et la Grèce Antique*. Paris, Presses Universitaires de France, 1994.

BADALONI, Nicola. *Inquietudini e fermenti di libertà nel Rinascimento italiano*. Pisa, ETS, 2004.

BADIOU, Alain. *São Paulo*: a fundação do universalismo. Trad. Wanda Nogueira Caldeira Brant. São Paulo, Boitempo, 2009.

BALESTRACCI, Duccio. Lavoro e povertà in Toscana alla fine del Medioevo. *Studi Storici*. Roma, Istituto Gramsci, n. 3, 1982.

BARON, Hans. *En busca del humanismo cívico fiorentino*: ensayos sobre el cambio del pensamiento medieval al moderno. Cidade do México, Fondo de Cultura Económica, 1988.

BARRADAS DE CARVALHO, Joaquim. *O Renascimento português*: em busca de sua especificidade. Lisboa, Imprensa Nacional/Casa da Moeda, 1980.

BATKIN, Leonid M. *L'idea di individualità nel Rinascimento italiano*. Roma/Bari, Laterza, 1992.

BIGNOTTO, Newton. Notas metodológicas: Guicciardini, leitor de Maquiavel. *Discurso*. São Paulo, USP, n. 29, 1998.

BLOCH, Ernst. *Thomas Münzer*: teólogo da revolução. Rio de Janeiro, Tempo Brasileiro, 1973.

BLOCH, Léon. *Lutas sociais na Roma Antiga*. Lisboa, Europa América, 1956.

BLOCH, Marc. *A sociedade feudal*. Lisboa, Edições 70, 1982.

_____. *Lavoro e tecnica nel Medioevo*. Roma/Bari, Laterza, 1996.

BORGES, Maria Angélica: Particularidade e objetivação do capitalismo. *Escrita/Ensaio*, São Paulo, n. 8, 1980.

BORGES COELHO, António. *A Revolução de 1383*. Lisboa, Caminho, 1981.

BORZI, Italo. Dante Alighieri: profilo biografico. In: *Dante*. Tutte le opere. Org. Giovanni Fallani, Nicola Maggi e Silvio Zennaro. Roma, Newton Compton, 2005.

BRAUDEL, Fernand. *Civilização material, economia e capitalismo*, v. 3: *Séculos XV-XVIII*: o tempo do mundo. Trad. Teima Costa. São Paulo, WMF Martins Fontes, 1996.

342 OS PORTÕES DO ÉDEN

BROCCHIERI, Mariateresa Fumagalli Beonio. *Il pensiero politico medievale*. Roma/Bari, Laterza, 2000.

BURCKHARDT, Jacob. *A cultura do Renascimento na Itália*: um ensaio. Trad. Sergio Tellaroli. São Paulo, Companhia das Letras, 2009.

BURKE, Peter. *As fortunas d'O cortesão*. A recepção europeia ao cortesão de Castiglione. Trad. Álvaro Luiz Hattnher. São Paulo, Editora Unesp, 1997.

_____. *Il Rinascimento europeo*. Centri e periferie. Roma/Bari, Laterza, 2009.

BURKERT, Walter. *The Orientalizing Revolution*: Near Eastern Influence on Greek Culture in the Early Archaic Age. Cambridge-MA, Harvard University Press, 2004.

CALIMANI, Riccardo. *Paolo, l'ebreo che fondò il cristianesimo*. Milão, Mondadori, 1999.

CAMBIANO, Giuseppe. *Polis: un modelo per la cultura europea*. Roma/Bari, Laterza, 2000.

CANTALAMESSA, Raniero (org.). *Il cristianesimo e le filosofie*. Milão, Vita e Pensiero, 1971.

CAPATA, Alessandro. Nota bibliográfica. In: *Machiavelli*. Tutte le opere storiche, politiche e letterarie. Org. Alessandro Capata e Nino Borsellino. Roma, Newton Compton, 2011.

CARDOSO, Ciro Flamarion. *Sete olhares sobre a Antiguidade*. Brasília, Editora da UnB, 1998.

CASSIRER, Ernest. *Individuo y cosmos en la filosofía del Renacimiento* [1935]. Buenos Aires, Emecé, 1951.

CASTRO, Armando. *A evolução econômica de Portugal dos* séculos XII a XV. Lisboa, Caminho, 1979.

CHABOD, Federico. *Escritos sobre Maquiavelo*. Cidade do México, Fondo de Cultura Económica, 1987.

CHASIN, José. *Marx*: estatuto ontológico e resolução metodológica. São Paulo, Boitempo, 2009.

_____. O futuro ausente: para a crítica da política e o resgate da emancipação humana [1993]. *Ensaios Ad Hominem – Política*. Santo André, 2000.

CHAUI, Marilena. *A nervura do real*: imanência e liberdade em Espinosa. São Paulo, Companhia das Letras, 1999.

CHEVALLIER, Jean-Jacques. *História do pensamento político*, v. 1: *Da cidade-Estado ao apogeu do Estado-nação monárquico*. Rio de Janeiro, Zahar, 1982.

CHEVITARESE, André Leonardo; CORNELLI, Gabriele. *Judaísmo, cristianismo e helenismo*: ensaios acerca das interações culturais no Mediterrâneo antigo. São Paulo, Annablume/Fapesp, 2007.

CIPOLLA, Carlo Maria. *Storia economica dell'Europa pre-industriale*. Bolonha, Il Mulino, 1990.

COMMELIN, P. *Mitologia grega e romana*. São Paulo, WMF Martins Fontes, 2000.

COPLESTON, Frederick C. *El pensamiento de santo Tomás* [1960]. Cidade do México, Fondo de Cultura Económica, 1999.

CORNELL, Tim. La prima Roma. In: *Storia di Roma dall'Antichità a oggi*. Roma/Bari, Laterza, 2000.

COULANGES, Fustel de. *La ciudad antigua*. Barcelona, Iberia, 1983. [Ed. bras.: *A cidade antiga*. São Paulo, WMF Martins Fontes, 2004.]

BIBLIOGRAFIA 343

DAVID, Jean-Michel. I luoghi della politica: dalla Repubblica all'Impero. In: GIARDINA, Andrea (org.). *Storia di Roma*: dalla Antichità a oggi. Roma/Bari, Laterza, 2000.

DEL ROIO, Marcos. *O império universal e seus antípodas*: a ocidentalização do mundo. São Paulo, Ícone, 1998.

DI PIERRO, Antonio. *Il sacco di Roma*. 6 maggio 1527, l'assalto dei lanzichenecchi. Milão, Mondadori, 2003.

DOBB, Maurice. *A evolução do capitalismo*. Rio de Janeiro, Zahar, 1976.

_____. (org.) *Do feudalismo ao capitalismo*. Lisboa, Dom Quixote, 1971.

DOSI, Antonietta. *Lotte politiche e giochi di potere nella Repubblica romana*. Milão, Mursia, 1999.

DOSSE, François. *A história em migalhas*: dos *Annales* à nova história. São Paulo/Campinas, Ensaio/ Editora da Unicamp, 1992.

DOTTI, Ugo. *Storia degli intelletuali in Italia*: crisi e liberazione da Machiavelli a Galilei. Roma, Editori Riuniti, 1998.

DUBY, Georges. *Economia rural y vida campesina en el Occidente medieval*. Barcelona, Península, 1973.

_____. *Guerreros y campesinos*: desarollo inicial de la economia europea (500-1200). Madri, Siglo XXI, 1976.

DURANT, Will. *A história da civilização*, v. 6: *A Reforma*: uma história da civilização europeia de Wyclif a Calvino, 1300-1564. Trad. Mamede de Souza Freitas. Rio de Janeiro, Record, 2002.

ELIADE, Mircea. *O sagrado e o profano*: a essência das religiões. São Paulo, WMF Martins Fontes, 1996.

ENGELS, Friedrich. *A dialética da natureza*. Rio de Janeiro, Paz e Terra, 1979.

_____. *A origem da família, da propriedade privada e do Estado*. Rio de Janeiro, Civilização Brasileira, 1987.

_____. *Do socialismo utópico ao socialismo científico*. Lisboa, Estampa, 1971.

_____. *El anti-Dühring*. Buenos Aires, Claridad, 1972. [Ed. bras.: *Anti-Dühring*. Trad. Nélio Schneider. São Paulo, Boitempo, 2015.]

_____. *Las guerras campesinas en Alemania*. Buenos Aires, Claridad, 1971.

ESPOSITO, Anna; PALERMO, Luciano (orgs.). *Economia e società a Roma tra Medievo e Rinascimento*. Roma, Viella, 2005.

FEBVRE, Lucien. *O problema da incredulidade no século XVI*: a religião de Rabelais. Trad. Maria Lucia Machado. São Paulo, Companhia das Letras, 2009.

FERLINI, Vera Lúcia Amaral; BICALHO, Maria Fernanda (orgs.). *Modos de governar*: ideias e práticas políticas no Império Português, séculos XVI-XIX. São Paulo, Alameda, 2005.

FINLEY, Moses. *Aspectos da Antiguidade*. São Paulo, WMF Martins Fontes, 1991.

_____. *El mundo de Odiseo*. Cidade do México, Fondo de Cultura Econômica, 1996.

_____. Technical Innovation and Economic Progress in the Ancient World. *The Economic History Review*, v. 18, n. 1, 1965; disponível online, acesso em: 23 nov. 2016.

344 Os portões do Éden

FOURQUIN, Guy de. *História econômica do Ocidente medieval*. Lisboa, Edições 70, 2000.

_____. *Senhorio e feudalidade na Idade Média*. Lisboa, Edições 70, 1987.

FREUND, Julien. *Sociologia de Max Weber*. Rio de Janeiro/São Paulo, Forense Universitária, 1970.

FUNKENSTEIN, Amos. *Teologia e immaginazione scientifica dal Medioevo al Seicento*. Turim, Einaudi, 1996.

GARIN, Eugenio. *Ciência e vida civil no Renascimento italiano*. Trad. Cecília Prada. São Paulo, Editora Unesp, 1996.

_____. *Il filosofo e il mago*. In: _____. (org.) *L'uomo del Rinascimento*. Roma/Bari, Laterza, 1988.

_____. (org.) *L'uomo del Rinascimento*. Roma/Bari, Laterza, 2000.

_____. *Medioevo e Rinascimento*. Roma/Bari, Laterza, 2005.

_____. *Rinascita e rivoluzioni*: movimenti culturali dal XIV al XVIII secolo. Roma/Bari, Laterza, 2007.

GASTALDI, Silvia. *Storia del pensiero politico antico*. Roma/Bari, Laterza, 1998.

GEERTZ, Clifford. *Interpretazione di culture*. Bolonha, Il Mulino, 1987.

GIARDINA, Andrea. Introduzioni. In: _____. (org.) *Storia di Roma dall'Antichità a oggi*. Roma/Bari, Laterza, 2000.

GIBBON, Edward. *Declínio e queda do Império Romano*. Org. Dero A. Saunders, trad. José Paulo Paes. São Paulo, Companhia das Letras, 1997.

GILSON, Étienne. *A filosofia na Idade Média*. São Paulo, Martins Fontes, 1998.

GOLDTHWAITE, Richard A. *L'economia della Firenze rinascimentale*. Trad. Giovanni Arganese. Bolonha, Il Mulino, 2013.

GORENDER, Jacob. *O escravismo colonial*. São Paulo, Ática, 1978.

GRAMSCI, Antonio. *Gli intellettuali*. Roma, Editori Riuniti/Istituto Gramsci, 1979.

_____. *Il materialismo storico*. Roma, Editori Riuniti/Istituto Gramsci, 1979.

_____. *Note sul Machiavelli*. Roma, Editori Runiti/Istituto Gramsci, 1979.

GRIMAL, Pierre. *Sénèque*: sa vie, son œuvre, avec un exposé de sa philosophie. Paris, Presses Universitaires de France, 1966.

GRUPPI, Luciano. *Tudo começou com Maquiavel*: as concepções de Estado em Marx, Engels, Lênin e Gramsci. Trad. Dario Canali. Porto Alegre, L&PM, 1980.

GUIGNEBERT, Charles. *El cristianismo antiguo*. Cidade do México, Fondo de Cultura Económica, 1998.

GUNDER FRANK, André. *Acumulação mundial, 1492-1789*. Rio de Janeiro, Zahar, 1977.

HARTUNG, Fritz. *Historia de Alemania en la época de la Reforma, de la Contrarreforma y de la Guerra de los Treinta Años*. Cidade do México, Uteha, 1964.

HECKSCHER, Eli. *La época mercantilista*: historia de la organización y las ideas económicas desde el final de la Edad Media hasta la sociedad liberal. Cidade do México, Fondo de Cultura Económica, 1983.

BIBLIOGRAFIA 345

HEGEL, G. W. F. *Ciência da lógica*. Petrópolis/Bragança Paulista, Vozes/Editora Universitária São Francisco, 2016.

_____. *Fenomenologia del espíritu*. Cidade do México, Fondo de Cultura Económica, 2009.

_____. *Lecciones sobre la historia de la filosofia*. Trad. Wenceslao Roces. Cidade do México, Fondo de Cultura Económica, 1955.

HELLER, Agnes. *Aristóteles y el mundo antiguo*. Barcelona, Península, 1983.

_____. *L'uomo del rinascimento*. Florença, Nuova Italia, 1977.

HOBSBAWM, Eric J. *Las revoluciones burguesas*: Europa, 1789-1848. Madri, Guadarrama, 1964.

HUIZINGA, Johan. *L'autunno del Medioevo*. Roma, Newton Compton, 2007.

HUPPERT, George. *Il borghese-gentiluomo*: saggio sulla definizione di élite nella Francia del Rinascimento. Bolonha, Il Mulino, 1978.

IOVCHUK, M. T.; Oizerman, T. I.; Schipanov, I. Y. *Historia de la filosofia*. Moscou, Progresso, 1980.

JAEGER, Werner. *Aristotele*: prime linee di una storia della sua evoluzione spirituale. Florença, Nuova Italia, 1984.

_____. *Cristianismo primitivo y paideia griega*. Cidade do México, Fondo de Cultura Económica, 1993.

_____. *La teologia de los primeros filósofos griegos*. Cidade do México, Fondo de Cultura Económica, 1998.

_____. *Paideia*: los ideales de la cultura griega. Cidade do México, Fondo de Cultura Económica, 1992.

KANT, Emmanuel. *Crítica da razão pura*. Trad. J. Rodrigues de Merege. Rio de Janeiro, Ediouro, s/d.

KANTOROWICZ, Ernst. *Os dois corpos do rei*: um estudo sobre teologia política medieval. Trad. Cid Knipel Moreira. São Paulo, Companhia das Letras, 1998.

KOFLER, Leo. *Contribución a la história de la sociedad burguesa*. Buenos Aires, Amorrortou, 1971.

_____. *História e dialética*: estudos sobre a metodologia da dialética marxista. Rio de Janeiro, Editora UFRJ, 2010.

KOSIK, Karel. *A dialética do concreto*. Rio de Janeiro, Paz e Terra, 1976.

_____. O século de Grete Samsa: sobre a possibilidade da tragédia ou a impossibilidade do trágico no nosso tempo. *Matraga*. Rio de Janeiro, Instituto de Letras da UFRJ, n. 8, 2003.

KRISTELLER, Paul Oskar. *El pensamiento renacentista y sus fuentes*. Cidade do México, Fondo de Cultura Económica, 1982.

_____. *Ocho filósofos del Renacimiento italiano*. Cidade do Méxio, Fondo de Cultura Económica, 1996.

LA PLACA, Antonio. *Il tumulto dei ciompi*. Roma, Edizioni Associate, 2011.

LAPA, José Roberto Amaral (org.). *Modos de produção e realidade brasileira*. Petrópolis, Vozes, 1980.

LE GOFF, Jacques. *Il cielo sceso in Terra*: le radici medievalli dell'Europa. Roma/Bari, Laterza, 2004.

_____. *La Civilisation de L'Occident Médiéval*. Paris, Arthaud, 1965. [Ed. bras.: *A civilização do Ocidente medieval*. Petrópolis, Vozes, 2016.]

_____. *Mercadores e banqueiros na Idade Média*. São Paulo, Martins Fontes, 1991.

LEFORT, Claude. *Le travial de l'œuvre Machiavel*. Paris, Gallimard, 1972.

LÊNIN, Vladímir I. Cuadernos filosóficos. In: *Lenin*: obras completas. Madri, Akal, 1978, v. 42.

_____. El Estado y la Revolución. In: *Lenin*: obras completas. Madri, Akal, 1978, v. 27.

_____. El programa agrario de la socialdemocracia en la Revolución Rusa de 1905-1907. In: *Lenin*: obras completas. Madri, Akal, 1978.

LEONTIEV, Alexis. *O desenvolvimento do psiquismo*. São Paulo, Centauro, 2004.

LÉVÊQUE, Pierre. *O mundo helenístico*. Lisboa, Edições 70, 1987.

LIVERANI, Mario: *Antico Oriente*: storia, società economia. Roma/Bari, Laterza, 2000.

LÖWITH, Karl. *De Hegel a Nietzsche*: a ruptura revolucionária do século XIX – Marx e Kierkegaard. Trad. Luiz Fernando Barrére Martin e Flamarion Caldeira Ramos. São Paulo, Editora Unesp, 2014.

LUKÁCS, György. *Arte e società*. Roma, Editori Riuniti, 1972.

_____. *A teoria do romance*. São Paulo, Duas Cidades, 2000.

_____. *Die Zerstörung der Vernunft*. Der Weg des Irrationalismus von Schelling zu Hitler. Berlim, Aufbau, 1953. [Ed. esp.: *El asalto a la razón*. La trayectoria del irracionalismo desde Schelling hasta Hitler. Barcelona/Cidade do México, Grijalbo, 1972.]

_____. *El joven Hegel y los problemas de la sociedad capitalista*. Barcelona/Cidade do México, Grijalbo, 1972. [Ed. bras.: *O joven Hegel e os problemas da sociedade capitalista*. Trad. Nélio Schneider. São Paulo, Boitempo, 2018.]

_____. *Estetica*. La peculiaridad de lo estetico, cuestiones preliminares y de principio. Barcelona, Grijalbo, 1966.

_____. *Ontologia dell'essere sociale*, 2 v. Roma, Editori Riuniti, 1976. [Ed. bras.: *Para uma ontologia do ser social*, 2 v. Trad. Carlos Nelson Coutinho et al. São Paulo, Boitempo, 2012-2013.]

_____. O processo de democratização: o homem e a democracia. In: *Socialismo e democratização*: escritos políticos, 1956-1971. Rio de Janeiro, Editora UFRJ, 2008.

_____. *Prolegomeni all'Ontologia dell'essere sociali*. Questioni di principi di un'ontologia oggi divenuta possibile. Milão, Guerrini, 1990. [Ed. bras.: *Prolegômenos para uma ontologia do ser social*. Trad. Lya Luft e Rodnei Nascimento. São Paulo, Boitempo, 2010.]

_____. *Prolegomenos a una estetica marxista*. Sobre la categoria de la particularidad. Barcelona/Cidade do México, Grijalbo, 1969.

_____. *Roboquismo e dialética*. Uma resposta aos críticos de *História e consciência de classe*. São Paulo, Boitempo, 2015.

MACPHERSON, C. B. *A teoria política do individualismo possessivo*: de Hobbes a Locke. Trad. Nelson Dantas. Rio de Janeiro, Paz e Terra, 1979.

MARQUES, António Henrique de Oliveira. *História de Portugal*, v. 1. Lisboa, Palas, 1972.

MARRAMAO, Giacomo. *Poder e secularização*: as categorias do tempo. Trad. Guilherme Alberto Gomes de Andrade. São Paulo, Editora Unesp, 1995.

MARTIN, José Pablo. Introducción general à Fílon de Alejandría. In: *Filon de Alejandria*: obras completas. Madri, Trotta, 2009.

MARX, Karl. *Contribución a la crítica de la economía política*. Buenos Aires, Estudio, 1970.

_____. Diferencia entre la filosofia democriteana y epicurea de la naturaleza. In: *Escritos de la Juventud*. Cidade do México, Fondo de Cultura Económica, 1987. [Ed. bras.: *Diferença entre a filosofia da natureza de Demócrito e a de Epicuro*. Trad. Nélio Schneider. São Paulo, Boitempo, 2018.]

_____. *El capital*: crítica de la economia política. Cidade do México, Fondo de Cultura Económica, 1973. [Ed. bras.: *O capital*: crítica da economía política, 3 Livros. Trad. Rubens Enderle e Nélio Scheneider, São Paulo, Boitempo, 2013-2017.]

_____. *El capital, Libro I*: capítulo VI (inédito). Buenos Aires, Siglo XXI, 1974.

_____. *Elementos fundamentales para a critica de la economia política (Grundrisse), 1857-1858*. Cidade do México, Fondo de Cultura Económica, 1986. [Ed. bras.: *Grundrisse*: manuscritos econômicos de 1857-1858 – esboços da crítica da economia política. Trad. Mario Duayer. São Paulo, Boitempo, 2011.]

_____. Manuscritos economico-filosoficos de 1844 – tercer manuscrito. In: *Escritos económicos varios*. Cidade do México, Grijalbo, 1966. [Ed. bras.: Manuscritos econômico-filosóficos. Trad. Jesus Ranieri. São Paulo, Boitempo, 2004.]

_____. Prefácio à 2ª edição de 1869. In: *O 18 de brumário de Luís Bonaparte*. São Paulo, Boitempo, 2011.

_____. Sobre la question judia. In: *Marx* – escritos de juventud. Cidade do México, Fondo de Cultura Económica, 1987.

_____; ENGELS, Friedrich. *La ideologia alemana*. Montevideu/Barcelona, Pueblos Unido/ Grijalbo, 1970. [Ed. bras.: *A ideología alemã*. Trad. Rubens Enderele et al. São Paulo, Boitempo, 2007.]

_____; _____. *A sagrada família, ou crítica da Crítica crítica*: contra Bruno Bauer e consortes. Lisboa, Presença,1974. [Ed. bras.: *A sagrada família, ou crítica da Crítica crítica*: contra Bruno Bauer e consortes. Trad. Marcelo Backes. São Paulo, Boitempo, 2003.]

_____; _____. *Manifesto Comunista*. São Paulo, Boitempo, 1998.

_____; _____. *Sobre la Revolución de 1848-1849*: articulos de *Neue Rheinische Zeitung*. Moscou, Progresso, 1981.

MAZZARINO, Santo. *L'Impero Romano*. Roma/Bari, Laterza, 2000. 2 v.

_____. *O fim do mundo antigo*. São Paulo, Martins Fontes, 1991.

MAZZEO, Antonio Carlos. *Estado e burguesia no Brasil*: origens da autocracia burguesa. 3. ed. rev. amp., São Paulo, Boitempo, 2015.

_____. O conceito de *virtùs* como legitimação do igualitarismo burguês. *Margem Esquerda*. São Paulo, Boitempo, n. 20, 2013.

348 Os portões do Éden

_____. *O voo de Minerva*: a construção da política, do igualitarismo e da democracia no Ocidente antigo. São Paulo, Boitempo/Fapesp, 2009.

_____. Possibilidades lenineanas para uma Paideia comunista. In: DEL ROIO, Marcos; DEO, Anderson; MAZZEO, Antonio Carlos (orgs.). *Lênin*: teoria e prática revolucionária. Marília/São Paulo, Oficina Universitária da Unesp/Capes/Cultura Acadêmica, 2015.

MAZZEO, Joseph Anthony. *Renaissance and Revolution*: The Remaking of European Thought. Nova York, Pantheon, 1965.

MERLO, Grado G. Il cristianesimo latino bassomedievale. In: FILORAMO, Giovanni; MENOZZI, Daniele (orgs.). *Storia del cristianesimo*, v. 2: *Il Medioevo*. Roma/Bari, Laterza, 1997.

MÉSZÁROS, István. *Marx*: a teoria da alienação. Rio de Janeiro, Zahar, 1981.

MISKIMIN, Harry A. *A economia do Renascimento europeu, 1300-1600*. Lisboa, Estampa 1998.

MOLLAT, Michel. *Os pobres na Idade Média*. Trad. Heloísa Jahn. Rio de Janeiro, Campus, 1989.

MOORE JR., Barrington. *As origens sociais da ditadura e da democracia*. Senhores e camponeses na construção do mundo moderno. São Paulo, Martins Fontes, 1978.

MORESCHINI, Claudio. *História da filosofia patrística*. São Paulo, Loyola, 2008.

MUSTI, Domenico. *L'economia in Grecia*. Roma/Bari, Laterza, 1999.

NOGUEIRA, João Paulo. Hobbes, vida e obra. In: *Hobbes*. São Paulo, Abril Cultural, 1983. (Coleção Os Pensadores, v. 22.)

NOONE, Timothy B. Universais e individuação. In: WILLIAMS, Thomas (org.). *Duns Scotus*. São Paulo, Ideias e Letras, 2013.

PEKÁRY, Thomas. *Storia economica del mondo antico*. Bolonha, Il Mulino, 1986.

PINTACUDA, Fiorella de Michelis. Introduzione. In: ROTTERDAM, Erasmo; LUTERO, Martinho. *Libero arbitrio/Servo arbitrio*. Org. Fiorella de Michelis Pintacuda. Turim, Claudiana, 2009.

PIRENE, Henry. *As cidades na Idade Média*. Sintra, Europa-América, 1977.

_____. *História econômica e social da Idade Média*. São Paulo, Mestre Jou, 1968.

PLEKHANOV, Gueorgui. *O papel do indivíduo na história*. São Paulo, Expressão Popular, 2011.

POULANTZAS, Nicos. *Poder político e classes sociais do Estado capitalista*. Porto, Portucalense, 1971.

PREVITÉ-ORTON, Charles William. *História da Idade Média*. Lisboa, Presença, 1973.

REARDON, Bernard M. G. *Il pensiero religioso della Riforma*. Roma/Bari, Laterza, 1984.

RENARD, Jorge. *Historia del trabajo en Florencia*. Buenos Aires, Heliasta, 1980.

RILEY-SMITH, Jonathan. *Storia delle Crociate*: dalla predicazione di papa Urbano II alla caduta di Costantinopoli. Milão, Mondadori, 2004.

ROSDOLSKY, Roman. *Génesis y estructura de "El capital" de Marx*. Estudios sobre los *Grundrisse*. Cidade do México, Siglo XXI, 1978.

ROSSI, Paolo. *A ciência e a filosofia dos modernos*: aspectos da revolução científica. Trad. Álvaro Lorencini. São Paulo, Unesp, 1992.

BIBLIOGRAFIA 349

ROULAND, Norbert. *Roma, democracia impossível?* Os agentes do poder na urbe romana. Brasília, Editora UnB, 1997.

RUNCIMAN, Steven. *A civilização bizantina*. Rio de Janeiro, Zahar, 1977.

SAES, Décio. *Formação do Estado burguês no Brasil, 1888-1891*. Rio de Janeiro, Paz e Terra, 1985.

SALES, José das Candeias. *A ideologia real acádica* e egípcia: representações do poder político pré--clássico. Lisboa, Estampa, 1997.

SCREPANTI, Ernesto. *L'angelo della liberazione nel tumulto dei ciompi*. Siena, Protagon, 2008.

SKINNER, Quentin. *As fundações do pensamento moderno*. Trad. Renato Janine Ribeiro e Laura Teixeira Motta. São Paulo, Companhia das Letras, 1999.

_____. *Hobbes e a liberdade republicana*. Trad. Modesto Florenzano. São Paulo, Editora Unesp, 2010.

STELLA, Alessandro. *La Révolte des Ciompi*: les hommes, les lieux, le travail. Paris, Éditions de l'École des Hautes Études en Sciences Sociales, 1993.

STIRNER, Max. *L'unico e sua proprietà*. Milão, Fratelli Bocca, 1944.

STRAUSS, Leo. *La filosofía política de Hobbes*: su fundamento y su génesis. Cidade do México, Fondo de Cultura Económica, 2006.

SUÁREZ, Francisco. *De legibus*. Lisboa, Tribuna da História, 2010.

SYMONDS, John Addington. *El Renacimiento en Italia*. Cidade do México, Fondo de Cultura Económica, 1987. 2 v.

TABACCO, Giovanni. Il cristianesimo latino altomedievale. In: FILORAMO, Giovanni; MENOZZI, Daniele (orgs.). *Storia del cristianesimo*, v. 2: *Il Medioevo*. Roma/Bari, Laterza, 1997.

TAKAHASHI, Kohashiro. Uma contribuição para a discussão. In: DOBB, Maurice (org). *Do feudalismo ao capitalismo*. Lisboa, Dom Quixote, 1971.

TENENTI, Alberto. Introduzione all'edizione italiana. In: HUPPERT, George. *Il Borghese-gentiluomo*. Bolonha, Il Mulino, 1978.

TERTULIAN, Nicolas. Introduzione. In: LUKÁCS, György. *Prolegomeni all'Ontologia dell'essere sociali*: questioni di principi di un'ontologia divenuta possibilie. Milão, Guerrini, 1990. [Ed. bras.: Posfácio. In: LUKÁCS, György. *Prolegômenos para uma ontologia do ser social*. Trad. Lya Luft e Rodnei Nascimento. São Paulo, Boitempo, 2010.]

TODOROV, Tzvetan. *A conquista da América*: a questão do outro. Trad. Beatriz Perrone-Moisés. São Paulo. WMF Martins Fontes, 2011.

TORELLI, Mario. *Gli etruschi*. Milão, Bompiani, 2000.

TOYNBEE, Arnold J. *Helenismo*: história de uma civilização. Rio de Janeiro, Zahar, 1983.

VEYNE, Paul. *Sêneca e o estoicismo*. Trad. André Telles. São Paulo, Três Estrelas, 2015.

VILLARI, Lucio. *Niccolò Machiavelli*: storia di un intellettuale "italiano" in un'Italia dilaniata e divisa. Casale Monferrato, Piemme, 2003.

VILLEY, Michel. *A formação do pensamento jurídico moderno*. Trad. Cláudia Berliner. São Paulo, WMF Martins Fontes, 2009.

VON MARTIUS, Alfred. *Sociologia de la cultura medieval*. Madri, Instituto de Estudios Politicos, 1954.

_____. *Sociologia del Renacimiento*. Cidade do México, Fondo de Cultura Económica, 1970.

VYGOTSKI, Lev Semionóvich. Pensamiento y lenguaje. In: *L. S. Vygotski*: obras escogidas, v. 2. Madri, Antonio Machado, 2001.

WALLERSTEIN, Immanuel. *Alla scoperta del sistema mondo*. Roma, ManifestoLibri, 2003.

WEBER, Max. *A ética protestante e o espírito do capitalismo*. São Paulo, Pioneira, 1999.

_____. A política como vocação. In: *O político e o cientista*. Trad. Carlos Grifo Babo. Lisboa, Presença, 1979.

_____. *Economia y sociedade*: esbozo de sociología compreensiva. Cidade do México, Fundo de Cultura Económica, 1969.

WILLIAMS, Thomas (org.). *Duns Scotus*. São Paulo, Ideias e Letras, 2013.

WOOD, Ellen Meiksins. *Citizens to Lords*: A Social History of Western Political Thought from Antiquity to the Late Middle Ages. Londres, Verso, 2011.

_____. *Democracia contra capitalismo*: a renovação do materialismo histórico. São Paulo, Boitempo, 2003.

_____. *Liberty and Property*: A Social History of Western Political Thought from Renaissance to Enlightenment. Londres, Verso, 2012.

XAVIER, Lívio. Notícia biográfica. In: MAQUIAVEU, Nicolau. *O príncipe*. Trad., prefácio e notas de Lívio Xavier. Rio de Janeiro, Edições de Ouro, 1960.

Publicado em maio de 2019, quando comemoram-se os 550 anos de nascimento do pioneiro da teoria do Estado absolutista Nicolau Maquiavel, este livro foi composto em Adobe Garamond 11/14 e impresso em papel Avena 80 g/m², pela Lis Gráfica para a Boitempo, com tiragem de 2 mil exemplares.